广视角·全方位·多品种

权威·前沿·原创

皮书系列为
"十二五"国家重点图书出版规划项目

珠三角流通蓝皮书

BLUE BOOK OF
PEARL RIVER DELTA CIRCULATION

珠三角商圈发展研究报告
（2013）

RESEARCH REPORT ON THE DEVELOPMENT OF
TRADE AREAS IN PEARL RIVER DELTA (2013)

主　　编／王先庆　林至颖
副 主 编／彭雷清　高艺林　陈海权
主持单位／广东商学院流通经济研究所
　　　　　广东省商业经济学会
　　　　　香港利丰研究中心

社会科学文献出版社
SOCIAL SCIENCES ACADEMIC PRESS (CHINA)

图书在版编目（CIP）数据

珠三角商圈发展研究报告. 2013/王先庆，林至颖主编. —北京：
社会科学文献出版社，2013.7
（珠三角流通蓝皮书）
ISBN 978 - 7 - 5097 - 4833 - 6

Ⅰ.①珠… Ⅱ.①王… ②林… Ⅲ.①珠江三角洲 - 商业经济 -
经济发展 - 研究报告 - 2013 Ⅳ.①F727.65

中国版本图书馆 CIP 数据核字（2013）第 148950 号

珠三角流通蓝皮书
珠三角商圈发展研究报告（2013）

主　　编/王先庆　林至颖
副 主 编/彭雷清　高艺林　陈海权

出 版 人/谢寿光
出 版 者/社会科学文献出版社
地　　址/北京市西城区北三环中路甲 29 号院 3 号楼华龙大厦
邮政编码/100029

责任部门/社会政法分社　（010）59367156　　责任编辑/赵慧英　关晶焱
电子信箱/shekebu@ssap.cn　　　　　　　　责任校对/李　俊
项目统筹/王　绯　　　　　　　　　　　　　责任印制/岳　阳
经　　销/社会科学文献出版社市场营销中心　（010）59367081　59367089
读者服务/读者服务中心（010）59367028

印　　装/北京季蜂印刷有限公司
开　　本/787mm×1092mm　1/16　　　　　印　　张/28.25
版　　次/2013 年 7 月第 1 版　　　　　　　字　　数/459 千字
印　　次/2013 年 7 月第 1 次印刷
书　　号/ISBN 978 - 7 - 5097 - 4833 - 6
定　　价/98.00 元

珠三角流通蓝皮书编委会

主要编撰者简介

王先庆　教授，广东商学院流通经济研究所所长，商业地产研究中心主任；广东省现代专业市场研究院首席专家；广州市现代物流与电子商务协同创新中心常务副主任；教育部人文社科重点研究基地商贸研究中心研究员；商务部内贸研究专家；安徽省商业厅商业经济专家；广州市政府决策咨询专家。中央人民广播电台、南方日报等特约评论员。中国商业经济学会副秘书长、中国市场学会流通专家委员会副秘书长、中国高校贸易经济研究会副秘书长。广东省商业经济学会常务副会长兼秘书长、广东省体制改革研究会副会长等。主编和参与出版各类著作近40部，在《财贸经济》《新华文摘》《人民日报》等报刊发表各类文章500多篇，主持和参与各级各类课题130多项，为全国10多个省市的100多个各级政府部门、行业协会以及300多家大中型企业提供过决策咨询和顾问及培训等服务。获得全国优秀教师、广东省教书育人优秀教师特等奖、影响中国流通发展与改革贡献人物等30多项奖励和荣誉称号。

林至颖　上海财经大学企业管理博士研究生，香港中文大学MBA、香港理工大学理学（知识管理）硕士，香港大学工商管理（会计及金融专业）学士。2001年留学于美国加州大学，2012年到国家行政学院研修。现任香港冯氏集团、利丰发展（中国）有限公司、利丰研究中心副总裁，是香港菁英会成员和原香港特别行政区政府中央政策组非全职顾问。兼任中国人民大学商学院客座教授、清华大学中国金融研究中心商业模式研究工作室特聘高级研究员、广东商学院流通经济研究所兼职研究员、暨南大学现代流通研究中心特约研究员、中国商业经济学会学术委员会委员。曾公开在国家级经济、社科类核心期刊发表多篇文章，出版《内外贸一体化与流通渠道建设》及《中国供应链管理蓝皮书》等著作。现为《新商务周刊》《中国商界》及《北京商报》特约专栏作者。拥有中国证券监督委员会认可的上市公司独立董事资格，同时为香港董事学会会员。

摘　要

商圈是一个城市繁荣的窗口，更是一个城市最具辐射力的商业中心和大型商业网点的集聚区，是城市客流、商流、物流、资金流及信息流的交汇中心。因而，城市商圈的发育成长水平直接代表着这座城市商贸流通业发展的高度和成熟程度，也是一座城市最靓丽、最生动的标志和名片。

珠三角的商圈发育和成长在全国处于领先水平，最具代表性，拥有近百个不同等级和规模的都市级商圈、区域级商圈以及具有广泛知名度和特色的社区级商圈。不仅广州、深圳、佛山等主要城市的商圈发育早、影响力大、业种业态领先，而且广州天河路商圈还是中国最大的商圈，香港的主要商圈也是国内最成熟的商圈。那么，这些商圈的分布如何？发展现状如何？有哪些特点？存在哪些问题和缺陷？其成长性和发展前景如何？本研究报告将从不同角度进行分析和解读，使国内外读者对珠三角各城市的商圈建设及成长性有一个较系统的认识和了解。

Abstract

Trade areas are the showcase and business centers and the gathering areas of many large businesses for a city. They are also the intersectional centers of customers, business trading, logistics, finance and information of a city. Therefore, the developing level of trade areas in a city can directly represent the development of commercial and circulation industry, and can be seen as the most beautiful and vivid symbol of a city as well.

The development of trade areas in Pearl River Delta district is the top standard and representation in China. There are nearly a hundred popular and special trade areas in different levels of scale, including metropolis trade areas, regional trade areas and a few trade areas of communities. Trade areas in Guangzhou, Shenzhen and Foshan emerged early, they are widly influence and the top states and species of retail trading. Guangzhou Tianhe Road trade area is the biggest one in China, and also are developed the main trade areas in Hong Kong. Then, how about these trade areas' distribution and their development? What character do they have? What problems and defects do they have? How about their growth abilities and prospects? We analysis and discuss trade areas in Pearl River Delta district in this report, in order to make the readers have a more systematic understanding and knowledge about the construction and growth abilities of trade areas in cities of Pearl River Delta district.

前　言

王先庆

一

　　珠江水潮涌潮落，但珠三角商业盛景永不落幕。近年来，珠三角商业出现了跨越式的大发展，主要的表现是珠三角各市商圈的不断涌现和快速发展。这一闪亮的商业之光一时间引起了政府、学术界、企业界及社会各类组织和大量居民的热切关注，当然也早已成为我们研究的热点之一。

　　城市商圈是城市商业的集聚地，也是商贸流通与服务业的集聚地，它所展现的是一种现代服务业的集聚现象。城市商圈是商业网点的集中地，也是客流、商流、物流、资金流及信息流的交汇中心。因而，城市商圈往往成为城市商业最为繁荣和最具代表性的区域，成为城市繁荣的窗口，也是一座城市最靓丽、最生动的标志和名片。

　　然而，不同的商圈，其生存和发展的条件不一样，其成长和兴衰的成因及影响因素也千差万别。商圈的形态、类型及其影响力，也都与各自形成的环境和条件及城市化进程、人口规模、经济发展水平、商业布局等密切相关。那么，如何区别和了解不同商圈的个性？如何判断他们的成长性和发展趋势？如何把握不同商圈的内在结构及特点？等等，这些问题，都需要深入的调研和思考，它们不仅对商业投资和经营的效果带来影响，而且对研究的深度和科学性也有影响。

　　我们对商圈的研究已有十几年历史，尤其是近年来关注程度更为密切，并取得了较多的理论成果和实证研究成果，发表论文和研究报告十多篇，并有广州、佛山、重庆、长沙等地商圈规划的若干研究成果。例如，我们曾经专题研究了广州北京路商圈的影响力、广州天河路商圈的业态组合等。因此，我们一

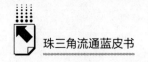

直希望能将这些研究成果和认识做一个阶段性的归纳总结，和关心珠三角流通业发展及商圈成长与建设问题的各界人士分享。

二

从古至今，珠三角地区都是商业繁盛之地。从秦汉唐宋的海上贸易节点，到明清时期的通商口岸，及至近现代商业贸易的快速发展，珠三角商业活动一直都风起云涌，在全国可谓独领风骚。在这一浓郁的商业传统和文化孕育下，改革开放以来，珠三角的商业发展逐渐表现出花团锦簇的景况，珠三角商圈也在这一契机之下大量涌现出来了。

以广州的上下九、北京路商圈作为起点，珠三角商圈的发展开始成为最重要的商业经济现象。经过十几年的发展，珠三角商业及商圈格局逐渐成形，表现为以广州、深圳为中心，以珠海、佛山、东莞为领头羊，并以中山、江门、惠州、肇庆各市商圈的快速发展为支撑的特点。特别是最近几年，以太古汇、正佳广场、万象城、华南MALL、华发商都等购物中心和城市综合体的出现为标志，珠三角商圈的影响力迅速扩大并逐步走向成熟，出现了在全国响当当的商圈品牌，如广州的天河路商圈已成为驰名中外的"中华第一商圈"，而深圳的东门商圈、珠海的拱北商圈也成为区域内具有较大影响力的城市商圈。

为了全面系统地跟踪珠三角流通业的发展，我们《珠三角流通蓝皮书》编委会，组织相关专家和研究力量，计划在2012年蓝皮书重点研究业种和行业发展的基础上，每年一个专题地逐项进行研究。2013年我们重点研究商圈，2014年计划主要研究业态，2015年拟主要研究商业网点及规划，……，如此逐年延续，为珠三角流通业的研究和实践提供专业性的第一手研究报告。

这本珠三角商圈发展研究报告，实际准备和调研已费时近三年。各研究人员和作者，不仅大多广泛深入地进行了实地调研并参与了商圈问题的研讨，而且多数都是直接参与商圈选址、进入和退出策划以及商圈建设的实践者。因此，这份研究报告基本上属于珠三角商圈学术界和实践部门的集体成果。在这本珠三角商圈研究报告中，我们组织研究力量，对珠三角各市商圈进行了深入的调研和细致的梳理工作，重新认识了我们已熟知的商圈的发展状况，重点分析了各地商圈的特点和成长性，并期待认清其未来的发展方向。

三

珠三角商圈研究报告分为四个部分。第一部分是主报告，介绍了珠三角各市商圈发展的总体情况和特点，并对其未来发展进行了深入探讨。我们从城市商圈理论的论述出发，分析了城市商圈的内涵、构成要素及等级分类，并论述了其作为城市繁荣窗口的巨大作用，城市商圈是城市商业的集聚地、城市商业的扩散源、城市形象的展示窗及产业发展的协调剂。在这一研究的基础上，我们从珠三角经济社会及商业发展的历史出发，着重探讨在这一历史过程中城市商圈的产生与发展过程，对珠三角商圈的分布和特点进行了分析和展望。

报告的第二部分是广州商圈研究。广州俗称"羊城"，是"千年商都"，也是中国中心城市之一，并正着力打造"商贸中心城市"。广州商圈的发展在珠三角具有很强的代表性，具有深厚的历史内涵和文化积淀，现在已成为珠三角商业及商圈发展的龙头。广州商圈规模巨大、业态丰富、档次齐全，拥有层次分明的特色商圈代表集团，在国内外有着巨大的影响力。其中天河路商圈在商业规模、经营档次、业态组合等方面，领先于全国各主要城市商圈，是名副其实的"中华第一商圈"，而上下九商圈和北京路商圈则充分体现了广州商业文明和商业文化的特色，是文化、旅游与商贸完美结合的产物，这三个商圈的历史演进过程，也充分体现了广州商业发展的脉络轨迹，是广州的三大都市级商圈。此外，我们也介绍了广州具有较大影响力的一些区域级（如白云商圈）和社区级商圈（如客村商圈），以及以流花服装商圈为代表的特色批发商圈。这一介绍对研究粤商文化及商业文明，揭示"千年商都"发展规律和经验特色，具有一定的参考价值。

报告的第三部分是珠三角各市的城市商圈研究，从深圳、珠海、佛山、东莞、惠州、中山、江门、肇庆八市入手，研究并介绍各市独具特色的重要商圈，并从中总结规律与特色，分析其未来成长性。在这八市中，深圳和珠海作为珠江东西两岸的区域城市中心，其商圈发展也极具特色，形成了一批有实力、有影响力、有发展前景的都市级商圈，如深圳的东门商圈、华强北商圈、人民南商圈及新兴的宝安商圈，珠海的拱北商圈、吉大商圈和老香洲商圈等，均成为区域城市商业的代表和中心。其他各市商圈也很有特色，如佛山祖庙商圈、东莞莞城商圈、中山孙文西商圈、江门常安路商圈、惠州西湖商圈及肇庆的天宁北商圈等，这些地市商圈一般服务本地，是区域级商圈的典型代表。

在本报告的最后部分，我们将视角伸向区域外的香港，探究这一世界著名的"购物天堂"的商圈特点及经验。香港是国际大都市，也是全球公认的购物天堂、美食之都及金融航运中心。香港商业的发展状况是处处有商业，各区有商圈，形成了一大批在全球有较大影响力的重要商圈，如铜锣湾商圈、中环及金钟商圈、旺角商圈、尖沙咀商圈等。从目前珠三角各市的发展状况来看，香港现在是珠三角各市的未来，因而其发展规律和特色是值得我们思考的重要内容。

四

从对珠三角各市商圈抽丝剥茧般的细致研究和探析中，我体验到了作为一名流通专业工作者及一名学者获取知识的满足和畅快感，也将我多年来关于商圈成长性的一些初步认识和思考一并奉献出来，渴望得到更多朋友、同行和专家学者的批评指正。

在这里，我要感谢在蓝皮书编写过程中众多单位和朋友的大力支持和协助。蓝皮书在编写过程中得到了广东商学院的大力支持。广东商学院是我国华南地区最具影响力的财经大学，拥有国际贸易、电子商务、商贸企业管理、现代物流、现代会展、市场营销、餐饮管理等20多个相关专业，从事商贸流通领域教学与研究的专业人员300余名，形成了强大的商贸流通研究能力。近十年来，围绕着广东如何建设现代流通服务业，广东商学院组建了流通经济研究所、电子商务与现代物流研究基地、国民经济研究中心、电子商务实验室等研究机构，其中流通经济研究所是专门从事现代商贸流通服务研究的专业学术研究机构，承担了一百多项珠三角及其他地市现代流通建设和规划项目，取得了一系列研究成果，在社会上具有较大的影响力。在蓝皮书的编写过程中，我得到了广东商学院领导程飚、王华、雍和明、王廷惠、杜承明、于海峰、吴琦，以及科研处、工商管理学院、经济贸易学院等单位的专家们给予的热情洋溢的鼓励和各方面、多层次的支持。

本书的编著和出版工作也得到了香港冯氏集团和利丰研究中心的大力支持。香港冯氏集团股份有限公司（原香港利丰集团）是一家于1906年诞生在广州的华资贸易企业，是香港历史最悠久的出口贸易商之一。今日的冯氏集团已逐渐成长为世界上最有影响力的大型跨国商贸集团，并致力于产业链整体的建设，经营范围涉及采购、物流、经销批发和零售四大核心业务。利丰研究中心是冯氏集团旗下的专业流通研究机构，多年来一直从事多层次、高深度的研究，推动着国内流通理论和研究的发展。在本书中，利丰研究中心的专家们特意直接撰写了香港商圈研究报告，为本书添彩不少。

本书是在利丰研究中心总经理张家敏先生、广东省商业联合会会长巫开立和广东省商业经济学会会长徐印州教授的指导支持下，由王先庆和林至颖共同策划和主编，由彭雷清、高艺林、陈海权为副主编，以广东商学院流通经济研究所、广州市电子商务与现代物流基地、香港利丰研究中心的专兼职研究人员为主体，在政府、企业、高校、行业协会和科研机构的积极支持和实际参与下，经过深入调查、专题讨论和认真研究写作完成的。其中广东省商业总会、广东省商业经济学会、暨南大学、深圳职业技术学院、广东省经济贸易职业技术学校、广百集团、丽影商业有限公司等单位的领导、学者和专家在百忙之中不辞辛劳亲自执笔，完成了本书中几篇重要的研究报告。流通经济研究所助理研究员李昆鹏，广东省商业经济学会的宋浩对蓝皮书的编辑、校对、审核及完成作出了突出贡献。在此，特对各位的深入研究和辛勤写作表示深深的感谢。

此外，本书也得到了教育部人文社科重点研究基地浙江工商大学现代商贸研究中心的支持。受研究中心主任郑勇军教授的委托，我们从珠三角与长三角现代流通业的比较研究角度出发，侧重于对珠三角现代流通业的各个方面尤其是业种、业态、商贸企业等方面的案例研究，有利于全面系统地了解全国商贸流通发展的现状和趋势。

当然，由于能力和水平有限，本书仍然存在着许多不够完善的地方，如在内容书写、数据收集、资料引用、数据处理与分析、研究方法、逻辑分析及相

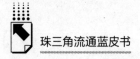
关认识方面可能存在这样那样的缺陷和不足，还恳请广大读者批评指正。

烟花易冷，但商圈之光会持续绽放，燃起燎原之势。珠三角商圈发展已经并必将继续成为珠三角商业发展中最浓墨重彩的篇章。我们将继续在珠三角流通业研究中孜孜以求，持续为国内外读者朋友介绍珠三角商贸流通业发展的经验和特色，为探索和建设有中国特色的社会主义现代流通体系奉献我们的力量。

目 录

BⅠ 主报告

BⅡ 广州商圈研究

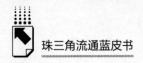

B Ⅲ 珠三角其他城市主要商圈研究

B Ⅳ 香港主要商圈研究

皮书数据库阅读使用指南

CONTENTS

Ⅰ General Report

Ⅱ Research on Trade Areas in Guangzhou

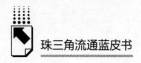
珠三角流通蓝皮书

BⅢ Research on Trade Areas in Other Cities of Pearl River Delta

BⅣ Research on the Main Trade Areas in Hongkong

主 报 告

General Report

B.1

珠三角重点商圈发育与成长研究[*]

王先庆^{**}

摘 要：

商圈或称城市商圈是一种商业集聚现象。作为一种协同发展的商业群落，商圈往往被视作城市繁荣的窗口。本文在对商圈作这一理解的基础上，分析了商圈在社会生活中的作用，商圈的构成要素及等级特点。同时，我们回顾了珠三角商圈发展的历史过程，并对珠三角商圈的分布、发展特征及成长性进行了详细论述。

关键词：

珠三角 商圈 发育与成长 成长性

* 本报告为"新城镇化背景下的城市商圈发育与成长研究"课题的阶段性成果，本课题是广东商学院流通经济研究所 2012 年年度重点项目，课题负责人为王先庆教授。徐印州、陈海权、武亮、李昆鹏、宋浩等人参与了课题的部分研究与讨论，李昆鹏、宋浩在资料整理方面有贡献。

** 王先庆，广东商学院流通经济研究所所长，工商管理学院教授，广东省商业经济学会副会长兼秘书长，广东商学院商业地产研究中心主任。

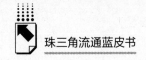

商圈这一概念，最早起源于德国，是由德国地理学家克里斯泰勒在20世纪30年代提出的。西方对商圈的理解偏重于商势圈的概念，即零售店或商业中心的服务能力所能覆盖的空间范围，或者指来店消费顾客居住的地理区域。这些国家根据商圈理论的研究，将超市、购物中心等大型生活购物场所设在能最大化辐射到周边居民的中心地，因而，往往将商业设施设置在居民小区之间的某个交通便利的区域。

在中国，基于中国特有的居民文化特质和商业特色，商圈逐渐被界定义为城市商圈的概念，也即城市商业的集中地，或者是指商业集聚这一特殊的产业集聚现象。在这一概念之下，商圈是指具有一定辐射范围的众多商业网点的集中地或者指客流、物流、商流、信息流及资金流的汇聚地。

在一个商圈中，若干具有相似或互补功能的商业企业密集分布在城市的某一特定区域，组成相互竞争、相互合作及相互促进的商业群落。这一群落，由于其结构的复杂性和合理性，能在激烈的市场竞争中形成整体优势，共享商圈整体的渠道价值及品牌效应，构成一个生态良好、活力巨大且功能完善，包含城市经济、社会、文化等多层面的区域复合体。

一　商圈是城市繁荣的窗口

"商依城在，城因商兴"。在"城市"的产生和发展过程中，商业发挥着巨大的作用。"城"原本是指为防卫而围起来的墙垣，是一种防御性的设施，可称之为"城堡、城池"等；而"市"则是指交易，即进行交换和贸易，"市场"是指进行商品交易和贸易的场所。"城"和"市"原本并不是一个概念，正是商业的出现和发展，才逐渐促进了城与市的相互需要和融合。

城市的出现有"依城而市"及"因市而城"两种形式。然而，无论在何种情况下，"城"的巨大人口产生巨大的商品交易需求，市场的发展也越来越需要固定便利的场所和安全的环境，两者最终融合成一个具有政治、军事、经济和生活功能的完整意义的城市。在人类历史上，城市的出现无疑是最具经济意义的商业集聚现象，是人类文明的主要组成部分，是伴随着人类文明与进步而发展起来的。而城市经济的本质，就在于其空间聚集性，城市聚集经济是城市形成、生存和发展的重要动力和基础。

商圈，是城市集聚经济在商业领域的集中体现，反映了城市经济功能的需要，并由于其独有的特色成为城市繁荣的窗口。

（一）城市商业集聚地

商圈的产生是一种商业集聚现象，是一种特殊的产业集聚现象。商圈本身是商业经济各种因素交互融合的场所和载体，从基础设施和信息服务两个角度、硬件和软件两个方面高效发挥商贸流通的集聚作用。

根据迈克尔·波特的竞争优势理论，产业在地理上的集聚可以更经济地获得专业化的投入要素和人力资源，可以更低成本地获取相关的信息，增强企业之间的互补性，从而形成整体优势。商圈集聚使大量相关商业企业在某一地点集中，共用区域内的城市建设设施和商业设施，同时进行各种专业化商业功能的建设，增强商业专用资产的开发；此外，商圈内企业往往以商圈整体的身份进行广告宣传与策划，企业之间可以充分共享商圈的外部经济性，从而取得更好的经济优势。

另外，在区域经济学中，产业集聚的优势也体现在产业集聚区内部的规模优势及分工优势上。商圈作为一种产业集聚现象，其规模优势在于，由于客流和商流的集中，商圈内企业掌握着零售环节的主导权，可以在供应商和消费者之间建立一种最大化利益分享机制，控制供应链和渠道。商圈的分工优势则体现在商圈内部商业企业之间的差异化经营、多样化服务上，满足消费者多层次、多方面的需求，各企业以其自身特色与优势，吸引大量消费者，促进商圈的繁荣。

此外，产业集聚及商业集聚的另一种优势是知识外溢，或称信息经济性。对于商圈而言，一方面，在集中的区域内，商业企业之间可以最大可能共享管理知识、行业信息。相互之间的人员流动及交往，可以促进知识的传播和更新，也促进企业之间的竞争与创新。另一方面，对于消费者而言，节约了大量搜集、比较产品价格的成本，便利了消费者，提升了商圈的吸引力。商业集聚使经济活动在空间上相对集中，使商业活动更有效率。顾客可以享受一站式服务，节约购物时间，获得更舒适的服务，满足多样化多层次的消费需求。生产

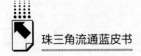

者可以更集中地消费信息，更准确地掌握市场信息。此外，商业集聚也产生了辐射能力，促进本区域及相关区域产业的发展和调整，并能促进本区域众多商业企业之间的功能融合，产生组合经济效益。

总之，商圈像一个磁石，吸引和指导商业企业和上下游企业建立供应链管理战略联盟，增强个体商业企业的辐射能力，从而发挥核心功能，最大限度地促进商贸流通诸要素的良性运转和高效整合，形成良性竞争、互补竞争、信息共享、合作共赢的商业环境。

（二）城市商业的扩散源

商圈的扩散主要指商圈在空间范围上的扩张，是商业企业利用各种优势条件，采用各种方法，将商圈的影响力与辐射力从核心商圈向外扩散，从而在整体上增强实力、提高商势，扩大影响力的空间范围。一方面核心商圈将资源配置在更远的空间区域，另一方面商圈发挥其在服务经济领域的优势，扩大技术、资金、管理、知识、信息等优势，并构建更大范围的经济协作机制。

按照商圈生命周期理论，商圈的建立往往依赖于便利的交通促进各种资源在交通交会点的集中，并通过之后人口的膨胀、经济水平的发展、品牌效应的提升以及基础设施的完善不断升级，集聚水平不断提高。在商圈集聚达到一定程度之后，必然会向外释放影响力，扩大商圈范围，开始商圈的扩散。

商圈的扩散是在商圈商业企业的主导下完成的，在一个城市表现为连锁商业的大力发展、商业品牌影响力的不断扩大。从城市经济发展的历史路径分析，集聚仅仅是一种手段，扩散才是真正的目的，聚集是为了扩散，而扩散会进一步增强集聚，是维持集聚的一种条件。

总之，商圈通过这种扩散效应，促进了自身的发展和繁荣，同时也对促进整个城市商业活跃度的提高，进而促进整个城市经济发展水平的提高具有重要意义。

（三）城市形象的展示窗

在现代都市，商业是最能反映一个城市经济发展现代化水平和活跃度的因素。商业由于其广泛的参与性及体验性，成为最能感受城市服务魅力的媒介，因而成为现代生活的标志，成为展示城市繁荣及形象的窗口。

商圈的形成和崛起是城市经济繁荣和文明进步的结果，同时也是城市彰显个性和展现魅力的窗口。商圈是一个城市商业最集中和最发达的地域，代表了这个城市的商业经济活力水平，而后者又显示出整个城市的活跃程度与发展水平，因此，城市商圈尤其是都市型商圈越来越成为一座城市最繁华活跃的中心地，成为城市的名片和标志。

商圈往往处于城市的中心区，是市民购物、休闲及游客旅游的目的地之一，商圈的特色及形象，会给消费者留下最深切的印象，影响他们对城市的评价。另外，现代商圈的商业设施越来越体现出豪华性及便利性，高耸入云的建筑、流光溢彩的外表、绚烂多彩的宣传、便利舒适的内部空间等，成为城市的标志性建筑，也代表了城市的发展水平和档次。

商圈是城市功能的核心，一个商圈的聚集会融合诸多服务功能于一体，发挥规模效应，共享供应、销售链，整合消费需求。一个商圈就像一个小型的"城市"，基本的服务功能应有尽有，商业、商务办公、消费、娱乐、餐饮、休闲、交通等功能有机结合，促进城市综合服务功能的提升和完善。

现代商圈越来越突破"中心地"的概念，向着提供多样服务的"城市综合体"方向发展。"城市综合体"就是将城市中的商业、办公、居住、旅游、展览、餐饮、会议、文娱和交通等城市生活空间的三项以上进行组合，并在各部分间建立一种相互依存、相互助益的能动关系，形成多功能、高效率的综合体。城市综合体具备了城市的完整功能，往往被称为"城中之城"。

因而，现代都市的商圈越来越成为城市展示形象的窗口，成为城市的名片和标志，如广州的北京路商圈、天河路商圈，北京的王府井商圈，上海的徐家汇商圈及香港的铜锣湾商圈等，都成为城市的标签与代表。

（四）产业发展的协调剂

在现代产业发展浪潮中，以商业为主的第三产业占据了越来越重要的地位，在现今的主要发达国家中，第三产业所占比例已超过70%。商圈不仅满足了消费者的各种需求，还更多地承担了产业发展协调剂的作用，对第一、二产业的发展具有巨大的促进作用。

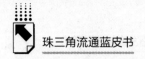

核心商圈协调产业发展的效应是商贸因素和诸多支撑因素相互作用的结果。商圈中商业设施的发展，业态结构的完善，配套交通体系的建设，营销活动的需要，休闲娱乐的升级等，引起并促进了相关产业的发展，诸如地产业、交通运输业、广告业、策划、娱乐业、供应链等诸多服务行业。商圈作为金融、贸易、设计、营销活动的中心，积极承接第一产业、第二产业的前端和后端的外溢效应，把握"微笑曲线"两端的制高点，能提高三次产业的附加值，推动产业结构的调整和优化升级，促进产业和整个经济社会的发展。

商圈发展与旅游产业具有共生促进作用。旅游业的发达为商圈发展带来了源源不断的人流，并提高了商圈的影响力；同时商圈的发展促使商圈本身成为一个旅游景点，可以提高整个城市的知名度。商圈发展也是一种文化现象，文化是一个城市的内涵和核心竞争力，是城市商圈凸显特色的核心要素，是未来商圈设计开发的着眼点和未来城市发展的亮点。

此外，城市的发展是一个不断变化的过程，商圈在城市发展中的作用在于，商圈迎合和促进了城市发展进程，避免了城市的空心化和停滞，提高了城市的活力和价值。随着城市化、工业化进程的发展，城市有郊区化的趋势，城市的工业和人口逐渐向郊区转移，具有明显的外扩趋势，城市副中心、卫星城等逐渐出现。商业和商圈的发展，迎合了这种变化，一方面，在居民聚集区产生商业与服务的集聚，促使新的商圈产生和发展；另一方面，商圈承接了城市重心转移产生的空心化空间，以商业的巨大活力，重启了城市的繁荣。商圈的发展顺应城市发展进程和重心转移，顺应经济社会和消费特征的变化趋势，推动了整个城市的持续发展繁荣。

二　商圈的构成要素及等级分类

对于现代商圈的研究，主要是从其人口、经济基础、交通、业态及成长性等构成要素及不同的等级分类等角度进行分析的。

（一）商圈的构成要素

在商圈的构成要素中，人口、交通、经济基础是构成商业的基础条件，高效的商业管理是维持商圈持续发展的要素，而业态构成的差异是商圈特色的体现，也是商圈成功的关键因素。

1. 人口、交通及经济基础

在商圈的建立过程中，交通因素往往是一个巨大的促进因子。许多商家往往因为便利的交通可以带来物流的便利性，带来更多的人流并带来良好的发展前景，而选择某一交通交会处设立商业网点。随着商业博弈的开展，这一点会逐渐聚集更多的商家，逐渐形成商业集聚地，构成商圈。

人口对商圈的发展具有巨大的影响作用。有研究者总结世界主要发达城市的人均商业面积时指出，一个商圈的规模应与其辐射的人口数相当，即人均商业面积为 1~1.2 平方米/人，人口不足，难以维持商圈的稳定运行和发展。此外，不同的零售业态所要求的人口规模也不尽相同，以购物中心为例，在欧洲，人均购物中心面积较低，最高的挪威，这一指标为 0.7 平方米左右；而在美国，人均购物中心面积指标则高达 2.2 平方米；在中国香港，由于人多地狭，人均购物中心面积在 1.4 平方米左右。

经济发展对商圈也有举足轻重的影响。一定的经济水平对促进消费结构升级具有巨大的促进作用。对于包含购物中心、百货商店等的现代商圈而言，只有人均 GDP 在 6000 元左右时，百货商店才能得到良好的发展，而只有人均 GDP 超过 12000 元时，才可选择购物中心等商业模式。

2. 业态

按照对现代商圈的研究，业态是指商圈内企业对经营类型的选择。业态是生态学概念在商业领域里的应用，按照这一概念，业态所表示的是商业类型与周边环境的适应性，这种适应性表现在对居民生活需求的满足，对市场活跃程度的调节等许多方面。因而，商圈的业态往往成为商圈特色的重要体现，也是商圈表现出活力的重要因素之一。

按照现代零售学对零售业态的认识，商圈的主要业态可大致分为 12 种（见表 1）。

此外商圈业态也是表现商圈档次和现代化程度的重要指标。在现代商业的发展过程中，与人民生活水平不同档次相适应，不同的业态依此出现。如百货店出现在物质产品不丰富的阶段，以其商品种类齐全的特点，吸引消费者；连锁超

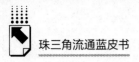
表1 商圈主要零售业态分类

业 态	特点		
	辐射范围及目标顾客	规模	商品(经营)结构
食杂店	辐射半径0.3公里,目标顾客以相对固定的居民为主	营业面积一般在100平方米以内	以香烟、饮料、酒、休闲食品为主
便利店	商圈范围小,顾客步行5分钟内到达,目标顾客主要为单身者、年轻人。顾客多为有目的的购买	营业面积100平方米左右	以即时食品、日用小百货为主,有即时消费性、小容量、应急性等特点,商品品种在3000种左右,售价高于市场平均水平
折扣店	辐射半径2公里左右,目标顾客主要为商圈内的居民	营业面积300~500平方米	商品平均价格低于市场平均水平,自有品牌占有较大的比例
超 市	辐射半径2公里左右,目标顾客以居民为主	营业面积在6000平方米以下	经营包装食品、生鲜食品和日用品,食品超市与综合超市商品结构不同
大型超市	辐射半径2公里以上,目标顾客以居民、流动顾客为主	实际营业面积6000平方米以上	大众化衣、食、日用品齐全,一次性购齐,注重自有品牌开发
仓储式会员店	辐射半径5公里以上,目标顾客以中小零售店、餐饮店、集团购买和流动顾客为主	营业面积6000平方米以上	以大众化衣、食、日用品为主,自有品牌占相当部分,商品在4000种左右,实行低价、批量销售
百货店	目标顾客以追求时尚和品位的流动顾客为主	营业面积6000~20000平方米	综合性,门类齐全,以服饰、鞋类、箱包、化妆品、家庭用品、家用电器为主
专业店	目标顾客以有目的地选购某类商品的流动顾客为主	根据商品特点而定	以销售某类商品为主,体现专业性、深度性,品种丰富,选择余地大
专卖店	目标顾客以中高档消费者和追求时尚的年轻人为主	根据商品特点而定	以销售某一品牌系列商品为主,销售量少、质优、高毛利
社区购物中心	辐射半径5~10公里	营业面积为5万平方米以内	20~40个租赁店,包括大型综合超市、专业店、专卖店、饮食服务及其他店
区域购物中心	辐射半径为10~20公里	建筑面积10万平方米以内	40~100个租赁店,包括百货店、大型综合超市、各种专业店、专卖店、饮食店、杂品店以及娱乐服务设施等
都市购物中心	辐射半径为30~50公里	建筑面积10万平方米以上	200个租赁店以上,包括百货店、大型综合超市、各种专业店、专卖店、饮食店、杂品店及娱乐服务设施等

资料来源:零售业态分类标准(GB/T18106—2004)。

市的出现迎合了消费者对价格低廉和便利性商品的需求；购物中心则为中高收入者提供了一种休闲、娱乐、购物一体化的场所。因而，以不同业态为主的商圈也展现出不同的档次，如传统商圈以步行街、专卖店、零售商铺为主，现代商圈则主要以百货为主，而现代化程度更高的商圈则开始出现以购物中心为主导的状况。

3. 商圈的成长性

商圈的成长性是商圈随着经济社会的发展不断进步的结果。随着交通、人口及人民生活的不断改善，商圈也会得到不同程度的发展，这种发展包括营业面积的增加、经营类型的丰富、管理水平的提高、经营环境的改善及经营业态的调整等许多方面。

随着人口的不断膨胀，按照人均商业比例，商业面积也会相应不断增加，而随着商业面积的增加，商圈的集聚程度会进一步提高，其商业影响力不断增强，商圈辐射力也在增大，辐射更多的消费者消费，反过来又促使商圈商业面积进一步扩展。这种循环不断进行下去，商圈的繁荣程度就会不断增强，这也是商业发展的马太效应。以香港为例，随着人口的不断增加，香港的商业面积及购物中心数目不断增加，经过三代购物中心的发展，逐渐形成了购物天堂，整个香港成为一个大商圈，而这一购物天堂将其辐射范围迅速扩大到大陆地区、东南亚、欧美等国，为其带来了大量的游客，这些游客又为香港商业的发展注入了活力。

随着人们生活水平的不断提高，现代人对生活的追求不再仅仅是物质消费，而越来越关注体验、休闲和娱乐。在这样的背景下，能提供一站式服务的商圈，就逐渐展现出其巨大的吸引力，而商圈也需要在产品档次、结构、服务水平及经营环境上不断改进，表现出商圈的成长性。此外在经营业态上，购物中心、连锁超市、高档百货为迎合现代消费者高档化、体验化的需求而不断涌现，成为商圈成长的另一个方向。

（二）商圈的等级分类

按照功能定位、辐射能力、目标服务对象、规模体量等因素的不同，可将城市商圈划分为都市级、区域级和社区级三个等级。①

---

① 齐晓斋：《城市商圈的类型和选址》，《江苏商论》2007 年第 8 期。

其中都市级商圈是指商业高度聚集、经营服务功能完善、辐射能力强、辐射范围超广域型的商业中心，是具有最高等级的商业"中心地"。区域级商圈是指商业中度集聚、经营服务功能比较完善、服务范围为广域型的地区商业中心，主要为某一区域的消费者提供服务。社区级商圈是指商业有一定程度集聚，主要为居民提供生活必需品的商业行业和生活服务业的商业集聚区（见表2）。

表2　城市商圈不同等级的特征

	都市级商圈	区域级商圈	社区级商圈
区位特征	城市中心区、主要交通枢纽、历史形成的商业聚集区	位于居民聚集区、交通枢纽、商务聚集区	位于居民社区，核心商圈1~2公里以外的区域
功能特征	行业齐全、功能完备，形成购物、餐饮、旅游、休闲、娱乐、金融、商务等的有机集聚	功能比较齐全，区域辐射优势比较明显	提供居民日常生活必需品和生活服务
商业特征	商业网点相当密集、市场极具活力，商业最为繁荣、辐射能力极强，商业面积巨大	网点比较密集，结构合理，商业营业面积在10万平方米左右，能基本满足区域内居民的购物、餐饮、休闲、娱乐和商务活动需要	商业网点一定程度集中，营业面积在2.5万平方米左右，提供一般的餐饮、娱乐、购物服务
客流特征	交通方便，客流量大，日客流量一般在30万人次以上，市外消费人口占比大	服务人口在20万左右	服务人口在5万人左右，外来社区人流占比较小
业态特征	业态齐全，资源配置合理，市场细分程度高，选择余地大	业态丰富，以百货店、专卖店为主	业态比较集中，以超市、小型专卖店、便利店为主

资料来源：齐晓斋：《城市商圈发展概论》，上海科学技术文献出版社，2007，第81~83页。

根据表2城市商圈的等级特征，可总结得到商圈等级指标体系，如表3所示。

表3　城市商圈等级的指标体系

商圈	服务对象	需求类型	服务人口（人）	商业规模（平方米）	基本设施与业态
都市级	国内外及本市消费者	综合	30万以上	30万以上	大型购物中心、高档百货店、专卖店、休闲娱乐中心
区域级	本地居民及外来消费者	综合	20万左右	10万	购物中心、百货店、文化娱乐、餐饮等
社区级	本社区居民	必备	5万	2.5万	超市、便利店、餐饮、服务

注：根据上述资料整理。

在一个城市中，根据城市的不同规模，往往形成少数几个都市级商圈为龙头、数个区域商圈为主体、一些社区商圈为辅助的格局。其中都市级商圈往往位于城市最为繁华的核心区，是城市综合服务功能的集中提供地，也代表了城市的形象，如广州的天河路商圈、北京路商圈，深圳的人民南商圈、老东门商圈及华强北商圈，珠海的拱北商圈、吉大商圈，东莞的莞城商圈等。区域级商圈的服务范围以市内某一区域为主，一般是某一行政区最活跃的商业核心，如广州的江南西商圈、白云商圈、万博商圈、广州大道北商圈等。社区级商圈辐射范围较小，数量较多，在珠三角商圈中不做详细介绍。

三　珠三角主要商圈的发育成长及其分布

改革开放 30 多年来，作为我国改革开放的先锋和"试验田"，珠三角经济区率先在全国推行以市场为导向的改革，率先建立起社会主义市场经济体系，成为全国市场化程度最高、市场体系最完备的地区之一。珠三角紧紧依托毗邻港澳的区位优势，抓住国际产业转移和要素重组的历史机遇，率先建立起开放型经济体系，成为我国外向度最高的经济区域和对外开放的重要窗口。

（一）珠三角商圈发展的背景

30 多年来，珠三角经济社会发展水平实现了跨越式发展，人口不断增长，人民生活水平不断改善，交通运输快速发展，商业零售活动日益活跃。在这样的背景下，珠三角商圈逐步实现了由低等向高级、由传统商圈向现代商圈的发展。

1. 人口规模快速增长

改革开放以来，随着外来务工人员的不断增加，广东人口规模不断增长，由改革开放初期 1982 年第三次人口普查时的 5363.19 万人，增加到 2010 年第六次人口普查时的 10432.05 万人，30 年增长近一倍，年均增长达到 24%。

珠三角经济区九市占地面积共 5.47 万平方公里，占广东省总面积的

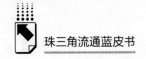
30.5%，但总人口有 5646.51 万人，占全省人口的比例为 53.8%，① 表明广东省人口较为密集地集中在珠三角地区。

从图 1 可知，自 1990 年市场经济大力发展开始，珠三角人口规模有较大幅度增长，年均增长率超过 42‰。近年来，随着珠三角外向型经济及服务业的发展，珠三角人口又有了一次快速的增长，如 2005～2011 年人口年均增长率达到 43‰。

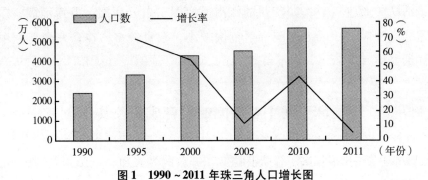

图 1　1990～2011 年珠三角人口增长图

资料来源：《广东省统计年鉴 2012》。

人口的增加意味着人口密度的增加，2011 年，珠三角地区人口密度已达到 1031.6 人/平方公里，约为全省平均人口密度的两倍，② 其中深圳的人口密度更是达到 5360 人/平方公里（如图 2）。

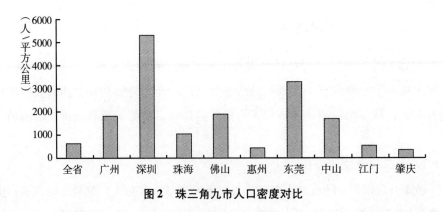

图 2　珠三角九市人口密度对比

---

① 资料来源：《广东省统计年鉴 2012》。
② 2011 年广东省平均人口密度为 584 人/平方公里。

人口的快速增长及人口密度的增加为珠三角商圈的发展带来了充足的人口基础,成为城市商圈发展的基础之一。

2. 交通运输更加便利

近几年来,珠三角交通运输事业实现了里程碑式的大发展。2012 年 12 月 31 日广珠轻轨全线通车,加上已开通的广深高铁,以及正在建设中的广佛肇城际轻轨,[①] 珠三角逐渐形成了以广州为中心的城际轨道交通网和高速铁路网,珠三角一小时轨道交通网已初露端倪。按照《珠三角城际轨道交通同城化规划》,到 2030 年,珠三角将形成"三环八射"的城际交通格局,线网总长将达到 1874.5 公里,珠三角的轨道交通网络密度将达到 12.2 公里/百平方公里。

此外,在高速公路网建设上,珠三角已形成以国家高速公路网为核心,以城际高速为主体的密集高速公路网,2011 年,珠三角高速总里程达 2860 公里,核心区高速公路密度仅次于纽约都市圈,超过了东京、巴黎、伦敦等都市圈。

公路方面,珠三角公路总里程由 2006 年 52139 公里,增长为 2011 年的 56380 公里,年均增长率达到 1.6%,公路便利性大幅度提高(如图 3)。

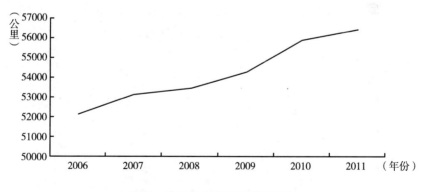

图 3　珠三角公路通车里程变化

3. 居民收入不断增加,消费水平提升

近 30 年来,珠三角经济快速增长,地区生产总值已由 1990 年的 1006.88

---

① 广佛肇轻轨预计 2014 年建成通车。

亿元增加到 2011 年的 43720.86 亿元，20 多年增加了 43 倍，年均综合增长率为 19.7%，远高于全国平均水平。与此同时，人民生活水平也不断提高，居民存款余额有较大幅度增长（如图 4）。

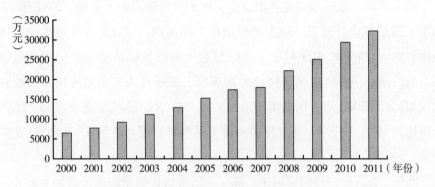

图 4 珠三角居民存款余额变化情况

与居民生活水平和收入不断增加一致，珠三角居民的消费和商业活动也不断增长。从社会消费品零售总额的变化情况来看（如图 5），11 年来，社会消费品零售总额稳步增长，年均增长速度达到 15.1%，其中 2011 年增长速度为 15.6%，高于十几年的平均水平，且仍表现出较强的增长势头。

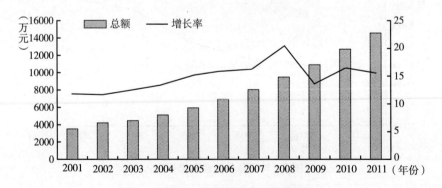

图 5 珠三角社会消费品零售总额变化情况

（二）珠三角商圈的发育与形成过程

珠三角的形成过程是从零开始的。改革开放之初，由于受到国家实行配给制的局限，珠三角各市商业的特点是以国营百货店及供销社、代销点和农贸市场为主，商业活动比较稀少。经过30多年、三个阶段的发展，珠三角各城市逐渐形成了特色各异的诸多商圈，商业活动愈益活跃，城市经济更加繁荣。

1. 传统商圈的兴起

20世纪70年代末到90年代初，中国处于改革开放初期工业化发展的起步阶段及社会主义市场经济模式的探索阶段，这一时期经济社会发展的显著特点是产品供给不足、市场活动不够活跃。

改革开放初期，国家逐步放开市场管制，中国进入工业化的初级阶段，人民群众极大的消费能力得到释放，有限的工业生产能力不能满足巨大消费水平的扩张。从广东省工业生产总值与社会消费品零售总额的比较中可知，工业品生产总值低于社会消费总零售额，反映出社会产品供不应求的状况。

当时，由于广东率先实行改革开放，来自香港、澳门的各类日用消费品，尤其是服装、家具、电器、食品等当时内地奇缺的生活物品，从珠海及深圳关口大量涌入珠三角，珠三角成为当时中国商业活动最为活跃的地区，大量公务员、教师、工人等"下海"淘金，掀起了一波下海浪潮。

这一阶段，珠三角商圈的特点是形成了大量以销售生活用品、服装、电器为主的零售商店及批发市场，商店规模比较小，交易原始。这些零售店铺以原有国营百货（许多已实行政企分离）所在区域，或历史上的传统商业区为核心，形成了珠三角早期的商圈。

此外，还有一类以免税商场为基础发展起来的商场，如珠海、深圳经济特区的免税商场，广州的南方大厦等。这些大型商场带动了周边商业的发展，成为依托港澳贸易的传统商圈。

这一时期，珠三角商业较为零散，还没有表现出现代商圈的特质，但作为现代商圈的萌芽，已开始出现一定的集聚特征，成为珠三角现代商圈发展的基础（如表4）。

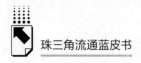

表4　20世纪90年代中期前珠三角主要城市的商圈

城市	主要商圈	代表商业物业
广州	上下九商圈、西堤、西湖路	妇儿商店、莲香楼、南方大厦、上下九步行街
深圳	人民南商圈、老东门商圈	免税商场、华侨商店、友谊商店、东门步行街
珠海	老香洲商圈、吉大商圈、拱北商圈	香洲百货、免税商场、珠海百货、拱北市场、莲花路、香埠路
佛山	祖庙商圈	祖庙街、百花广场、兴华商场
中山	孙文西商圈	中山百货、孙文西步行街
东莞	城楼商圈	西正路、市桥路

2. 现代商圈的建立

20世纪90年代中期到2005年，珠三角商圈的发展出现了一个显著的特征，即现代百货及其他零售业态如雨后春笋般不断涌现，商业集中度越来越高，现代商圈不断涌现。

1996年，中央着力研究建设有中国特色的市场经济，扩大改革开放范围，深化国有企业改革。加上1997年及1999年香港和澳门的相继回归，珠三角经济社会发展出现了一波新的高潮。

这一时期，珠三角改建和新建了大量现代百货商店。现代百货店不同于计划经济时代传统综合百货"不怕不卖钱，就怕货不全"的经营方式，而是采用现代企业经营体制、现代企业管理制度、现代企业经营理念，采取市场化的经营方式，自负盈亏，以经济效益为主要目标，在经营范围、经营理念上作出重大调整，向专业化、高档化方向发展。现代百货以"少而精"的专业化思路，集中精力主要销售珠宝、服装、化妆品、钟表等高利润、高价值产品，成为追求时尚、高贵及精致生活的顾客的理想目的地（如表5）。

表5　20世纪90年代至2005年珠三角现代百货商场的改造和建设

城市	商场名称及建设时间
广州	新大新(1990)、广百(1991)、东山百货(1992)、天河城百货(1996)、王府井百货(1996)、友谊时代店(1999)、中华百货(2001)、摩登百货(2002)、新光百货(2004)
深圳	万佳百货(1991)、西武百货(1993)、百佳华百货(1995)、茂业百货(1996)、岁宝百货(1996)、天虹百货(1999)、海雅百货(1999)、太阳百货(1999)
珠海	茂业珠海店(2001)、珠海百货(1992,2000年改制)、万佳百货(2002)
东莞	天和百货(1997)、彩怡百货(2004)、润升百货(2002)、亨达百货(2002)
佛山	新胜利百货(1990)、明珠百货(2003)、兴华商场(2003改制)
中山	益华百货(1995)、中肯百货(1997)

同时，以连锁超市为主的其他商业业态也开始不断涌现。1996年，全球零售巨头沃尔玛进入深圳，开办中国第一家分店，同年，排名第二的家乐福也落户深圳，2004年，麦德龙在东莞开设第一家自选超市，随后在广州、深圳扎根，至此国际三大连锁超市巨头相继入驻珠三角。此外1992年，华润万家入驻深圳，1996年，日本超市吉之岛入驻天河城，随后百佳超市也进入珠三角。珠三角本地也相继开办并发展了一系列较有影响力的大型超市（见表6）。

表6 创建于珠三角的大型连锁超市

名称	创立时间	创立地点	现有门店数
好又多超市	1997	广州	>100
新一佳超市	1995	深圳	>100
人人乐超市	1996	深圳	122（2012年6月30日）
宏城超市	1994	广州	107（广州）
壹加壹超市	1994	中山	55

除此之外商业面积巨大、服务功能完善的购物中心也开始出现。1996年开业的广州天河城是大陆地区首家shopping mall形态的商业设施。深圳的中信城市广场2002年开业，第一次将购物中心概念带给了深圳，并引进了华南地区第一家星巴克，开放了第一家五星级影院。

随着现代百货、连锁超市及购物中心等新型商业业态的崛起，珠三角各市现代商圈纷纷涌现，初步形成了遍布城市各区的商圈分布格局。

3. 现代商圈的升级发展

从2005年开始，随着人们对商贸流通业基础地位及其在社会生活中的作用认识的不断深刻，珠三角各市商圈开始出现跨越式发展。各地政府相继对商业网点和商圈进行了详细的规划设计，如《广州商业网点发展规划（2003~2012）》对广州市的商业网点、商业街进行了全面的设计，与此同时广州各区及重要商圈也进行了有针对性的规划设计，如《北京路国际商贸旅游区发展规划（2006~2011）》《天河区商业网点发展规划（2007~2020）》等，这些规划对于城市和区域发展商业及商圈指明了道路。

一方面是各现代百货商场不断向外扩散，开设分店；另一方面是更具现代一

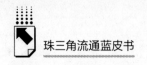

体化格局及体验功能的购物中心大量涌现（见表7）。以此为契机，珠三角各市商圈商业面积不断增加，商圈规模不断膨胀，集聚度不断提升，影响力也快速扩大。

表7　2005年后各核心商圈扩张的购物中心及百货商店

城市	商圈	购物中心
广州	北京路商圈	五月花广场、光明广场、名盛广场、动漫星城、丽都潮楼、广百GBF、摩登百货、天河城白货
	天河路商圈	正佳广场、太古汇、万菱汇、中怡时尚广场、时尚天河、天河又一城、直通车、广百中怡、友谊商店、丽特百货、华忆百货
	上下九商圈	西城都荟
深圳	华强北商圈	女人世界、茂业百货
	东门商圈	旺角购物中心、越港商业中心
佛山	祖庙商圈	岭南新天地、东方广场
珠海	拱北商圈	口岸购物广场、莲花万景城
东莞	莞城商圈	华南MALL、海雅百货
中山	孙文西商圈	兴中广场

到2012年底，珠三角各商圈发展逐渐成熟，形成了大批具有影响力的现代商圈，构建了层次完整的现代城市商圈体系。

（三）珠三角商圈分布现状

到目前为止，珠三角九市共形成都市级及区域级商圈51个（不含社区级商圈）。仅从数量上看，除了广州、深圳商圈稍多之外，其他各市商圈数量相差不大（如图6）。这主要是由于各市对商圈的评价不同，经济水平较高的城市会相应提高商圈的规模标准，这样商圈的档次也会有所提高。

从档次上看，广州、深圳、珠海等地商圈档次较高，辐射能力较强。而其他六市商圈辐射力较弱，表现出区域性的特点，从都市级商圈的分布上就可以看出这一点（见表8）。

表8　都市级商圈分布

城市	商圈名称	城市	商圈名称
广州	天河路商圈、北京路商圈、上下九商圈	珠海	拱北商圈、吉大商圈
深圳	东门商圈、华强北商圈		

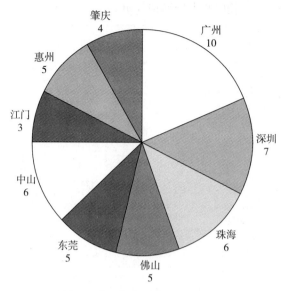

图6 珠三角主要商圈区域分布

对比珠三角各市主要商圈的级别及特色，可以对珠三角商圈有一个更深刻的认识（见表9）。

表9 珠三角主要商圈对比

城市	商圈名称	商圈级别	特色	地址	代表商业
广州	天河路商圈	都市级	八大购物中心、六大百货、华南第一专业市场、中华第一商圈	天河区天河路	天河城、正佳广场、太古汇、万菱汇、广百中怡店、维多利广场、时尚天河、天河电脑城、太平洋电脑城、百脑汇、颐高数码、天娱广场、摩登百货
	北京路商圈	都市级	以北京路步行街为中心，业态以百货为主，专卖店为辅，旧城市中心	越秀区北京路	北京路步行街、广百百货、广百GBF、新大新、天河城百货、摩登百货、五月花广场、新潮都
	上下九商圈	都市级	以上下九步行街为中心，品牌专卖店为主，档次较低	荔湾区上下九路	上下九步行街、妇儿商店、莲香楼、平安戏院
	江南西商圈	区域级	业态以购物中心、地上地下步行街为主	海珠区江南西路	广百新一城、海珠购物中心、江南新地、江南西步行街
	广州大道北	区域级	业态以百货商场、大型超市、零售专卖店为主	白云区广州大道北	嘉裕太阳城、梅花园商业广场、圣地广场、广百百货、摩登百货、佳润广场

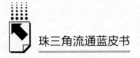

续表

城市	商圈名称	商圈级别	特色	地址	代 表 商 业
广州	白云新城商圈	区域级	定位高端,大型购物中心为主,经营品类以零售、餐饮为主	白云区白云新城	白云万达广场、五号停机坪广场、天河城百货、百信广场
	环市东商圈	区域级	定位高端,业态以百货为主	越秀区淘金	丽柏广场、友谊商店、保利中环广场、正佳东方国际广场
	农林下路商圈	区域级	以百货为主	越秀区东山口	王府井百货、东山百货、广百百货(收购美东百货)、中华广场
	珠江新城商圈	区域级	定位高端,以购物中心为主	天河区珠江新城	高德置地、花城汇、友谊国金店、太阳新天地、广百GBF
	万博商圈	区域级	以购物中心、折扣店为主	番禺区万博	海印新一城、万达广场、天河城百货奥特莱斯、奥圆
深圳	东门商圈	都市级	以东门步行街为中心,百货业为主	罗湖区东门	太阳百货、茂业百货、明华广场、九龙城广场、旺角购物广场、天龙商业广场、老东门广场、太阳广场、兴华商场、东港中心、中威商业广场、亚洲商业广场、南塘商业广场、白马服装批发市场、新白马服装批发市场、天虹商场
	华强北商圈	都市级	以电子专业市场为龙头,包含百货、专卖店等业态	罗湖区华强北	紫荆城、群星广场、曼哈商业广场、儿童世界、女人世界、茂业百货、华强东商业中心、赛博宏大数码广场、国美电器、赛格广场、华强电子世界、新亚洲电子商城、都会电子城、港澳城
	南山商圈	区域级	深圳新兴商圈,定位中高端,以大型购物中心、百货、专业市场为主	南山区	海岸城购物中心、保利文化广场、海雅百货、花园城中心、紫荆城、百安居、宜家、欧洲城、海上公园、南山书城、京基百纳广场、华侨城、太古城
	人民南商圈	区域级	深圳最老商圈,以人民南路为中心,业态以百货为主	罗湖区	佳宁娜广场、友谊城、钻石广场、金光华广场、国贸大厦、天安国际大厦、深房百货、百货广场
	深南中商圈	区域级	以大型购物中心为主的新兴商圈	福田区	地王大厦、岁宝百货、中信城市广场、万象城
	宝安老城区商圈	区域级	以百货零售为主,辐射范围较小	宝安区	天虹广场、海雅百货、宝安电子城、岁宝百货
	龙岗商圈	区域级	以百货零售为主,辐射范围较小	龙岗区	五洲风情MALL、鹏达假日MALL、龙岗星河购物中心、柏龙奥特莱斯商城、龙岗步行街、人人购物广场、龙岗天虹、世贸百货、万佳百货、铭可达

续表

城市	商圈名称	商圈级别	特色	地址	代 表 商 业
珠海	吉大商圈	都市级	以购物商场、百货店为主,珠海高档商圈	香洲区吉大	珠海百货、免税商场、国贸购物城、潮响国贸城、九百地下商场、潮流前线、珠华商业广场
	拱北商圈	都市级	以百货为主,依托拱北关口发展	香洲区拱北口岸	口岸购物广场、莲花路步行街、国际商业大厦、迎宾百货广场、米兰百货广场、口岸市场、莲花万景城
	老香洲商圈	区域级	珠海商业发源地,以百货为主	香洲区香埠路	扬名百货、茂业百货、百分百购物中心、乐淘城、尚都百货、金宝路、通大百货、朝阳市场、香埠路步行街
	新香洲商圈	区域级	依托梅花西路汽车一条街建立,档次较低	香洲区新香洲	旺角百货、时代电力广场、华润万家、梅花西路汽车一条街
	前山商圈	区域级	依托前山建材市场而起,档次较低	香洲区前山	前山百货、米兰商业城、旺嘉购物广场、汇益百货、明珠商业广场、世邦装饰、财富时代
	南屏商圈	区域级	城市社区聚集区,依托华发商都而起	香洲区南屏	华发商都
佛山	祖庙商圈	都市级	以祖庙路步行街为中心,包含百货等业态	禅城区老区	百花广场、顺联百花总汇、兴华商场、祖庙路步行街、飞鸿天地、丽园广场、岭南新天地、东方广场
	季华商圈	区域级	以购物中心、百货业态为主,档次较高	禅城区季华路	顺联国际购物中心、禅城嘉信茂广场、流行前线、东建世纪广场、英皇时尚城、印象城、顺德国际、万科广场、怡翠世嘉商业中心、恒福国际商业中心、中国陶瓷城
	南海大道商圈	区域级	发展中的新兴商圈,依托广佛同城化,以大型购物中心、百货为主	桂城南海大道	南海广场、汇潮新天地、佑一城、嘉信茂、创鸿广场、天蓝百货、凯德广场、鸿大广场、顺联国际奥特莱斯、南海新天地
	桂城东商圈	区域级	桂城成熟商圈,档次适中	桂城东	百花时代广场、城市广场、顺联奥特莱斯、新天地广场、佳盛国际广场、麦德龙、新光百货、保利水城
	大沥商圈	区域级	辐射范围小,档次不高	南海区大沥	兴沥雄广场、巴黎春天步行街、嘉洲广场、新都汇购物广场
东莞	莞城商圈	区域级	东莞城市中心商圈	莞城区	文化广场、西城楼大街、地王广场、盈丰广场、沃尔玛购物广场、东方愉景威尼斯广场、天虹商场

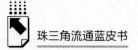
续表

城市	商圈名称	商圈级别	特色	地址	代 表 商 业
东莞	东城商圈	区域级	以购物中心为主,档次较高	莞城区东城路	世纪广场、世博广场、星河传说、新世纪酒吧街、一里洋场
	南城商圈	区域级	以购物中心、百货、连锁超市为主	莞城区莞太大道	第一国际、时尚岛·蓝钻、中心广场、富民商业街、综艺·曼哈顿时代
	万江商圈	区域级	以超大型购物中心为主	莞城区华南MALL附近	华南 MALL、麦德龙、都会广场
	虎门商圈	区域级	以虎门服装专业市场为基础建立	虎门镇	虎门国际购物中心、天虹商场、富民时装城、黄河时装城、太沙路步行街、虎门寨商业街、潮流 MALL、虎门国际购物中心、地标广场、地一大道
中山	孙文西商圈	区域级	中山商业发源地,以百货为主	石岐区孙文西路	中山百货、中垦百货、吉之岛、孙文西步行街、逢源商业街、金都城潮流 MALL、中天广场、永胜广场、
	京华商圈	区域级	中山 CBD 商业区,以百货为主	石岐区中山三路	益华百货、利和广场、南下新码头、益华城、万佳百货、好又多
	大信商圈	区域级	以购物中心为主,中高档次	石岐区莲塘	大信新都汇
	假日商圈	区域级	以假日广场为中心,规模较小	石岐区兴中道	假日广场
	富华商圈	区域级	以零售、批发为主,档次较低	石岐区富华道	富业广场、益华百货、西苑电脑城
	紫马岭商圈	区域级	定位于周边小区居民,档次中等	石岐区	大东裕国际中心、华润万家、嘉伦国际商务中心
江门	常安路商圈	区域级	以传统专卖店、百货、零售店铺为主	建设路与胜利路	常安路步行街、象溪路沿线、五邑城、地王广场、文华韩国城
	港口路商圈	区域级	以百货、零售为主,档次不高	港口路、江边里	东湖百货、泰富城、江华路、优越城百货、江边里
	北郊商圈	区域级	以购物中心、百货、专业市场为主	中山北郊	金汇广场、益华百货、义乌小商品城
惠州	西湖商圈	区域级	惠州最早形成、最成熟的商圈	环城西路	丽日购物广场、惠州步行街、水门商业街、赛格电子、黄塘电脑城、新西湖百货
	麦地商圈	区域级	惠州地区市级商圈,业态丰富	花边岭广场	天虹商场、海雅、人人乐、港惠购物中心、广百百货、数码商业街、南坛商业街、百佳超市、美博城

续表

城市	商圈名称	商圈级别	特色	地址	代 表 商 业
惠州	江北商圈	区域级	CBD 商圈,较为高端	云山西路到惠州大道	华贸天地、佳兆业中心、义乌小商品批发城、白马批发城
	下角商圈	区域级	老城区商业中心,档次较低,以零售铺、小百货为主	下角路	创世纪财富广场、民乐福商场
	东平商圈	区域级	惠州商业东扩新兴的商业中心,处于发展中	东平区	荷兰商业街、绿道商城、吉之岛
肇庆	天宁北商圈	区域级	以百货、专卖店、零售为主,满足居民日常需要	天宁路	新一佳、天宁广场、广百时代广场、湖滨商场、跃龙电器城、蓝宫商城、新贸、好世界
	星湖商圈	区域级	肇庆首个 MALL,档次稍高	星湖、端州四路、牌坊广场	潮流站、大润发超市、宝星步行街、星湖国际广场、嘉信茂广场
	康乐北商圈	区域级	百货、专卖店、酒店	康乐北路	百花购物公园、国际新天地
	城东新区商圈	区域级	百货、步行街	城东新区	昌大昌

（四）珠三角商圈发展特点分析

1. 自发形成

珠三角地处我国最南方,历来都是商贸活动繁盛之地,具有深厚的商业文化和贸易传统,形成了独具特色的"粤商文化"。珠三角人民对商业利益的追求较为活跃,能敏感地嗅到商贸活动的气息,并迅速将这一感觉转化为投资活动。因而,珠三角商业的发展往往具有自发的特征。

珠三角商圈的发展也有自发形成的特征,是由商贸活动主体在经济利益的驱动下形成的,这符合商圈发展的经济本质。商圈是一个城市商业活动的缩影,而城市的本质就在于其集聚特征,工业、商业、服务业都能在城市找到发展的空间,并不断集中,商圈正是这一商业集聚作用的集中体现。

此外，根据对现代商圈形成原因的研究，政府规划对商圈的形成有一定的决定作用，政府规划设计的商业园区，往往能吸引大量的商贸服务企业入驻，并不断发展壮大成为商圈。但是，珠三角商圈发展中政府的影子微乎其微。珠三角各商圈及专业市场，都在历史发展过程中积淀了大量文化特质，形成了独特的无形资产，这种无形资产往往成为某一商圈所在地的印记，政府的规划难以动摇其巨大影响力，这是珠三角商圈发展独立于政府影响的重要原因。

例如天河路商圈的形成便是在商户的自发集聚选择下实现的。天河路体育中心附近原先规划为广州的金融中心，但自从天河城在此奠基之后，大量商家在天河城良好业绩的带动下，纷纷涌入，并终于成就了今日的"中华第一商圈"。深圳的华强北商圈原先是工业区，依托区域形成的浓厚的电子产业氛围，一个以电子产品销售为主的大型商圈迅速自发形成。珠海拱北商圈很多商场是在1998年金融危机的窘况下转型的，这一转型成就了今日珠海核心商圈的地位。

自发形成是珠三角商圈形成与发展的重要特征。珠三角商业是顺应地区经济社会发展方向而逐渐发展起来的，这也是珠三角有别于国内其他城市商圈发展的重要标志。

2. 良性竞争

良性竞争是珠三角商圈理性发展的结果。从目前珠三角各市商圈的分布来看，各个商圈之间能形成良好的层级梯队，满足不同类型消费者的多种需求。在一个商圈内部，各个商场之间也能主动在产品档次、品类、品牌及经营特色方面表现出一定的差异性，从而能共享商圈的消费人群，扩大商圈的繁荣度。

以天河路商圈为例，天河路上各大型购物中心都有自己的特色和经营理念，形成其独有的卖点，以满足消费者某一方面的需求。天河城的历史品牌、正佳广场的体验消费、太古汇的高端奢华、万菱汇的时尚绚丽、维多利的餐饮美食、时尚天河的平民消费，等等，各个购物中心都能在某一消费层次上获得较大的吸引力，而不是雷同销售，降价血拼，最后几败俱伤。不同的购物中心吸引不同类型的消费者，扩大了商圈的服务范围，增加了人流，繁荣了市场。

当然，我们也不能不看到目前在各个市场上出现的降价风潮，从电子商务平台，到全城百货商店，降价行动一波连一波，这种恶性竞争能获得一时喧闹，却难以实现长远发展，背后的动机和后果值得我们深思。

3. 层级式分布

珠三角商圈在各市的分布表现为层级式特点。广州在珠三角商圈分布中处于第一层次，深圳、珠海、东莞、佛山处于第二层次，江门、中山、惠州、肇庆处于第三层次，形成了以珠江为核心，向外延伸的分布状况。

广州是国内知名的"千年商都"，近年来正朝着"商贸中心城市"的方向发展，商业活动日渐活跃，商业项目频繁出现。广州商圈发展表现为遍地开花的景象，首先是各大传统都市级商圈不断扩大商圈规模，大量开发新的商业项目，其次是各个区域级商圈在各个区域不断出现，并迅速扩大影响力，最后是社区级商圈快速发展，服务于社区居民的商圈不断出现，有些社区级商圈还转变经营理念，向着区域级商圈发展。

深圳、珠海、东莞及佛山是区域中心城市，这些城市商业发展的特点是依托其雄厚的工业生产能力或旅游资源，各地商圈是依托产业影响力及大量的外来务工人员发展起来的。随着各市经济社会转型升级及多样化发展，目前各市也在大力发展购物中心和城市综合体，迅速提升城市的商业影响力。如万象城、华南 MALL、华发商都、南海广场等，都是区域内具有较大影响力的商业项目。

中山、江门、惠州、肇庆商圈发展档次较低，商圈等级以区域级商圈为主。在珠三角一体化及区域一体化进程快速发展的基础上，这几个城市的商圈发展迅速，一些大型商业项目不断出现。

四 珠三角商圈成长性分析

2009 年 12 月 18 日，国务院通过并对外发布了《珠江三角洲地区改革发展规划纲要》，这表明珠三角区域发展规划已上升为国家战略，珠三角一体化加速发展。随着第三产业尤其是商业活动的逐渐活跃和发展，珠三角商圈出现了蓬勃发展的良好势头，成长性不容小觑。

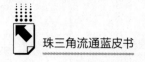

（一）珠三角商圈发展的机遇分析

近年来，随着国家提出转型升级发展战略、积极推行粤港澳一体化以及珠三角一体化进程的不断提速，珠三角商圈发展出现了前所未有的巨大机遇。

1. 经济社会转型升级

转型升级是推动科学发展、加快转变经济发展方式的重要路径。国家"十二五"规划明确提出要加快转变经济发展方式，推动产业转型升级，调整产业结构，努力创新，大力发展商贸服务业。中共中央政治局委员、原广东省委书记汪洋在党代会报告中指出，转型升级不仅是经济问题，也是关系人民群众福祉的重大社会问题。

从2005年起，广东省政府采取了山区及东西两翼与珠江三角洲联手推进产业转移的措施。该政策实施以来，珠三角地区的工业发生了变化，劳动密集型产业开始向资本密集型和技术密集型产业转变，第三产业结构比重加大，现代服务业、新兴技术产业等替代原来传统产业的势头开始出现（见图7）。

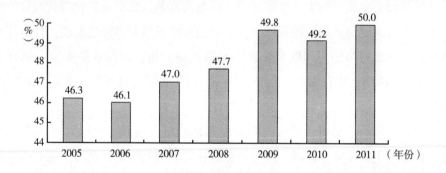

图7　珠三角第三产业发展状况

到2011年底为止，珠三角的产业结构调整和产业转型升级取得了一定的成绩，第三产业快速发展，占GDP的比例已达到50%，其中高新技术产业、商贸服务业、会展业、旅游业、批发业、交通运输业等得到较快发展（见图8）。

从各市的情况看，广州、深圳、东莞第三产业发展最快，占比最高，所占比例在珠三角平均值之上。其他各市第三产业还有较大的发展空间（见图9）。

从转变经济发展方式的角度来看，转型升级必然意味着由商贸服务业承担

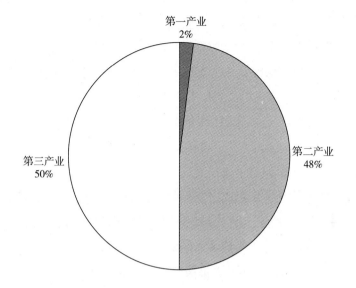

图 8　珠三角三次产业分布

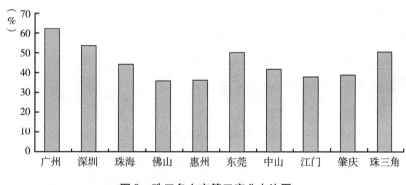

图 9　珠三角九市第三产业占比图

城市工业发展转移所引起的空心化问题，必然意味着经济发展方向由重点发展第二产业向大力发展第三产业的方向转变。商圈由于所具有的活跃城市经济、协调产业发展的作用，在这一伟大的变革浪潮中，必然发挥越来越大的作用。在这一方面，濒临珠三角的香港，正是珠三角未来发展的真实写照。

2. 粤港澳一体化战略

2003 年 6 月 29 日，《内地与香港关于建立更紧密经贸关系的安排》（CEPA）签署仪式在香港礼宾府举行，温家宝总理与香港社会各界人士一起见证了这一重要时刻，10 月 17 日，内地与澳门特区政府签署了《内地与澳门关于建立更紧密经贸关系的安排》这一内地尤其是广东及珠三角与香港、澳门加强合作的历史性文件。以此为起点，粤港澳合作及一体化进程不断加快。随着 CEPA 的不断完善和逐步落实，内地与港澳开通个人自由行通道，双方的经济贸易联系不断加强，特别是珠三角与港澳的经济贸易更加紧密，合作更加广泛。

2008 年底，《珠江三角洲地区改革发展规划纲要》出台，规划的实施推动珠三角与港澳的合作进入了又一个新阶段。规划细化了重大基础设施、产业、生活圈等领域的合作，致力于建设大珠三角，促进珠三角与港澳三地的分工合作发展，支持香港作为人民币离岸交易中心，促进在与港澳的商贸活动中以人民币进行业务结算，并加大银行、证券、保险、评估、会计、法律、教育、医疗等领域证书的互认工作，为服务业的发展提供条件。

2009 年 12 月，酝酿已久的粤港澳大桥正式开工建设，这是珠三角与港澳合作的又一里程碑式事件。粤港澳大桥的建设使珠江东西两岸与香港、澳门的联系更加紧密，相互融入 20 分钟生活圈，大珠三角城市群建设步伐加快。

2010 年后，以广州亚运会为契机，珠三角与香港和澳门开始深入推进港深、港穗、珠澳创新合作机制，规划并通过了一大批粤港澳合作平台建设项目，作为试点基地和服务平台（见表 10）。

表 10　粤港澳国家战略合作平台

	规划名称	通过时间	战略定位
横琴开发区	横琴总体发展规划	2009.8.14	一国两制下探索粤港澳合作新模式的示范区、深化改革开放和科技创新的先行区、促进珠江口西岸地区产业升级的新平台
前海合作区	前海深港现代服务业合作区综合规划	2012.6.27	现代服务业体制机制创新区、现代服务业发展集聚区、香港与内地紧密合作的先导区、珠三角地区产业升级的引领区
南沙国家新区	广州南沙新区发展规划	2012.9.6	国际智慧海滨城市、粤港澳全面合作的国家级新区、珠三角世界级城市群的新枢纽

3. 珠三角经济一体化进程

随着 2009 年《规划纲要》的颁布实施，珠三角正式开始了经济一体化的进程。即按照主体功能区定位，优化珠江三角洲地区的空间布局，以广州、深圳为中心，以珠江口东岸、西岸为重点，推进珠江三角洲地区区域经济一体化，带动环珠江三角洲地区加快发展，形成资源要素优化配置、地区优势充分发挥的协调发展新格局。

珠三角一体化的切入点是"广佛肇""深莞惠"和"珠中江"经济圈的一体化。通过以三大经济圈的建设为抓手和切入点，加快区域基础设施一体化，尤其是交通设施的发展，形成集聚活力的发达城市圈，形成珠三角城市群的综合竞争力。一体化的主要内容围绕基础设施、产业布局、基本公共服务、城乡规划和环境保护等五个方面，规划建设交通、能源、水利、信息一体化格局。

在产业布局上，三大经济区各有侧重点。其中广佛肇经济圈以广佛同城化为核心，打造现代服务业核心集聚区，以深圳为中心的东岸经济区（莞深惠）则着力打造知识密集型产业带，西岸以珠海为中心，打造技术密集型产业带，并建设沿海生态环境保护产业带，形成以广州为顶点，以广深珠为核心的"A"形产业布局（见图10）。

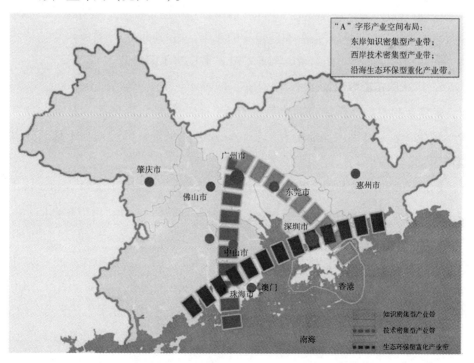

图10　珠三角"A"形产业布局

珠三角经济一体化，广佛同城化是标杆和旗帜。广佛同城指的就是广州和佛山两市打破行政壁垒，进行区域一体化建设，是对未来珠三角区域一体化的先行先试，也是未来珠三角九市三大经济圈建设的基础。2009 年 3 月 19 日，广州市市长张广宁、佛山市市长陈云贤在广佛交界的佛山市南海区签署《广州市佛山市同城化建设合作协议》及两市城市规划、交通基础设施、产业协作、环境保护等 4 个对接协议，广佛同城正式启动。目前为止，广佛同城化正稳步向前推进，医疗、公共交通、银行、商贸等行业实现了资源共享，其中广佛地铁的建设使两地的联系更加紧密。

（二）珠三角商圈发展的前景分析

随着珠三角一体化及粤港澳合作的深化，以及产业转型升级和"腾笼换鸟"战略的实施，珠三角商贸服务业发展出现了一个新的发展前景，珠三角商圈迎来了发展的黄金机遇期。在这一发展机遇下，珠三角商圈将形成以广州、深圳、珠海为核心，各市快速发展的格局；以购物中心为主的新型商业业态将逐渐取代现代百货，占据商业市场的龙头；与此同时，随着城市资源的转移，一些新兴商圈将不断出现，商业对外扩散度将不断提升。

1. 广深珠核心难以动摇

从珠三角目前商圈分布的格局来看，广州、深圳、珠海无论从商圈的数量、规模，还是商圈内商业企业的档次、知名度来看，都远远高于珠三角其他城市。

同时，在这一轮发展浪潮中，广州作为珠三角核心城市，是珠三角一体化的中心，也是珠三角重点发展商贸服务业的核心区域。此外，南沙新区的开发也为广州的发展注入了巨大的活力。广州市经贸委数据显示，广州现经营面积超过 5000 平方米（广州市经贸委的标准，与本文不符，仅供参考）的购物中心约 107 家，建筑面积近 900 万平方米。① 自亚运会举办至 2012 年，广州有 20 个左右的大型购物中心陆续开业，新增面积超过 100 万平方米；至 2013 年，广州又有至少 80 万平方米的全新项目上市。近几年来广州市商业面积出

---

① 赵安然、康殷：《广州：打造购物天堂　突破口在南沙》，《南方都市报》2012 年 10 月 25 日。

现了爆发式的增长，不仅使原有商圈的商业规模和档次大幅提升，同时也造就了一大批新兴和有发展前景的社区商圈及区域商圈。

深圳依靠毗邻香港和前海开发深入进行的优势，近年来商业发展也在不断扩展。2012年6月27日，位于CBD的卓越InTown缤纷开业，9月1日，建筑面积8万平方米的龙岗COCOPARK城市综合体开业，12月7日，总建筑面积11万平方米的宝能all city购物中心盛大开业，2013年1月9日，建筑面积30万平方米的海雅缤纷城在宝安区开业，此外华侨城欢乐海岸购物广场二期、世纪汇、皇庭IAMall也将在2013年开业，这些大型购物中心的出现，使深圳商业出现了一波新的发展浪潮。

珠海作为粤港澳合作的重要节点，目前已逐渐成为珠三角的另一个交通中心，一改过去交通终点的局面。随着粤港澳大桥的开工建设及横琴开发的深入进行，大量投资者开始入驻珠海。据相关调查，2013年之后，领秀城、扬名广场二期、恒虹世纪广场、华发商都、沃尔玛购物中心、中海环宇城、仁恒滨海中心等大型购物中心和城市综合体将集中在珠海出现，新增商业面积超过40万平方米。

虽然珠三角其他城市也有一些商业项目将投入市场，但与广深珠三个中心城市的现有规模和发展前景相比，尚不足以撼动其领先地位，三市仍将是珠三角商业的领军者。

2. 大型购物中心及大型城市商业综合体不断涌现

从2012年初开始，由于网上购物大行其道、大量购物中心及商业综合体涌入市场、百货店前几年扩展太快及自身运营成本大幅上升等原因，百货业在多重冲击下处于步履维艰的境地，部分百货业只能无奈转身或倒闭。与此相反，国内各大城市购物中心却纷纷涌现，珠三角广深珠三核心城市的新建商业项目均以购物中心或城市综合体的面目入市，成为商业发展的一种潮流。

由于百货商店实行的是联营经营模式，管理团队要负责品牌选择、经营管理、规划设计、广告宣传等多个方面，较经营更为灵活的购物中心表现出巨大的劣势。而百货店经营种类以服装、珠宝、钟表等为主，缺乏大型购物中心一般都会设置的餐饮、娱乐等类别，在商业吸引力上也大为欠缺。在现今更注重一站式购物和体验式消费的时代，购物中心等经营业态越来越为消费者所喜爱。

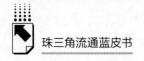

3. 社区商业重要性凸显，新兴商圈将不断出现

在珠三角转型升级的浪潮中，政府提出"腾笼换鸟"之策。所谓腾笼换鸟，是指在经济发展过程中把现有的传统制造业从目前的产业基地"转移出去"，再把高新技术产业转移进来，以实现经济转型、产业升级的战略举措。广东的"腾笼换鸟"即为"双转移"，也就是同时实现产业转移和劳动力转移。具体是指珠三角劳动密集型产业向东西两翼、粤北山区转移，而东西两翼、粤北山区的劳动力，一方面向当地二、三产业转移，另一方面其中一些较高素质的劳动力，向发达的珠三角地区转移。

这一转型升级过程，必然意味着产业转移和人口流动，一些新兴的社区将在城市边缘不断出现，以满足转移进来的高素质劳动力的居住需求。于是，一些大型的社区集群会由于人口密集，居民素质较高，收入颇丰，产生巨大的实质消费需求，促使社区商业得到较大发展，而新兴社区商圈也将不断出现。

以广州、深圳和珠海三个核心城市为例，由于城市产业转移，一批新兴商圈不断出现，有些还成为颇有影响力的大型商圈，大有成为新核心商圈之势（见表11）。

表 11　广州、深圳、珠海新兴商圈

城市	新兴商圈
广州	番禺广场商圈、万博商圈、白云新城商圈、珠影商圈、白鹅潭商圈、东圃商圈
深圳	南山商圈、宝安商圈、龙岗商圈
珠海	新香洲商圈、前山商圈、南坪商圈

总之，随着城市新区的发展，新的社区集群和新的社区商业必将大量涌现，在这样的背景下，以郊区购物中心为主包括其他商业业态在内的新兴商圈将会不断出现。

广州商圈研究

Research on Trade Areas in Guangzhou

B.2

中华第一商圈

——广州天河路商圈研究

王先庆　李昆鹏*

摘　要:

　　广州天河路商圈是广州规模最大、档次最高、品类最全、现代化程度最高的都市级商圈，也是名副其实的"中华第一商圈"。本文分析了天河路商圈发展的经济社会背景，并详细分析了其业态构成、特征、功能特色、地位作用等，以充分的事实证明了天河路商圈作为"中华第一商圈"的特殊气质。在此基础上，我们着重论述了天河路商圈的未来发展前景。

关键词:

　　天河路商圈　购物中心　百货　中华第一商圈

---

* 王先庆，广东商学院流通经济研究所所长，工商管理学院教授，广东省商业经济学会副会长兼秘书长，广州市现代物流与电子商务协同创新中心副主任，广东商学院商业地产研究中心主任；李昆鹏，广东商学院流通经济研究所助理研究员。

"得天河者得广州"，作为中华第一商圈，天河路商圈位于广州最发达的行政区天河区，商业范围西至天河立交，东至岗顶，北至天河北路，南至黄埔大道，以天河路为核心轴线，全长约2.8公里，总面积约4.5平方公里。天河路商圈处于广州新城市中轴线的核心位置，是整个城市的商业活动中心（如图1）。

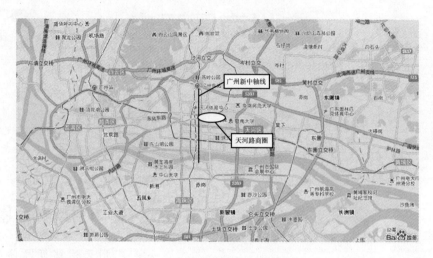

图1　天河路商圈在广州的位置

按照广州市政府的规划，与天河路商圈相接的珠江新城被定义为集国际金融、贸易、商业、文娱、行政和居住等城市功能为一体的"广州市21世纪中央商务区（CBD）"，而天河路商圈则逐渐发展成为以服务CBD、大力发展商贸流通业的零售休闲活动为主的"中央零售区"（CRD，Central Retailing District），并逐渐成为整座城市的商业核心。

天河路商圈核心区沿着天河路东西向，有广州购书中心、维多利广场、太古汇、中怡时尚、天河城、宏城广场、正佳广场、万菱汇等项目，还包括时尚天河购物广场、天河又一城及天河直通车等地下购物商场。再往东延伸，有广州电脑城、南方电脑城、颐高数码广场、百脑汇、太平洋数码广场等依IT产业建立起来的华南地区最大的电子产品批发零售市场，还有天娱广场，以及以摩登百货、丽特百货、华忆百货为主的百货零售商店等。

目前，在这段2.8公里长的天河商圈最核心的地段上，已有三家金鼎百货店、三家高端影院、六家国家级酒店、八家三星级以上酒店、200多个国际一线和著名品牌，其中国际一线品牌超过 50 个，LOUISVITTON、PRADA 等品牌等都首次在这里设置了旗舰店，全球同步发布新款。

从 1996 年中国大陆首家 SHOPPING MALL——天河城开业，以及广州电脑城、太平洋电脑城建立，到 21 世纪初正佳、友谊、广百等相继落户，颐高数码、百脑汇等入驻，石牌 IT 市场日益成熟，之后再借助广州 2010 年亚运会雄风，天河路商圈迅速扩容升级，太古汇、万菱汇等商业巨头竞相争艳。至 2012 年底为止，天河路商圈形成了购物中心、主题百货、高端超市、电脑专业市场等业态业种不断丰富，商贸与旅游、文化互融并蓬勃发展的局面，天河路商圈已跃升为华南乃至全国最为知名的商圈，成为名副其实的中华第一商圈。

一　天河区经济社会与商业发展概况

天河区位于中国第三大城市，南方中心城市——广州市老城区的东部，东到玉树尖峰岭、吉山狮山、前进深涌一带，与黄埔区相连；南到珠江，与海珠区隔江相望；西从广州大道、杨箕、先烈东路、永福路，沿广深铁路方向达登峰，与越秀区相接；北到筲箕窝，与白云区和萝岗区相接，总面积 96.33 平方公里。从地图上看，天河区位于广州核心城区的中心，几乎就是几何中点。天河区也是老城区与新城区的分界点，是广州产业结构调整的起点。

从图 1 可以看出，天河区的地理位置极其优越。从东西方向看，天河区是广州市向东发展城市带的起点。《广州市城市总体规划（1991～2010 年）》确定了广州市向东发展的方向，沿珠江扩展城市用地至黄埔，天河区正好位于这一发展带的西部起点。从南北方向看，天河区是广州市新城市中轴线经过的中心地区。广州新城市中轴线包括城市功能轴线、城市景观轴线和城市发展轴线，这种在空间上聚集的城市轴线强化了天河区的城市形象，提高了天河的新城市中心地位和竞争能力（见图 2）。

（一）天河区的经济社会与商业发展历史

天河村原名大水圳村，建于宋代，因村前有一条大水圳而得名（圳为河

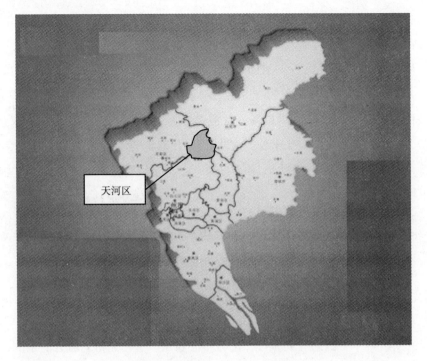

图2　天河区在广州的中心位置

涌，指现在的沙河涌）。几千年来，在这块城东的远郊农村，片片田园纵横交错，这里的居民年复一年、日复一日，一直过着男耕女织的世外桃源生活。

20世纪20年代，天河村开始进行城市化建设，当时在这里建学校、辟公路和跑马场，开辟了中山公路，先后在石牌、五山建立了中山大学农场、中山大学植物研究所，在沙河燕塘建成广东军事政治学校，在石牌建成中山公园。电话、电报、邮政、电灯、自来水等现代设施开始建设，商业、交通运输、生活服务、维修加工行业有所发展。

20世纪五六十年代，天河地区被纳入广州市的近郊，后来逐渐成长为广州粮食、蔬菜、水果等生活消费品的重要供应基地，工商业则集中于东圃、沙河两个镇上，在猎德、石牌有较大的集市，但整个地区大部分地方农舍稀落、交通不便。同时这个地区也建立起了华南工学院、华南农学院、华南师范学院等院校以及广州无线电厂、苎麻厂（今绢麻厂）、氮肥厂、化工厂、玻璃厂等一批大中型企业，但商业和生活服务设施明显滞后，各个院校、工厂、单位基本上都建成了半封闭式的小社会。

直到 1985 年设立天河区之前，这里的人口只有 20 万左右。至于商业，只有一些用石棉瓦、纤维布搭建的小摊档和大排档，当时这里唯一的"大型商场"就是 1985 年 9 月成立的石牌村口那家七八百平方米的石牌百货店。

1985 年，天河区正式设立。天河区的设立拉动了天河区的城市化进程，不仅解放了大量束缚在土地上的劳动力，为天河区的商业发展提供了廉价劳动力，也为城市提供了广阔的扩容空间，有效缓解了老城区的人口、交通压力。1987 年六运会在广州的举办，使天河区的发展加快了步伐。天河路周边区域被划定为天河体育中心核心区，重点发展商贸流通服务业。

20 世纪 90 年代，广州市政府主持制定了《广州市城市总体规划》（1991～2010 年），确定了广州向东南和东北两大方向发展的城市战略规划。天河正处于老城区和黄埔区之间，处于城市东扩的起点上，战略地位迅速提升。市政府把天河确定为未来广州新的城市中心区，担负着发展金融业、商贸服务业和高新技术产业的历史使命，并承担着城市人口向东疏散转移的任务。

1992 年，广州市政府决定将珠江新城建成广州未来的"中央商务区（CBD）"，面积 6.19 平方公里，人口规模预测可达 17 万～18 万人。1999 年，广州市政府对珠江新城的前期规划和建设管理情况进行了全面检讨，并对规划进行了调整，将珠江新城规划成为区域商业中心和城市公共生活中心。补充完善了公共服务设施，增加了绿地面积，并适当调整了城市的空间形态。共划分为 14 个 20～40 公顷的街区，包括商务行政办公街区、高层居住街区、金融贸易街区、文化活动街区、商业购物街区等，规划发展成为集国际金融、贸易、商业、文娱、行政和居住等城市一级功能设施于一体，推动国际文化交流与合作的基地。2003 年，珠江新城按照新的规划标准开始实施建设工作。2004 年，编制完成《珠江新城中央广场城市设计》，珠江新城核心区建设全面启动，广州歌剧院、广州图书馆、广东省博物馆、广州市第二少年宫、双塔在内的六大标志性建筑、核心区地下空间陆续选定设计方案。2010 年，广州七大标志性建筑相继落成，2010 年 11 月 12 日，第 16 届亚运会在珠江新城海心沙举行开幕式。十年崛起一个现代化 CBD，珠江新城已成为广州市 21 世纪的中央金融商务区，是集中体现广州国际都市形象的美丽窗口。

2004 年，天河区规划制定了《天河区商业网点发展规划（2007～2020）》。[①]
规划指出，天河区要着力构筑"一轴集聚、两圈协同、三带辐射、多点多特
色"的商业总体空间格局。其中，"一轴"是天河区商业乃至广州商业的核心
区域，是指广州新城市中轴线，北起燕岭公园，经天河体育中心、珠江新城至
海心沙市民广场，其中重点商业功能区包括天河城—正佳广场零售主导型商业
中心、珠江新城中央商务主导型商业中心、天河北—火车东站商务主导型商业
中心和天河南社区商业。包含了目前广州两大商圈：中华第一商圈——天河路
商圈和广州 CBD 商圈——珠江新城商圈。

在这"一轴"中，新城市中轴线是城市发展的功能轴线、景观轴线和发
展轴线。新城市中轴线强化了天河的城市形象，提高了天河的新城市中心地位
和经济竞争能力。同时也致力于打造以商务办公、会议展览等为主的商务轴，
为总部企业提供购物、商务旅游的商业轴，以及提供文化和旅游服务的公共服
务轴。这一中轴线的建设将促进天河区商业商务功能形成空间集聚，带动总部
经济的发展，促进天河区现代服务业的全面发展。

到目前为止，天河区的商业网点规划项目基本落实到位。其中天河路商圈
已逐步成长为远近驰名的中华第一商圈，而珠江新城商圈也在进行着翻天覆地
的变化，天河区经济与社会发展经历着日新月异的变化。

（二）天河区经济社会与商业发展现状

经过 20 多年的发展，天河区的经济与社会发展取得了长足的进步。如今
的天河区已成为广州城名副其实的经济、社会、文化及商业中心，在广州的经
济地位日益重要。

2011 年，天河区紧紧围绕建设"总部天河、智慧天河、幸福天河"的战
略部署，坚定不移地贯彻落实"转方式、优环境、惠民生"的战略举措，全
区经济社会实现协调发展。全年实现地区生产总值（GDP）2138.73 亿元，比
上年同比增长 12.0%，总量位居全市首位，占全市 GDP 的比重为 17.4%。人
均 GDP 达到 149030 元（22948 美元）。其中第三产业增加值为 1827.91 亿元，

---

① 《广州市天河区商业网点发展规划》，《南方都市报》2009 年 1 月 18 日第 A08 版。

增长 12.1%，对全区经济增长的贡献率达到 85.9%。2006～2011 年天河区 GDP 及增长速度如图 3 所示。

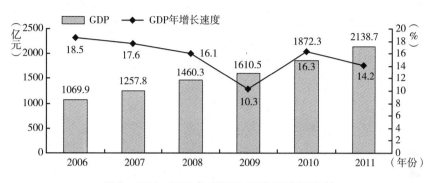

图 3　2006～2011 年天河区 GDP 及增长速度

同广州其他主要城区相比，天河区经济发展速度较快，国内生产总值连续数年位居广东省首位，展现出较强的综合实力（如图 4 所示）。

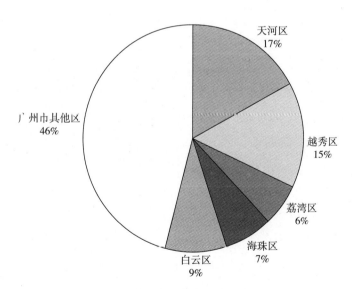

图 4　广州各区 GDP 占比分析

从产业布局上看，天河区三次产业的发展与世界主要发达国家较为接近，这同其经济发展模式与水平有关，从一定程度上反映了天河区经济发展的特点和优势。

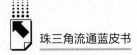
由图5可知，天河区第三产业占GDP的比重为86%，这种格局取决于天河区的经济发展战略和经济结构。近年来，天河区大力发展商贸流通业，发展高新技术行业和电子商务，第三产业得到长足发展，其占比也有较大幅度提高（见图6）。

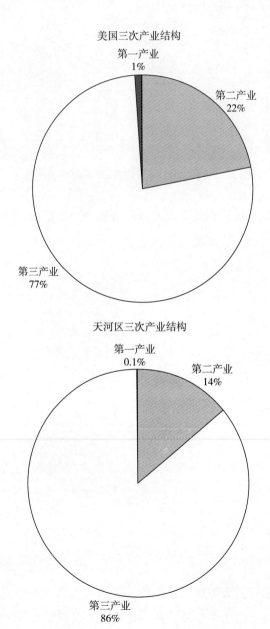

图5 天河区与美国三次产业结构比较

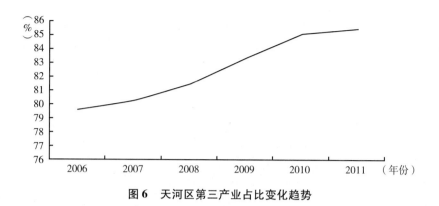

图6　天河区第三产业占比变化趋势

其中，商贸服务业是第三产业中重点发展的行业，天河区制定了全区的商业及其网点的发展规划，还专门针对各商圈、专业市场等进行了规划指导，以促进全区商贸流通业的大力发展。以全区商品销售总额为例，从"十一五"开始，天河区商品销售总额以年均23.6%的速度增长，2011年更是达到27.7%的增长速度，展现出极大的商业活力（见图7）。

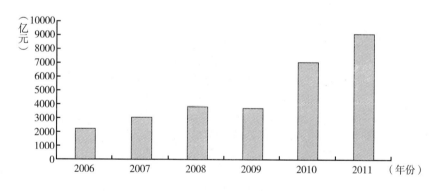

图7　天河区2006～2011年商品销售总额变化情况

在全市范围内，天河区商业发展稳居各区首位，充分显示出天河区作为广州新城市中心的重要地位（见图8）。

如图9所示，目前天河区的商业布局主要有天河路商圈、珠江新城商圈两大商圈，以时代广场、东方宝泰等为中心的天河北—火车东站商业区，以及以东圃购物中心、天河广场为中心的东圃商业区。此外，天河区还分布有广州最为著名的沙河服装批发市场，以及广园路汽配批发市场和黄埔大道家居建材批

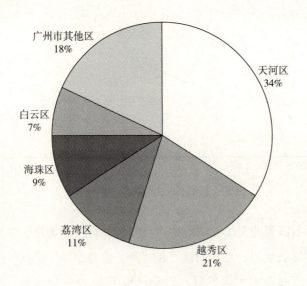

图 8　广州各区商品销售总额比较

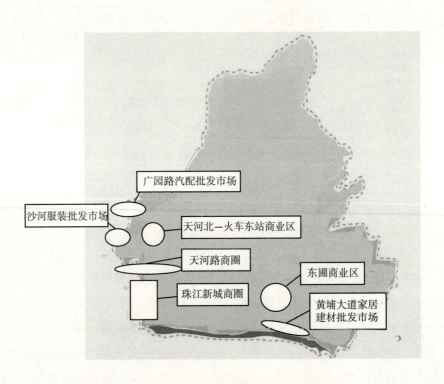

图 9　天河区主要商业集中区示意

发市场这三个大型批发市场集群。天河区商业呈现出一派繁荣昌盛的景象，传统商业与现代商业共辉煌、批发与零售齐争艳的格局已经形成。

　　天河区商业的区域分布主要表现为以零售为主的天河南街、林和街及以批发为主的沙河街、石牌街、天园街等区域占主导地位的状况。从图10可以看到，2012年全年，这几个街道商业占据了天河商品销售总额的八成左右，其中包含天河路商圈大部分的天河南街则占据全区商品销售总额的44%之多，[①]充分展现出天河路商圈在天河区的巨大影响力和较高的地位。

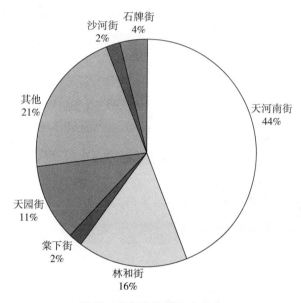

图10　天河各街道商业分布

　　总之，通过建区以来近30年的快速发展和不断转型升级，目前的天河区已展现出以商贸流通为主的第三产业大力发展，经济社会发展水平不断上升的态势，成为广州市商业、经济、社会的重心，成为广州城真正的中心。

二　天河路商圈概况

　　天河路商圈以天河路为中心，西起天河立交桥，东至岗顶，往南扩展至黄

────────────

① 天河区统计局：《统计公报》2012年12月。

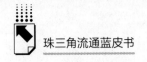

埔大道,并与逐渐形成的珠江新城商圈紧密连接,往北直到天河北路,与火车东站商业区相连。天河路商圈总占地面积约 4.5 平方公里,其中核心商业区域为天河路 2.2 公里两侧(见图 11)。

图 11　天河路商圈范围示意图

天河路两侧商业核心区内,集中了天河路商圈的大多数商业建筑,展现出繁盛的商业面貌,天河路及周边商贾云集、顾客盈门,一派商业胜地气象。

(一)天河路商圈的产生与发展

1. 天河路商圈产生与发展的历史

天河路商圈产生于广州承办第六届全运会前后。1982 年,广州市获批承办第六届全国运动会,政府综合考虑各方面因素后,决定在天河机场废址上兴建新的体育中心,即今天的天河体育中心。体育中心的兴建及知名度的提升,使以体育中心为中心的新兴商业开始涌现,一批住宿、餐饮及商贸设施投入建设。

1992 年,天河城广场的开工建设成为天河路商圈发展的里程碑。天河路商圈将购物中心这一新的商业形态引入广州,引爆了广州市民探奇追新的消费热情。同时广州购书中心、宏城广场等的建设,构建了天河路商圈最早的"三驾马车",使得购物中心附近商业日益繁盛(见图 12)。

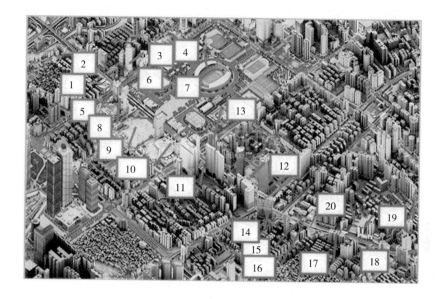

图12 天河路商圈核心区主要商业布局

1. 中怡时尚广场，2. 天河购书中心，3. 维多利广场，4. 天河体育中心，5. 天河又一城，6. 天河直通车广场，7. 时尚天河商业广场，8. 天河城，9. 宏城广场，10. 正佳广场，11. 万菱汇，12. 太古汇，13. 广州电脑城，14. 颐高数码广场，15. 南方科技广场，16. 太平洋数码广场，17. 百脑汇，18. 华忆百货，19. 河娱乐广场，20. 摩登百货

资料来源：三维地图资料来源于都市圈网站（http：//gz. o. cn/）。

与此同时，以广州电脑城、太平洋电脑城、南方电脑城及天河电脑城等的兴建为标志，天河路商圈电子专业市场也迎来了巨大的发展浪潮，成为广州最为知名的 IT 专业市场之一。

1999 年，地铁 1 号线建成试运行。这一新的交通方式激发了人们的出行热情，也给天河路商圈带来了大量的消费人流，天河城广场、宏城广场及购书中心一时间出现了人潮涌动的局面。这一盛景也吸引了大量商家的关注，一些商场开始在天河路商圈涌现，21 世纪头十年成为天河路商圈逐渐走向成熟的关键时期。2003 年维多利广场、2005 年正佳广场、2006 年中怡时尚购物广场的建立使天河路商圈零售商业的规模迅速扩大。而在岗顶电子专业市场，颐高数码、百脑汇的出现也使天河路商圈的经营业态进一步丰富。

广州亚运会前后，随着商圈内各单位的升级改造和不断发展，天河路商圈正式进入成熟期。这一时期首先是天河城、正佳广场的升级改造，以及太古汇、万菱汇的出现，还有地下商业的成片发展，天河路商圈无论从经营业态、产品档次还是服务种类上，都进一步丰富和提升，加上岗顶电子专业市场的成熟，天河路商圈成长为广州最具现代化特征的都市级核心商圈。在经营规模、档次上，与国内同类商圈相比，天河路商圈以其独有的特色和强大的实力，成为"中华第一商圈"。

2. 天河路商圈产生与发展的基础分析

（1）全方位的立体交通网络

天河路作为广州城区的核心地带，交通极为发达，地铁、公交、楼巴、火车都非常便利。

天河路拥有广州最大的地铁站——体育西路站，它是地铁 1 号线和 3 号线的交会点，通过地下通道使天河又一城直接连通天河城、正佳广场、维多利广场、天河体育中心、广百中怡及天河购书中心，宽阔的地下街道增大了商业面积，也方便了人流。据统计，体育西地铁站每日客流量超过 20 万人次。此外，体育中心站、岗顶站也是天河路商圈较为繁忙的地铁线路，而 APM 通过天河南站和体育中心南站，将珠江新城 CBD 与天河路商圈紧密连接起来。

从公交线路上看，天河路商圈共有 15 个公交车站分布，有 50 多条公交线路穿行而过，交通条件极为便利。而众多楼巴也将第一停车点设在天河路商圈，如宏发广场是目前广州楼巴最为密集的停车点，而体育西路 G 出口也是楼巴重要的停车点之一，碧桂园、万科、保利等地产项目都在此设站置点，分散在郊区和屋村的居民可直达天河路商圈购物。

天河路商圈与广州几大交通枢纽连接也较为紧密，有便利的交通工具相互连接。天河路有直接通往机场的大巴，通过空港 2 号线及 6 号线，机场客户可以直接到达天河路商圈购物。广州火车东站通过地铁 1 号线和地铁 3 号线与天河路商圈直接相连，此外还有十几条公交线路直通天河路。天河客运站通过地铁 3 号线，直通体育西路站、岗顶站等，联系也极为便利，外地乘汽车来穗的顾客可以直达。此外，广州火车站、火车南站、广东省客运站也可以通过地铁和公交线路，方便地到达天河路商圈。

据统计，目前地铁、公交等设施能支持每日出入天河路商圈的人流为 100 万人次。

（2）人口稠密、经济发达、消费活跃

根据 2011 年广州市统计年鉴，广州市常住人口总数为 1270.96 万人，其中天河区人口总数为 143.37 万人，占全市人口的 11.28%，常住人口密度达到 14883 人/平方米，较 1990 年人口普查时的 3045 人/平方米，增长了四倍多（见图 13）。此外，天河路周边有众多高档居民小区，是建区后为了满足本区高收入居民的生活所需而建的。

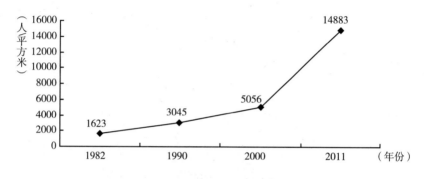

图 13　天河区人口密度变迁趋势

2011 年末广州市国内生产总值（GDP）为 12303.12 亿元，人均收入为 34438.08 元（约 5450 美元），达到中等收入水平，[①] 远远超过一个地区支撑购物中心发展的 3000 美元的收入水平。

广州拥有成熟的消费人口。广州素有"千年商都"之美誉，人民群众有较高的消费水平，据有关部门统计，广州居民年人均消费支出达到 28209.74 元，如此庞大的消费量，保证了广东众多商业的繁荣发达。

这些人口与经济因素奠定了天河区商圈发展的基础，也是天河路商圈繁荣不可忽视的因素。

（3）城市商业重心转移

广州城市中心在数千年中几经变迁。清朝末年，广州是全国为数不多的通商口岸，以十三行为代表的古代商贸口岸区域成为广州城市商业中心，这一地域舰船拥挤，商贾往来不断，沙面一带形成了繁华的外贸区。随后，在广州大

---

① 资料来源：广州市统计局网站。

力发展老城市中轴线的背景下，北京路成为新的城市商业中心区，以北京路为核心，越秀区商贸服务业加速发展，这一时期，也是百货行业大力发展的时期，北京路商圈百货拥挤，广州早期的百货商店都诞生在这里。进入 21 世纪以来，随着城市发展方向的转变，天河区成为广州城市的中心区，担负着发展金融业、商贸服务业和高新技术产业的历史使命，广州市的建设资源逐渐向天河区转移，天河路商圈也迎来了发展的先机。这期间新建了大量的商业建筑，包括正佳广场、维多利广场、万菱汇、太古汇、百脑汇等商业建筑。广州中心城区商业重心转移路线如图 14 所示。

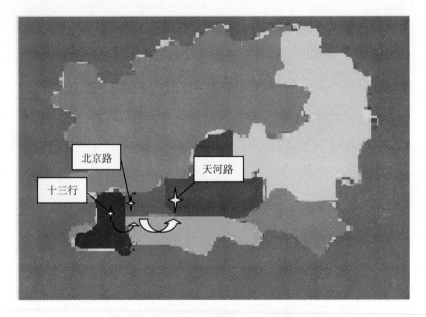

图 14　广州中心城区商业重心转移路线

（二）天河路商圈的主要特点分析

1. 最现代的商圈

按照商业发展理论，商业业态先后经历了百货、超市、购物中心、网络平台等历史阶段，目前已进入以购物中心为核心，各品类旗舰店集聚的现代商圈阶段（如图 15）。

现代商圈发展的特点表现为注重消费者的购物体验，以一站式消费满足消

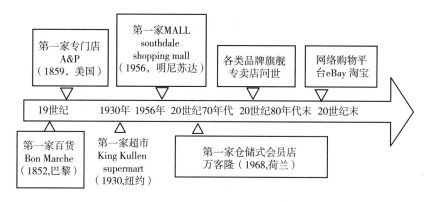

图 15   零售商业业态发展历史

费者购物、休闲、娱乐等多方面需求，建筑宽敞明亮，品牌鲜明，采用便利销售方式，开放柜台以便于顾客选购试验。因而，包含餐饮、娱乐等休闲因素的购物中心模式，以其综合服务功能和更充分的体验特色，成为如今现代商圈发展的潮流和方向。如世界第一大商圈——新加坡乌节路商圈，正是在购物中心的带动下迅速发展壮大起来的。

天河路商圈的发展起源便是天河城这一当时国内第一座购物中心。在天河城的带动下，天河路商圈的商业职能不断丰富和完善，购物中心、百货商店、专卖店、书城、IT 专业市场等都在天河路两侧发展起来，商业业态得到极大丰富，并注重消费者的良好体验，充分满足了消费者一站式购物需求。天河路商圈的现代化特征如表 1 所示。

表 1   天河路商圈的现代化特征

特　征	表　现
一站式消费	购物中心一站式满足购物、娱乐、餐饮、休闲等需求，丰富的业态
完善的功能	"城中之城"，提供完善的城市功能，六大功能服务区
完善的基础设施	便利的交通、宏伟的建筑、优美的环境。较多的停车设施
重视体验与生活	体验式消费中心，餐饮、娱乐、休闲体验式服务丰富
现代化的服务方式	统一的商业管理，便利的收银、问询、休息等服务

此外，在目前电子商务的发展浪潮中，天河路商圈也迎潮流而上，大力发展网上购物平台。一方面，天河城百货、广百百货等传统零售商场设立了网上商

店，以拓展其顾客范围，扩大影响力；另一方面，以环球市场、太平洋网等电子商务平台为代表的专业网商平台也为天河路商圈带来了大型电子商务企业。

细细品味天河路商圈的商贸服务业发展现状，该商圈已成为广州城最具现代特色、最具体验性的一站式消费商圈，同全国其他著名商圈相比，其现代特色也足以使其立足"中华第一商圈"的地位。

2. 商业业态丰富

现代商圈往往是多业态组成的集合体，这种业态组合是商圈个性的重要体现。适宜的业态组合有助于充分发挥商圈内商业企业的集约优势和互补优势，实现规模效应。

如果将商圈作为零售行业的一种集中形态，我们也可以将商圈的业态划分为不同的形式。在业态组合中，商圈往往会发展出由某一业态为主导，其他业态协调发展的态势。传统商圈如北京王府井商圈、上海徐家汇商圈、广州北京路商圈等往往以百货店为主导，而新兴商圈如北京 CBD 商圈、广州天河路商圈则往往以购物中心这一新兴业态为主要类型。纵观天河路商圈，其零售业态可划分为以下主要形式（见表2）。

表2 天河路商圈的主要业态分类

购物中心	传统百货	专业店	超市	其他
维多利广场	摩登百货	百脑汇广场	吉之岛	体育东路美食街
太古汇	华忆百货	颐高数码广场	百佳	天河又一城
天河城	天河城百货	国美维多利店	好又多	直通车商业广场
天河娱乐广场	广州百货中怡店	苏宁电器	Ole 超市	
正佳广场	友谊商店	广州购书中心		
万菱汇	丽特百货	太平洋电脑城		
时尚天河		天河电脑城		
宏城广场(在建)		广州电脑城		

从规模和形式上看，天河路商圈的主要业态，或者说最能展示其个性特点的地方就是其规模宏大、数量众多的购物中心。从天河路商圈创立的历史进程中，我们看到，正是以天河城为开端，以各购物中心的建立为契机，天河路商圈才一步步取得了今天的地位和成就。如表2所示，到目前为止，天河路商圈

主要有天河城、正佳广场、万菱汇、太古汇等八家大型购物中心，这些购物中心的商业面积都在数十万平方米，环境优美，体态壮观。

同时，这里也是百货店集中的地方，百货店在天河路商圈主要是作为购物中心的主力店，起到为购物中心定位和吸引顾客的作用，如天河城百货和友谊商店，成为天河城与正佳广场稳定发展的源泉和吸引顾客的动力。

另外，天河路商圈不同于其他以零售为主的商圈的地方还在于，天河路商圈有大量的专业市场，比如以岗顶为中心的 IT 专业市场，以及"神州第一书城"天河购书中心等，这些专业市场成为天河路商圈个性特色的又一大体现。

除此之外，大型超市、小型超市、便利店及小型食杂、餐饮店是商圈业态构成的有益补充，对于商业功能的完善具有一定的作用。

3. 天河路商圈的等级

按照一个城市商圈的功能定位、辐射能力、目标服务对象、规模体量等因素的不同，可将城市商圈划分为都市级、区域级和社区级三个等级。天河路商圈在这几个方面的具体情况如表 3 所示。①

表 3　天河路商圈的等级指标

商圈	服务对象	需求类型	服务人口(人)	商业规模(平方米)	基本设施与业态
都市级商圈	本市及国内外消费者	综合	30 万以上	30 万以上	都市型购物中心、大型百货店、专业店、专卖店、休闲娱乐中心等
天河路商圈	本市、珠三角消费者,海内外游客	综合	150 万以上	140 万以上	超大型购物中心、大型百货店、专卖店、休闲娱乐中心、大型专业市场

从天河路商圈的一系列数据及其与都市型商圈的标准比较可以看出，天河路商圈已远远超过都市级商圈的等级指标。天河路商圈拥有的商业设施面积超过 140 万平方米，其目标客户是本市及珠三角居民，以及海内外游客。据统计天河路商圈服务顾客中外地顾客占到 50% 以上，商圈已成为外地顾客购物旅游的主要目的地。天河路商圈服务的本地人口已达到 150 万人以上，从其辐射

---

① 齐晓斋：《城市商圈的类型和选址》，《江苏商论》2007 年第 8 期。

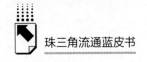

范围来看，已达到亿级规模。

4. "城中之城"

天河路商圈形成了广州最为完备的服务体系。在这里，超过 100 万平方米的购物中心提供了各种各样的购物休闲选择，百货、超市、餐饮、娱乐以及文化体育项目应有尽有，构建了广州最为密集的购物休闲集聚区和文体休闲区。这里靠近 CBD 中心区——珠江新城，众多高档写字楼矗立于此，构建了总部服务集聚区，是众多国内国际大企业设立总部的优选之地。这里还有提供人才中介与培训服务的中介服务场所，以及有华南最大的 IT 电子市场之称的电子专业市场。

依据其所提供的功能，天河路商圈可分为六大集聚区，包括专业市场集聚区、文化娱乐集聚区、中介服务集聚区、购物休闲集聚区、总部服务集聚区和衍生服务集聚区（见表4）。

表 4　天河路商圈的功能分类

购物休闲集聚区	专业市场集聚区	文体休闲集聚区	中介服务集聚区	总部服务集聚区	衍生服务集聚区
天河城广场	百脑汇	天河购书中心	天河人才市场	高盛大厦	体育西路美食街
正佳广场	总统数码港	天河体育中心	广东省人才市场	中石化大厦	皇悦酒家
万菱汇	天河电脑城		南方人才市场	金利来大厦	同湘会
太古汇	广州电脑城		国际人才市场	维多利大厦	拉丁餐厅
宏城广场	太平洋电脑城			太古汇	各商场内的售后、饮食服务
时尚天河	颐高数码广场			中信大厦	
天河又一城				财富广场	
维多利广场				时代广场	
天河娱乐城					
摩登城					
华亿百货					

5. 广州名片、城市窗口

经过十几年的建设发展，天河路商圈从一片荒原逐渐形成大楼鳞次栉比、交通四通发达、环境亲和优美的繁华街区。这里有许多广州人难以忘怀的时代记忆，有商旅客流流连忘返的消费场所，有被称为广州名片的众多地标建筑

（见表5）。透过天河路商圈摩肩擦踵的人流，我们能看到整个广州市的繁荣景象，看到广州乃至珠三角商贸行业的发达情况。

表5　天河路商圈的地标性建筑

单位：平方米

建筑名称	面积	地位
天河城	16 万	中国第一 MALL
广州购书中心	2.4 万	神州第一书城
天河体育中心	51 万	全运记忆
正佳广场	42 万	家庭时尚体验消费中心
太古汇	41.6 万	高档、奢华
万菱汇	23 万	非凡万菱汇
太平洋电脑城	3 万	中国最大的电脑市场
天河娱乐广场	9 万	华南首家多厅豪华影城

天河路商圈的交通极为发达，地铁、公交、楼巴、铁路、汽车及航空各种交通设施编织了一个极为发达的立体交通网，全国各地经过各种交通工具来这里的各色人等可直接方便地进入天河城商圈。这里可以使游客最便捷地到达并体验广州最繁华的商业面貌，成为游客进入广州的必达地之一。天河路商圈已经由于其便利性和影响力，成为广州给予内外游客的名片。

6. 城市商贸集聚与发散源

天河路商圈是广州最为活跃与发达的商业活动区，大量的商贸设施和商贸活动汇聚到这里。这里有广州最为密集的购物中心，最为密集的百货店，最为密集的各色饮食，最为密集的文化娱乐以及极为密集的商务活动。众多商业企业为了分享集聚经济和信息优势，汇聚到这一区域，互相融合与协作，产生了极大的集约优势和外部经济，增强了整体活力。

天河路商圈也是商贸活动的发散源，很多商业企业都是从这里走出去的。天河城发轫于此，摩登百货创立于此，丽特和华忆百货从此处启航，天河购书中心在这里产生和发达，等等。现在他们都走了出去，在广州，在珠三角，在全国，都有他们活动的身影，他们将他们的管理经验、信息优势、供应链强项等输往各地，再造了一个个成功的典范。天河路商圈的集聚因素如表6所示。

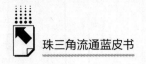

表 6　天河路商圈的集聚因素

因素	表　　　现
人口因素	天河路商圈人流大,客流量稳定;顾客消费水平高,消费方式引领时尚;50%以上的客源来自市外,他们具有强大的购买力
经济因素	处于工业化后期,经济发展较快。2011 年,广州市实现地区生产总值(GDP)12303.12 亿元,城市居民家庭人均可支配收入达到 34438 元(按 6.18 的汇率,折合 5572 美元),全年城市居民家庭人均消费性支出 28210 元,城市居民恩格尔系数为 34.0%,消费层次不断提升
交通因素	位于广州新城市中轴线上,广州地铁 3 号线与地铁 1 号线交叉点,地下设有地铁连接通道;有 27 条普通班线、4 条高峰班线和 12 条夜班线经过;与广佛地铁、珠三角城市轻轨网络连为一体
商家因素	商业气氛浓厚,业态业种组合合理;主力商家经营策略恰当,迎合商圈消费者心理需求;商家聚集使得商圈品牌提升

天河路商圈采用"引进来"与"走出去"相结合的发展方针,商圈规模越来越大,名头越来越响,辐射能力不断增强。其发挥的都市型商圈的功能主要体现在其集聚和扩散作用上,其竞争性优势也主要反映在这种能力的强弱上。

广州城市化进程促进了天河路商圈的发展,为天河路商圈的产生和发展提供了必备条件;而天河路商圈随着能量的聚集和扩散,承接起广州城市化进程引起的消费结构的转变,繁荣了广州的经济,在广州商业中的地位举足轻重,为广州的发展增添了动力,促进了城市的发展。天河路商圈成为整个城市的标志和名片,为城市功能的完善发挥着巨大的作用。可以说,天河路商圈既是城市化进程的产物,又是推动城市发展的重要力量。

三　天河路商圈主要业态分析

(一)灿若群星的购物中心

至 2012 年底,天河路商圈共兴建了八个大型购物中心,规划中还有一个。建筑面积达到 176 万平方米(含规划中),其中商业面积有约 80.3 万平方米。

天河路商圈的购物中心主要分布在天河体育中心周边，包括维多利广场、中怡时尚购物中心、天河城、宏城广场（规划中）、正佳广场、时尚天河商业广场、太古汇、万菱汇，此外，还有位于岗顶的天河娱乐广场。其中在体育中心附近不到0.8平方公里的区域内，分布着七家购物中心，商业面积接近80万平方米，密度之大在国内是十分罕见的（见图16）。

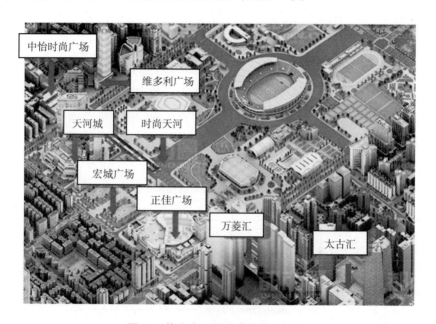

图16　体育中心附近购物中心地图

天河路商圈已成长为中国最为密集的购物中心集群，这里有亚洲单体面积最大的购物中心——正佳广场，有地下商业巨头——时尚天河商业广场等。如表7所示。

表7　天河路商圈的购物中心

单位：万平方米

名称	建筑面积	商业面积	开业时间	备注
天河城	16	10.3	1996年	中国第一MALL
正佳广场	38	30	2005年	亚洲最大体验式消费中心
太古汇	35.8	13.8	2011年	太古地产内地旗舰项目
万菱汇	23	5.8	2010年	
维多利广场	14	3	2003年	

续表

名称	建筑面积	商业面积	开业时间	备注
中怡时尚广场	6	5	2006 年	
时尚天河广场	23（规划）	5（开业）	2011 年	打造国内规模最大的地下购物中心
天河娱乐广场	9	3	1998 年	
宏城广场	11	4.8	2013 年（预）	规划中
总　计	175.8	80.7		

与北京、上海、武汉、重庆等全国其他几大中心城市的商圈相比，天河路商圈的购物中心集群，在经营面积上遥遥领先，独占鳌头。

如表 8 所示，全国主要中心城市各重要商圈购物中心的总面积均小于天河路商圈，这也展示出天河路商圈独特的个性。

表 8　国内中心城市重要商圈购物中心

单位：万平方米

	主要购物中心	建筑面积	商业面积	开业时间	购物中心总面积
北京王府井商圈	王府井百货	3.9	3	1955 年	33.7
	东方新天地	80	13	2000 年	
	北京 APM	13.9	9.6	1998 年	
	银泰乐天	8.4	4.3	2008 年	
	淘汇新天	—	3.8	2012 年	
上海南京西路商圈	梅陇镇广场	12	7	1998 年	29
	中信泰富广场	10.6	3.5	2000 年	
	恒隆广场	21.5	5.5	2001 年	
	久百城市广场	—	9	2004 年	
	金鹰国际购物中心	—	4	2004 年	
上海徐家汇商圈	港汇广场	40	7	1999 年	15.7
	美罗城	11	6.7	1998 年	
	永新坊	10	2	2007 年	
武汉武广商圈	世贸广场	11	8	1999 年	
	武汉广场	9	8	1996 年	
	武汉国际广场	—	32	2011 年	
重庆解放碑商圈	大都会广场	23	5	1997 年	
	重庆时代广场	—	4	2011 年	
天河路商圈					80.7

资料来源：广东商学院流通经济研究所。

1. 天河路商圈购物中心的业态特点

（1）自发形成、高度集聚

天河路商圈诸购物中心是顺应广州乃至珠三角经济社会发展转型趋势，把握广州城市发展重心向东转移的潮流而逐渐兴起的。

天河城广场在天河路商圈的拓荒，源自天河城的建设者们对购物中心这一新兴商业业态的艰苦探索。通过在世界各地不同城市的调查研究，这些建设者们认识到，现代购物中心的形成使商业中心的形成周期大为缩短，能使城市郊区在城市发展的过程中迅速崛起为商业中心，正如太古城中心对商业的促进一样。

正是在这样的认识下，天河城才在天河路落下了具有拓荒意义的棋子。虽然遭遇了开业之初招商困难等问题，世纪之初的天河城仍凭借其独特的优势在广州抹下了靓丽的色彩。

此后，维多利广场、正佳广场、太古汇、万菱汇等购物中心均在天河城成功的巨大吸引力作用下，纷纷在天河路天河城周边开门迎客，使天河体育中心周边形成了包含七大购物中心，营业面积近80万平方米的购物中心集聚区，奠定下了天河路商圈成就"中华第一商圈"的坚实基础。

（2）差异经营、各具特色

在购物中心附近不到0.8平方公里的范围内经营体量如此庞大、数目如此众多的购物中心，各经营者之间难免面对着近身肉搏式的竞争。在这一状况下，唯有差异经营，形成自己的特色，才能在竞争中立于不败之地，在黄金商圈中赢得黄金满地。

天河城是天河路商圈购物中心商业业态模式的拓荒者，也是天河路商圈商业发展的起源。开业之初，天河城商圈就以"把北京路搬进天河城广场"作为经营策略，集购物、游览、美食、娱乐、休闲、商务、广告、信息、展览、康体等多功能于一体，在广州开创了一种全新的一站式消费概念，把广州的商业发展提高到了一个新水平。这在当时广州城百货业一枝独秀的背景下，无疑是一大创举，经过10年的经营，天河城已被誉为"中国第一商城"。

正佳广场一开业就大力打出"体验式消费"[①] 的最新消费理念，以客户为

---

① 王家敏：《如何打造"体验式"消费模式》，《销售与市场（管理版）》2011年第3期。

中心，通过对商场、产品的安排以及特定体验过程的设计，让客户在体验中产生美妙而深刻的印象，并获得最大程度的精神满足。正佳广场的宣传口号是"亚洲体验之都"，正佳不仅把购物中心建设成了 4A 级旅游景点，设立了大型娱乐设施，合理布置空间格局，优化业态结构，缔造国际一代购物中心（一站式购物）到二代购物中心（一站式休闲）的经典升级形态，还积极引进了银行、保险、房展、车展、票务等新消费热点，全力打造三代购物中心（一站式消费）的新模式。[①]

与其他购物中心相比，太古汇的特色可谓不言而喻。谁有它奢华？谁有它高端？谁拥有的国际名牌比它多？这里有首次进驻广州的国际品牌 CHANEL、GIORGIO ARMANI、MiuMiu、Tiffany&Co、SERGIO ROSSI、ANNE FONTAINE、Brioni、蔻驰、珑骧及 Theory 等，首次进驻广州的国内品牌 Ole'、E-WORLD、怡夕、优雅男士生活馆等。众多大品牌在太古汇设立旗舰店，如 Prada、i.t、Izzue、SUNION、G2000、ochirly、顺电、盛世长运、方所等。据悉，太古汇引入的品牌中，七成为国外品牌，国内品牌仅占 30%。此外，奢华的购物环境也是太古汇为消费者津津乐道的话题之一，逾四米的层高，超过 8000 平方米的阳台花园，奢华的五星级厕所，再加上灯光营造的金色氛围，打造出殿堂级的购物环境。甚至连太古汇的垃圾处理系统都是从日本引进的，专门用于垃圾的烘干、粉碎、压缩，而这套设备广州目前只有一套。

差异化经营是诸购物中心在同一商圈共同繁荣昌盛的基础，而缺乏特色的万菱汇、维多利广场无疑已成为众多专家眼中的"黄金商圈百慕大"，如何利用商圈客流，发展自己的特色，仍是这些购物中心需要认真考虑的问题。

（3）倡导体验式消费

"体验式消费"是指在一定的社会经济条件之下，在特定的消费环境之中，消费者为了获得某种新奇刺激、深刻难忘的消费体验，亲身去体验和感受某些具有陌生感、新鲜感和新奇感的消费对象的特殊消费方式。体验消费主体、体验消费客体和体验消费环境构成了体验消费的三要素。体验消费具有亲

---

① 周维：《用心服务"亚洲体验之都"》，《中国物业管理》2007 年第 7 期。

历体验性、游戏娱乐性、冒险挑战性、参与互动性、个体创造性等 5 个基本特征。

最具现代理念的购物中心商业业态是将体验式消费理念贯彻到底的最理想平台。购物中心商业面积巨大，产品种类繁多，且将娱乐、休闲、餐饮等体验功能融合在一栋大楼之内，极大地便利了消费者的体验过程。从购物中心内部的商业类型上看，商业、娱乐、餐饮在购物中心内部要有一个较为理想的比例分布，才能发挥黄金商业布局，实现 1 + 1 + 1 >> 3 的理想效果。

以正佳广场为例，正佳顾问公司将纽约、巴黎、台北等产业发达地区约300 个购物中心的众多案例进行了数据化的统计和分析，最后得出了一个惊人的结论，那就是，这些成功的购物中心的商业业态比例都惊人地相似，它们的商业、娱乐和餐饮的经营面积之比约为 52∶30∶18。这一黄金比例成为正佳广场招商工作的指针，开业前招商已完成 9 成以上，上千家知名品牌同场热卖。这些按类布局的商业集合，合理有效地承接了消费人流。

(4) 宽敞、舒适的购物环境

现代购物中心依托庞大的建筑面积，致力于塑造宽敞、舒适的购物环境。天河路商圈各大购物中心同样也无不在建筑特色上下工夫，力求新颖独特，吸引顾客。

天河城以其完美的整体布局，富于情趣的园林化环境激发了人们的兴趣。门前 3000 多平方米的露天广场和壮观的音乐喷泉，开创了广州市的先河，中庭的透光式设计，让人们感受到阳光的沐浴，有一种回归自然的感觉，以中庭为中心的圆环式布局不仅增加了立体感和新鲜感，而且还在人群流动之中产生出动感和美感，散发出无限的魅力。

正佳广场由世界非常知名的商业、购物中心设计师事务所美国捷德（JERDE）建筑师事务所设计，其设计的主旨①是为顾客提供一个节日气氛浓郁、亲切宜人、色彩缤纷的环境，使他们能在广场内心情愉快地购物、用餐及娱乐。正佳广场最炫目的一个亮点就是巨型天幕，它覆盖着所有中庭、街道，

---

① 广州设计院：《天河正佳商业广场》，《南方建筑》2009 年第 3 期。

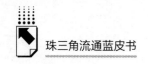

是一个独特的光棚，将不同特色的空间统一起来。正佳广场这样一个室内化的城市空间，把广场、街道和各种功能空间归入一个多层次的共享天幕之下，成为城市多元生活的综合体。

太古汇的特色是其流线型的建筑设计，椭圆的中庭，横贯商场顶层的玻璃天廊都是太古汇商场独有的格调。位于商场三楼的街心公园颇有情调，尽管在三楼，仍能种植高达十余米的大树。商场内没门的厕所亦是一大特色，因为考虑到厕所的门把手是细菌的密集地，因此设计师故意让人去每一处厕所都要转两三个弯，就由这些"弯"形成阻挡视线的"门"。太古汇商场另一大特色就是，天花板非常简洁，既没有璀璨的水晶吊灯，也没有层层叠叠的欧式雕纹，有的只是零星点点的节能灯，以及一片片椭圆形的镂空。

万菱汇在硬件上可以看出是大手笔，夜晚的万菱汇璀璨耀眼。建筑外部有广州市最长的 350 米的 LED 灯带，这是广州市目前所有商场中独有的。商场内部有近千盏 LED 炫灯，营造出极具震撼力的视觉效果。漫步万菱汇中，犹如置身星光大道。值得一提的是，万菱汇设有全国商场中特有的香薰系统，带给消费者崭新的购物体验和殿堂级尊贵享受。

（5）舒适体贴的服务

舒适体贴的服务，往往也是商业零售制胜的法宝。极具港式管理特色的太古汇在这方面表现最为突出。

太古汇在设计之初不仅注重建筑物的外观、设施及交通网络，更加注重整个物业环境的设置和完善的管理，提供尽善尽美的社区环境，卓越的商业、消费和娱乐配套设施，使物业成为一个整体多元化的小区，商业及休闲设施一应俱全，拥有不断增值的生活环境。如此审慎细密而具系统性的综合规划是港资国际企业的代表作。跟香港的"太古"系列商场相比，太古汇属于第四代商场，设计更为人性化，强调购物的舒适性，譬如多采用柔和、温暖的色调，商场内常见的椭圆形设计元素也处处展现其和谐之美。

为满足高端消费者对服务和环境的较高需求，太古汇传承太古地产项目发展及管理经验，引入了先进的管理系统和值得信赖的服务质量，为社会和大众提供高品质大型物业管理与贴心可靠的服务。装置精良的中央监控室每天24小时运作，监察整个物业，包括办公楼保安系统，以及各主要出入口。一支超过 300 人的专业楼宇管理及技术人员团队随时候命，确保物业正常运作。此外，太古汇还会为商户定期举办安全讲座、防火及逃生装备演示、防火演习。太古汇设有广州首个港湾式候车站点，使私家车与出租车分流。地下停车场共提供 718 个停车位，配备智能寻车系统——自动感应停车卡能协助车主确定座驾方位，便捷贴心。

2. 天河路商圈主要购物中心介绍

（1）中国第一商城：广州天河城

天河城（TEEMALL）是广东天河城（集团）股份有限公司投资、建设、开发、经营管理的大型购物中心，于 1996 年 8 月 18 日正式开业，是中国大陆最早的 SHOPPING MALL。天河城总投资 12 亿元人民币，占地 4.1 万平方米，建筑面积 16 万平方米，其中商业面积达 10.3 万平方米，商铺的出租率从 1999 年起一直保持在 99% 以上。

天河城是一座规模宏大、功能齐全的现代型综合购物中心，经过十年的经营，被誉为"中国第一商城"。其母公司天贸集团在 2002 年公司 10 周年庆典时，精辟地总结了天河城的"十个最"：[①] 最早的股份制商业企业、最高速建成开业、最早引进外商零售百货企业、最具代表性综合经营模式、最现代物业管理、最大额单店销售、最大客流量、最满租位、最高效回报与最强的带动能力，天河城的历史地位可见一斑。

目前天河城日平均客流量已达到 30 万人次，节假日客流量更多。2004 年 10 月 1 日国庆黄金周第一天，天河城的人流量达到创纪录的 83 万人次。2003 年全城营业额约 40 亿元，已成为广州最繁华的商业中心。天河城的成功所带来的"天河城效应"，影响已波及全省乃至全国，使之成为广州现代商业的标志，成为市民和旅游宾客购物观光休闲的首选场所，成为有关部门和新闻媒体研究的对象，成为同行赶超的目标。根据粤海投资最新公布的年报，天河城广场 2011 年整体租金收入达到 7.93 亿元，同比增长 9.4%，其中作为天河城主力店的天河城百货 2011 年收入为 4.08 亿元，增长 14.8%，继续保持天河路提款机的美誉。

---

① 邹锡兰：《MALL 战略再造天河城》，《中国经济周刊》2005 年第 16 期。

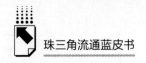
从经营类别上，天河城满足了消费者的一站式购物需求，各种服务功能应有尽有，其中面积庞大的餐饮面积是其实现体验式消费的主要方式。

（2）亚洲体验之都——正佳广场

正佳广场坐落于广州市城市中轴线的核心位置，位于中国华南第一商圈——广州天河商圈的核心地段，天河路与体育东路的交叉口，经过13年的风雨波折，于2005年1月15日正式开业。

正佳广场占地面积57000平方米，总建筑面积38万平方米，总投资40亿元人民币。其中购物中心商业面积为30万平方米，地上7层，地下2层半，为当时亚洲单体面积最大的购物中心。2007年入选《福布斯》杂志"全球十大商业中心"，由于其引领"体验经济"的生活方式与消费理念，被誉为"亚洲首席体验式购物中心"。

以体验式主题购物乐园为设计定位的正佳广场，由美国著名的购物中心专业设计公司捷得设计师事务所与广州设计院合作共同设计。是完全贯彻"体验式消费"模式，将购物与"体验"融合，集零售、休闲、娱乐、餐饮、会展、康体、旅游及商务于一体的现代化购物中心，是第二代MALL的代表，成为与拉斯维加斯、纽约第五街、东京银座比肩的体验经济巨人，是当今世界第五、亚洲第一的购物中心典范，成就了"亚洲体验之都"的美誉。

2010年，正佳广场品牌形象全面提升，打造"家庭时尚体验中心"，成为名副其实的"时尚之都、美食之都、娱乐之都、旅游之都、文化之都"。[1] 正佳广场享有中国商业零售试点单位、国务院特批国际贸易区、广州最大CEPA零关税贸易区和广东省旅游定点项目等多项殊荣。

可以说，正佳广场的开业是天河城商圈发展的重要转折点，提升了天河城商圈的品位，使其荣登"华南第一商圈"宝座，并引领了天河城商圈升级。

（3）太古汇

2011年9月23日，太古汇（TaiKoo Hui）在广州正式开业，它是太古地产中国内地旗舰发展项目，是集休闲娱乐、商贸活动和文化艺术欣赏于一身的广州新亮点。它的到来，不仅使广州多了一个购物中心，而且它带来的至少

---

① 正佳广场官网：http：//www.zhengjia.com.cn/。

70 个品牌是第一次进驻广州，其中包括多个国际一线品牌。这些品牌的到来，不仅丰富了广州市民的购物选择，同时也提升了广州建设"国际商贸中心城市"的能力。

太古汇位于天河路和天河东路交界的交通枢纽区域，与广州地铁系统直接联系，是太古地产中国内地规模最大的投资项目，由世界知名的建筑公司 Arquitectionica 设计，由太古地产开发建设并运营管理。太古汇总建筑面积约 35.8 万平方米，由一个大型购物中心、两座甲级办公楼、一个文化中心和广州首家文华东方酒店及酒店式服务住宅构成，各个物业之间相互连接。汇丰银行是写字楼最大的租户，租了 27 层，占办公面积的 43%，之外还有香奈儿、路易威登、三井住友等知名跨国公司和财富 500 强公司。

太古汇商业面积约 13.8 万平方米，云集了国内外 180 多家知名品牌，包含全球一线品牌精品、国内外品牌时装、家居生活用品、精致美食佳肴，其中至少有 70 个品牌是首次登陆广州。包括 CHANEL、Giorgio、Armani、MiuMiu、Tiffany& Co.、SERGIO ROSSI、Anne Fntaine、Brioni、蔻驰、珑骧及 Theory 等国际品牌，以及部分首次进驻广州的国内品牌，有不少著名品牌更是选择在该商场设立旗舰店，高端品牌超市 Ole' 更首度登陆广州并进驻太古汇。汇聚各地精粹，太古汇旨在为宾客带来不一样的购物及休闲体验。

在太古汇，我们可以清晰地看到许多国际一线品牌的身影，以及许多首次进入大陆的特色店铺，如顺电、方所等，这些高端品牌和特色商品增强了太古汇的高端色彩，使其成为天河路商圈的又一商业标杆。

（4）万菱汇

万菱汇位于天河路与体育东路交界处，集超甲级写字楼、时尚购物广场、豪华服务公寓、国际知名品牌出租式公寓于一体，建筑面积达 23 万平方米，其中购物中心商业面积 5.8 万平方米，写字楼 6.5 万平方米，公寓 7.2 万平方米。2010 年 11 月 6 日开业以来，万菱汇融入国际潮流 MALL 的运作模式，为广州带来了一个全新的购物体验，让购物者感受万千步伐一样精彩的欢乐购物乐趣。

万菱汇采取最先进的现代 MALL 经营理念，注重营运模式、品牌引进、软硬件配套和业态差异化，以建成本身的特色及引导时尚生活，使天河 MALL 商

圈产生光环效应。万菱汇采取了"主力店＋次主力店"并配合特色零售店铺的策略，形成独特的商户组合，保证了购物中心整体的鲜明定位。

目前万菱汇的商业构成中，60%为时尚零售品牌，以知名品牌服装为主。25%为配套餐饮，包括高级食府、中西式美食及特色餐饮。15%为时尚生活精品，为追求时尚品位生活的人士提供齐全的家饰、家居用品的品牌选择。

万菱汇较为有特色的地方是，购物中心内没有设置百货商店作为主力店铺，而是秉持去百货化的经营哲学，以各种主力店铺作为其明确定位、吸引顾客的法宝。此外逾5000平方米的家品卖场也是其独具特色的地方。

简约潮流的Emoi Life基本生活和苏宁旗下的电器精品店SUNNING Elite，将万菱汇家居装点得异彩飞扬。进驻M层的美国家品Pollen，更是大手笔的一个家品卖场，将占据2000平方米的范围。万菱汇的Pollen既是广州的首店，同时亦是中国的首店，占据了万菱汇整个夹层，大规模阵容确实不容小觑。Pollen目前开张了4个分区：年轻人玩乐品分区、浴室分区、电器品分区和生活品味区。

（5）天河娱乐广场

天河娱乐广场位于天河路东段岗顶，处于人流旺盛的天河IT商圈，与百脑汇对街而望，地铁岗顶站出口直通楼下。天河娱乐广场建成于1998年，包括东塔、西塔、商场三部分，分别为酒店、写字楼和商场。

目前天河娱乐广场商场的定位以年轻时尚及照顾周边居民生活需要为主，包含丽特百货、百佳超市、屈臣氏等品牌商场，还有餐饮、歌厅、电影院等娱乐项目，人气旺盛。

（6）维多利广场

维多利广场是城建集团精心打造的主题式商业广场，位于天河CBD中心区的核心地段，坐落于体育西路与繁华现代的天河路的交会点上，与天河购物中心比邻而居，毗邻地铁1、3号线。

维多利广场占地面积约1.3万平方米，总建筑面积约14万平方米。其中商场裙楼商业面积约3万平方米，背后是两栋52层和36层的甲级写字楼，还有将近30000平方米的地下大型停车场。

维多利广场原先以"白领银座"为主题，定位为时尚白领的休闲购物中心，以国际名牌服饰为主导，集购物、饮食、娱乐于一身。目前，国美电器将维多利广场负一层至四层作为其店铺，经营面积近 15000 平方米，是"国美中国第一店"。2010 年 4 月底，国美维多利升级为新活馆，以注重顾客体验为目标，将产品按品类划分，不再采用传统的品牌划分方式。营业面积扩展为 2 万多平方米，汇聚了全球 1000 家消费电子厂商的 1365 种品类、5 万种商品。在维多利新活馆里，特增设了 3C 类以及配件类产品的份额，增加了家电饰品、礼品、进口商品，扩大了经营范围，突出了产品差异化。

原先设计的白领服装品牌几乎绝迹，不过维多利的餐饮做得风生水起。其中一楼有肯德基、星巴克等西式快餐，以及鹅之掌中式小食店。广州最为成功的湘菜馆之一 ——佬湘楼位于二楼。三楼有以老火汤出名的中式简餐店多喝汤和日本料理宝厨房。新潮楼是一家以新派潮菜和粤菜为主的中餐酒楼，位于五楼，与广州地区吃日式自助餐比较地道和种类比较多的食太郎日本和风料理自助餐厅比邻而居。六楼是维多利最有特色的无国界美食沙龙出品无国界料理，中西日韩都有，可以让你一次尝遍世界各地的名菜系。湖南黑茶馆位于维多利广场七楼全层，占地近 4000 平方米，经营湖南保健黑茶，宣扬茶道和保健文化。

作为一家购物中心，维多利购物广场是失败的，成为天河路商圈出名的孤岛。[①] 其原因在于差异化不够明显，难以聚集人气，专家认为维多利广场所处位置为天河路商圈死角，只有打开体育西路东部的人气，才能获得新生。砍掉零售，做活餐饮或者发展文化产业，也许是不错的选择。维多利广场正面临着转型调整之苦。

（7）时尚天河商业广场

时尚天河商业广场位于天河体育中心南广场地下，有 3000 多个铺面，占地 12 万平方米，建筑面积 23 万平方米，是广州规模最大的地下商场。2011 年 12 月，时尚天河商业广场一期 5 万平方米，1000 个铺位开业，有 800 家商户入驻。

时尚天河的定位重点突出个性化、潮流化、前沿化、新奇化、差异化的时

---

① 陶达嫔、彭文蕊：《黄金商圈却现"孤岛"现象》，《南方日报》2011 年 12 月 16 日第 A07 版。

尚特色。商场共划分为四大区域：品牌荟萃街区、个性精品店街区、潮流缤纷百货区和美食广场，打造全新模式的景观体验式购物场所，30多个街区都设有不同的主题，并引入绿树鲜花、小桥流水等各类生态景观，打造更舒适宜人的购物环境，甚至还营造出星光大道、广阔星空、海洋等各类时尚味十足的特色景观。这种观光功能与购物、休闲功能在地下商业空间的有机融合，在广州市场还是首创。

时尚天河商业广场正努力成为全国规模最大、功能最齐全的现代型地下综合购物中心，成为广州现代商业新地标，市民和游客购物、休闲、观光的首选场所，把广州的商业发展提高到一个新水平。

（二）天河路商圈的百货集聚

百货商店是指经营服装、家电、化妆品、钟表电子产品等众多商品的大型零售商店。是指在一个建筑物内，经营若干大类商品，实行统一管理，分区销售，满足顾客对时尚商品多样化选择需求的零售业态。

在中国，百货业态与专业店均属传统业态，在计划经济时代百货店已是商品销售的主要方式。根据生命周期理论，美国等发达国家的百货业态早已进入衰退期，而中国从20世纪90年代起，通过业态、技术与管理创新，许多地区以国有企业为主的大型百货集团繁荣昌盛，许多民营百货公司开始进入大型化行列。

在广州，广百集团、天河城百货、友谊商店、王府井百货等国企大百货做得风生水起，成为广州百货业的标签。而广州最大的民营百货摩登百货以及百货新星丽特百货，也逐步扩大人流规模与影响力，成为羊城百货业的生力军。这些百货集团，都选准了天河路商圈作为展现自己影响的窗口，分别占据了天河城各购物中心的核心位置。

表9　广州八大百货

名称	门店数目（个）	营业面积（平方米）	天河路商圈分店
广百百货	25	约60万	广百中怡店
广州友谊商店	6	19.3万	友谊正佳店

续表

名称	门店数目(个)	营业面积(平方米)	天河路商圈分店
天河城百货	6	15.2 万	天河城店
摩登百货	8	17.3 万	岗顶店
新光百货	2	3.8 万	无
中华百货	1	1.4 万	无
东山百货	2	1.3 万	无
新大新百货	4	—	属广百百货

从广州八大百货在天河路商圈的分布看，天河路商圈已成为广州百货业最为集中的区域，这也成为天河路商圈的特色之一。

1. 天河路商圈的百货商店

天河路商圈目前分布着六家百货公司，包括三家大型国有百货商店：天河城百货、友谊商店正佳店以及广百百货中怡店，还有三家民营百货商店分布在岗顶一带，即摩登百货、丽特百货及华忆百货。

表10　天河路商圈的六大百货商店

单位：平方米

	经营理念	经营面积	地位	位置
天河城百货	—	35000	天河路商圈第一家	天河城
广百百货	时尚、年轻	50000	金鼎百货店	中怡时尚广场
友谊百货	优质、时尚	30000	金鼎百货店	正佳广场
摩登百货	时尚、价优	30000	金鼎百货店	摩登城
丽特百货	个性、青春、时尚、动感	16000	青春百货	天河娱乐广场
华忆百货	时尚折扣、社区精致百货	9500	小众百货	天河商贸大厦

天河路商圈这六家百货商店，分布在商圈的两端，如图17所示。

（1）天河路商圈百货探索者——天河城百货

广东天河城百货有限公司前身为"广东天贸南方大厦百货有限公司"，创建于1996年1月，是广东省粤海控股旗下广东天河城（集团）股份有限公司的全资子公司，2004年正式更名为天河城百货。1996年2月9日，天贸南大百货有限公司作为天河城广场的主力店正式开业，成为天河城正式开门试业的标志，这是天河路商圈的第一家百货商店。天河城百货以多业态连锁经营模式

图 17 天河路商圈百货商店地图

不断发展壮大,现旗下拥有天河城店、北京路店、白云新城店、东圃店 4 家百货店,以及万博店、奥体店 2 家奥特莱斯名牌折扣店。

天河城百货天河城店为天河城百货旗舰店,位于天河城的二、三、四、五、七楼,经营面积超过 30000 平方米。店内经营品种丰富,国内外各类服饰、皮具、金饰、家电、食品等名优新特商品品种达 8 万多种。1998 年 10 月 30 日,天河城店通过了国际著名权威认证机构——瑞士 SGS 公司的现场 ISO 认证审核,成为我国首家由国际认证机构认证的商业零售企业。2010 年,天河城百货天河城总店销售额达到 23 亿元,在广州百货业中稳居前列。

(2)广百百货的里程碑——广百中怡店

广州百货企业集团有限公司(广百集团)成立于 1996 年 6 月,是广东省、广州市重点扶持的国有大型商业集团。集团三大主业为百货零售、展贸批发、物流配送。其经营规模相当于中国商业企业百强第 26 位,广东省商业企业第 3 位。集团龙头企业、控股上市公司广百股份是全国大型零售百强企业,拥有广百百货和新大新百货两大品牌 25 家百货门店,经营面积超过 60 万平方米。2007 年,广百股份成功上市;2009 年,广百成功收购新大新公司。新大新公司是一个历史悠久的百货公司,1914 年由蔡氏兄弟创建,民国时期与新新、先施、永安并称为广州四大百货公司。

2006 年 9 月 29 日广百中怡店正式开业,经营规模达到 5 万平方米,是广州市单体面积最大的百货商店,经过精心打造,广百中怡店尽显独特魅力,凸显多个亮点,时尚与年轻成为该店的主题,品牌组合彰显高贵气质,宽敞、优雅、舒适的购物环境，是全城的翘楚，2009年，国家商务部将广百中怡店评为金鼎百货店。① 而在此之前，新大新维多利店已开业一年多，为了新大新公司和广百集团（两者均为国资委旗下独立公司）更好地整合在天河路商圈的资源，新大新百货主动撤出维多利广场。

（3）广州友谊花落天河

广州友谊集团股份有限公司是一家由国家控股的大型综合性商业上市公司，是广东省流通龙头企业。其前身是始创于1959年的"广州友谊商店"，已有逾50年的历史，是"广州市老字号"。

目前广州友谊共有六家门店，其中广州市内四家，佛山一家，广西南宁一家，总营业面积约20万平方米，2011年全年营业额达44.6亿元。

2005年1月13日，正佳友谊店早正佳广场一日正式开业。八年前，由于种种原因，包括把握不准未来发展趋势等，广州友谊与天河城失之交臂，这一天终于如愿以偿。友谊商店落户正佳，投资在千万元以上，经营面积也达到了3万平方米。据报道，友谊商店在正佳开业的当天，营业额就突破了400万元。②

友谊正佳店是国家商务部认定的"金鼎百货店"。该店秉承了广州友谊一贯倡导的经营"优质、时尚生活"的理念，定位为一间中高档次、综合性的百货精品"主力店"。在宽敞、舒适、优雅的广州友谊正佳店，既有来自欧洲"时尚之都"的名牌服饰、皮鞋、手袋、化妆品，有瑞士名表、奥地利水晶饰物，有英国皇家经典陶瓷餐具、德国的高级精钢厨具，有来自丹麦、苏格兰、澳大利亚的高级饼糖美食，还有日本、韩国、我国香港的最新时尚潮流服饰设计，以及中国内地的国货精品、特色货品，使客人在正佳店逛街购物或消费时能更多、更直接地体验到世界各地的特色商品、风土人情、生活方式，第一时间感受到国际化的品质、国际化的设计和国际化的潮流风尚。③

（4）民营翘楚——摩登百货的启程

广州摩登百货股份有限公司始创于2002年6月20日，前身是一家民营企

---

① 《商务部办公厅关于2008年零售企业分等定级工作的通知》（商改字（2008）15号）。
② 张秀钦：《正佳开业，提升天河路商业品牌》，《羊城晚报》2005年1月20日。
③ 广州友谊官网，http://www.cgzfs.com/。

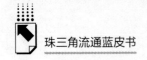

业，2007年11月完成股份制改造。

摩登百货始终坚持以"时尚、价优"为经营特色，核心定位为国际流行的时尚百货，大胆摒弃了"家电""超市"两大业态，专注于销售穿戴类商品，凸显鞋类、女装、童装等三大经营亮点。公司锁定18~35岁白领人士为主流消费者，为时尚白领人士提供支付得起的品牌生活。

摩登百货岗顶店位于天河路东段岗顶地铁站附近的摩登城，与天娱广场、百脑汇相邻，营业面积近3万平方米，是摩登百货的旗舰店，也是摩登百货的发祥之地。岗顶店主要经营各类时尚服饰、珠宝饰品、运动休闲产品、家居产品等。

摩登百货岗顶店自建立以来，获得了无数的认可和荣誉。成立次年，即被评为"最具竞争力的商场"。2007年1月，摩登百货岗顶店获得广东省连锁经营协会颁发的"优秀连锁经营门店"奖。并于2009年成为商务部认定的金鼎百货店。

（5）青春百货——丽特百货

2005年9月17日，丽特百货在天河娱乐广场成立。原正佳广场执行总裁谢仕平先生辞职迅速创办的丽特百货进驻天河娱乐广场负一层至五层，总面积超过16000平方米。

丽特百货突破大百货风格，主动进行差异化经营，实行蓝海战略，是全国首家"青春百货"。其一出生便独树一帜，凸显"个性、青春、时尚、动感"的主题。丽特希望集中知名的专业店、品牌店，打造特色鲜明和风格迥异的百货业新贵。

（6）小众百货的生存——华忆百货

华忆百货成立于2005年10月，坐落在岗顶天河商贸大厦的一至四层，紧临华南师范大学和暨南大学。华忆百货艰苦创业，"花了3年时间将一个原本不适合经营百货的场地改造成了一块商业面积达9500平方米的面积合格的百货卖场"。

地处最大商圈，毗邻天河电脑城商业旺地，背靠师大、暨大两所高校，临近地铁3号线岗顶站，华忆的地理位置尚算优越，然而从成立之初，华忆百货就面临着激烈的竞争。华忆不但面对来自摩登百货总店这个强有力对手的竞争，还要应对周边天娱广场、丽特青春百货的竞争。华忆果断地摆脱了老式特价卖场的模式，一直走时尚折扣路线，融入社区，形成一间融汇时尚、富有独特经营风格的社区精致品牌百货。

2. 天河路商圈百货业评述

（1）天河路商圈百货业的集聚效应

商圈集聚是区域经济发展过程中的产业聚集现象，是指大量关联密切的商业企业在空间上聚集，形成一定区域内商业网点密度和专业化程度很高的商业经营场所。[①] 百货业集聚是商圈同业集聚的一种类型，特指百货业这种商业业态的高度聚集。

从表面上看，百货业集聚区内的百货店铺会因激烈的竞争而导致消费者数量的减少，但实际上，一方面，消费者出于效用最大化的需要，愿意在百货业集聚区选购、比较和评价商品，增大了整体顾客规模，区域品牌的宣传效应，也有进一步放大顾客规模的作用；另一方面，百货业在集聚程度达到一定水平后，会进而影响周围人们的思想和消费观念，甚至造成居民消费结构的变化，进一步扩大消费水平和销售额。这都会促进消费环境和商业经营水平的进一步提升。另外，不同百货商店经营品类的差异，会产生多样化的产品布局，这有助于满足日益多样化的消费需求。

天河路商圈拥有广州市最为稠密的百货商店聚集区。在天河路西端700米区域内，汇聚着三家重量级的百货店，他们是广州国有百货店的翘楚，其中有荒原探索者天河城百货，有另外两家"金鼎百货店"。三家百货店的营业面积总和超过了110000平方米。在天河路商圈的东端500米范围内，则聚集着三家民营百货的领先者。他们采取各具特色的经营理念，摩登百货采取时尚百货经营方式，丽特百货则开青春百货的先河，华忆百货走时尚折扣的经营路线，走出了一条小众百货的捷径。这三家百货店经营总面积超过55000平方米。

目前，天河路商圈超过15万平方米营业面积的百货商店，产生了极大的集聚经济效应。由于专业化分工的深化，这些百货商店在激烈的相互竞争中互相学习，并进行经营方式、理念的创新，服务技术水平和能力不断增强，由此

---

① 蒋三庚：《论商业集聚》，《北京工商大学学报》2005年第3期。

产生了规模经济效应。整个商圈还围绕这些大型百货商店建立起了比较完善的供应链条，保障物流、商流的高效流通，极大化价值实现程度，使纵向一体化优势得到极大扩展。

六大知名百货商店的存在，在居民中形成了极大的品牌效应。人们购物休闲，自然会选择这里作为他们的目的地，而外地游客多是慕名前来，将其作为旅游目的地，并在众多游客中互相传播。这种品牌效应，是百货商店自身地位和价值宣传的结果，同时也是整个商圈整体推销宣传的外部溢出效应的结果，两者通过相互作用，影响力呈指数级攀升。这种品牌影响力，产生了消费带动作用，产生了 $1+1>2$ 的整体效果。

另外，天河路商圈的百货集聚，加上商圈内部其他业态的配合，改变了城市居民的消费习惯。人们在休闲的同时，在琳琅满目的商品中徜徉，色彩与声音的冲击，勾起他们消费的欲望。基础设施环境的刺激作用塑造了一个良好的购物环境，而这种刺激作用又进一步塑造了一种购物氛围，两者互相促进。

（2）传统百货业发展的困境及其转型

百货业的春天似乎早已远去，我们可以看到，在刚刚过去的 2012 年，零售百货业增长乏力已经是不争的事实。而电商的频频发力更让传统百货感到四面楚歌，"不做促销等死，做促销找死"，百货业身陷打折促销的车轮战而难以自拔。

第一，产品同质化严重

第一商业网发布的《广州百货业同质化报告》显示，① 在广州友谊、广百百货、新大新百货、王府井百货、美东百货、新光百货、万千百货、摩登百货、东山百货、华忆百货、天河城百货、中华百货等广州 12 家主要百货（总店）中，"千店一面"的同质化现象较为严重。其中女鞋品牌重复率达 80% 以上，体育用品重复率达 70% 以上，化妆品品牌重复率超过 40%。

百货业所面临的情况是：同质化的产品、同质化的服务，传统百货业之间难以避免的激烈竞争。从天河路商圈看，这里的百货商店密集，同质化同样难

---

① 彭文蕊：《百货业陷十年最"冷冬"拿什么提振消费信心》，《南方日报》2012 年 7 月 26 日第 GC03 版。

以忽视，同业竞争由于近身肉搏更加剧烈。

第二，电商对传统百货业的巨大冲击

中国市场电子商务的异军突起，给传统零售业带来了巨大的冲击。人们的购物习惯、消费习惯也逐渐因网购而改变，"宅"在电脑前逛网店成了许多人的生活常态，奔波于写字楼和住宅小区的快递员也越来越多。电子商务能让消费者有更多的选择和比较机会，以更低廉的价格买到品种更丰富的商品，并且操作简便、网上支付安全、商品品质有保障，更加获得消费者的青睐。中国电子商务研究中心发布的最新 2012 年中国电子商务市场数据检测报告显示，2012 年年底中国网络购物用户规模将达到 2.73 亿人。2010 年网络零售市场规模为 5131 亿元，2011 年为 8059 亿元，成为零售业不可忽视的力量。同时，2012 年 "双十一" 期间，淘宝和天猫两家平台在 24 小时内狂揽 191 亿元的收入，大幅超越美国 2011 年 "网购星期一" 所创下的 12.5 亿美元的纪录，一时间电子商务成为人们茶余饭后热议的话题。

与此相对，传统百货业似乎进入了漫长的寒冬，销量增幅均出现不同程度的下滑。更让百货业人士担忧的是，当前的消费习惯正在转变。许多年轻的消费者往往在百货店的专柜试好款式和码数，然后到网上购买。

第三，成本上涨，利润率大幅下滑

受经济危机以来经济形势不景气的影响，消费者信心不足，捂紧了手中的 "钱袋子"。然而，与此同时，人力、房租等成本却面临迅速的上涨，这成为考验百货企业的另一重压力。与 2011 年同期相比，2012 年人工费用上涨 20%，再加上水电、房租等成本的增加，整体的企业经营成本上涨幅度在 20%～30%。成本上升极大地压缩了百货商店的利润水平。

而为应对消费不振和电商的冲击，各百货商店纷纷加入了打折促销的浪潮，不约而同地进行 "放血式" 促销活动。不过这种促销并未带来销售量的急速增长，据业内人士透露，以往大促销时，销售额大都能翻番，2012 年却只能有 3～5 成的增长。频繁促销赚到的只是 "面子"，真正的 "利润" 却少得可怜，百货业微利时代已经来临。根据不完全统计，前几年百货业毛利率起码在 20%～25%，而主要销售民生类商品的大卖场行业平均毛利率则在 16%～17%。如今大卖场的情况基本变化不大，但不少百货业者的毛利率已降至

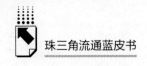

15%左右甚至更低。

天河路商圈的百货商店同样不能避免传统百货业所面临的巨大冲击，均在寻求不同程度的突破。专家认为，传统百货业的升级之路集中在三条。

第一，复合化

所谓复合化，就是从单体百货店转型为集商场、餐饮、娱乐等服务为一体的购物中心，来提升服务的多样性和便利性，也就是购物中心化。复合化经营可以产生专业百货店所不能带来的集约优势，可以分享不同业态行业对人流的吸引和共享作用。

第二，专业化

鉴于百货业同质化现象严重的现状，走专业化之路，形成自己在某方面的特色，或许是一条差异化竞争之路。广州天河城百货旗下的番禺万博奥特莱斯名牌折扣店、奥体奥特莱斯名牌折扣店等以名牌折扣店为特色的专业店2012年业绩表现都不错。

专业化并不只有折扣店一种形式，可以采用多种策略来凸显自己的差异化形象。如丽特百货秉承"青春百货"这一理念，追求年轻时尚的消费追求，便是一种不错的选择，而正佳百货转身成为母婴专场，则是从自身特色进行的考量。

第三，电商化

电子商务已经成为商贸零售业不可忽视的潮流，传统百货业的转型升级同样不能避免电子商务所带来的影响和冲击。企业根据自己的实际情况，选择与电子商务联合或者自己试水电子商务，也是传统百货业谋求战略转型的一种出路。

其实，近年来，广州友谊、广百、王府井百货等早已纷纷"触电"，搭建自己的电商平台，也有百货商场借天猫等电商平台开设自己的旗舰店。尽管传统百货商场自建的电子商务平台仍面临诸多问题，比如技术水平不足、专业团队欠缺、营销经验不足、物流配送模式落后、业务方向和定位不清等，但转型电商的这种探索毕竟迈出了可喜的一步。

有专家指出，无论电商平台还是传统百货，无论是专业化还是复合化，消费者并不在意商品是从哪个渠道买来的，而是在意自己购买的商品价格划不划算、购买是否方便以及购物体验和服务好不好。百货商场的转型升级，最关键的还是从这三方面入手。

总而言之，传统百货业作为一种零售业态，似乎已不能满足消费者的需求，成为一种落后的形态。然而，实体百货也有自己的固有优势，唯有抓住自己的优势，吸收各方面的优点，才能在日益激烈的竞争中冲出重围。

（三）华南第一 IT 专业市场

天河路商圈的另一特色是其规模宏大的 IT 专业市场。这一专业市场位于天河路商圈的东段天河区岗顶附近，从体育东路出发到岗顶地铁站不到 1 公里的天河路上，包括以广州电脑城、南方电脑城、颐高数码（一期、二期）、总统数码港、太平洋数码广场（A、B 区）、百脑汇等知名电脑城为核心，以石牌西路电脑耗材一条街、五山路科技东街等为辅助的广大区域（见图 18）。

图 18　岗顶 IT 专业市场位置

天河路 IT 专业市场以 IT 产品的批发和零售为主，是广州市内消费者选购电子产品的首选。经过多年来的扩张发展，天河路 IT 专业市场形成了经营面积超过 50 万平方米，营业总额超过 200 亿元，出货量居于全国第二位的华南最大 IT 产品集散地。

岗顶 IT 专业市场最初起源于位于五山路一带的高校区，后来随着电子产品市场的发展，国内外逐渐兴起了一批 IT 产品品牌，对于品牌的推广和形象塑造成为厂家关注的焦点，而电子产品价格下降，市民收入水平提高则带来了更多的购物需求，此时零散低级、拥挤不堪的五山路不再能满足市场的需求，

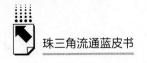

电子市场逐渐向尚未开发的岗顶区域转移。

在这样的背景下，以广州电脑城的建立为起点，经过 20 多年的发展，天河路一带逐渐成长为华南地区首屈一指的电子专业市场（如图 19）。

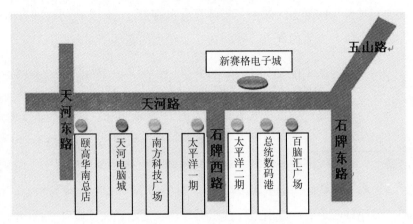

图 19　天河路电子专业市场主要 IT 卖场示意图

1. 天河路商圈 IT 专业市场现状

（1）面积不断扩大，档次不断升级

从 20 世纪 90 年代电脑市场形成起，经过几十年的发展，如今的天河路 IT 专业市场已经今非昔比，宽敞明亮的 IT 卖场遍地都是，数十家 IT 卖场将这一专业市场装点得靓丽多彩。

从过去的广州五山路市场到今天的天河 IT 商圈，20 多年来，IT 商家们从过去的扎堆经营到现在拥有一个个专业卖场，卖场格局发生了翻天覆地的变化：更加宽敞的营业面积、更加豪华的装修、更先进的配套设施，成为华南新一代 IT 卖场的标准。天河路电子专业市场主要 IT 卖场如表 11 所示。

表 11　天河路电子专业市场主要 IT 卖场

名称	营业面积（平方米）	开业时间	地理位置	说明
广州电脑城	8000	1993	天河东路	岗顶最早的大型电脑卖场
太平洋电脑城一期	3.6 万	1994.5	—	拥有最大的 IT 专业网站
太平洋电脑城二期		1997.11		
天河电脑城	1 万	2000.12		

续表

名称	营业面积 （平方米）	开业时间	地理位置	说明
南方科技广场	1 万	2000	—	现为国美电器
颐高数码广场一期	1.1 万	2003.7	壬丰大厦	华南总店
颐高数码广场二期	2 万	2006.8	—	—
百脑汇	3.8 万	2006.7	百脑汇大厦	
总统数码港	1 万	2007 年	总统大酒店	海印集团旗下
新赛格电子市场	6000	1998	龙苑大厦	华南最大的电子安防市场
昊源 3G 数码世界	8000	2007.1	德隆大厦	
伟腾 IT 总汇	1.5 万	2006.11	伟腾数码科技大厦	伟腾投资集团

此外，石牌西路传统电脑及配件专业市场，也不断发展，形成了十几个有影响力的大型专业卖场（见表12）。

表12　石牌西路主要电脑及配件卖场

石牌西路主要电脑及配件卖场	怡东电脑城、石牌西电脑城、新概念电脑城、烨馨电脑城、连邦电脑城、金网电脑商城、金拓谷电脑商城、展望数码广场、金桥数码广场、鸿利 3C 电脑城、金桥电脑广场、中原二手电脑市场、汇源电脑城、海正二手电脑市场、众信二手电脑批发市场、金海科技二手电脑配件总汇

截至 2012 年底，天河路商圈大大小小数十家 IT 专业卖场总面积已超过 30 万平方米，尤其是在 2006~2007 年新增 7 家卖场的基础上，天河路 IT 专业市场的规模和影响力已呈迅速膨胀之势。与此同时专业市场内配套的餐饮、广告、交通甚至零售百货业都得到了迅速升级：地铁直达、户外巨型 LED 幕墙、超大型地下停车场、肯德基和麦当劳进驻等，都成为这些新卖场吸引商家的重要卖点，而周边的摩登百货、丽特百货、天河娱乐广场等共同分享市场膨胀带来的人流效应。

（2）竞争压力急剧增大，洗牌势在必行

2011 年北京中关村太平洋电脑城在其 21 年辉煌之后，终于寿终正寝了，这一具有轰动性的事件从一个侧面反映出目前电脑卖场所面临的严峻形势。天河电脑专业市场也未能幸免，从 2008 年开始，逐渐出现的一波波行业寒冬，

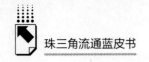

冷气袭人。

这种情况一方面是由于近几年岗顶 IT 商圈大跨度扩建，超出了市场实际需求量，而不断增长的经营成本又进一步摊薄了市场的利润空间；另一方面是由于广州市及周边二三线城市的 IT 专业市场越来越多，消费者能在家门口买到合适的电脑产品，无须如以往一样将岗顶作为首选。岗顶作为传统 IT 专业市场商圈，在经营模式和内容上老化严重，没有特色，同国内其他二三线卖场在经营产品和方式上并无任何差别，这也限制了其发展空间。

此外，国内电子商务的兴起，尤其是以京东商城、苏宁易购等以经营 IT 电子产品为主的网商的发展，改变了当下消费者的消费习惯，压缩了岗顶 IT 商圈的市场份额，成为制约传统 IT 卖场的又一个杀手锏。在线下，国美、苏宁等大型连锁零售家电卖场，也在一步步蚕食 IT 批发市场的市场份额（见表13）。

表13　天河 IT 专业市场周边国美、苏宁分布

分店名称	分店地址	分店名称	分店地址
国美电器天河城店	天河城	苏宁电器天河店	南方精典大厦
国美电器维多利店	维多利广场	苏宁电器正佳店	广晟大厦
国美电器石牌桥店	广梅汕大厦	苏宁电器天河北店	龙口花苑
国美电器岗顶新活店	南方科技广场	苏宁电器万菱汇店	万菱汇
国美电器天河东店	富海大厦		

目前，天河路 IT 专业市场商圈许多档主们开始艰难转型，集中转向卖智能手机，百脑汇负一层及总统数码港二楼超八成档主已转营，太平洋二期直接改为"手机城"。据有关专业人士介绍，岗顶只有太平洋、百脑汇等三四个卖场会坚持做电脑销售，主要是由于这些大型卖场有厂家支持，厂家出于品牌宣传的考量，坚持经营。

（3）坚持自主经营，往特色经营方向发展

近年来，天河 IT 商圈逐渐进入圈地升级的新阶段。从 2004 年颐高数码买下原民生银行烂尾楼，自建壬丰大厦成为争夺天河 IT 市场制高点的法宝之外，百脑汇更是投资 9 亿元直接新建百脑汇大厦。这些 IT 卖场连锁巨头深谙自有

物业、自主经营是成功的法宝之一，有利于降低经营成本的道理。当然，这一切，要以其背后雄厚的经济实力作为支撑。

天河 IT 专业市场商圈在自有资产的基础上，在硬件设施、商铺政策、内部装修、购物环境等方面获取了更多优势。如百脑汇兴建了美食广场，成为配套专业市场发展的便利之举，具有先见之明。

随着 IT 市场竞争的加剧，为最大化占有市场，各卖场不得不纷纷在软硬件上不断升级。除了增加卖场数量以争夺市场份额外，太平洋数码广场、颐高数码广场、天河电脑城等作为天河 IT 商圈元老级卖场越来越重视自身的差异化发展，形成自己的特色。

自 2003 年颐高数码进入广州创办第一家 IT 连锁卖场以来，3 年来，颐高连续在广州开设了颐高数码广场华南总店一期、二期和西门口店等 3 家 IT 卖场，成为广州 IT 卖场最多、覆盖面最大的连锁品牌。这样就奠定了扎根天河并且跳出天河，从天河区向老城区推进，实现对广州 IT 市场覆盖的战略定位，保证了颐高在广州 IT 市场的龙头地位。

太平洋电脑城则用心打造太平洋电脑网，目前该网站已成为行业内电脑测评、产品报价、DIY 组装、软硬件服务等方面的领军者。2009 年太平洋 IT 商城正式上线，该商城依托商场内现有商家资源，发展电子商务交易，几年来获得了快速发展。

天河电脑城则致力于打造一个以 IT 产品营销为主体，集购物、休闲、娱乐于一体的大型 IT 商城，形成广州乃至全国至大、至强、至专业的 IT 商城之一。此外，天河电脑城打造了一个专业的 IT 购物平台天河购（www. thmall. com）。以全实体店加盟为原则，云集广州地区最具实力的 IT 商家及 IT 厂商加盟，商品品类齐全，品质有保障，是华南地区最具影响力的 IT 销售平台。

事实上在如今这一行业寒冬中，每家电脑城都致力于发展自己的特色，形成差异化经营模式，获得自己的一席之地。

（4）新形态电子商务异军突起

近些年来，网络逐渐改变了消费者的购物模式，尤其是对于电脑这类标准化较强的产品更是如此，消费者往往需要在网络上了解产品，进行性能比较、价格参考，然后进入实体卖场或者网上商城进行交易，而网上商城的交易正呈

现不断扩大的趋势。

天河 IT 专业市场除了在硬件、经销商等要素上竞争加剧外，电子商务和互联网已成为新的战场。业内人士普遍认为：太平洋电脑城较早进入天河 IT 商圈还能继续保持一定的优势，很大程度上是由于太平洋电脑网的作用。太平洋电脑网已成为全国较有影响力的 IT 网站之一，为太平洋电脑城聚集了大量人气。而 IT 网站的建设则是依托太平洋电脑城的影响力，来发展电子商务平台。天河电脑城倾力打造的天河购，则在依托电脑城商家的基础上，形成电子商务发展的优势。

2. 天河路商圈 IT 专业市场的转型升级之路

在天河路商圈 IT 专业市场竞争日趋白热化，生存危机凸显的态势下，整个市场正逐步谋求突围创新之路。

（1）依托市场、继续发挥特色经营优势

在消费者越来越成熟、市场竞争越来越激烈的环境下，天河商圈 IT 专业市场只有充分满足消费者的购物需求，继续发挥特色经营优势才能获得持久的生命力。

首先要发挥电脑的"岗顶价格"优势。在"北有中关村、南有岗顶"的市场格局下，岗顶在形成行业价格方面具有举足轻重的地位。要充分发挥这种优势，使消费者将岗顶作为购物比价的首选站，吸引消费者的购物。

其次要完善一站式综合购物平台。岗顶的优势在于其在 IT 产品上的一站式服务优势，这种优势恰恰迎合了现今消费者购物消费的心理特征，天河路 IT 专业市场唯有不断发展这一优势，满足消费者一站式购物需求，才能稳固其市场地位。

更重要的，还是要提升服务水平，完善内部经营。综合 IT 卖场所面临的一大问题就是商户是分散的经营实体，不能处于充分的约束之下，这就增加了管理的难度。消费者对 IT 卖场不信任的重要原因之一，便是许多商家为了一时利益，以次充好、以假充真等。在如今水货、组装产品、山寨产品横行的状况下，消费者选择诸如国美、苏宁这些有质量和维修保证的连锁卖场也就不足为奇了。如何完善经营、提升服务水平无疑是天河路 IT 专业市场需要首先考虑的问题。

（2）转营、网商还是抱团"出海"

IT 专业市场求得生存发展的第一条路是转营，目前 IT 行业所发生的一个最大的变化是智能手机的不断膨胀，其销售利润率较电脑要高出许多，转营智能手机或许是一个不错的选择。且电脑销售和智能手机同是电子产品，性能相似，经营相同，易于复制其经营模式。

做网商、在网上开店设铺也不失为一个明智之举。如今在淘宝、太平洋 IT 商城等网站有不少商铺开设了网店，可以弥补 IT 档口经营的不足，获得另一种收入来源。

此外抱团出海、开拓海外市场也是一个选择。去中东、东南亚乃至荷兰等区域去销售中国制造的"物美价廉"的电脑产品是如今岗顶不少商家的选择之一，在阿联酋、柬埔寨等国，中国商品城为他们扩展市场开拓了新路。

（3）线上线下互动经营

国美在线、苏宁易购、京东商城这类电子商务网站对实体卖场的冲击是目前 IT 专业市场陷入寒冬的重要原因。然而，在这一大趋势下，天河 IT 专业市场并非不能有所作为。

一方面，有太平洋 IT 商城、天河购等 IT 专业商城的存在，平台建设并不是问题。另一方面，天河路 IT 专业市场的优势在于其雄厚的商铺资源、客户资源以及影响资源。如果能够整合平台优势和实体资源，实现线上线下互动经营的局面，便有希望实现 IT 专业市场的后续繁荣。

当然，线上线下天然的成本差异，是横亘在 IT 卖场面前的一道屏障，需要相关专业人士进一步研究分析，选择对策。

四 天河路商圈的未来图景

从寂寂无闻的城郊小村，到繁华鼎盛的商业天堂，天河路商圈的繁荣之路刚刚走过了 20 年的时光。这 20 年，借着改革开放的雄风，依托广州建设国际商贸中心城市的契机，在省市两级政府及区领导的鼎力支持下，在诸多商业人士的精心经营下，天河路商圈从天河城投下的第一块砖开始，一点点建立起来。今日的天河路商圈，放眼望去是鳞次栉比的高楼大厦、是摩肩擦踵的消费人流、

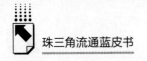

是富丽堂皇的购物天堂、是流光溢彩的灿烂街景，一切无不令人欣喜万分。

在"中国第一商圈"的光环之下，天河路商圈器宇轩昂地向着美好的未来迈进。经过十几年的高速发展，无论是从商业规模上，还是从现代化程度上，凭着120万平方米纯商业面积以及庞大的购物中心集群、百货集群，还有独具特色的"华南第一IT专业市场"，天河路商圈成为当之无愧的中国第一商圈，已然成为展示广州新城市新面貌，呈现国际化时尚都市的重要窗口。

（一）规划、学习与提升

2012年8月，天河区政府悬赏280万元对天河区黄金商业带整体策划方案进行招标，经过激烈竞争，艾奕康环境规划设计（上海）有限公司中标。艾奕康（AECOM纽约证券交易所：ACM）是世界500强公司，致力于提供规划设计技术和管理服务，业务涵盖交通运输、基础设施、环境、能源、水务、政府服务等领域，在多个领域排名世界前列，业务遍及全球100多个国家，每年的营业额超过60亿美元。这一有着丰富经验和本土知识的规划公司，必能为天河路商圈带来别样的规划方案。

2012年12月21日，天河路商圈与世界排名第一的乌节路商圈正式签署友好结盟书，这标志着天河路商圈已得到世界主流商圈的认可，加快了其国际化进程的步伐。作为合作伙伴，双方将在品牌引进、供应链协作、商业文化交流、消费者开发等方面共享资源，天河路商圈将借助这一世界第一商圈的经验优势，加快自己的发展。如今商业的竞争已不再是"商家与商家"之间的竞争，而逐渐成为"商圈与商圈"之间的竞争，区域商圈经济的影响力越来越大。乌节路商圈的成功经验在于政府与企业密切配合，一起将街区作为一个统一的品牌来进行营销推广，不断提升其品牌效应。天河路商圈将借助这一契机，以乌节路为师，致力于打造中国的"乌节路商圈"。

在天河路黄金商业带建设的带动下，天河路商圈将进一步加快天河路商业街区建设和改造的步伐，加快商业载体建设，持续推进业态的提档升级，引导大中型零售卖场调整品牌和档次，全力将广州天河路打造成为国际知名的"国际商贸中心展示区、国际购物天堂核心区、亚太时尚潮流引领区、商业文化景观示范区"。

（二）天河路商会建立的作用

2012 年 7 月 7 日，天河路商会成立，这是天河路商圈在从无到有，从自发形成到整体规划的过程中迎来的又一次蜕变机遇。天河路商会是在政府的推动下，在众多商家的支持和参与下建立起来的，从筹建开始到最终建成，吸引了包括正佳集团、天河城集团、太古汇、万菱汇、广州购书中心等位于天河路黄金商业带上的众多知名企业和商家，创始会员达 103 家，涉及商贸、娱乐、文化、旅游、IT 等行业。在商圈的发展过程中，商户之间的凝聚力是促进商圈发展的一个重要因素。天河路商会正是在看到这种趋势的基础上应运而生的。

天河路商会建立之后，首先将带领全体商会会员致力于提升天河路商圈的产业集聚力、品牌辐射力、文化影响力和综合竞争力。通过建设"天河国际购物节体验平台""天河路商圈优质服务认证平台""天河路商圈国际品牌采购交流平台"三大发展平台，不断强化天河路商圈引领未来广州商业国际化进程的核心引擎作用。

2012 年 12 月 22 日，广州举办的首个国际购物节——广州国际购物节，在天河体育中心南广场隆重举行开幕仪式，这是天河路商会成立之后建立起来的第一个平台。广州国际购物节围绕国际品质·时尚天河、消费体验·乐购天河、珠水风韵·灵动天河、火树银花·璀璨天河、网络畅游·e 购天河、便利生活·幸福天河、商旅互动·魅力天河七大主题举办了各种活动，充分展示了"中国第一商圈"的现代魅力。

天河国际购物节体验平台的建立是天河路商会展现其整合能力的第一步，接下来两个平台的建立，将进一步使天河路商圈在品牌品质、优质服务、商务互动等方面更上一层楼。

（三）地下、地上、空中立体网络

后亚运时代的天河路商圈，加入了太古汇、万菱汇等高端综合商场，商业布局更为全面，档次进一步提高。随着喜来登、万豪、东方文华等高端酒店的开业，宏城广场的改造完成，以及地下商业的进一步完善发展，天河路黄金商

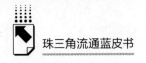

圈还将大有可为。

从地下商业来看，目前已建成的以地下商场为核心的商业设施包括天河又一城、直通车广场、时尚天河，经营面积达到 10 万余平方米，加上建设中的宏城广场，天河路商圈的地下商业设施迎来了发展的高潮，这些地下商场，将逐渐成为新的地标商场，吸引越来越多顾客的光临。

而在地上，百余万平方米的各种商场，将短短一条天河路装点得靓丽多彩。各种颇具现代特色的商业建筑，将天河路商圈打造成了最具现代化气息、最具前瞻性品位、最有吸引力的广州新标签。

另据相关报道，天河路商圈已开始向空中发展，拟建"空中连廊"。连廊或将连接天河广百中怡店、天河城、正佳广场、万菱汇、太古汇、岗顶摩登百货等大型商场。这一建设将有效解决掣肘天河路商圈发展的交通分割、地块非延续性、步行系统障碍性、视觉识别混乱等问题，使天河路商圈无论从地理形式上，还是从商业内涵上都连为一体。

如果以上建设目标都能成为现实，天河路商圈将成为一个立体的商业网络，商业空间应用将得到最大化，商业资源也能更有效地发挥。人流、商流资源的共享将使"中国第一商圈"的牌子更加名副其实。

（四）大商圈：天河路商圈＋珠江新城商圈

作为广州未来发展的两大功能核心，珠江新城和天河路商圈在功能上极有可能实现互补。珠江新城从规划上作为商务行政及高档住宅小区，缺乏商业设施，却有着较为优质的消费人群，拥有不断增长的消费需求，而天河路商圈作为高密度商业集中区，是各种服务的综合提供区。二者很有可能由于功能上的互补而结为一体，形成超大体量的巨无霸商圈。

两个商圈的融合，关键在于地下通道的打通。目前两大商圈已经通过地铁3 号线及 APM 率先实现了便利连接，如果未来宏城广场建成，并将其地下商业空间延伸至花城广场地下商业，两个商圈将实现 15 分钟步行连接，有效实现商业及人流的共享。

总之，在造 MALL 运动、百货业改造升级及 IT 专业市场兴起的浪潮中，天河路商圈迎来了一轮新的发展浪潮，从默默无闻到声名鹊起，仅用了 20 多年时间便从一片荒地成长为"中国第一商圈",这是广州乃至中国的一个商业奇迹。在现今这个更注重消费环境及体验的商业时代,天河路商圈正向着层次更加丰富、体验更加充实、色彩更加灿烂的方向发展。在未来的发展进程中,一方面是不断地调整结构、转型升级,一方面是持续地优胜劣汰、适者生存,天河路商圈将成长为功能极为完善的综合服务提供区,成长为广州最为繁华的"城中城"。

B.3
广州北京路商圈的现状与发展分析

高艺林 严盛华 郑鸿雁*

摘　要：

以北京路为核心的北京路商圈，是广州乃至华南地区的商旅名片，其独特的历史文化底蕴与繁华的商贸业融为一体，是外地游客必到的购物游览地。进入 21 世纪以来，广州市内珠江新城、白云新城、番禺新城等正逐步崛起，形成强大的商圈效应，勾勒出广州市全新的商业版图。但北京路商圈作为传统的商业街区，时至今日仍具有不可复制和不可代替的地位。在众多商圈的激烈竞争中，北京路商圈依托其独特的商业、历史、文化背景，稳居市级核心商业中心的地位，也是商业网点人流最密集的地区之一。本文主要对北京路商圈的发展历史、现状及未来发展趋势进行探讨。

关键词：

北京路商圈　商业　文化旅游

一　北京路商圈发展历史回顾

（一）北京路地区简介及商圈区域范围

1. 广义的北京路地区

北京路地区位于广州市旧城的中心，属越秀区管辖（如图 1 所示）。越秀

---

* 高艺林，高级经济师，硕士，广州百货企业集团有限公司副总经理，研究领域：零售、物流运营。严盛华，中山大学 EMBA 毕业，硕士学位，助理经济师。现任广州市广百股份有限公司副总经理、首席发展官，湛江广百商贸有限公司执行董事，广州市越东广百商贸有限公司执行董事，肇庆广百商贸有限公司董事长，广州市广百太阳新天地商贸有限公司董事长，广州广百地产投资有限公司董事，佛山市南海广百地产开发有限公司董事。郑鸿雁，广东商学院工商管理学院研究生，研究方向：市场营销。

区是广州最古老的中心城区，2005 年广州市行政区大调整后，越秀区成为广州市区域面积最小、人口密度最高的中心城区，目前形成了以第三产业为主体，特色经济为带动，商贸服务业为支撑的产业格局。区内已形成北京路、海印地区、英雄广场、一德路等一批知名商贸区，中山五路一带已成为广州市最繁华的商贸中心和古城文化旅游区；形成了环市东国际中央商务、东风路现代服务、流花会展等各具特色的商务区，区内写字楼云集，人流、物流、资金流和信息流高度密集，形成了具有特色的"总部经济"，成为华南地区对外开放的重要窗口。越秀区内地区生产总值、社会消费品零售总额、商品销售总额等各项指标均名列市属各区前茅，商贸中心地位凸显，是广州市的经济强区。

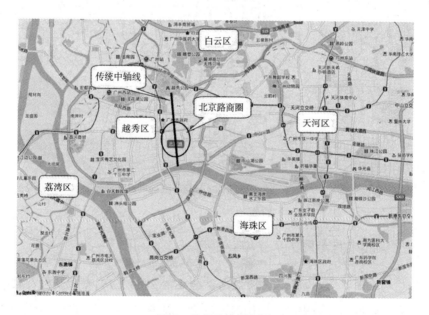

图 1 北京路商圈位置

广义的北京路地区范围以北京路全路段为中心，东至仓边路，西至起义路，面积约为 120.9 公顷。鉴于北京路地区商贸业发达，历史文化底蕴丰富，越秀区政府于 2006 年把北连省财政厅、南达沿江路天字码头、西接起义路、东至文德路整个面积近 1.2 平方公里的区域界定为"北京路国际商贸旅游区"。

2. 北京路商圈范围

北京路商圈是以中山四路与北京路交叉处为中心向四方伸展的商业群区，

东起仓边路，西至广州起义路，北起财政厅前，南至大南路，延及高第街一带。商圈内文物古迹众多，城市景观丰富，商业繁荣，形成点—线—面商业网路格局，古往今来，北京路商圈都是广州最繁华的城市商业中心（如图2所示）。

图2　北京路商圈范围

（二）北京路商圈的历史文化底蕴

在近代之前，广州城的发展变化基本都在越秀区内。自秦代开始，北京路一带就是广州城的行政中心，民国时期的大元帅府以及新中国成立后广东省、广州市的人民政府均设置于此，故自古被称为"广府文化"之心，也是历史上最繁华的商业集散地。根据史料和专家考证，目前，北京路、教育路和西湖路周边区域已复建或挖出的历史文化遗址有秦番禺城遗址、秦汉造船工地遗址、西汉南越国宫署遗址、唐清海军楼遗址、南汉御花园、明大佛寺、明城隍庙、明清大南门遗址、清庐江书院、广州起义纪念馆等十多个朝代具有较高历史文化价值的文物古迹。如今，这一区域虽历经十多个朝代及两千多年的沧桑，但其中心地位始终没有改变。这一奇特现象，不仅创造了国内外城市建设中罕见的历史景观，同时也造就了这块神奇土地灿烂无比的历史文化。

近年来，越秀区政府根据本辖区独特的历史文化渊源和鲜明的商业经济优势，结合周边商业网点、旅游景点和文化古迹，把北京路以及与之相连的教育路和西湖路打造成了一个综合性的"羊城商业旅游区"，每年吸引数以百万计的中外游客观光购物。

（三）北京路商圈的历史变迁

北京路历史文化氛围浓郁，商贸业发达，人文景点众多，自古以来就是广州市政治、文化、商业的中心，这个繁华区域的形成有着深厚的历史渊源。

明清时期，今中山路（旧称惠爱街）是广州旧城的东西主干线，南北两边大都是官署衙门（东有府学，西为将军衙门，中有两个总督衙门），是政治中心区。北京路（旧称双门底）则是由城南直通天字码头（官员登陆入城用）的主干道。因此，现在北京路北段与中山四路相连接的丁字形地段，成为当时衙署官僚及其随员、家属居住的集中地段。为适应他们的消费需要，逐渐形成了一个全市的繁华商业中心。

随着城市发展，改革开放以来北京路发生了3次巨大变革。

1. 第一次"革命"——20世纪80年代初

改革开放之初，广州市的零售商业核心位丁西堤商圈，以南方大厦为首的大型国营商店主宰着广州的商业格局，其影响力在广州市零售百货企业中无人能及。随着城市与经济的发展，北京路逐渐发展成为广州市又一主要商圈。当时，北京路的各种商铺迅速发展，主要以文体用品批零、日用工艺品零售、药材批零（全国最大）、服装销售和餐饮服务为主，聚集了全国知名的老字号和商业街。其中原广州市一商局旗下企业占据了半壁江山，包括百货商店（中山五路百货店、西湖商场、美华百货、太白商场）、文化用品店（文一文体商店）、北京路华侨商店、北京路交电商场、钟表眼镜公司（永跃眼镜店、亨得利钟表店）、纺织品公司等。

这个时期，逐步迈开发展步伐的北京路商圈还办起了广州乃至全国第一个夜市——被誉为"南国明珠"的西湖灯光夜市，1000多个体户卖的都是从港澳传过来的最新式喇叭裤、牛仔裤等时髦服装，吸引了不少当年追求时尚的年

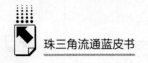

轻市民。

除了北京路商业街雏形的构建，在这个时期，经市政府批准，高第街成为广州，也是全国第一个以经营服装为主的个体户集贸市场。这里有 2000 多个专业户经营服装、布匹、鞋帽、小百货等日用工业品，以批量销售为主，兼有零售、来料加工、代销等。由于品种样式善于根据市场需要而变化，价格较为低廉，吸引了众多内地来穗的商户、旅游者及港澳台和国外游客购物观光，是广州商业贸易的重要窗口。

2. 第二次"革命"——20 世纪 90 年代初

20 世纪 90 年代初，两大知名百货公司的建立使北京路的繁盛再度登上顶峰。首先开业的是新大新公司，一度创下年销售逾 10 亿元的良好成绩。1991年开业的广州百货大厦（原西湖商场旧址重建），当年曾以其 13 万种货品争得北京路近半市场份额，销售总额逐年攀升。此外，随着国际知名品牌佐丹奴、班尼路、堡狮龙、苹果、耐克等时尚、休闲运动服饰专卖店的纷纷进驻，配套老字号如聚宝酒楼、太平馆等餐饮店的开业，业态空间已开始分化，现代商业网点空间格局逐步形成，北京路开始了划时代的转型，并取代了曾经繁华的西堤商业中心（即南方大厦所在商圈），成为广州市的商业核心。

3. 第三次"革命"——20 世纪 90 年代中期至 21 世纪初

自 1997 年起，北京路改为双休日准步行街，2001 年起改为全天候步行街，2003 年起北京路北段（财政厅至中山五路）也开始实行分时段步行，步行街区范围逐渐扩大。同时，广百、天河城百货、光明广场、五月花商业广场等一系列现代大型综合百货和商业购物中心不断涌现，其总量和规模已向新型商业中心看齐。与此同时，在北京路地区路面整治和新商场的开发建设过程中，意外地相继发现了南越国水闸遗址、南汉以来路面遗址等多处文物，让北京路商圈更添浓郁的历史文化气息。

随着广州市整体形态的不断扩张和拓展，"南拓"和"东进"的步伐加快，形成了"广州东站—天河体育中心—珠江新城"与北京路平行的新城市中轴线，城市中心随之移动。新城市中轴线上汇聚了天河城广场、正佳广场、太古汇等多个大型购物中心，成为以北京路为代表的传统步行街最强的竞争者。

进入 21 世纪以来，市内珠江新城、白云新城、番禺新城等正逐步崛起，形成强大的商圈效应，勾勒出广州市全新的商业版图。但北京路商圈作为传统的商业街区，在今天仍具有不可复制和不可代替的地位。在众多商圈的激烈竞争中，北京路商圈依托其独特的商业、历史、文化背景，依然属于市级核心商业中心区，也是商业网点人流最密集的地区之一。

二 北京路商圈发展现状

（一）商圈规模

最早的北京路商圈主要集中在中山四路与文明路之间的北京路段，这里至今仍是北京路商圈的主要商圈层。现在的北京路商圈已经扩大到北起广卫路、南至沿江中路，东西两侧分别以文德路和广州起义路为界的大型商业地域。在北京路商业步行街上有广百百货北京路店、新大新百货北京路店等早期的商业建筑，2004 年以来，名盛广场、五月花商业广场、光明广场、动漫星城、复建商厦和海印潮楼等大型商业体相继落成，吸引了包括天河城百货名盛店、风尚广百北京路店、摩登百货和百佳超市等大型零售企业的进驻，为北京路商圈的发展注入了新的元素。北京路商圈的商业规模也从 40 多万平方米提升至 60 多万平方米。

（二）商圈商业功能格局

作为羊城最负盛名的商旅名片，北京路商圈地区被定位为"千年商都文化旅游区、时尚文化体验区、精品服饰贸易区、特色休闲产业区、商住休憩区"。北京路核心地区（北京路商业步行街一带）是典型的传统商业中心区，功能构成以各种类型的零售商业为主，以居住、文化娱乐、办公、金融等为辅，商贸、金融、办公、旅游等功能的混合度很高，形成了特色鲜明的商业中心格局。

1. 综合性商业街

（1）中山五路商业街

中山路作为广州旧城的东西向轴线，交通繁忙，商业也非常繁荣，一直是

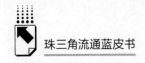

广州老字号比较集中的地方。1990 年开业的新大新百货（前身为大新百货公司），以及 21 世纪初进入的五月花商业广场、动漫星城、复建商厦等大型商业项目，使中山路的商业氛围更趋浓厚。

（2）北京路商业步行街

北京路步行街共有大、中、小型企业 500 多家，是以 1991 年开业的广百百货（前身为广州百货大厦）为"龙头"与代表，经营品类以百货、服饰、钟表、珠宝首饰、皮具等中高端商品为主，餐饮、娱乐、休闲等功能进行配套，定位为时尚休闲、商业旅游的国内知名商业步行街。自 1997 年开通准步行街（周末步行）发展到如今全天候步行以来，其商业中心地位日益突出，发展至今日均人流量达 40 万人次，节假日更是高达 60 万人次以上。

（3）西湖路商业街

曾被誉为"南国明珠"的西湖路灯光夜市始建于 1984 年 5 月，是广州市开办最早、迄今为止规模最大的夜市，主要经营日用工业品，于 2001 年底结束经营。2004 年，西湖路进行改造，与北京路步行街连为一体，经营品种与北京路类似。此外，历史悠久的西湖路迎春花市，一直是广州花市的一个文化品牌，不少广州人、外地游客每年都将到西湖路"行花街"作为一个传统的农历年习俗。

（4）文明路商业街

文明路以小店铺居多，以经营服装、餐饮等为主，许多传统广州风味小食和甜品店均集聚于此。

（5）万福路商业街

原为明、清广州城南墙，民国 8 年（即 1919 年）拆城墙建路，因万福桥和万福里而得名。过去万福路商业街主要是中低档次小商品批发市场，现随着城市发展，开始陆续有商业项目进驻，如骏田广场。

（6）教育路商业街

经过多年发展，教育路是北京路商圈内唯一的男装主题商业街，有数十家铺面集中于此。该路段的男装商铺均以品牌店的面貌出现，店面大多超过 20 平方米，已形成一定规模。

2. 主题商业街

（1）惠福东路—愚山路美食街

本美食街自 20 世纪 90 年代中期逐渐形成，与北京路步行街功能互补。目前，惠福东路—愚山路的餐饮企业约有 50 家，主要以特色小吃、具有岭南特色的家常小菜以及泰国、越南、印度等东南亚风味的菜式为主。亚运会前，惠福东路改为全天候步行街——"惠福美食花街"。

（2）大南路灯饰专业街

大南路西段为著名的鲜花街，有较多经营鲜花的商铺；中段和东段则有较多经营装修、灯饰等用品的商店。

（3）高第街服装批发专业街

高第街是广州著名的历史商业街，新中国成立前街内店铺多为前店后作坊式工场，是广州有名的日用百货集散地。如今高第街以批发经营内衣裤、袜子、泳衣、皮带等小配饰为主，成为"内衣一条街"。

（4）泰康路装饰材料专业街

明、清时期的泰康路就是一个以销售山货、竹木、藤器、草席为主的专业市场。近二三十年，这里转变成一条经营五金、洁具、灯饰、化工、板材、陶瓷、艺术玻璃等装饰材料的专业街。

（5）文德路字画文化专业街

明、清时期，因位于广州府学之东，故名府学东街。民国 7 年（即 1918 年）扩建为马路，因东侧有文德里，故名曰文德路。如今，文德路以经营字画、文物及装饰工艺品为主，是广州书画艺术品的专业街区，有"广州画廊"之称。

（三）北京路商圈主要业态分析

北京路商圈与天河路商圈、上下九商圈是广州市目前名气最大的三大都市级核心商圈。在业态上，北京路商圈与天河路商圈、上下九商圈存在一定的差别。

北京路商圈作为国内首屈一指的街区式商业形态的代表，业态丰富多样，以零售为主，主题专业品类商业街为配套。零售业态主要集中于北京路—中山五路一带，包括商业步行街、综合型百货、主题百货、购物中心、影院、餐饮、娱乐和教育培训等各种业态元素，主要商业网点如图3所示。

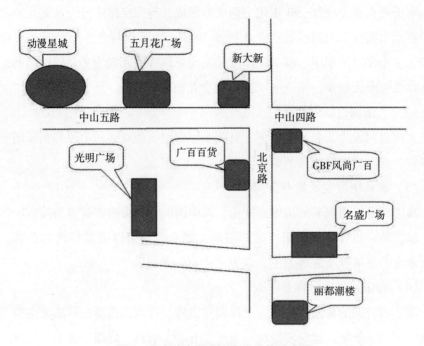

图3　北京路商圈主要商业设施分布图

资料来源：广东商学院流通经济研究所数据库。

北京路商圈不同于天河路商圈大型购物中心云集，而是以步行街为核心，汇聚以广百、新大新为首的五大百货，数个大型购物广场，数百家专卖店，以及几个主题商城，主要经营对象是年轻、大众潮流消费者。

北京路商圈与上下九商圈同为以步行街为核心的形态，但上下九街区主要以零售小百货为主，融合了零售、餐饮、民居、宗教、休闲游憩等各种元素，是传统文化步行街，走平民化的中、低端路线。而北京路相对而言较为高端，以高端百货和品牌专卖店为主，产品专业化程度较高。

1. 北京路商业步行街

北京路商业步行街是北京路商圈的核心，北起中山五路，南至惠福路，全长440米，商业氛围浓厚。从明朝起，广州成为中国唯一的对外通商口岸城市，世界各国商家聚集在广州进行进出口贸易。作为广州行政中心区域的北京路，其重要地位更是不言而喻。埋藏在脚下的千年古道，见证了北京路自秦汉以来历经数十个世纪风雨洗礼的沧桑。如此深厚的文化背景和商业背景，造就了今天的北京路，使之成为广州既购物又观光的"第一街"。

（1）北京路业态及其市场定位分析

北京路商业步行街业态主要以百货零售为主，汇聚了广百百货北京路店、新大新百货、风尚广百、天河城百货、摩登百货五家大型连锁百货以及国内外中高档知名服饰、钟表、珠宝首饰、皮具等专卖店，此外，北京路商业步行街上亦设有电影院、KTV、老字号餐饮、连锁快餐、休闲咖啡吧、知名书店、培训中心、药房、特产店等配套设施，俨如一个户外的大型商业综合体，商业氛围浓厚，购物元素齐全，协同效应充分发挥。在品牌布局方面，北京路步行街内各品牌零售商铺的划分并没有一个固定的格局，乱而有章，杂而有序，正符合商业步行街的格局。其中年轻时尚休闲服饰及鞋类皮件专卖店占了半壁江山，如早期的国际知名大众化品牌佐丹奴、班尼路、堡狮龙、耐克、百丽、芭迪，及今日的国际知名快时尚优衣库等。步行街的服饰专卖店大部分延续了时尚、活力的风格，吸引了不少年轻消费者前来消费。与此同时，周大福、六福、谢瑞麟等香港知名珠宝品牌专卖店林立，又为有一定消费层次的顾客提供了多种多样的品牌选择。在文化教育方面，书店是步行街上的又一消费热地，从早期传统的新华书店、科技书店、古文书店到近年来新兴的概念书店——联合书店，满足了老中青不同文化层次读者的消费需求。北京路步行街的经营类别如图4所示，其步行街沿街的店面情况如表1所示。

北京路步行街是一条时尚商业街，由于步行街上的主要业态及其进驻品牌都主要走年轻路线，针对年轻人的大众化消费，故前来北京路步行街的主力消费人群是追求潮流、时尚的年轻人，他们以消费流行服饰、娱乐休闲等为主。

（2）商业步行街人流量及主要客源分析

北京路商业步行街日均人流量大约40万人次，节假日则达到60万人次以上，高峰值曾达百万人。相关数据显示，北京路商业步行街消费者大约有30%来自广州市各区，市外游客约占70%，不少外地游客来到广州，都将北京路作为必游之地，感受广州承跨古今的商业繁华盛况。

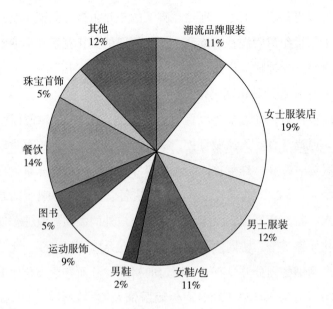

图4 北京路步行街经营类别情况

表1 2012年12月北京路步行街店面情况

业态	品牌名称	门店数	业态	品牌名称	门店数
女装	班尼路、以纯、佐丹奴	2	男装	莱克斯顿	3
	ebase、朵以、如花似锦、歌莉娅、美特斯邦威、古嘉连娜、艾哲、纬格、凯瑞来、古川琦、卡路约翰、皑如、瀛妮、韵漾、丽莱、美雅高、宝胜、Just For You、莎莲奴、优衣库、8内衣、拓谷、唐家闺秀、都市丽人、心吻时装、唐·黛丽丝	1		班尼路、以纯、职业门、佐丹奴	2
				森马、以纯、IP‐zone、拓谷、APPLE SHOP、乔治爵士、PIZAZZBOY、Fair Rabbit childe、勒夫、G2000、佐梵尼、铁狮丹顿、HIM、美特斯邦威、卡宾、鳄鱼恤、增致牛仔、莱古洛、Bossini	1
运动系列	李宁、361度	2	鞋	百丽、特乐路	2
	特步、康威、匡威、闪电、匹克、安踏、Adidas	1		奥康、金轮、百思图、大东、STACCATO、HCR、金耀、达芙妮、摩登儿、天美意、卓诗尼、Tata	1
珠宝首饰、精品	周大福	2	饮食	莲香楼	3
	六福珠宝、天王表、广诚表行、亨达利钟表、金达珠宝金行、豪柏钻石	1		太平馆西餐厅、麦当劳、KFC、真功夫、大卡司、意高雪糕、丹狄嚐雪糕、自鱿人、必胜客、情轩越南菜、聚宝乳鸽王、跑马地茶餐厅	1
	顶好坊饰品	1			

续表

业态	品牌名称	门店数	业态	品牌名称	门店数
书店	新华书店	2	化妆品	卓悦护肤品店	2
	教材书店、古籍书店、科技书店、文房美术用品店、联合书店	1			
童装	昌兴童装	1	家居用品	美亚厨具、帝豪	1

资料来源：广东商学院流通经济研究所数据库。

相关调查显示，前来北京路步行街的消费者约 70% 都以购物为主要目的，以年轻人（18~30 岁）为主，约占 35%，30~45 岁消费群占 30%，45 岁以上消费群占 10%。

2. 其他主要大型商业网点

（1）百货类

在短短不足 500 米的商业步行街上，汇聚了广百百货北京路店、新大新百货、风尚广百北京路店、天河城百货和摩登百货 5 家大型百货商场，成为北京路商圈的一大购物亮点，也是广州市汇聚最多百货公司的商圈。

①广百百货北京路店

广百百货北京路店位于广州市最繁华的商业街——北京路商业步行街核心地带，于 1991 年 2 月 8 日开业，是广百股份旗下的广百百货旗舰店，自开业以来，一直保持广州市百货单店销售额第一。

2002 年 5 月 1 日，与原广州百货大厦层层连通的广百新翼落成开张，构成一间集百货、电器、超市、餐饮等于一体的大型综合百货，并设有国内第一个空中停车场，北京路店经营面积也由原来的 48000 平方米扩大到如今的 71345 平方米。经过 21 年的培育与发展，广百北京路店从 2008 年起已连续多年销售额突破 20 亿元。

a. 业态组合及其楼层经营布局

广百百货北京路店主要经营百货、电器、超市，并配套时尚特色餐饮，是北京路步行街上经营规模最大的时尚综合百货。楼层经营布局如表 2 所示。

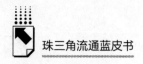

表 2　广百百货北京路店楼层经营布局

楼层	经营品类布局
− 1F	鞋类、修鞋
1F	化妆品、香水、皮鞋、眼镜、精品、名表
BF	金饰、镶嵌、钟表、工艺品、钟表维修(李占记)
2F	少女服饰、时尚饰品
3F	成熟女装
4F	男服
5F	广百超市、女士内衣、男女针织、烟酒、滋补品、茶叶、电动剃须刀
6F	运动休闲、运动器材
7F	婴童服装、婴童及孕妇用品、家居用品、床品、厨具
8F	广百电器
9F	折扣店、皮具、广百荟、DQ 雪糕、棒棒约翰
10F	上豪坊酒楼

资料来源：广百百货数据库。

b. 定位

广百百货北京路店作为广百百货旗舰店，是全面为顾客打造时尚、高品质消费与服务体验的中高端时尚综合百货。

c. 人流量及主要客源分析

依托北京路商业步行街庞大客流，广百北京路店日均客流与北京路步行街相当，促销旺季或节日客流达到 40 万人以上。前来广百北京路店购物的人群以广州市民为主，占 60%，近年来随着北京路商圈历史旅游文化的不断发展，外地游客逐渐成为重要消费客源。

消费客群中，追求时尚的中等收入年轻白领群（20 ~ 45 岁）占比达70%。可见，广百北京路店是广州市时尚白领们享受高品位购物体验的驿站。

②新大新百货北京路店

新大新百货北京路店（新大新百货总店）地处广州市中心繁华的商业地段——北京路与中山五路交界处，商圈辐射力强，南来北往的顾客络绎不绝。多年以来，新大新百货始终以时尚的商品和优质的服务牢牢捕捉住顾客的心。在经营管理上，新大新百货始终秉承着"引领时尚，推陈出新"的经营理念，形成了以穿戴类为主导、各类商品经营组合配套发展的经营特色。

a. 业态组合及其楼层经营布局

新大新百货北京路店主要以百货零售为主，同时配套了电器和精品超市，汇集了一批中高档知名服饰、钟表、珠宝金饰等商品。楼层经营布局如表3所示。

表3　新大新百货北京路店楼层经营布局

楼层	经营品类布局
−1F	食品、日用品
1F	化妆品、珠宝精品、名表、顾客服务部
BF	珠宝首饰、钟表
2F	男女鞋、皮件箱包
3F	女士服饰
4F	女士服饰、内衣、针织服饰
5F	女士服饰、家居服饰
6F	男士服饰
7F	男士休闲服饰、运动服饰、体育用品
8F	婴童服饰用品、孕妇服饰、童鞋、玩具、文具、图书
9F	床上用品、家居饰品、按摩器材
10F	家用电器、炉具
11F	影视影像及照相器材、数码系列、电脑

资料来源：广百百货资料库。

b. 定位

新大新百货北京路店以时尚、健康为特点，目标客户群面向大众，全方位满足各个消费阶层顾客的购买需求。

c. 人流量及主要客源分析

新大新百货与五月花广场相邻，且位于北京路步行街与中山五路交界处，人流量较大，日均将近10万人次。新大新百货是广州百货业老字号，在广州市民心中拥有较高的知名度，前来购物的顾客60%都是广州本地市民。新大新百货采用大众化定位，在经营档次与品类上与广百北京路店错位经营，消费群重点偏向中青年群体，30～45岁的消费者占65%以上。而由于新大新未设餐饮、娱乐等配套，80%以上的顾客以购物为主。

③风尚广百北京路店

风尚广百（GBF）北京路店位于中山四路与北京路交会处东南侧，地下一层、地上五层，毗邻地铁1、2号线交会点公园前站，总建筑面积为14130平方米，是广百股份旗下另一个以年轻、时尚为主线的百货品牌，于2011年6月开业，为北京路商圈注入了新的消费元素。

a. 业态组合及其楼层经营布局

GBF北京路店位于千年商都广州市的核心腹地——北京路和中山四路交会处，坐拥繁华的北京路步行街，附近有多条公交线路停靠，配套设施齐全便利，拥有得天独厚的地理环境及商业氛围。负一层至五层是集购物、餐饮于一体的商业体，整个商业设计萃取文化古道的古韵精髓，主要经营紧贴时下潮流的年轻休闲服饰，两者交相辉映，相得益彰。专营的时尚品牌，更根据不同风格按楼层分布，体现出专而精的经营特色，配合新颖的会员主题活动，与周边的购物场所相比，既互补又出众。风尚广百北京路店的各楼层经营布局如表4所示。

表4　风尚广百北京路店楼层经营布局

楼层	经营品类布局	楼层	经营品类布局
-1F	皮鞋、箱包、屈臣氏个人护理店	3F	休闲女装、特色餐饮
1F	黄金珠宝、首饰、化妆品、国际一线品牌服装	4F	少女服饰、特色餐饮
2F	国际知名女装旗舰店	5F	商务休闲、品牌折扣场、特色餐饮

资料来源：广百百货数据库。

b. 定位及目标客群

GBF北京路店定位为时尚潮流生活馆，体现"知性丽人，自由生活"的新姿，主要面向追求个性、时尚、活力，有品位，重潮流的中高收入白领以及年轻成功女性，与广百北京路店和新大新北京路店错位经营。

c. 人流量及主要客源分析

GBF北京路店位于北京路步行街上，依托广百品牌优势，自2011年开业以来，人流量逐渐增多，其中大部分是原广百会员。由于经营品类主要偏向女性穿戴类，主要客源以女性为主。此外，GBF北京路店的特色餐饮配套也受到年轻人喜爱，成为年轻一族聚会的又一选择。

④天河城百货名盛广场店

名盛广场位于北京路步行街的核心地带，是由广州名盛房地产实业有限公司精心打造的集写字楼、餐饮、娱乐、零售为一体的综合性物业，总建筑面积14万平方米，商业面积近7万平方米，并配有近千平方米的商业露天广场和600个室内停车位，其中天河城百货于2008年9月开业，百佳超市也于2012年年底正式进驻，并在2013年1月开业。

a. 业态组合及楼层经营布局

天河城百货主要经营女服、休闲、运动等穿戴类商品，该三类商品经营面积占总经营面积的60%以上。其次为儿童用品，金饰珠宝和鞋类商品的经营面积相近，约占7%。楼层经营布局如表5所示。

表5　天河城百货名盛店各层经营类别

楼层	经营品类布局
1F	珠宝金饰、玉器、名表眼镜、护理品、化妆品香水、烟酒茶叶、滋补品、食品
2F	女士服饰、百佳超市
3F	皮件箱包、女士服饰、内衣家居服
4F	男服、电器、牛仔休闲服饰
5F	运动服饰、运动器材、电器、必胜客
6F	婴儿用品、儿童服饰、儿童玩具、折扣店
7F	餐饮
8F	幸运楼酒家

b. 定位

天河城百货名盛店定位为年轻、时尚，是集购物、餐饮、娱乐、休闲等功能于一体的综合百货店。

c. 主要客源分析

天河城百货名盛店的穿戴类品牌与广百北京路店、五月花广场等大型商业网点中的品牌同质化较高，百佳超市的进驻丰富了名盛广场的业态组合，追求时尚的中等收入年轻白领群（20～45岁）占的比重较高，顾客多为广州本地市民。

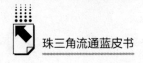

⑤摩登百货光明广场店

光明广场位于西湖路，正对广百北京路店，地处北京路商圈核心位置，总建筑面积近 6 万平方米，地下两层，地上九层，是北京路上唯一一座集购物、娱乐、餐饮、旅游、文化为一体的纯商业大型 SHOPPING MALL。摩登百货于 2012 年 9 月正式进驻光明广场一~五层部分物业，经营面积 1.8 万平方米。

a. 业态组合及楼层经营布局

摩登百货光明广场店主营穿戴类商品，约 70% 的品牌有别于广百北京路店、天河城百货名盛店，配合光明广场原有的餐饮、娱乐、休闲等消费元素，起到相互拉动的协同作用。摩登百货北京路店各楼层经营分布如表 6 所示。

表 6　摩登百货北京路店楼层经营布局

楼层	经营品类布局
1F	黄金、珠宝、化妆品、钟表
2F	男、女鞋
3F	少女、少淑服饰，针织品
4F	男服、商务休闲、运动休闲、户外用品、皮件箱包
5F	男女内衣、孕妇装、床品、童装、玩具、儿童乐园、餐饮

资料来源：广州摩登百货股份有限公司官方网站。

b. 定位

摩登百货北京路店将继续坚持"时尚价优"的经营特色以及"错位经营"的理念，并利用光明广场独有的南越国水闸遗址展开"文化营销"，与周边百货商场实行差异化经营。该门店的定位比摩登百货等其他门店更年轻，瞄准 15~30 岁的消费群体，为他们提供支付得起的"更潮、更时尚"的品牌生活。各楼层还适时增加了各种休闲餐饮等配套设施，为年轻消费群体休闲购物提供理想的休憩场所。同时摩登百货将继续发扬文化促销的优势，结合周边的文物古迹、旅游景观等资源，开展特色文化活动，宣扬中华传统的历史文化，与周边环境共同构建"北京路国际商贸旅游区"。

（2）购物中心类

除了 5 家大型百货商场外，北京路商圈还集聚了五月花商业广场、光明广场、动漫星城等大型一站式主题购物商场。

①五月花商业广场

五月花商业广场位于中山五路，商业规模达5万平方米，由香港丽新集团投资打造。该商业广场以年轻潮流时尚为定位，汇聚各种年轻人喜爱的时尚品牌，同时又是特色个性餐饮的聚集地，是北京路商圈内集购物、娱乐、饮食和休闲等多种消费形式于一体的大型综合购物广场。

a. 经营业态

五月花商业广场是北京路商圈目前唯一集购物、娱乐、饮食和休闲等多种消费元素于一体的大型综合购物中心，与北京路优势互补。五月花商业广场融合了品牌专卖店、概念餐饮、运动休闲主力店、电影院等年轻时尚购物元素，以全新理念打造全方位休闲购物商场。

b. 定位

五月花商业广场以时尚新颖潮流为特点，目标客户群则以青少年为主体。商业部分与地铁公园前站无缝接驳，全方位满足了乘公共交通工具或步行到达的"非驾车族"，为游客提供休闲、美容、娱乐、餐饮等服务，表现出对经济性和购物乐趣的双重追求。

c. 品牌划分

为更有效地吸引消费人流，五月花商业广场推行引导式消费，合理规划商业布局：负一、二层与公园前地铁站的景点商业街无缝接驳，是年轻人的流行营地；首～三层专营国内外知名时尚品牌男女服饰、皮鞋等；四～五层为国际知名运动休闲专区；六～七层为电影院；特色餐饮及酒楼遍布四～八层。塔楼为商务写字楼。

d. 文化投入

五月花广场本身最大的特色是其电影院，这是继北京路步行街青宫电影城后，又一家五星级豪华现代电影院。而另一个经营亮点就是充分利用明星效应，如一楼的星光大道及其他各层都有很多受年轻人追捧的香港明星的泥手印陈列，且经常举办明星签唱会、电影首映礼等，吸引了一批歌迷、影迷，除带旺人流外，也增加了其本身的知名度。

e. 人流量及主要客源分析

相关资料显示，五月花广场由于与地铁站无缝接驳，日均人流量比较大，

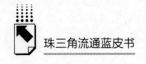

超过 10 万人次。

由于消费群体主要为 16~28 岁的青年，消费层次不算很高，学生比重比较大，因此，五月花广场走的是中档略偏高路线，引入的服饰专卖店适逢节日或转季都会做折扣促销，以此带旺人流。

相关调查显示，五月花广场消费人群仍以购物为主，占 50%，另约44.5% 的消费人群选择到五月花广场聚餐和娱乐。

②光明广场

光明广场位于西湖路 63 号，广百新翼对面，总建筑面积 6 万平方米，由广州光明房产建设有限公司投资开发。随着摩登百货北京路店的进驻，以及餐饮、电影院、美容美发中心等各种业态商户组合的不断完善，光明广场可充分满足目标消费者购物、饮食、娱乐的一站式消费体验需求。

a. 经营业态

光明广场负一层为零售商铺，首~五层为摩登百货，六~九层为零售商铺、餐饮、娱乐配套。其中，光明广场负一层大堂中央 900 平方米的玻璃观赏台原封不动地保存着珍贵千年文物"西汉水闸"，为光明广场的商业氛围增添了浓郁的人文气息。

b. 定位

光明广场拥有千年文物"西汉水闸"，并倡导与世界接轨的互动"体验式消费模式"，定位为时尚、青春、动感的一站式购物中心。

c. 人流量及主要客源分析

光明广场主力消费群定位为 15~35 岁的年轻消费者，该部分消费群体以休闲娱乐和购物为主。

③潮楼

潮楼是由海印集团投资 1000 万元开发的。海印集团将流行前线的成功模式复制，为北京路商圈增加了流行元素。潮楼位于北京南路原丽都大酒店裙楼，楼高 7 层，每层面积约为 1300 平方米，总面积近 1 万平方米，是北京路南端目前商业面积最大的零售综合商场。

a. 经营业态

北京路潮楼是海印集团在流行前线成功经验的基础上进一步深化整合而成

的，主要经营中国内地、香港及日韩最潮的精品、化妆品、食品等（如日本东京的潮流圣地"109"的先锋品牌，及原产地为香港的零关税食品等），并引进港式餐饮和娱乐项目（如 KTV）作为配套，业态分布合理，可为消费者提供一个最新潮的领域。其中一、二层以潮流服装为主，三层为品牌折扣店，四～五层是 Neway KTV，六楼为骏豪海鲜酒家，每一层都有餐饮，集服装、餐饮、精品、娱乐为一体。

b. 定位与主要顾客群

海印集团将潮楼打造成为北京路商圈最潮、最时尚的购物领域，引入以年轻人为目标消费者的个体小商铺，主打年轻、新潮概念，其主力顾客群主要为时尚潮流的年轻人。

④动漫星城

动漫星城位于吉祥路，与地铁公园前站直接连通，地理位置优越。由广州市地下铁道总公司与广州天源投资有限公司共同开发，总建筑面积 3.1 万平方米，共有地下三层，停车场面积约 8000 平方米。动漫星城是北京路商圈唯一一个地下商业物业，也是国内首个获得地下物业产权的主题式商场。动漫星城投入使用后，与毗邻的五月花商业广场、中旅商业城等相结合，进一步提升了中山五路的商业氛围和经营环境，与北京路、西湖路遥相呼应，实现了扩大北京路核心商圈覆盖范围的目的。

a. 业态及其分布

动漫星城分东、西两区，东区以经营时尚服饰、精品为主，西区全为餐饮，夹层为与动漫相关的产品。商场以"动漫＋数码"为主题，除了经营动漫和数码产品外，还经营潮流服饰、化妆品、餐饮、美容美发等元素，为爱好动漫与时尚的年轻人提供一站式时尚主题购物场所。

b. 定位与目标顾客群

动漫星城是广州市首个集时尚、娱乐、休闲于一体的最大的地下主题式商城（在这里能够率先体验时下最新潮、最时尚的产品），为市民提供了一个拥有崭新理念的消费、休闲场所。动漫星城主要面向 15～35 岁追求时尚、前卫，较易接受新鲜事物且对潮流有敏锐触觉的年轻人，其中广州本地年轻人占主体，经营档次以中低档为主。

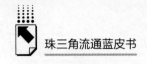

⑤华联购物中心

华联购物中心位于中山五路，为地铁公园前站上盖物业，总建筑面积为4万平方米，地下4层，地上10层。虽然本购物中心尽享地铁客流，但由于经营商品欠缺特色，经营风格带有北方色彩，与广州本土消费习惯不太融合，整体经营情况不理想。负一层的百佳超市已经于2012年10月底撤出，而首层~四层的BHG百货经营状况也不理想，目前只靠中旅商业城写字楼及周边写字楼人群带旺餐饮。

（3）主题商场类

①滔博运动城西湖路店

滔博运动城位于广州市西湖路的百丽商贸中心，有国际知名运动品牌耐克、阿迪达斯等进驻，与众多运动、休闲品牌共同打造一站式运动主题商场。

a. 经营业态与定位

滔博运动城是百丽集团旗下子公司广州市滔博体育发展有限公司旗下品牌，其中西湖路店是北京路商圈第一家以运动城命名的专业经营运动、休闲品牌以及运动器材的大规模主题商场，定位中高档，导入全新的运动休闲理念，营造时尚消费文化。

b. 目标客群

主要面向热爱体育的时尚年轻人和专业运动人士，由于滔博运动城西湖路店既有各大知名运动品牌最新款式，也有品牌折扣场，满足各层次热爱运动的年轻人的消费需求，因此人气较旺。

②青宫动感328

青宫动感328是广州市青年文化宫经改造后形成的集潮流购物、娱乐休闲、餐饮配套于一体的中型文化中心。项目内拥有广州首家日本知名快时尚品牌优衣库旗舰店，还配套有五星级电影院青宫电影城，为北京路商圈额外增添了年轻活力。

a. 经营业态与定位

青宫动感328以知名快时尚品牌优衣库为主力店，配套特色餐饮、电影院，为年轻人提供一站式购物休闲场所。

b. 目标顾客群

主要面向追求时尚、潮流的年轻人，由于有餐饮与影院拉动，又有国际知名快时尚品牌吸引客流，因此商业氛围浓厚，日均客流量也较多。

③韩尚城

"韩尚城"是一个定位于"韩国时尚风"的主题购物街，邻近北京路黄金商圈，地处中山五路与教育路交叉口，为广州地铁1号线、2号线交会处公园前站上盖临街商铺物业，于2009年9月陆续开业。

a. 经营业态与定位

"韩尚城"是一个定位于"韩国时尚风"的主题购物街，现A座临街商铺引入国内"韩风"服饰品牌店，A座二楼则售卖"韩国风"服饰、精品。"韩尚城"不但地处广州商业中心，且周围有许多文物古迹，外观设计也以"骑楼"这一广州最具岭南特色的传统建筑为蓝图，利用建筑形式呈现广州文化内涵，构筑成一道古朴的风景线。

b. 目标顾客群

"韩尚城"主要面向追求时尚、热爱韩国流行风的年轻人，由于以临街商铺为主，自开业以来人气逐渐上升，成为中山五路又一购物亮点。

3. 在建大型商业网点

北京路商圈内目前影响力最大的在建大型商业网点当属大马站商业地块项目——景豪坊。

（1）项目概况

景豪坊项目地块紧靠广州市越秀区北京路西边，是地铁1、2号线交会处的唯一一个上盖物业，北起中山五路，南至西湖路，东起大马站路，西至小马站路，占地面积20000平方米。项目开发商拟开发商业（地上＋地下）7万平方米，酒店客房600个，住宅1.6万平方米，地下停车位680个，将其打造成为北京路商圈"最新商业旗舰＋极致精品五星酒店"的城市综合体。

景豪坊分为三个独立地块，其中：西区（D-004地块）拟开发为：商业（负二～七层）＋高星级酒店（八～二十一层）；东区（D-46-72地块）拟开发为：商业（负二～五层）＋回迁住宅（六～二十九层）；大马站路地下拟建设一个人防工程（负二～负五层，战时人防，平时商业），与东、西区在负

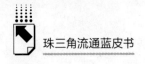

二～负五层全部连通。

（2）项目定位

"景豪坊"城市综合体将是未来北京路规模最大，格调最高雅，文化内涵最丰富，业态最高档，配套最齐全的国际购物中心和精品五星酒店。

（3）项目进度

目前大马站拆迁工作已完成，最终规划基本确定，正在报批，已先行施工完成地下连续墙基础。

（4）项目开发商介绍

景豪坊项目由景兴集团属下两个子公司广州亿华房地产开发有限公司和广州市景兴房地产开发有限公司投资开发。

除了景豪坊外，北京南路另一商业项目广州名城商业广场也值得关注。该项目位于北京南路和泰康路的交会处，总占地面积约 15902 平方米，总建筑面积约 110825 平方米，附近有近 20 路公交车经过，而且距离地铁 2 号线海珠广场站并不远，交通便捷，规划打造大型综合性商厦，原开发商为广州金东公司。因原开发商涉嫌巨额骗贷案，该项目于 2011 年 11 月被粤海控股通过政府公开拍卖收入囊中。预计本项目将来落成后，将使北京南路现有业态和品牌得到丰富，商业氛围与档次得到进一步提高。

（四）商圈主要客源及其辐射力

据研究，北京路商圈主要客源大致分三类，分别为越秀区常住人群及广州市内各区居民、珠三角游客以及国内外游客。其中区内常住人群和广州市内各区居民是北京路商圈的核心基础消费群，占总消费群的 30% 以上，可见在广州市民心中，北京路商圈的商业、文化地位不可复制，该部分消费群以购物、休闲消遣为主。

由于商圈内拥有大量历史文化古迹，且近年来广州市政府日趋重视北京路商圈的旅游宣传，珠三角与国内外游客数量也逐年攀升，占了总体消费群的 65% 以上。如春节期间，政府利用西湖路迎春花市，向市民与游客宣传广州传统的"花街"文化。

每逢农历正月二十，城隍庙都会在"文德路—文明路—北京路—中山四路"举办广府庙会民俗文化巡游活动，把街坊市民和游客带入欢乐的海洋，使"广府庙会"成为广州人的狂欢节。北京路商圈文化与商贸融为一体，在吸引本地市民感受节日盛会的同时，也让北京路商圈成为国内外游客来广州必到的旅游观光点，这也是北京路商圈有别于广州市其他商圈的一大亮点。

可见，随着北京路商圈的不断发展，知名度的不断提高，固定消费顾客群与旅游人数逐渐攀升，北京路商圈的辐射力已从原来的广州市扩大至整个广东省，并逐渐扩展至全国。近年来，广州市政府着力将北京路商圈打造成为"羊城国际文化商贸旅游区"，使一系列历史名胜古迹得到了保护和升级，同时借助本地传统文化节日盛会，如迎春花市、广府庙会等，吸引外国游客共同参与，使北京路商圈在国际上的辐射影响力得到了迅速提升。

（五）北京路商圈特点分析

1. 优势分析

（1）大型商业街区，商业地位不可复制

北京路商圈地处广州千年商都发源地，拥有广州乃至全国最声名远播的步行街，有广州人最熟悉的百货公司与商场，有两千年的文物遗址，有具岭南特色的建筑群落。这里不仅承载着一个城市的商业梦想，更承载了一个城市的历史文化沉淀，是反映岭南文化与现代文明融合发展的游憩商业中心。近年来，随着广州城市的发展，本地商业零售市场陆续出现了闻名全国的天河城商圈，迅速崛起的万博—长隆商圈、白云新城商圈，以及一系列如广州大道北、江南西等区域级商圈，但作为广州最亲民、历史最悠久的商业中心，北京路商圈依然占据着领先的地位，其繁华的商业、独特的历史和人文价值，支撑着龙头商圈不可撼动的地位。

（2）传统文化历史、旅游景观与商贸业相互融合

北京路商圈位于广州市的传统城市中轴线上，是商业网点（包括商业街和大型零售网点）和人流最密集的地区之一。另一亮点就是北京路商圈历史悠久，文物古迹存留众多，集聚了南越王宫署遗址、秦汉造船工场遗址、千年古道、大佛寺等历史文化价值很高的旅游资源以及岭南第一楼、书院群等特色

建筑。经过千年历史洗礼，如今北京路商圈已形成以商业步行街和大型百货网点为主导，专业和时尚特征突出的文化景观，其深厚的文化底蕴已成为北京路商圈的核心竞争力。近两年，北京路商圈全力打造"文化牌"，充分发掘周边及其自身的文化优势，打造南越王宫署遗址文化区、大小马站文化区、大佛寺文化区等，着力加强北京路步行街地段的文化含量，加强各文化点之间的联系，凸显独有的深厚文化底蕴。

作为广州市的消费中心，北京路有购物功能，还具有商旅功能，两者相互融合。如光明广场，除了购物、娱乐之外，还具备了游览、会展、文化和艺术欣赏等功能。因商场内拥有千年文物"西汉水闸"，故配合建造了一个展示水关历史、北京路商业演变的历史文化博物馆，成功缔造了旅游观光与商贸行业融为一体的神话。

（3）交通优势明显

由于北京路商圈处于广州城市核心，拥有便捷的公交和地铁，交通通达性优越。北京路周边共有越华路、广卫路、文德路、珠光路等四个公交总站，有近90条日班公交线路往返市内各区。地铁1、2号线的换乘站"公园前"就处于中山五路上的核心位置，是广州市目前最大的地铁换乘枢纽之一，其12个地铁站出口均分布在北京路商圈范围内。随着轨道交通网络的不断扩大，北京路商圈的辐射范围将借助轨道交通优势得到进一步扩大。

路网交通方面，北京路商圈街巷可以划分四个等级：主要道路、次要道路、主巷和小巷。主要道路和次要道路划分了街区的街廓，路面较宽，能供一定数量的机动车和行人通行，如中山五路、教育路、西湖路、大南路等。鉴于北京路商圈位于广州市核心老城区，故商圈内延续了旧城拥挤狭窄的格局，巷子分布较多，且不能通行机动车。

2. 劣势分析

尽管北京路商圈发展已非常成熟，在广州市甚至全国闻名遐迩，但其不足之处也在逐步显露。

（1）商业街功能单一，辐射能力不强

北京路商圈以北京路步行街为核心，由传统的商业街改造而来，均以零售商业为主，主要经营百货、穿戴类等商品，功能较为单一。而现代社会的中央

110

商务区（即 CBD），是以商业、服务、投资银行、保险公司、证券经营、产业信息等第三产业为主的商住核心区。相比较而言，以商业零售为主的北京路发展方向单一，前途不够广阔，其目前的单一功能也决定了它不能成为广州整个城市商业活动、社会活动、市民生活和城市交通的核心焦点。同时，北京路商业街均位于老城区，周边交通压力大，故周边至今还未形成商业中心新的聚核点，如今正面临着天河北、珠江新城、白云新城等城市级新兴商业中心的严峻挑战。

（2）功能布局杂乱，层次不够分明

尽管有广百百货、风尚广百、新大新百货、天河城百货及于 2012 年开业的摩登百货五大百货的汇聚，但北京路目前给人的整体感觉仍是以零售小铺为主，经营稍欠特色，品牌、品类同质化严重，致使整条步行街层次不够鲜明。此外，相关调查显示，北京路 35 岁以下的顾客占 93%，年轻人成为北京路的主流消费群体。这从另一侧面说明，北京路商圈的商品受众面不广，对中老年人与儿童这类顾客群有所忽视。

（3）购物配套基础设施有待完善

北京路商圈面临的最大发展困局是停车困难，尽管目前北京路商圈周边停车场停车位共计有 2000 多个，但相对于北京路商圈 60 多万平方米的商业体量而言，停车位数量显得过于捉襟见肘，按照街区商业形态的零售业停车位配套要求，保守估计该地区应该配套 6000～12000 个停车位。同时，北京路以步行街为主，影响周边交通动线的顺畅，为自驾车消费群带来了不便，一定程度上流失了该部分客源。此外，北京路步行街内便民措施较少（如洗手间、供游人休憩的椅子等），基础配套设施问题至今仍没得到完善。

三　北京路商圈未来定位与走向

（一）总体发展规划

1. 发展定位

从目前政府对北京路商圈的发展策略，以及前述商圈的现状与优势来看，

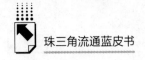

应积极利用区域内的各种优势资源，将商圈打造为国际商贸旅游区。具体途径和建议为：

（1）商旅互动发展

北京路商圈可依托北京路岭南千年历史和商业文化的独特优势，把商贸业作为北京路国际商贸旅游区重点发展的产业，同时培育旅游和文化休闲产业，让商圈商旅互动发展。

（2）发挥北京路以步行街为核心的溢出效应

我们认为，应充分发挥北京路以步行街为核心的溢出效应，利用北京路商圈繁华的商贸业、独特的岭南文化、现代化便捷交通等优势，将其建设成为广州市传统中轴线的核心节点、华南地区极具旅游和商贸吸引力的商业步行街；让北京路商圈成为融岭南传统文化与都市时尚体验于一体、具有一定国际知名度的商贸旅游区。

2. 总体发展思路

根据广州市越秀区信息网中的《北京路发展规划》，北京路商圈今后将继续围绕北京路国际商贸旅游区的发展定位和战略，朝"强化核心、突出主线、拓展空间、优化功能、分片设计、循序渐进"的方向发展。具体操作上，我们研究认为政府应加强对区域内各种"优势元素"的整合力度、强化核心资源，全面提高其辐射能力和影响力。

（1）强化核心——提升北京路步行街的辐射能力

强化北京路步行街在整个国际商贸旅游区中的核心地位，促进岭南传统文化与商贸、旅游活动的有机结合，整体提升文化品位，丰富商旅内涵，使北京路成为广州"千年商都"的标志和国际商贸旅游区的灵魂。同时，我们建议，以北京路步行街为核心，将商圈辐射力传递扩散到周边街区，带动中山四路、中山五路、文德路、北京南路、西湖路、惠福东路、教育路、起义路、沿江路等的商贸和休闲产业的发展，打造以步行街为吸引源，经济活力遍及周边的北京路大商圈。

（2）突出主线——发挥旅游的推动作用

我们认为，北京路商圈可依托良好的岭南文化资源将步行街区培育成为全国知名的旅游景区，使其成为吸引外地游客的旅游目的地，以旅促商，带动北京路商贸旅游业的发展。此外，对于北京路步行街以外的地区，可大力发展现代商贸业和休闲产业，为消费者购物和时尚体验提供多元化的选择。

（3）拓展空间——形成商旅互动的立体混合式结构

我们认为，北京路商圈可以考虑从目前的带状结构，逐渐向块状结构过渡，并引导北京路国际商贸旅游区采用立体混合式的空间结构。在宏观尺度上，将北京路拓展至"四纵七横"，包括北京路、教育路、起义路、文德路、广卫路、中山四路—中山五路、西湖路、惠福东路、大南路、泰康路和沿江路，通过更好地整合区域内的商贸旅游资源，形成更强的竞争力。在微观尺度上，一是重视拓展北京路步行街的二线街巷，形成游憩空间，将"街"的概念拓宽为"街区"的概念；二是重视利用临街商铺二层以上的建筑，扩展商业和游憩空间；三是重视公共空间的建设。这样可以在有效保护传统城市空间格局和风貌的前提下，增加商业的发展空间和容量，提高土地利用效益，使传统风貌与现代生活较好地融合，使传统商业向现代商业转型发展。

（4）优化功能——增强综合服务的能力

继续优化北京路商圈的功能结构，从单一的商业功能走向现代综合功能。同时通过岭南文化景观、星级宾馆和青年旅馆设施、特色饮食和购物、体验式消费、时尚娱乐、滨江休闲等元素的开发建设，使北京路国际商贸旅游区具备服务多种消费需求的功能，增强可持续发展能力。

（5）分片设计——融合多种风格的商业环境

考虑到北京路不同路段的发展历史、业态结构和客源市场，可对其进行分段定位，同时对不同的区段进行不同风格品位的设计，引导形成与定位相符合的商业环境。还可针对整个商圈不同片区的产业构成和功能特点，分片定位和规划，使不同的功能区形成既相对独立又协调发展的格局，使北京路商圈内多种风格的商业环境能充分融合。

（6）循序渐进——分阶段建设完善的国际商圈

据规划介绍，北京路商圈近期将进行北京路步行街东西向、南北向的扩展以及各功能区大型项目的策划，中期重点进行北京路南段和沿江路一带的拓展和重点功能区的完善，远期完成北京路国际商贸旅游区的整体建设。

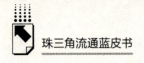

（二）未来发展走向

在商圈的未来走向上，我们认为，为了实现目前的发展定位和主要思路，具体实施策略上应该大力支持标杆龙头，以"标杆点"为突破口和基础，使多种优势资源在标杆的带动下充分互动互补，最终实现以点带面、全面发展的格局。

1. 以点带面，做强做大，依托区域龙头企业拉动发展

未来，北京路国际商贸旅游区的空间结构将向"块状+带状的立体混合式结构"发展。我们预测，一是将以广百股份北京路经营网点金三角格局（下称：广百"金三角"，即广百百货北京路店、新大新百货北京路店和风尚广百北京路店）为核心，结合五月花广场、名盛广场、光明广场等商业网点，充分发挥商圈内龙头企业的辐射和拉动效应，以特色联合形成大型的室外Shopping Mall，营造块状核心区作为增长极带动整个区域的发展，将北京路国际商贸区做强做大，形成岭南特色鲜明、服务设施完备的国际商贸旅游区；二是将以广场、主题式商业中心为主的动漫星城、文德路文化街、沿江路天字码头等周边区域纳入北京路国际商贸旅游区，形成文化旅游与商业旅游产品，传统和现代互补的发展带，吸引动漫星城和文德路的人流与商业。此外，由于北京路商圈地处老城区，地上空间发展有限，故未来另一发展趋向将是加强对地下商业空间的开发利用，开发地下商业街和空中走廊，如在建的景豪坊项目地下商业部分将与动漫星城人防工程连通，扩大地下商业空间，以此推动北京路国际商贸旅游区空间结构布局在北京路步行街带状结构基础上向块状结构的转变。

2. 商旅互动，产业协同发展

我们认为，北京路商圈今后的发展应继续借助其独有的历史文化遗产，通过旅游业带动商业的发展，同时通过商业的发展促进旅游业的进一步振兴。一方面，可继续依托丰富的历史文化资源和精品景点，开发北京路国际商贸旅游区的商业文化与旧城文化等特色旅游资源，吸引游客，通过发达的观光旅游和文化旅游促进商贸业新一轮的发展。另一方面，可继续充分利用北京路商圈现有的丰富历史文化资源和旅游景点优势，重点开发与各商贸区相配套的贸易、饮食、文化、娱乐、旅游、服务等多种功能项目，并与环境景观项目的规划实施相结合，将北京路商圈发展成为引领广州时尚的现代商业窗口和国内外游客的旅游观光购物胜地。

3. 打造亮丽品牌，提升商圈国际魅力

我们认为，北京路商圈今后应继续充分利用龙头企业的品牌优势。在政府配合企业做好品牌推广的同时，龙头企业本身应充分发挥其高品质服务的领导者本色，为消费者提供从商品质量到服务体验的品质保证。同时，为适应商圈内不同的消费客群，我们建议北京路商圈内的业态、品牌组合应不断优化，让中高端品牌与大众潮流消费元素相互融合，实现中小商业企业的经营升级，向专卖、品牌化方向发展，合理提升档次、配置适当中高端产品以丰富市场层次，既能满足年轻白领族的小资体验，也能满足大众年轻群体追求潮流的消费需求。

此外，政府还需继续加强对商圈内假冒、伪劣、仿冒等商品的打击力度，监督商家的产品与服务质量，整顿营业环境，为引进国内外中高端知名品牌提供良好的环境与平台，让北京路商圈的整个商业环境实现质的飞跃。

4. 完善配套，执行功能优化战略

针对北京路商圈停车困难等问题，近年来，政府加大投入力度，使北京路商圈的交通、停车配套设施得到改进。我们认为，只有继续大力完善北京路国际商贸旅游区的功能配套设施，特别是多元化、特色化设施的建设，优化提升，增加服务的多样性和吸引力，才能全面克服传统商业中心功能配套的先天不足，增强区域内部交通的便捷性和交通组织的合理性，使北京路商圈成为可达性强、现代化程度高的国际性商贸旅游区。

5. 保持特色，沿差异化路线发展

从目前区域内各种规划"落地"的情况看，预计未来的北京路商圈将在沿差异化路线发展的同时，积极继承和弘扬优秀的岭南传统文化，突出北京路商圈的传统文化特色，并充分利用北京路的千年遗址与骑楼建筑塑造商业街的文化氛围，促进传统商业和现代商业的融合，提升北京路国际商贸旅游区的竞争力，将北京路商圈建设成为传统与现代兼容的国际性商贸旅游区。

B.4
广州荔湾区上下九商圈的特点与发展前景

摘 要：

上下九商圈自古以来就是广州繁华的商业中心，历史悠久，具有丰富的岭南民俗文化与商业文化风情，是广州最有代表性的商圈之一。商圈中以广州市第一条商业步行街——上下九步行街和西城都荟为代表的多个现代新兴商业业态的购物中心、以蜚声国际的华林玉器街领衔的各大专业市场，以及各类特色零售服务业共同构成一副属于现代广州的"清明上河图"。借助国家中心城市和国际商贸中心建设及升级改造、西关骑楼文化保护政策实施等良好机遇，上下九这个古老的商圈正焕发出新的生命力，成为广州这个千年商都一张厚重的商业名片。

关键词：

上下九商圈 研究 生态系统 发展趋势

上下九商圈地处荔湾区，是广州市传统商圈，是在城市发展与旧城更新改造的基础上逐步发展而成的。其核心——上下九步行街是广州市第一条商业步行街，步行街特色商业林立。上下九商圈也是广州著名的珠宝玉器聚集地，以华林玉器批发城、荔湾广场、玉器圩等为代表的玉器专业批发市场和以中国水晶宝石城为代表的水晶宝石批发市场汇聚其中，是目前东南亚最大的玉器、珠宝和水晶交易集散地。历史悠久的广州酒家、莲香楼、陶陶居、皇上皇、趣香饼家、平安大戏院、妇儿公司等老字号都在此商圈内。上下九

---

* 罗志杰，广东省商业总会秘书长，高级策划师；王建华，广东商学院工商管理学院研究生，研究方向：物流管理。

商圈荟萃了特色建筑、珠宝玉石和西关饮食等民俗风情文化，吸引了大量的本地居民和外来游客，领略西关的悠久历史文化和商业氛围，品味广州的商业魅力。

一　上下九商圈发展背景

上下九所处的荔湾区地处广州市西部，俗称西关，因"一湾溪水绿，两岸荔枝红"的美丽景致而得名，是广州市独具岭南特色的中心城区和广佛都市圈的核心区。东部与越秀区相连，北部、西北部与白云区水陆相通，西部与佛山市南海区接壤，交通四通八达，地理位置得天独厚。面积62.4平方公里，常住人口745.6532万，辖22条行政街，193个社区居委会。

荔湾自古以来风物荟萃、名胜云集，是广州海上丝绸之路的起始地、岭南文化的中心地、近代中国革命的策源地和中国改革开放前沿地的缩影和窗口。两千年的历史长河，在古老的西关流淌、沉积，形成了商埠名店、古刹祠堂、老街旧居、美食曲艺、国医保健、掌故传说、花香茶浓等丰富的人文资源。佛祖达摩"西来初地""岭南建筑艺术宝库"陈家祠等享誉中外。

荔湾自古以来商贸繁华发达，拥有清代唯一的外贸通商口岸十三行、广州市第一条商业步行街上下九步行街，吸引着八方俊杰、九州商贾，被誉为"百货之肆、五都之市"。全区现有专业市场222个，年成交额超过亿元的有31个，年成交额超过10亿元的有4个，涵盖18个商品类别，行业结构齐全。荔湾区着力建设通信器材、成衣、鞋业、茶叶、珠宝玉器、医药、童装、文化精品、家具建材和花卉观赏鱼"十大专业市场"。目前，茶叶、鞋类、药材、花卉等批发市场在全国同类市场中处于领先地位。其中，芳村茶叶批发市场园区有18家茶叶市场，档口五千多家，商品出口到美国、加拿大、东南亚等国家和地区；站西鞋城园区汇聚了皮匠世家等众多知名品牌，已形成国内规模最大、品种最全、辐射最广的鞋业鞋材市场，占据了广州鞋业市场的中心地位；清平中药材市场是华南地区最大的药材集散地和境外药材贸易的转口地，年成交额超过20亿元，约占国内中药材交易量的1/4。岭南花卉市场占地面积40900平方米，铺店占地面积9270平方米，有铺店438间，年均成交额达 8 亿元以上，占全国总额的五分之一。上下九商业步行街是广州第一条商业步行街，年人流量过亿，有陶陶居、莲香楼、广州酒家、皇上皇、平安大戏院等 7 家"老字号"，是广州"老字号"最集中的商业街；华林玉器街早在清朝同治年间就已有经营玉器的玉器墟，现已形成一条蜚声中外、颇具特色的玉器珠宝专业街；广州美食园现有 12 家中华老字号和广州老字号，每天销售额在一百万元以上，擦亮了"食在广州、味在西关、源自泮塘"的品牌。①

（一）荔湾区的经济社会与商业发展历史

1. 荔湾区经济社会发展历史

历史上的荔湾地区河道纵横，西南部为珠江环绕，舟楫往来方便，水运可连通海内外。优越的地理环境为经济发展创造了有利条件。宋代，已有商贾来往。到了明代，十八甫成为商埠墟市，商家林立。至清代，十三行发展成有名的洋行区，曾在近百年间独享外贸特权。民国以后，荔湾地区日益兴旺，尤其下西关（荔湾地区南部）发展成为繁华地段，是旧广州的主要商业区，为广州市金融业、饮食业、南北药材业、百货业、布匹业、大米业、玉器业、酸枝家具业等行业的主要集中地，对广州商业的形成和发展产生了重要的影响。

新中国成立后，荔湾地区经济发展取得了长足进步，人民群众以极大的热情投入社会主义建设，发展生产，使工业、商业及其他各行各业都取得了较快的发展。

1978 年改革开放后，荔湾区进入经济快速发展的时期，区政府充分运用沿海开放城市的特殊政策，发展地方经济。20 世纪 80 年代，清平农贸市场被国家工商局评为"文明集贸市场"，上九路、下九路、第十甫路被商业部命名为"全国文明商业一条街"。

近年来，荔湾区政府结合区情实际，确立了"文化引领、商旅带动、产业转型、创新驱动、环境优化"五大发展战略，大力推进政治、经济、文化和社会建设，取得了令人瞩目的成就。

---

① 广州市荔湾区政府网站（http：//www.lw.gov.cn/）。

2. 荔湾区的商业发展历史

荔湾地区成为商业区由来已久。宋代，已是对外通商口岸。明代，十八甫的怀远驿是接待外国商人的驿馆，十八甫一带也是著名的商业街墟。清代，清政府开辟了十三行外贸商行区，后在西堤设立了粤海关税务司。民国时期，西关地区的商业更为兴盛，是广州市大米业、食油业、南北药材业、花纱布匹业、丝绸业、玉器业、酸枝家具业、炮竹业、书坊报馆业、长生业（殡仪用品业）、剪刀业、顾绣业、仪仗业、生猪业、饮食业等行业的主要集中地。特别是饮食业，酒家林立，食肆点档星罗棋布，名老字号、名菜美点层出不穷，有"风味在西关"之说，为"食在广州"之美誉增色不少。

新中国成立后，根据中央制定的"发展经济，保障供给"的方针，政府大力促进商业发展。上下九—第十甫—太平南—西濠口、龙津东路—长寿路、西华路—宝华路—梯云路的三级商业网络区初步形成。

改革开放后，荔湾区商业得以迅速发展。个体业户的恢复，流通体制的改革，使各种集市迅速发展，购销空前活跃。其中清平农副产品市场成为广州市改革开放的"橱窗"，开办以来收到了明显的社会效益和经济效益，1990年成交额超过1.7亿元；上下九路、第十甫路再次成为广州市的繁盛商业街，衣、食、用、视、听、娱等样样俱全，1984年被评为"全国文明商业街"；杨巷布匹街、西来初地的酸枝家具街、长寿路的玉器街等传统的商业专业街得以恢复；加上新辟的"德星路服装配料一条街"等专业街，使荔湾区的商业布局更具特色。

如今，作为广州的商业重地，荔湾商业气氛异常浓厚。人民南、西堤、上下九、十三行等是传统的商业旺区，拥有黄沙水产市场、站西鞋城、岭南花卉市场、芳村茶叶城、清平中药材市场、谊园文化用品市场等规模巨大的批发市场，还拥有中山七路、中山八路、康王路和花地大道等现代商业商务带，以及各类商品交易市场200多个。

（二）上下九商圈发展的经营环境分析

1. 发展定位

上下九商圈定位为岭南特色商圈，有悠久的商业发展历史，商业氛围浓郁，适合发展零售、批发商业和餐饮业，吸引国内外游客及本地年轻人。随着政府对商圈交通环境、市政基础设施、商圈硬件设施的完善，这里将发展成为旅游观光与购物结合的商旅型商圈。

2. 人口规模及密度

一定的人口规模和密度是商业设施发展的基础，是维持商圈繁荣的保证。从荔湾区的总人口和人口密度来看，常住人口相对比较平稳（见图 1），但人口密度却在不断上升，如图 2 所示，从 2006 的每平方公里 11923 人增加到了 2010 年的每平方公里 12021 人，但整体变化幅度也不大。随着"退二进三"政策的深入实施，荔湾区的人口密度还会进一步下降，但居住和工作环境会更加优越。

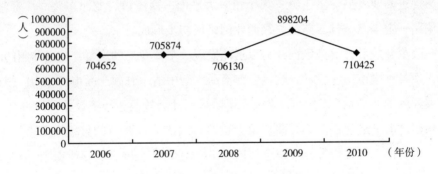

图 1　广州市荔湾区总人口变化情况

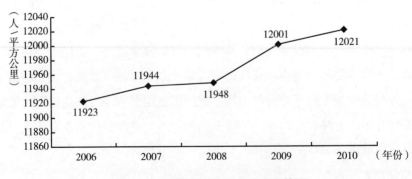

图 2　广州市荔湾区人口密度变化情况

3. 交通环境

便利原则是消费者的普遍习惯，地铁、公交、停车场等配套交通设施与商圈的发展息息相关。商圈内居民大多步行到达购物点，不受交通道路等因素限制，是最便捷的出行方式。商圈外消费者主要依靠公交车、地铁两种运送能力巨大的公共交通工具到达，上下九商圈的主要公交车站包括上下九站、华林寺站、文昌南路站、德星路站、荔湾广场站、宝华路站等，有16条以上公交路线，地铁站有陈家祠站、长寿路站、黄沙站等。受商圈内限行、街道拥挤等因素的限制，公交车通行容易造成塞车现象，只能在商圈附近停靠，但地铁可直接连接到商场内部，是消费者出行的首选。

地铁1号线贯穿广州市内各大商圈，其开通为商圈带来了大量消费人群，也方便了游客前往。地铁8号线将向北延至白云湖，经陈家祠站、华林寺站到文化公园站接现有八号线。根据远期规划，八号线南部终点为广汽基地，最终会成为一条L形的放射线，连接郊区、会展区和市区，为上下九商圈带来更多消费客群。

表1　上下九商圈乘车线路统计表

车站		公交线路数目
公交车站	德星路(上下九步行街)总站	3
	带河路站	6
	华林寺站	16
	上九路	4
	上九东	15
	大新路口	13
	东升医院	19
	龙津东路	6
地铁站	长寿路站	地铁1号线
	陈家祠站	地铁1号线
	黄沙站	地铁1号线

商圈地处老城区，道路狭窄，单行线多，"走鬼"占道经营，车辆通行受阻，加之配套设施不完善，各大商场停车位不足，不利于吸引驾车人士前来购物。行人、公交车、私家车争道，容易造成交通事故，商圈内的交通环境有待改善。

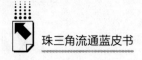

4. 经济环境

"十一五"以来，荔湾区经济稳步增长，地区生产总值由 2006 年的 379
亿元迅速增长到 2012 年的 746 亿元，六年增长了近一倍（见图 3）。

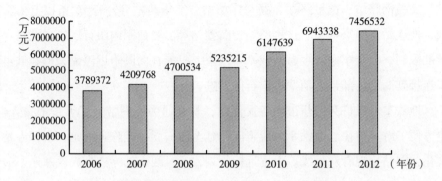

图 3　荔湾区 2006~2012 年 GDP 增长情况

随着经济的发展，人民生活水平也在不断提升。人均可支配收入和人均消
费性支出均大幅增长，人民生活质量不断提高（见图 4）。

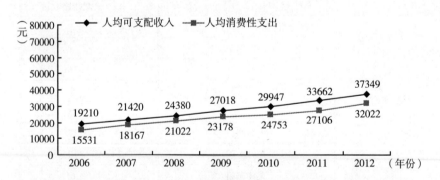

图 4　荔湾区 2006~2012 年人均可支配支出和人均消费性支出增长情况

5. 商务与人文环境

上下九商圈的区域定位不是商务区，因此商圈内甲级写字楼欠缺，荔湾区
唯一的一座超甲级写字楼是和业广场，商务环境较落后，因此写字楼的租金并
不高，到专业市场做交易的客商居多，高端商务人流较少。商圈及周边的酒店
以二、三星级酒店为主，高端商务活动较少。

上下九商圈独特的中西结合建筑文化是吸引游客的一大亮点，传统西关房屋建筑包括西关大屋、骑楼、竹筒屋等。步行街的骑楼建筑连绵千米,始建于清代,是一条既吸取了南欧建筑特色和中国北方满洲式装饰,又保留了西关传统建筑风格,适应南方炎热多雨气候,可供商户、顾客在任何天气环境下进行商业活动的既实用又美观的建筑长廊,吸引了海内外无数游客观光旅游。

2012年广州公布了22片历史文化街区划定的具体范围,上下九—第十甫路历史文化街区也被划入其中。上下九—第十甫路历史文化街区总面积0.163平方公里,其中核心保护范围面积0.139平方公里,建设控制地带面积0.024平方公里。受保护的范围规定不得进行新建、扩建活动,建筑文化得以保存的同时也使人为上下九商圈的改造感到担忧。

二　上下九商圈概况

上下九商圈是广州三大市级商业中心区之一,历经十多载的建设发展,已经成为食、住、行、游、购、娱一体化的具有西关文化的重点商圈。上下九商圈占地面积约2.33平方公里,以上九路、下九路和第十甫路为轴,向南北辐射,北至中山路,南到六二三路,西到大同路、黄沙,东达人民南路,核心地带是上下九步行街、华林玉器街、荔湾广场中国水晶宝石城。目前商圈主要有临街商铺、百货零售和专业批发市场等商业形式。

2007年,荔湾区政府规划以上下九步行街、康王路、西城都荟、荔湾广场、华林国际广场、新光城市广场、恒宝广场、和业广场为主体,打造新的"一街一路六广场"发展格局(见图5)。

上下九商圈是在原旧城改造的基础上发展起来的,是以广州西关文化为特色的集购物、休闲和娱乐为一体的商业区。骑楼建筑文化、西关饮食文化是上下九商圈的两大特色。目前整个商圈以上下九步行街、恒宝广场、荔湾广场、赛博广场、新光城市广场、和业广场、华林玉器广场及其华林玉器一条街等为代表,辐射周边,形成了远近闻名的上下九商圈。

一轴两翼,是对上下九商圈范围的精确概括。一轴,指的是我国第一条步行街:上下九步行街。它的左翼有荔湾广场、名汇商城等,右翼有赛博数码生活广场、十甫名都等。沿着康王路以北方向,有声名在外的玉器和工艺品专业

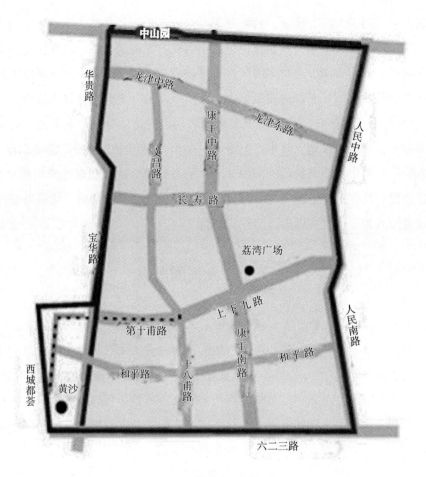

图5　上下九商圈范围

市场，以及西关最大的购物广场——新光城市广场。上下九商圈客流的构成是极为立体的，囊括了本地居民、休闲消费者及专业客商三个层面。这里既有光鲜、热闹非凡的上下九步行街，还有藏于一角但交易额惊人的专业市场。

（一）商圈发展历程

相传1400多年前，印度高僧达摩到中国传教就在这里登陆，因而得名"西来初地"。尽管当时这里还叫"甫"，但人流聚集、交通便利已为上下九成为商业街奠定了坚实基础。

史料记载，鸦片战争后，广州的富商巨贾纷纷在西关择地兴建住宅，随之而来的是各式苏杭杂货店、洋货店以及茶楼食肆的开设。至晚清，上下九已成为广州繁华的商业中心：金铺、花纱棉布庄、鞋店、绸缎店、百货店、食肆等包罗万象。清朝末年民国初年，有很多商人在上九、下九甫和第十甫等路段开店经商，但是最繁华的不是该处，而是靠近十三行、怀远驿的十八甫一带。后来，1937 年，一场大火使十三行的商户毁于一旦，西关的商业中心就开始逐步向上、下九路及第十甫路转移。

经过多年发展，现今上下九商业步行街业已成为中国最繁华的商业步行街之一，是广州市的标志性街道之一，被誉为"羊城十大旅游美景——西关商廊"。骑楼林立、商铺云集、绵长喧闹，加上广州特有的"鸡公榄"、[①] 西关风情特色雕塑等人文景观，上下九已不仅仅是条商业步行街，更成为一个可以读懂广州的地方。

（二）商圈生态系统分析

1. 商店主体和客体

上下九商圈定位为岭南特色商圈，以上下九步行街为主体，零售业态上以专业店、专卖店、连锁店为主，近期也有购物中心进驻。行业以零售、餐饮、休闲娱乐业为主。商圈消费定位为大众化的中偏低档。

（1）商圈内主要商业物业

上下九商圈以上下几步行街、华林玉器广场及其华林玉器一条街、西城都荟、新光城市广场、和业广场、恒宝广场、荔湾广场、东方汇、东急新天地购物广场、广州妇儿用品公司为代表。现有主要大型商业零售网点 10 家，商铺出租率超过 90%，满足了消费者观光、购物、饮食、休闲娱乐的生活需求（见表 2）。玉器、水晶专业批发市场也形成了全球规模较大的玉器、水晶、珠宝、饰品批发交易商圈。西关特色美食也是吸引顾客群的因素之一。上下九商圈主要商业网点分布情况如图 6 所示。

---

① 鸡公榄的名字源于卖榄人为了吸引顾客注意，把一只色彩缤纷的纸扎大公鸡模型套在自己身上，吹着唢呐叫卖。穿街过巷卖橄榄，卖榄人还能用唢呐模拟公鸡的叫声，"嘀嘀嗒"，用广州话来说就是"鸡公榄"，因此，广州市民称之为"鸡公榄"。另外鸡公榄还有一个别名叫"飞机榄"，卖榄人要把榄抛上三四层楼高给顾客。

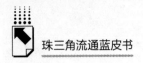

表 2   上下九商圈重要商场情况统计表

单位：平方米

主要商场	经营范围	类型	面积
荔湾广场	珠宝、首饰、饮食、银行	购物中心	14 万
华林国际玉器城	珠宝、玉器	专业市场	约 4 万
钰珑荟	玉器	专业市场	3000 多
康王·柏德来商业城	百货、超市、服饰、餐饮、美容、游乐园、家电数码、眼镜、钟表、运动用品、床上用品	综合体	5 万
和业广场	服饰、箱包鞋帽、餐饮、美容、游乐园、珠宝首饰、化妆品、钟表、药妆	商业裙楼	5 万
名汇国际珠宝玉器广场	玉器、珠宝	专业市场	
东急新天地购物广场	综合	购物中心	1.2 万
赛博数码广场	数码用品	专业市场	
恒宝广场	综合	购物中心	

资料来源：根据相关资料汇总。

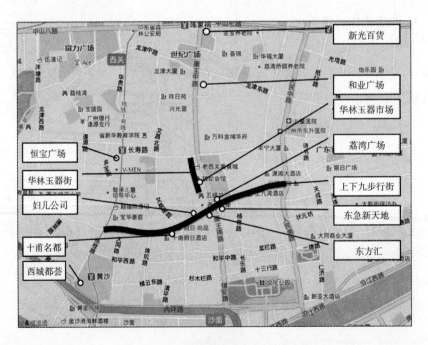

图 6   上下九商圈主要商业网点分布图

①上下九商业步行街

上下九步行街全长 1218 米，有骑楼式建筑 238 间，商铺 4500 多户，建于

20 世纪初，晚清时已是广州繁华的商业中心，于 1995 年 9 月 30 日被国家商业部批准成为广州市第一条商业步行街。上下九商业步行街日平均人流量达到 35 万人，节假日可达到 60 万人。上下九步行街有悠久的商业文化，中西结合的建筑文化和浓郁的西关民俗文化。步行街内较知名的商场有东急新天地、东方汇广场、蒂豪女人街、星安商场、广州纺织商场、流行潮楼、太佰名城、假日尚品商场、福星商场等。先后荣获"不经销（生产）假冒伪劣商品一条街""青年文明号街""羊城十大旅游美景——西关商廊""百城万店无假货""全国商业文明一条街"等称号。具体情况如表 3 所示。

表 3　上下九步行街商铺情况统计表

品牌连锁店	经营范围	店面数量
靓更靓	鞋类	2
特乐路	鞋类	2
荣霞	皮具	2
金轮	鞋类	4
博宝	服装	4
拓谷	服装	5
碧高	服装	2
潮流前线	服装	2
PIZAAABOY	服装	4
香港老爷车集团有限公司	服装	2
镜	服装	3
莎莲奴	服装	1
YARN BOSS	服装	1
RAINMAN 雨人	服装	1
莱克斯顿	服装	3
YISHION 以纯	服装	4
美国花花公子亚太控股集团有限公司	服装	2
YIGUCHUN 意古纯	服装	2
361°	服装	4
名裤城	服装	5
圣雪喏	羽绒服	2
BAILINA 柏莉娜	女装	2
都市丽人	女装	4
G·Show 淑女宣言	女装	3

品牌连锁店	经营范围	店面数量
金苑女装	女装	3
37°Love	女装	3
薰衣草	女装	1
McDonald's	女装	1
靓一簇	女装	2
SN	女装	1
如家快捷酒店	酒店	1
广州酒家	餐厅	1
食国界	餐厅	1
陈记茶餐厅	餐厅	1
意式餐厅萨莉亚	餐厅	1
莲香楼	餐厅	1
陶陶居	餐厅	1
六福珠宝	珠宝首饰	6
禄小福珠宝	珠宝首饰	1
福路首饰	珠宝首饰	1
LI-NING	运动服、运动鞋	1
乔丹体育	运动服、运动鞋	2
安踏体育	运动服、运动鞋	4
ICANPLAY…PEAK	运动服、运动鞋	3
东急新天地 KTV	KTV	1
黄根龙凉茶	凉茶	2
Aiyaya 哎呀呀	精品	2
人人欢奶茶小食饮品	饮品	1
唐韵·轩	唐装	1
唐专	唐装	1
中国工商银行	银行	1
中国邮政	银行	1

资料来源：广东商学院流通经济研究所数据库，根据调研资料整理所得。

②华林珠宝玉器商场及华林玉器一条街

"华林玉器大楼"（即华林珠宝玉器商场）位于华林玉器街的中心地带，它是玉器街最大的室内玉器市场。位于荔湾区传统的玉器街西来西街街口，毗邻华林寺、锦纶会馆，与下九路商业步行街相通。共有 7000 多平方米，超过 1000 家商铺。华林玉器大楼最大的特点是经营品种齐备：既有戒面、耳扣、玉坠、玉镯，也有杏心、花件、花牌；既有古玉和仿古玉器，也有近年时尚的生肖类玉器；既有雕工精细的座件摆件，也有玉器加工工具；既有可保值的 A货玉器，也有价格相宜的 B 货、C 货玉器；甚至还卖玉石毛料。

广州华林国际地处原十三行附近康王路与长寿路交界的源胜街及华林寺中心区域，毗邻以现代商业繁华著称的上下九步行街，贯通西关商圈。地铁 1 号线长寿路站和规划中的 8 号线荔湾广场站近在咫尺，即将贯通的康王路下穿流花湖隧道（东风路—广园西路）项目可接机场高速，华林国际包含 A、B、C、D、E五大馆，目前已建成运营的有 A、B、C 三座场馆，批零兼容。首层主要经营玉器，而建成于 2006 年的 C 馆，定位为"全球至大玉器佛教饰品交易中心"，主要经营佛饰用品。时至今日，这里已经聚集了全国数千家玉器佛教饰品厂商，已经成为全球最具影响力的玉器佛教饰品采购中心，亦是西关文化特色旅游的首个站点，人流日均达十万，物流通畅兴旺。具体情况如表 4、表 5 所示。

表 4　华林国际经营品类统计表

经营品类	主要产品（商家）
佛教用品	作明佛母、慈颜造像、大诚佛教用品、丹巴德吉藏密专营、罗汉堂、雕刻大师黄泉福艺术馆、翰明轩西藏民族文化用品店、归来、福缘阁佛具有限公司、福慧张佛教用品、佛智禅刚、行运天珠、沉香佛珠、香炉、佛教饰品、盛鑫礼品、双龙行
玉器饰品	宝玉达、荣润翡翠、昆仑白玉、金镶玉器、光巨艺术品味饰品、国粹笔筒、白玉印章、宇贵金碗、笔筒＋镇纸、丝绸书籍、丝绸字画、仿古玉
根雕木艺	木艺摆件、福禄鱼
水晶工艺	笔筒、笔筒书、落地灯、吊灯、笔画、水晶车挂
陶瓷琉璃	恒一堂、琉璃茶叶罐、富裕连连
檀香沉香	台湾富山檀香华林直销店、沉香、佛珠、高级沉香手珠、天然沉香
风水用品	龙盘、铜钱、亮片双鱼
其他各类	玉石自动雕刻机、宝石机械厂定型机、宝石机械厂家直销玉雕横机、中国结、刺绣鱼、竹扇百福、花开富贵

表 5　华林国际 C 馆各楼层主要商品统计

楼层	主要商品
第一层	水晶、金镶玉器、蜜蜡、寿山石、手镯、檀香
第二层	佛吊坠、玉器摆件、根雕、琥珀、黄扬如意、水晶雕件
第三层	佛饰用品、佛雕像、佛像、福禄寿像、佛珠、佛教用品

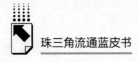

续表

楼层	主要商品
第四层	平安挂件、僧服、静炉、转经轮、供碗、金刚厥
第五层	红木家具
第六层	（规划中）
第七层	玉城酒店

资料来源：根据华林国际官网（http：//www. hualinintl. cn/）整理。

华林玉器街以华林寺前为中心，包括西来正街、华林新街、茂林直街、新胜街、长胜街等，在连绵 500 米的内街中，开设了各式玉器摊店逾 1000 家，聚集了广州 80% 以上的玉器商，包揽了广州玉器交易总量的 90% 以上；其交易辐射至中国大陆、香港、台湾，日本，韩国及东南亚等国家和地区；吸引了缅甸，我国香港、台湾及云南、河南、福建等海内外玉器商来此经营，使玉器街成为全国闻名的玉器交易场所和集散地。

③西城都荟购物中心

由长江实业（集团）与和记黄埔地产集团联手策划的旗舰商场项目西城都荟，于 2012 年年底全面开业，地处地铁 1、6 号线黄沙站上盖，具备了大型购物中心不可多得的地理优势。西城都荟面积达 88000 平方米，共设 4 层，约 280 间商铺。现时出租率逾 75%。在业态组合方面，餐饮及娱乐占近 30%。购物中心的主要消费定位为中高端消费客群，本土的摩登百货以其最新品牌"摩登新天地"进驻西城都荟，经营面积为 23000 平方米，成为该购物中心的主力店。其他主要商户包括百佳超市、UA 影院、宴荟酒楼及广州西部首间美食广场大食代，集娱乐、餐饮、零售于一体，业态组合丰富，是区内少有的一站式购物商场。

④新光城市广场

新光城市广场于 2004 年底开业，总面积近 5 万平方米，地处广州市传统的商业中心区——康王路与中山七路的交叉口，紧邻广州市著名的旅游景点——陈家祠及上下九步行街，所在区域游客众多。其主力店新光百货，是一间以时尚消费为主的综合性精品百货公司，总面积约为 2 万平方米，经营品牌达 220 个之多。新光百货与家乐福超市、星巴克咖啡、肯德基餐厅、香港 NEWAY KTV、苏宁电器、7～11 便利店、棒·约翰、仙踪林、月半湾西餐厅等联合把新光城市广场打造成了集购物、娱乐、休闲、餐饮于一体的综合性休闲购物中心。

⑤和业广场

和业广场位于康王路和龙津路交会处，2012年初开业，是集商务、金融、休闲、娱乐、餐饮、办公于一体的超甲级写字楼和综合性商场。总建筑面积约10万平方米，共29层，其中商业面积为25000多平方米。负二、三层为地下停车场，负一层为超市，一层经营餐饮、黄金、服饰等，二层为格子铺，三层是儿童天地和荔海御苑中餐大厅，四层是电影城和荔海御苑中餐豪华房间，五层及以上是荔湾区唯一的超甲级写字楼。

⑥恒宝广场

恒宝广场地处地铁1号线长寿路地铁站上盖，多宝路与宝华路路口，1999年地铁1号线全线开通后即开始营业。总楼面面积达57534平方米。负一、负二层均是零售商铺，与地铁站大堂互相连接，首层至三层为商场，四、五层为停车库，六层为大型花园平台，另有7座31层住宅楼。多家品牌餐饮进驻，可吸引到前西关觅食的游客和年轻人。广场集美食、娱乐及购物于一身，得天独厚的营商环境，可满足不同租户的需要。

⑦荔湾广场

荔湾广场位于广州市最繁华的黄金地段——下九路，是一座占地4万多平方米，拥有6层共14万平方米的商场、7000多间商铺及8幢共1600多套豪华住宅，总建筑面积31万平方米，集居住、饮食、购物、娱乐于一体的大型现代化商住群楼。广场分为北塔和南塔，北塔主要经营水晶、珠宝，目前南塔也逐步发展成为以水晶珠宝、银饰、珍珠等商品为主的专业市场。从2001年起逐渐成为全国性专业市场，也是目前东南亚规模最大的水晶珠宝首饰批发交易市场，经营商户多达7000余家，年销售达40亿~50亿元。具体情况如表6所示。

⑧广州妇儿用品公司

广州市妇女儿童用品公司（简称妇儿公司），原名广州市妇女儿童百货商店，地处繁华的上下九路商业步行街，创建于1956年9月1日，是新中国成立初期广州市三大百货零售商店之一，经营面积达6700平方米，设有自选、日化、服装、床具、婴童、文体六个商场，花色品种达5万多个，其中妇女儿童商品共3万多种，也是目前市内唯一主营妇女儿童用品的国有主题百货店。

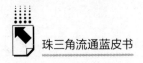

表6　荔湾广场各层经营情况统计表

楼层	经营范围	代　表　商　户
-1F	珠宝、首饰、服装、食品	达芙妮、特乐路、希索休闲包、CONVERSE、大地宝石贸易公司、晨曦珠宝、兴威宝石首饰行、新井潮流、祥达宝石行、佳兴试销品配件行、金兴宝石首饰、恒达珠宝饰品公司
1F	玉器、珠宝	天卓水晶珠宝行、佳美珠宝行、莱宝珠宝、正扬珠宝、晶轩珠宝
2F	珠宝、首饰	利成泰然、银世汇、银发首饰、银之美首饰、旺特银饰、石中宝宝石、芉奇银饰、华泰银饰
3F	珠宝、文具、餐饮、手机	绿福珠宝、立信银饰、壹凡银饰、雅爱斯珠宝、创雅首饰、育才文具、正正斗美食坊、天翼荔湾广场手机卖场、协享手机旗舰店
4F	餐饮、珠宝	叁点叁茶餐厅、傣妹餐厅、七好古银

资料来源：根据相关资料汇总。

近年，妇儿公司锐意创新，一方面在天河区和顺德大良开设分店、自创"青木河"牌婴童系列产品，拓展经营空间，凸显"妇儿"个性化形象，另一方面在京东商城、天猫 TMALL.com 网站建立母婴专营店，与"88695"网站合作，开辟网上购物业务。

⑨清平市场

清平路在广州城区西南，呈南北向。北与第十甫路相接，南至六二三路，长439米，宽7米，两旁较多砖木结构的低层楼房。因有广州市内最大的农副产品市场——清平农贸市场而扬名海内外，其次在和平西路以南有大型中药材批发市场。清平路是清平市场的所在地，和平西路至十八甫西路两旁有较多售卖宠物的商铺，十八甫西路以北则较多售卖观赏鱼类的商铺。

（2）商铺经营状况

上下九商圈主要分为街铺、百货零售和专业市场，经营品类丰富，涵括服饰、鞋、餐饮、珠宝玉器、饰品、皮具箱包、家具、化妆品、美发美甲用品、手机数码产品等。

商圈拥有大型商业零售网点10家，零售市场14家及众多门市，商圈内零售商场约20000户。零售多以服饰、鞋类、小百货、皮具、饰品、餐饮为主，消费者以广州本地及各地游客为主，日均零售额1亿元左右。

玉器、水晶、珠宝商圈共有大商场10家，玉器街2条，玉器、水晶批发市场约20000户。国内主要销往香港、台湾、广州、北京、上海、武汉、湖南、湖北、黑龙江等地，国外主要销往越南、泰国、日本、东南亚、欧洲、美国、韩国等地。日均销售额近1亿元。玉器街有400年的历史，是全球公认的传统玉器专业市场，中国水晶宝石城是目前东南亚最大的水晶珠宝交易市场。

（3）商铺租赁情况

上下九商圈属于传统商圈，商圈内商铺出租率大于90%，竞争较激烈，商业集聚程度较高，租金为1000～2500元/月·平方米，玉器、水晶、珠宝专业市场租金为1000～3000元/月·平方米。地铁1号线开通后交通便利，地铁辐射范围内的多宝路、宝华路、人民南路、第十甫路等，成为最直接的受益者。未来地铁8号线北延长线工程消息公布后，更是吸引了大型房产项目的强势进驻。如和黄地产建在黄沙的西城都荟、广东粤沛房地产集团下的"美荔360"、广州德馨商业经营管理下的"钰珑荟"、广东泰记和天投资的"和业广场"以及在建的华林国际E馆、商住两用型楼盘万科的"金域华府"等。

（4）消费者特性

上下九商圈的主要消费人群是本地年轻人、周边居民及旅游观光者，文化层次中等，收入中等，以购物、饮食、观光旅游、休闲娱乐为主。

广州西区板块缺乏大型商场，又有邻近佛山南海的地理优势，在地铁交通的带动下，广州西部居民及众多佛山人选择搭乘地铁到达。借助上下九步行街的知名度，便利的交通条件，商圈影响力辐射至佛山南海，吸纳高、中、低端消费群，大大增加了消费力。

上下九商圈有悠久的商业文化、独特的骑楼建筑、浓郁的西关民俗文化和独具风味的饮食文化，吸引了大量中外游客及怀旧的广州本土市民。上下九商圈特有的西关风情吸引了众多游客纷纷前来一睹其风采。商圈内的玉器、水晶专业市场的影响力不只在国内，甚至辐射到整个东南亚、欧美地区，吸引了大量中外专业客商。游客和客商只会作短暂停留，但消费目的性强，也是商圈重要的消费客群。

2. 商圈客体

（1）业态业种分析

商圈内商业业态丰富，购物中心、专业市场、商业街、各式专卖店、专业店、便利店林立，特色餐饮食肆也汇聚其中。以零售、批发、餐饮、休闲娱乐

为主，其中购物中心 3 家，专业批发商场有 12 家，零售市场 14 家，还有为数不少的特色零售店铺。

零售市场为大众化档次，较知名的零售网点有上下九步行街、广州妇儿用品公司、新光百货、恒宝广场、东方汇、荔湾广场、和业广场、东急新天地购物广场、西城都荟、柏德来商业城、美荔 360 等。到上下九少不了西关美食，不少全国知名的餐饮老字号门庭若市，各色小食店布满大街小巷，特别受游客的欢迎。

专业批发市场业态的华林玉器街宝石、水晶、玉器、工艺品市场享誉国际，西来正街、文昌南路的玉器墟、酸枝家具街，源胜街"古玩街"历史悠久，十三行路"故衣街"服装市场，新中国大厦服装批发市场名闻遐迩，黄沙海鲜市场全国知名。还有多个专业市场，如广州谊园文具玩具精品批发中心，长寿路美容美发专业市场，清平中药材市场，金鱼宠物市场，杨巷路布匹市场，十八甫路布匹市场，德星路服装配料市场，光复南路布料市场，光复中路缝纫机专业市场等。

（2）主要商品和服务

上下九商圈拥有国内外各类时装品牌专卖店，经营的商品品种有服饰、皮具、鞋类、饰物、小百货、金银、玉器、水晶、珠宝、西关美食等，其中西关特色小吃是一大特色。

①玉器珠宝、金银、首饰

玉器水晶批发市场中具有较高知名度的包括华林珠宝玉器商场及华林玉器一条街、华林国际、元邦玉器广场、荔湾广场、源胜陶瓷玉石工艺街、源胜白玉工艺惠城分场、名汇国际珠宝广场、钰珑荟等。玉器水晶以批发为主，兼营零售，批发数额巨大，零售以旅游和家庭顾客为主。上下九商圈玉器产业已发展成包含购石、加工、销售的一条龙产业链，减少了中间环节，玉器价格比市面便宜得多，吸引了成千上万的海内外客商到上下九购买，生意越做越好。

上下九步行街现有金银珠宝、玉石珠宝店 10 多家，包括周大福、六福珠宝、禄小福珠宝、周六福珠宝、金达珠宝、华宝珠宝等。

②服饰

上下九商圈的服饰大多为不知名的品牌，常年有"清仓大甩卖"，甚至有些服装店价格 1 元起，19 元一件的衣服很常见，服装质量较差。但前来"淘宝"的消费者不少，几乎每间"大甩卖"的店铺里都被挤得水泄不通，不少市民提着大包小包回去，人气极旺。街边的"走鬼摊"更不用说，不用铺租和人工费，价钱更是便宜。

年轻人的聚集地是东急新天地、东方汇、恒宝广场等专卖年轻人服饰的商场。特别是学生，属于中低消费群体，上下九商圈有适合他们的潮流服装，且价格相宜，自然会成为他们的聚集地。东急新天地、东方汇多为特色店，还有美发美甲，适合初、高中学生；恒宝广场特色新铺港味十足，适合新潮、在价钱上不讲究的消费者。

③西关美食

正所谓"食在广州，味在西关"，步行街内大小食肆近百家，老字号林立，有百年老店陶陶居、莲香楼，亦有"国家特级酒家"广州酒家，还聚集了一批经营"西关名小食"的荔湾名食家、南信甜品店、欧成记面店、西关人家等特色小食店，也聚集了制作广式月饼的著名传统饼店——莲香楼、陶陶居、趣香饼家、广州酒家，每逢中秋佳节，这里出产的各式月饼畅销国内外。这里不仅有西关特色小吃，近年各国美食也纷纷进军步行街，为上下九的饮食文化锦上添花。

根据调查，上下九商圈的主要经营品类结构如图7所示。

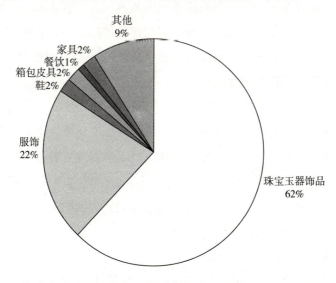

图7 上下九商圈经营品类饼状图

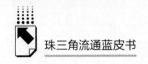

如图 7 所示，从商铺数量的角度来看，上下九商圈经营品类主要以珠宝玉器及饰品为主，上下九步行街的服饰、鞋包也占有较大的份额。不过从经营状况来看，上下九步行街仍然是商圈吸引人流的最大磁场，每日人流量达到数十万，起到了搞活商贸的巨大作用。

三 上下九商圈未来发展趋势分析

（一）上下九商圈发展的 SWOT 分析

1. 优势

（1）独特的区位优势和便利的交通优势

荔湾区是广州西联战略的桥头堡，广佛都市圈的核心区。紧邻佛山，与海珠区隔江相望，交通网络纵横交错，四通八达。北接火车站、白云机场；南有人民桥、珠江隧道贯通珠江两岸；西有珠江大桥飞架东西，连接佛山南海；西南有京广铁路广州货运南站及广州港新风作业码头；还有 107 国道，广佛高速连接广深高速公路，直通香港；广州地铁 1 号线及内环高架路纵贯全区，并有鹤洞大桥、环城高速公路、京珠高速西线以及芳村、窖口客运站、如意坊码头等与珠江三角洲地区紧密联结；此外，正在建设的广州地铁 5 号线、6 号线以及武广铁路、东新高速公路、洲头咀隧道等将形成快捷发达的水陆交通网络，荔湾将成为重要的西联交通枢纽。

（2）广州市独具岭南特色的中心城区

荔湾一隅，历史悠久，人文毓秀，辖区内历史文化资源丰富，文化遗存众多，清代以来形成并发展的西关文化更成为具有鲜明地方特色和丰富内涵的文化品牌，西关大屋、西关小姐、趟栊门、石板街已成为广州传统文化的代名词；陈家祠、华林寺、十三行、西来初地更是独具内涵的文化标志，在广州具有不可复制的文化资源优势和引领功能。

（3）广佛都市圈的核心区域

根据《广州市荔湾区国民经济和社会发展第十二个五年规划纲要》，在"十二五"时期，借助珠三角一体化、广佛肇经济圈、广佛同城化建设契机，区域经济竞合态势将日益加快和深入，以基础设施、产业发展、公共服务的统筹规划对接为开端，新一轮实质性的区域经济合作已揭开序幕，广佛同城化将进入合作更趋紧密的发展阶段，两地生产与生活融合的进程也将加快推进。荔湾区地处广佛同城化核心区的优势会更加凸显，必将首当其冲受到新一轮发展浪潮的推动，进一步确立荔湾作为"广佛之心"的战略地位。

（4）具有深厚文化底蕴的商贸优势

荔湾区不仅拥有一系列具有世界影响力的品牌，而且还有一系列具有深厚历史文化背景的遗产，如西来初地——达摩到达中国的第一站，十三行——清代唯一的外贸通商口岸，陈家祠——岭南建筑艺术集大成者。它们不仅深刻地显示出荔湾区独特的岭南文化，同时也昭示着荔湾区悠久的商贸发展史。

（5）饮食、旅游和商贸互动的资源优势

在荔湾区，尤其是在上下九商圈内，人们不仅可以在上下九步行街自由购物，在购物之余还可到小吃一条街尽情品尝各种各样的风味小吃，而临近的陈家祠、仁威庙、华林禅寺等又是人们休闲和旅游的好地方。

2. 机遇

（1）广州大力发展服务业带来的机遇

随着我国扩大内需政策的实施、产业的升级以及产业结构的调整，广州市由于地处改革开放前沿，而且东临港澳，面向世界，背靠中国广阔的内陆地区，具有独特的地理位置，能够借助服务业产业转移之便利。

（2）广州实施"中调"战略带来的机遇

目前广州的城市核心功能不突出，空间配置也比较分散，因此城市功能的能级不高，难以发挥高能量的吸引力和辐射力。"中调"战略就是要解决中心城区的功能配置和能级提升问题，构筑广州的核心功能，使广州真正成为集聚核心功能的中心城市。

传统服务业不仅占用了中心城区较多的土地资源，而且也不利于"退二优三"方针的贯彻。实施"中调"战略的目的之一，就是通过用地结构调整推进空间结构优化继而调整产业结构，在广州中心城区构筑现代服务业高地。

"中调"战略的重要内容之一就是旧城的保护与更新。在城市发展的过程中积极推进旧城的保护与更新，不仅可以最大限度地传承城市文明，而且可以有效地改善市民的工作和生活条件，同时改变城市面貌，树立新的城市形象，提高城市的魅力和感染力。①

（3）广佛同城化

毋庸置疑的是，我国经济的发展业已进入改革开放的瓶颈期，如何促进经济的进一步发展，是目前国内各大城市亟待解决的问题，而广佛同城化就是在这样的背景下提出的。广州和佛山发展到今天面临着各种各样的新问题和新情况，比如基础设施和公共服务网络的重复投资建设、资源和要素市场的分割、产业的低水平重复、城市间的竞争内耗、软环境管理（如市场准入、质量技术标准、行政事业性收费、户籍制度、人才人事制度等）的标准和手段水平差异、治安环保等区域共管问题等。这些问题导致了资源浪费、交易和发展成本高企、要素流动受阻、管理效率降低等后果。而如果广佛区域经济一体化得到深入发展，广州和佛山就都可以利用双方经济的互补性使这些问题得到逐步解决。在此过程中，荔湾区还可大有作为，而上下九商圈也将迎来巨大的发展动力。

（4）休闲经济兴旺带来的机遇

休闲一词于1990年代开始在我国流行，休闲食品、休闲服装、休闲度假、休闲购物、休闲聚会、休闲娱乐、休闲旅游、休闲体育、休闲文学等逐渐成为人们的时尚活动和普遍需求。为休闲而进行的各类生产活动和服务活动已日益成为经济繁荣的重要因素，特别是在大中城市，休闲活动已成为经济活动得以运行的基本条件。这种由休闲带动城市经济发展，进而促进城市休闲空间发展的连锁反应，已为各国城市政府和市民大众广泛关注。许多以休闲为主题的新型城市空间，对城市空间的合理配置也起到了强有力的推动作用。②

休闲经济不同于传统的旅游业和娱乐业经济，也不是某几个产业的简单相加，而是在旅游、度假、娱乐、健身、购物等休闲产业基础上形成并衍生出来的一种具有时代特征的新的经济形态。概言之，凡是提供社会休闲产品（如书刊、玩具、服装、花卉、宠物、扑克或麻将、收藏品、音像设备和健身器材

---

① 刘名瑞、黄鼎曦：《从拓展到优化与提升——广州"中调"战略内涵解读》，《城市》2011年第8期。

② 郭旭、郭恩章、陈旸：《论休闲经济与城市休闲空间的发展》，《城市规划》2008年第12期。

等）、休闲设施（如公园、博物馆、图书馆、影剧院、体育场馆、游乐场、文化中心、度假村、旅店、俱乐部、网吧等）和休闲服务（如影视节目、文艺表演、餐饮、按摩、旅游等）的生产与再生产的经济活动都可以纳入休闲经济的范围。休闲经济一方面体现着人们在闲暇时间的休闲消费活动，另一方面也体现着休闲产业对于休闲消费品的生产活动。①

荔湾区不仅有悠久的商贸历史，而且区内具有独特岭南文化特色的遗迹不胜枚举，特别是上下九商圈内的广州特色小吃，不仅老广州味十足，而且扬名在外。以上这些有利条件，对于荔湾区，尤其是上下九商圈大力发展休闲经济可谓得天独厚。

（5）国家中心城市和国际商贸中心的定位

广州市人民政府在《关于加快发展现代商贸流通业推进国际商贸中心城市建设的意见》中提出，要发挥城市的历史、人文、生态资源优势，打造一批商业、旅游、文化有机结合的特色风情体验区，形成著名民族品牌、特色商品集聚经营，实现商旅文互动共赢。结合文化名城建设，着力打造……上下九—十三行岭南商贸文化旅游体验区……

上下九商圈定位为特色商业、旅游、文化体验区，商旅与文化同步发展，使商圈的发展更加完整，将岭南传统文化与商业结合，有利于吸引中外游客前来，促进旅游业发展，拉动消费。

3. 劣势

（1）土地置换难度增大

土地问题现在已经成为几乎所有大中城市的发展瓶颈，随着经济的快速发展，土地的利用几乎已经到了极限，具体表现如下。

第一，由于置换的单位和企业隶属不同，性质各异，又各有自己的利益取向，因此置换关系非常复杂。

第二，土地置换涉及各方的核心利益分配，政府和各行业、部门、投资者的收益分配关系极难理顺，土地置换收益各方的正当、合理权益难以得到有效保障。

---

① 王琪延：《北京将率先进入休闲经济时代》，《北京社会科学》2004年第2期。

第三，由于我国土地市场形成的时间不长，土地市场运行机制仍然存在很多问题。如地价的制定不能反映真实情况，一些低效用地单位不愿置换或置换中附加苛刻条件，土地置换存在低价转让或无偿转让等行为，土地交易缺乏规范、有序的环境，招标、拍卖制度化有待进一步完善，一些原来靠行政划拨方式获得土地的行政、企事业单位，出租出售房屋，收取大量级差地租，一些房地产经营者也通过地产转卖非法牟利等。以上行为致使国有土地资产大量流失。

第四，城市规划是土地置换的主要依据，但规划控制不严密，执行不严格，对土地置换后的用地性质及开发强度缺乏相应的规划控制等，易造成盲目置换。而用地置换又总是趋向于收益高的用途，造成绿地、广场、公用设施等非营利性用地在置换中处于不利地位。[①]

广州市和荔湾区同样面临上述问题。因此，要想取得经济的进一步发展，必须克服上述问题，突破经济发展的瓶颈，满足经济发展的要求。

（2）资金技术相对缺乏

面对产业转型和升级的最新任务，荔湾区在科学规划的基础上提出，要建设"白鹅潭经济圈"和"十三行商圈"两大商贸中心。尽管荔湾区的外来投资在逐年提高，但是，外来投资增长的速度，还是难以满足经济发展的需求。因此，荔湾区经济的进一步发展，必须以解决资金和技术问题为前提。

（3）商业环境比较落后

如今的商业环境已不仅仅是过去单纯进行商品买卖的购物场所，它泛指为人们日常购物提供商业活动的各种空间、场所，其中最有代表性的是各类综合商场、商店。随着生活质量的提高，人们越来越重视精神文化和物质文化的双重享受，并把二者有机地结合在一起，通过商业环境这个特殊的场所体现出来。现在的商业环境已经成为城市精神文明的缩影，它集购物、休闲、娱乐、餐饮、商务为一体，成为人们工作之余休闲放松的高级会所。伴随着商业环境地位的改变，它同时还成为为城市打造凝聚力、生命力的视觉大环境，商业环

---

① 徐燕：《基于土地置换的旧工业区城市更新研究》，重庆大学硕士论文，2007。

境的发展可以直接见证城市的文明程度。[①]

上下九商圈虽然也具有购物、休闲、娱乐、餐饮、商务等功能，但是，能够"一站式"满足人们购物、休闲、娱乐等基本需求的综合性场所相对不足，与天河路相比，其层次也不够高。因此，荔湾区，尤其是上下九商圈经济的进一步发展必须改变商业环境落后的局面。

4. 挑战

（1）区域竞争加剧

从区域内部竞争来看，越秀、天河和海珠在发展现代服务业上，不仅基础好、规模大、亮点多，而且软硬环境更趋于成熟和完善，发展势头也将更为迅猛。从区域外部竞争来看，西边的南海城市化进程迅猛，千灯湖金融高新服务区不仅提升了南海的形象，也使南海的综合竞争力大为增强，在区域竞合发展中，南海的地位和作用似乎更为突出，无论是经济发展的活力，还是区容区貌，都较荔湾略胜一筹。因而，未来的数年内，荔湾面临的区域竞争态势将更为严峻。

（2）产业结构偏低

"十一五"时期，荔湾经济发展虽然取得了新突破，经济规模和总量不断扩大，形成了以第三产业为主导的产业结构，但服务业尤其是商贸服务业中量大面广的是传统服务业，高端服务业所占的比重还较低，依靠资本密集和技术密集，拥有自主知识产权和自有品牌的优势行业和主导产品数量不多，经济快速发展不是通过科技研发和自主创新来实现提升，更多的是倚重于土地、劳动力等物质生产要素的大量消耗，以及专业市场规模和数量的不断扩张。因而，突破传统路径依赖，转变发展方式将是荔湾区未来数年的发展主线。

（3）经济增长缺乏支撑点

城区经济快速发展需要有亮点，需要有项目和载体上的支撑。从荔湾"十一五"时期投资、出口与消费的现状来看，真正能够形成亮点的项目不多，对经济增长的带动作用十分有限。在已形成的经济增长的亮点中缺乏体量

---

① 张立杨：《哈尔滨现代商业环境视觉导向设计研究》，哈尔滨理工大学硕士论文，2010。

大、能级高、辐射广、带动强的项目，缺乏好的项目和载体，经济增长难以实现跨越式发展。因此，如何集聚全区之力，聚焦大项目和载体，培育经济增长的多极亮点，是荔湾"十二五"时期要重点给予关注和加大力度推动的重要任务。

（4）城市空间"饱和"基础设施陈旧

作为老城区的商业中心，上下九商圈人口密度大，交通密集，建筑过密，加上过量的社会经济活动，城市空间饱和度已远远超过"土地混合使用"的效益峰值，道路和基础设施处于超负荷运转状态；由于交通需要，城市空间被反复切割，支离破碎，缺乏整体性和协调性。城市分区不明显，特别是工业区和居住区混合体缺乏重要的绿化隔离带，造成居住环境不理想，产业发展环境较差。[①]

（5）广佛同城化带来的挑战

伴随广佛快速通道、广佛地铁及广佛交接其他快捷道路的修通，佛山与广州的互补性可能集中体现在广州天河、珠江新城一带，荔湾区如果没有产业高地作为支撑，很可能因为缺乏"吸引体"而成为过境地带，从而再一次面临成为广佛同城化下"边缘地带"的窘境。[②]

（6）社会问题和社会矛盾不断显现

伴随着多年经济的快速增长，一些累积的社会问题和社会矛盾不断显现，增加了社会管理的难度和成本，给和谐社会建设带来了严峻的挑战。随着改革开放不断向纵深推进，一些事关民生的利益关系调整和利益分配格局开始发生变化，导致不同群体、不同阶层的各种诉求日益增多。荔湾是老城区，发展环境相对落后，人口素质相对偏低，历史遗留问题多，社会利益结构复杂，尤其是在推进大建设大发展过程中，历史遗留问题和社会矛盾不断凸显，综治维稳的任务重、压力大。因而，社会问题管理的难度和成本会与日俱增，将给荔湾区的稳定与发展带来一定的挑战。

---

① 谢守红、宁越敏：《广州城市空间结构特征及优化模式研究》，《现代城市研究》2004年第10期。
② 吕拉昌、吴兰波：《广佛同城化下荔湾区的现代产业体系建设》，《广州大学学报》2010年第9期。

（二）上下九商圈发展前景分析

1. 坚持经营特色，顺应时代潮流

上下九商圈是一个兼有衣、食、住、行、旅、娱等功能的历史悠久的片区，除在城市的发展进程中被边缘化外，历史建筑的集聚也使这里无法大规模地整治交通条件，这是导致整个商圈不能活性发展的阻力。但整个商圈历史背景深厚，周边环境对旅游及娱乐等业态的可塑造性高，且有政府对区内骑楼建筑的保育政策，再加上十三行蜚声中外的国贸历史背景，在诸多要点的带动下，上下九片区将是广州最有潜力打造成以旅游为核心，辅以消费、娱乐、居住等功能的重点商圈。

上下九在许多人的印象中档次不高，荔湾区政府也曾想提升整个区域的对外形象，希望引进高档品牌，提升经营档次。但上下九商圈已经拥有一批固定的消费客群，属于中低端消费。上下九商圈作为广州历史悠久的传统商圈，兼具岭南民俗文化特色，应以不同的特色与市内其他商圈错位互补，满足不同客群的需要。

2. 业态业种格局的优化

上下九商圈的业态业种需要优化，必须从大环境考虑，即上下九与周边区域需形成一个有效的连接，如荔枝湾、沙面、爱群、康王路、恒宝、陈家祠等片区。与荔枝湾、沙面等片区连接，能有效地将商圈的旅游进一步深化，形成旅商合并的态势，可使商圈形成岭南文化与洋文化结合的旅游价值；与爱群片区连接，可有效利用片区的娱乐功能，进一步深化商圈娱乐功能的定位；康王路是目前商圈交通环境最好的道路，且与东风路、人民桥等连接，可有效扩大商圈的辐射力，适合打造主题商场、百货等大型业态，有效提升商圈的定位，从低端商圈，改变为低端囊括中端微量偏向中高端的态势。

在特色饮食方面，根据有关规划，上下九商圈将向东、向南继续扩大广州美食园规模。宝源路是连通广州美食园与上下九商圈（宝华路）和地铁站的重要通道，其旧民居多为广州市文物保护单位，近年来已逐渐出现小酒吧、小旅馆、小餐馆等。向东改造提升宝源路，对进一步提升广州美食园有积极意义。而往南连通同样是骑楼街，也有一定文化、美食元素集聚的恩宁路，可直接连通上下九和龙津西路，将上下九商圈与荔枝湾景区连通，能促进上下九商

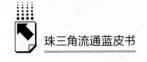
圈的商旅互动发展。

3. 商圈影响力的扩展

上下九商圈的影响力要得到扩展，必须有效地整合资源，如借助仁威庙的庙会，沙面的小资情调，羊城八景的珠水夜韵、古祠流芳、荔湾胜景等广州旅游重点片区，联合上下九的历史文化，共同将片区进行整合，并利用康王路一带的交通优势打造大型商业等，可将片区的旅游、商业等功能提升，将商圈打造成广州的新名片。

骑楼、雕塑、老字号、西关美食，构成了上下九商圈的岭南民俗风情。上下九商圈是广州"千年商都"亮丽的名片，念旧但不守旧，与时俱进，锐意创新，顺应时代潮流而发展。商圈的商业和文化都是开放的，包容的，因此吸引了众多中外客商、游客前来感受西关风情。

骑楼商业街是广州城市的传统风貌特色，是城市文化个性的体现。但是，当年随着旧城更新的展开，中山路、解放路等传统的骑楼商业街都被拆除。如果再不进行有计划地保护，广州将再无一条完整的传统骑楼商业街。荔湾区相关专家经过极力争取，把原来的商品房开发权转移到了骑楼街后面的地块，保留了上下九步行街。而正是对骑楼街的保护，才使上下九有机会于2000年被列入广州首批历史文化保护区。

骑楼的保育政策和上下九步行街的商业发展是相辅相成的，步行街商业发展得好，带来大量的消费客群，骑楼建筑就会得以更好地保存、保育，就会有更多人关注骑楼文化。

B.5
广州白云商圈的分布与发展研究

李志坚　段君伟　李小磊*

摘　要：

在"南拓、北优、东进、西联"城市发展战略实施后，广州市内涌现出很多新的商业中心。白云区作为后起之秀，也形成了由白云新城商圈和广州大道北商圈为主的白云商圈，引领白云区成为广州商贸服务业发展的重要增长极。白云商圈处于发展初级阶段，定位于中端消费群体，发展潜力巨大。本文通过分析白云商圈发展现状，找出了白云商圈发展存在的问题，提出了白云商圈未来发展趋势。

关键词：

白云商圈　商业网点　发展趋势

根据商品和服务中心地理论（Central Place Theory），商圈是指以商品和服务中心所在地为中心，沿着一定方向和距离扩展，能够吸引到该中心消费的顾客所分布的地区范围。商品和服务中心是出售商品和提供服务的、有固定地理位置的各种商业组织，包括各种店铺，大型购物广场和能够产生聚集效应的大型综合型商业集聚区。[①]

在"南拓、北优、东进、西联"的城市发展战略下，广州制订了以珠江新城—员村、琶洲、白云新城、白鹅潭、新城市中轴线南段五大现代服务业功能区为核心的新一轮发展战略总体规划，全市涌现出很多新的商业中心，白云

---

* 李志坚，广州市商道咨询有限公司总经理；段君伟，广州市商道咨询有限公司研究总监；李小磊，广州市商道咨询有限公司研究专员。

① 李志强、傅明华：《基于中心地模型的竞争条件下商圈形态研究》，《中国管理信息化》2009年第11期。

区也不例外。近年来，通过实施《白云区商业网点规划（2010～2020）》，白云商圈已初具规模。白云商圈的辐射范围基本涵盖了整个白云区，形成了以白云新城商圈为代表的都会级商圈，以广州大道北商圈、嘉禾商圈、棠景商圈和钟落潭商圈等为代表的区域级商圈，三元里、棠景、景泰、新市等街道为代表的社区级商圈。其中，白云新城商圈和广州大道北商圈已跻身广州十大主要零售商圈（天河路商圈、北京路商圈、上下九商圈、环市东商圈、东山商圈、江南西商圈、珠江新城商圈、白云新城商圈、广州大道北商圈、番禺商圈）①行列。

白云商圈虽然初具规模，现有商业项目单体规模较大，但是聚集程度不高，商圈辐射范围较小，消费受众共享性较差，是处于成长阶段的新型商圈，发展还不够成熟。

一 白云商圈发展背景及现状

（一）白云区总体发展特点

1. 经济快速发展

2011年，白云区GDP达到1076.35亿元，同比增长12.2%，比2005年增长103.9%；社会消费品零售总额达到668.68亿元，同比增长15.2%，比2005年增长149.1%；商品销售总额达到2010.37亿元，同比增长17.9%，比2005年增长246.6%。以商贸业为主的第三产业是白云区最主要的产业，2011年，全区第三产业增加值达到790.93亿元，同比增加13.6%，比2005年增加133.6%，占全区GDP的份额由2005年的64.2%提升至2011年的73.5%（见表1）。

2. 商贸物流业快速发展

2003年以来，白云区商贸物流业持续快速发展，批发、零售、餐饮、物流等行业规模不断壮大，成为白云区乃至广州市经济发展的重要支柱。从总量

---

① 罗志杰等：《广州商贸业发展报告2012》，社会科学文献出版社，2012。

表1 2005~2011年白云区经济发展情况

单位：亿元，%

指标名称	2005年	2006年	2007年	2008年	2009年	2010年	2011年	比2005年增长	比2010年增长
GDP	527.84	548.41	632.26	721.58	808.87	939.09	1076.35	103.9	12.2
第三产业	338.62	361.49	417.63	484.96	567.91	680.78	790.93	133.6	13.6
社会消费品零售总额	268.53	306.78	350.86	421.33	478.56	580.47	668.68	149.1	15.2
商品销售总额	580.02	686.99	760.75	1031.03	1171.34	1704.72	2010.37	246.6	17.9

资料来源：《白云区2011年统计年鉴》。

上看，2011年全区商贸物流业实现增加值475.70亿元，[①] 同比增长12.3%，占GDP的44.2%。对GDP的贡献率达38.1%，拉动率达4.6个百分点，对全区经济发展发挥着举足轻重的作用。

2011年，白云区社会消费品零售总额和商品销售总额分别占广州市社会消费品零售总额和商品销售总额的8%和7%，在十区二市中均居第4位，商贸业地位举足轻重（见图1）。

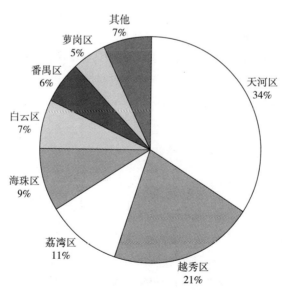

图1 2011年广州各区商品销售总额情况

资料来源：《广州市统计年鉴2012》。

---

① 商贸物流业包括交通运输、仓储和邮政业，批发和零售业，住宿和餐饮业。

从 2011 年白云区分行业社会消费品零售额看，批零贸易业零售额 592.36 亿元，同比增长 15.5%；住宿餐饮业零售额 76.32 亿元，增长 12.9%。占全区社会消费品零售总额的比重分别为 88.6% 和 11.4%，批发零售业仍然是白云区社会消费的最主要行业。2011 年，白云区商品销售中批发业销售额达 1138.49 亿元，增长 19.8%。全区限额以上批零企业商品销售额居前三位的依次是：汽车类 342.86 亿元，增长 19.2%；石油及制品类 130.94 亿元，增长 36.5%；金属材料类 97.55 亿元，增长 41.3%。

从发展速度上看，白云区的商业发展与天河、越秀、荔湾及番禺等商业发展相对成熟的区域均较为接近。2011 年数据显示，以上五区社会消费品零售总额的同比增幅均在 20% 左右；同时，天河区、越秀区、白云区的商品销售总额同比增幅均处于同一队列，白云区商业发展势头强劲。

在商业发展方面，与全市商业基础较好的越秀、天河、荔湾、海珠、番禺等行政区相比，白云区依托区位交通条件，批发市场和物流业形成了相对较大的规模和竞争优势，如梓元岗皮具批发市场园区、增槎路农副产品批发市场园区、天健装饰材料批发市场等。同时，在南部临近中心城区的三元里、新市和京溪地区，由于消费人口日益集中，购买力不断提升，已初步形成商业集聚区。

3. 商业网点发展

（1）总量和业种结构

白云区作为广州中北部传统的工农业产业基地，历史上围绕工农业发展形成了一批农副产品集贸市场、工业品批发市场，围绕人口密集镇街形成了若干商业集中区。2011 年，白云区 22 个亿元以上商品交易市场共有商业摊位 9998 个，总成交额达到 426.5 亿元。同比分别增长 13.32% 和 5.26%。

从业种来看，在亿元以上商品交易市场中，食品饮料烟酒类摊位数最多，有 4138 个，占商业网点总数的 41.39%，成交额为 303.9 亿元，占总成交额的 71.27%；汽车和日用品类各有摊位 1806 个和 1248 个，成交额分别为 85.6 亿元和 2.86 亿元，两者合计占成交额的 20.73%；建筑及装潢材料类比较少，有摊位 667 个，实现成交额 9.08 亿元，分别占商业网点总数的 6.67%、总成交额的 2.13%，详见图 2。

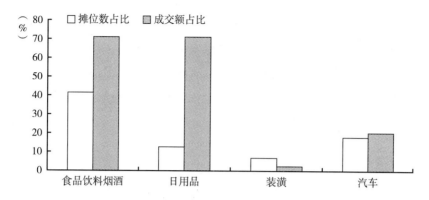

图2　2011 年白云区商业网点各业种摊位数和成交额比例

资料来源:《白云区 2011 年统计年鉴》。

（2）空间分布结构。

白云区处于工业化中后期阶段，整体城市化水平不断提高，白云商圈中南部都会服务区和中北部位于交通节点的部分街镇经济发展水平较高，形成了一批具有一定服务和辐射能力的商业网点。如，白云区南部三元里、新市、黄石、京溪、同德、松洲等街道基本已与广州中心城区紧密连成一体，居住人口和商业网点高度密集，以零售和批发市场服务为主。中北部街镇虽然商业网点数量少、分布零散，但在 G105、G106 及 S114（广花路）、S115（沙太路）、S116（太北路）沿线的石井、嘉禾、江高、太和、人和等街镇，依托良好的产业基础和交通条件，大中型商业项目纷纷落户，也初步形成了以物流、批发市场和镇区商业为主导的商业功能区。

4. 交通设施发展

交通枢纽和交通网络对商圈的布局有非常重要的影响，尤其是人流集散迅速的城市内部交通主干道、轨道交通出入口对商圈的选址和商业中心的形成有决定性影响。目前，白云区交通线路密集，铁路有京广铁路，南北向高速公路有京珠高速、广清高速、机场高速等，东西向高速公路有广佛高速、广深高速、北二环高速、西二环高速、华南快速干线等，国道和省道有 G105、G106 及 S114（广花路）、S115（沙太路）、S116（太北路）等，地铁有 2 号线北延段、3 号线北延段以及规划中的地铁 8 号线滨江线（黄金围—万胜围）、9 号线花都线（飞鹅岭—高增）、13 号线、14 号线等，这些路网将白云区与广州中心区及周边城市紧密连接在一起，对批发市场、物流中心、零售商业等具有较强交通指向性的商业网点的形成具有极大的带动作用，详见图3。

同时，作为国家三大枢纽机场之一，广州白云国际机场南出口位于白云区，能最大程度地聚集客流、货流、资金流和信息流，十分有利于机场周边区域的开发和商业发展。

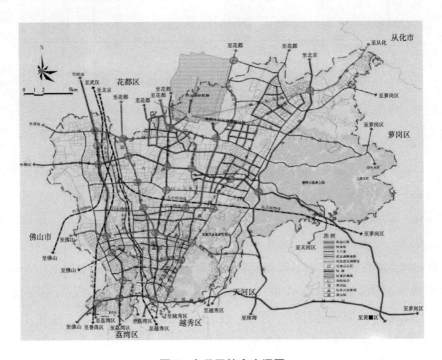

图3 白云区综合交通图

资料来源：《白云区商业网点规划（2010～2020）说明书》，广州市商道咨询有限公司，2010。

（二）白云商圈发展特征

1. 发展潜力巨大

按照《广州市城市总体规划（2010～2020年）》《白云区商业网点规划（2010～2020）》以及《广州空港经济发展规划》等相关规划要求，白云新区城市中心作为主城区的重要组成部分，是区域性综合服务中心，重点发展现代服务业。

随着广州白云机场影响力的逐步扩大，途经白云区的各条高速公路、国道、省道以及地铁的建成通车，白云商圈现已成为广州市发展潜力最大的区域。同时，随着现有商圈内各社区建设和配套设施配置的日益成熟，商圈内的消费人群也会越来越多，这也将促使白云商圈有更快发展。

2. 各业态经营良好

与越秀、天河、荔湾等商圈相比，白云区整体偏离主城区较远，所以白云商圈内不论是社区商业还是商业综合体，消费需求都很强烈，消费水平高，消费人群庞大，各业态发展空间大，尤其是中高档零售和餐饮已经开始在商圈内崭露头角，逐步形成影响，对本地甚至区域外的消费者有强大吸引力，详见表2。

由于白云商圈发展时间较短，土地成本较低，圈内各物业的租金水平相对于其他区域比较低廉，能够吸引大量企业进驻。其中，开发商自持物业租赁经营占有相当大比例，这不仅有利于项目本身的发展和潜力挖掘，同时使整个商圈内业态规划的可调性大大提高，为商圈的进一步发展奠定了良好基础。

3. 布局南密北疏

近几年，白云商圈以南部都会服务区街道以及北部中心镇核心区为基础，布局商业网点和设置大型商场，以满足当地城镇居民的消费需要。整体发展较好的商圈主要有南部的白云新城商圈和广州大道北商圈，以及北部的航空城商圈。白云商圈内部呈现南密北疏的特征，商圈发展重心主要在南部。

（三）白云新城商圈发展状况

1. 范围

白云新城商圈是指北至黄石路，东至白云大道，西至机场高速，南至北环高速路，占地面积9.22平方公里的商业区域，它也是广州"北优"战略中的重点发展区域，详见图4。

根据白云新城建设广州都市副中心、商业文化服务中心的定位，白云新城商圈突出生态、时尚、高端的主题特色，重点发展大型购物中心和商业街，大力开发地铁站点商业。白云新城商圈以国际一流的设计，国际一流的建筑构建广州城市新坐标，吸引了国内外一线品牌及营运商的入驻，成为广州时尚消费中心。

表2 白云区商圈与其他四区商圈发展情况比较一览表

区域	商业中心	商业街	大型零售网点	批发市场	商业特征	基础设施
越秀区	北京路商圈、环市东路商圈、东山口商圈等	北京路步行街、一德路商业街、农林下路商业街、中山路商业街、文德路书画文化街等	广百、新大新、王府井、友谊商店、丽柜等	流花服装、永福汽配、海印电器等	凸显历史文化和旅游特色,传统商业和社区商业发达	广州火车站、省市汽车总站、流花车站;多条市级交通主干道和地铁轨道线交会,如中山路、东风路、环市路、沿江路、解放路,地铁1、2、5号线等
天河区	天河城商圈、珠江新城商圈等	天河路—中山大道商业街、天河北商业街、天河南一路商业街等	天河城、正佳广场、维多利广场、广百中怡等	石牌IT批发园区、濂泉路服装市场群、广州美居中心等	高等级商业网点集聚,现代商业氛围浓厚	火车东站、天河客运站、东圃客运站;中山大道、黄埔大道、广园东快速路、华南快速干线、东环高速、临江大道、环城(北环)—丫深高速公路、广汕公路(天源路)等;地铁1、3、4、5号线等
荔湾区	上下九商圈等	上下九步行街、十三行服装街、华林源胜玉器古玩工艺街、中山八路商业街等	荔湾广场等	广州塑料交易所、花地大道花卉苗木批发市场、芳村大道茶叶批发市场等	凸显老字号特色,依托西关文化提升传统商业价值	芳村汽车客运站;龙溪大道、花地大道、鹤洞路、西湾路、黄沙大道、康王路、芳村大道、东沙大道、环城高速公路;地铁1号线等
番禺区	市桥商圈、番禺广场商圈等	大北路商业街、繁华路商业街、洛溪特色风情美食街、易发步行街等	天河城折扣店、番禺友谊商店等	吉盛伟邦家具中心、沙溪批发市场群等	新型业态不断集聚,商业发展潜力大	广州新火车站、番禺汽车客运站、京珠高速公路、广州南部快线、广深港客运专线;地铁3、4、7号线等
白云区	白云新城商圈、广州大道北商圈等	景泰直街商业街、远景路商业街、荣景商业街等	五号停机坪、广百新市店、万达广场、嘉裕太阳城广场、嘉裕广场等	梓元岗皮具批发市场、增槎路农副产品批发市场、江村批发市场等	依托区位交通条件、批发市场和物流业具有相对优势	京广铁路,105、106、107、324国道,京珠、广惠、北环、华南快速干线等高速公路等;机场高速干线、白云国际机场、铁路编组站;地铁2、3号线延长线,9号线

资料来源:《白云区商业网点规划(2010~2020)说明书》,广州市商道咨询有限公司,2010。

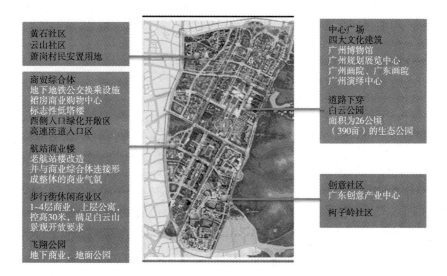

黄石社区
云山社区
萧岗村民安置用地

商贸综合体
地下地铁公交换乘设施
裙房商业购物中心
标志性低塔楼
西侧入口绿化开敞区
高速匝道入口区

航站商业楼
老航站楼改造
并与商业综合体连接形
成整体的商业气氛

步行街休闲商业区
1~4层商业，上层公寓，
控高30米，满足白云山
景观开放要求

飞翔公园
地下商业，地面公园

中心广场
四大文化建筑
广州博物馆
广州规划展览中心
广州画院、广东画院
广州演绎中心

道路下穿
白云公园
面积为26公顷
（390亩）的生态公园

创意社区
广东创意产业中心

柯子岭社区

图4　白云新城商圈示意图

资料来源：《2011年广州商圈市场调研报告》，广东海伦堡地产集团有限公司。

2. 概况

白云新城商圈地处白云新城核心地带，是广州市各大商圈中成长速度最快的都会级商圈。白云新城商圈是广州市发展北部空港经济圈的核心，也是展示广州新形象的窗口之一，是白云区重点规划建设的都会级商圈之一。白云新城商圈以地铁站为核心，以旧白云机场为发展重心，努力打造集商贸、酒店、休闲、娱乐为一体的商贸服务中心；依托白云国际会议中心和广州新体育馆，集中建设广州文化建筑群，努力打造广州市的文化中心，详见图5。

白云商圈的崛起，填补了广州市北部商圈发展的空白，提升了白云区以及整个广州市中北部地区的商业活力。白云新城及附近大型社区的建设和配套设施的配置，将会带动白云商圈消费群体的迅速增加，更有利于白云新城商圈的迅速发展。

白云新城商圈定位于中端，零售业态以大型购物中心为主，商圈经营类型以消费品零售和餐饮业为主，已建成商场的出租率达到90%，详见表3。但是，由于商圈形成时间较晚，发展还不够成熟，各大商场聚集程度不高，难以聚拢和共享大规模的消费人群，商圈的影响力和辐射能力还远远没有达到都会型商圈的标准。而且，由于白云新城商圈距离广州市核心区较远，无法与北京路商圈、东

图5　白云新城商圈示意图

资料来源：《2011年广州商圈市场调研报告》，广东海伦堡地产集团有限公司。

山商圈等老的商圈和天河路商圈、珠江新城商圈等新商圈同台竞争，白云新城商圈暂时的消费群体还是以周边居民为主，商业氛围也还处于形成期。

表3　广州白云新城商圈概况

类别		特　　征
主体	商圈主要项目	白云万达广场、5号停机坪、百信广场、远景路商业街
	商铺租赁情况	>90%
	服务对象、消费特征	周边居民、购买力以中端为主
客体	业态业种构成	大型购物中心为主；行业以零售、餐饮为主
	主要商品和服务	百货、超市、影院

资料来源：罗志杰等：《广州商贸业发展报告2012》，社会科学文献出版社，2012。

3. 主要项目

（1）广州白云万达广场[①]

广州白云万达广场是一座集商业中心、五星级酒店、商务酒店、室外步行街、甲级写字楼等业态为一体的广场，位于广州白云区，东至云城东路，西至云城西

---

① 根据广州白云万达广场官方网站相关资料整理。

路，南至横五路，北至白云路。总用地面积约 12.64 万平方米，总建筑面积 39.2 万平方米。其中大商业建筑面积 9.6 万平方米，写字楼及公寓建筑面积 11.55 万平方米，酒店建筑面积 4.5 万平方米，有客房 341 间，室外步行街 2 万平方米。地下建筑面积 11.9 万平方米，其中大商业地下建筑面积 7.4 万平方米，甲级写字楼地下建筑面积 2.5 万平方米，酒店地下建筑面积 0.8 万平方米，有车位 2000 个。

广州白云万达广场为万达第三代城市综合体项目，购物、逛街、看电影、打电玩、餐饮、零售、文化、体育、娱乐等多种享受都可"一站式"完成。作为万达集团目前已开业和在建的 60 多座万达广场中的第一个 A 级旗舰店（目前全国只有四个 A 级店），广州白云万达广场建筑面积之大、设计理念之先进、引入品牌档次之高，使其有望成为中国最好的商业中心。广州白云万达广场不仅引入了 30 多个国际国内一流百货品牌，还建成投资了近亿元的华南首块巨型高清天幕，面积达 4.5 万平方米的万达希尔顿酒店，三条同风格、不同主题的步行街以及华南地区第一个数字 IMAX 影厅。

2010 年 12 月正式开业后，广州白云万达广场迅速积聚人气，2011 年年均客流量达 3500 万人次，年销售额达 15 亿元。广州白云万达广场填补了广州北部没有中高端大型综合商业体的空白，成为白云新城商圈的核心，扩大了白云新城商圈的辐射范围和影响力。

（2）五号停机坪购物中心①

5 号停机坪（简称 G5）由原广州白云国际机场候机楼改建而成，位于广州白云新城商圈核心地块，于 2011 年 10 月 1 日开始营业，总建筑面积达 9.2 万平方米，占地面积约 11 万平方米，整个广场共有三层。为保留旧机场历史人文情怀，G5 创新性地采用"航空"为商场主题，结合富有航空元素的建筑空间设计、最新的投影成像技术，将"航空"的主题以不一样的表现方式呈现。其中，原建筑"指挥塔"被保留下来，改建为"星会所"。

G5 购物广场分为三层，分别经营不同业种。第一层主要是服饰、百货、超市、餐饮，第二层主要是服饰、百货、童玩、餐饮、星期八小镇，第三层主要是影院、电玩、KTV、天极品、餐饮。G5 立足旧机场历史文化，占据广州

---

① 根据 http://baike.baidu.com/view/6089892.htm，广州 5 号停机坪相关资料整理。

新兴商圈的核心位置，满足周边大型社区的潜在需求，辐射市场空白点，成为全球首个以"航空"为主题的综合型主题购物商场。

郊区模式的商业综合体需要低容积率高舒适率的硬件支持，G5占地面积大，购物广场大，建筑楼层低，符合郊区模式综合体特征，发展潜力巨大。同时，G5以航空为商场主题，运用特色营销策略，设计多个营销亮点，装修别具特色，购物环境良好，硬件设施到位，功能区分布合理，消费者可体验购物、休闲、娱乐一站式服务，为商场提升形象以及吸引人气产生了很大作用。

然而，自2011年9月开业以来，与万达广场相比，G5人气不旺，营业额不高。主要原因是G5将自身定位于与万达广场类似的高档购物消费场所，但G5交通、品牌优势相对不明显，消费者更愿意选择万达广场。同时，吉之岛、航空概念馆、肯德基、KTV等主力店未能在G5开始营业时同步开业，功能不齐全导致G5在短时间内没有吸引大规模消费群体聚集。

（3）百信广场①

百信广场（PASO PLAZA）地处白云新城商圈的商业核心地带，毗邻机场高速、内环高速、广深高速等多条公路，地铁2号线和规划中的14号线贯穿其中，是广州北部通往中心城区的必经之地。百信广场与白云国际会议中心和白云山风景区隔街相望，有60余条公交线路直达，交通十分便利。百信广场周边有汇侨新城、保利紫薇花园、纵横滨城、海德花园、云山诗意花园等30多个社区，消费受众多。

百信广场定位于广州北部最具商业价值的城市综合体，集零售、餐饮、文化、娱乐于一体，经营面积8万平方米，停车位1000余个。百信广场以百货、超市为主导，兼营电影院、电玩、文化娱乐和时尚主题餐厅，主要满足周边消费者多元化的个性消费需求。

2004年，百信广场作为第一个大型综合类购物广场入驻白云商圈。经过多年发展，尤其是万达广场和5号停机坪等竞争对手出现后，百信广场一改往日以中低端产品为主的商业定位，逐步提升商品档次，吸引中高档消费品品牌进驻。现在，百信广场中高档品牌已占总品牌的25%左右，平价品牌和中档

---

① 根据 http://baike.baidu.com/view/2634424.htm，百信广场相关资料整理。

品牌各占40%和35%。百信广场拥有各式品牌500多个，其中包括广百百货、家乐福超级市场、优衣库、Vero Moda、Five plus、APPLE苹果专卖店、金逸电影院、胜道运动城、都市战士游艺体验中心、奇乐儿童主题乐园等知名品牌。家乐福、广百百货等主力店经营面积的进一步扩大，能够满足各个年龄层消费人群的消费需求。在娱乐休闲方面，广州市第二块IMAX荧屏的引入能够吸引更多的影视消费人群，电影院面积的扩大使消费者有了更好的观影环境。白云新城商圈三大购物中心对比情况如表4所示。

表4　白云新城商圈三大购物中心对比

项目名称	开业时间	建筑面积	主　力　店
万达广场	2010年	40万平方米	沃尔玛、万千百货、万达国际影城、大歌星KTV、大玩家超乐场、国美
五号停机坪	2011年	13万平方米	吉之岛、天和百货、嘉禾影城、苏宁精品店、堂会KTV
百信广场	2004年	8万平方米	广百百货、家乐福、优衣库、金逸电影院、APPLE

资料来源：罗志杰等：《广州商贸业发展报告2012》，社会科学文献出版社，2012。

（四）广州大道北商圈发展状况

1. 范围

广州大道北商圈位于广州北部的白云区南湖板块，地铁3号线延长线上，商业网点沿广州大道北一线分布，集中于白云区与天河区交界处的市郊范围。广州大道北商圈主要由嘉裕太阳城广场、君华香柏广场、摩登百货圣地店、广百佳润广场等大型商业体以及京溪街道等15个住宅社区商业网点组成。

2. 概况

广州大道北商圈地处广州市中心城区边缘，位于白云区与天河区交界处，依靠地铁和便利的道路交通能够吸引两区甚至是周边区市的消费群体。广州大道北商圈在白云山东侧，坐拥白云山和南湖两大天然资源，生态环境优美，是宜居宜商的宝地，商圈定位于中端，以京溪、同和等周边社区的中产家庭和周边地区的时尚人群等消费群体为主要服务目标，消费基础稳定。作为新崛起的商圈，各大商场的租金普遍相对低廉，商家进入门槛低，在政府相关政策的支持下，以太阳城广场为代表的主力商家集购物、娱乐、休闲、餐饮等功能于一体，吸引了大量顾客的持续性消费。广州大道北商圈依托便利交通和大型社区密集等优势，吸引了外资零售巨头特易购（Tesco）、吉之岛（Jusco）和本土商业零售企业摩登百货、广百百货等进驻。目前商圈内的消费人口已达七十多万。随着区域内物流货场的搬迁，住宅项目还将增加，预计 2015 年左右消费人口将突破百万（见表5）。

经过短短几年发展，广州大道北商圈能够成长为区域级商圈，成为广州具有较大影响力的商圈之一，主要有两方面原因。一方面，广州大道北商圈与广州市成熟商圈（北京路商圈、天河路商圈等）不在同一条发展主轴线上，与他们距离相对较远，周边没有成熟的大型商圈与其展开竞争，可以减轻成熟商圈对其成长带来的压力。另一方面，广州大道北商圈交通便利，具有地铁3号线北延线和广州大道等交通优势。

但是，也要清楚地看到，作为广州市最新成长起来的商圈之一，广州大道北商圈还未发展成熟。与北京路商圈等成熟商圈相比，周边社区的高消费人群还不够多，商业网点分布不尽合理，商业业种业态不够丰富。而且，由于地处白云山和南湖附近，在生态环境保护约束下，越来越多商业项目的开展和实施都会受到影响，这些不利因素也将限制商圈的大规模扩张和快速成长。

表5　广州大道北商圈概况

主体	商圈主要项目	嘉裕太阳城广场、梅花园商业广场、圣地广场、吉之岛、广百百货佳润店、摩登百货圣地店、国美电器、苏宁电器、合一国际等
	商铺租赁情况	＞90%
	服务对象、消费特征	以京溪、同和地区的中产家庭和时尚年轻消费群体为目标，兼顾周边高消费人群
客体	业态业种构成	业态以百货店、大型超市、专卖店为主；业种以娱乐、餐饮为主
	主要商品和服务	生活必需品、餐饮

资料来源：罗志杰等：《广州商贸业发展报告2012》，社会科学文献出版社，2012。

3. 主要项目

（1）嘉裕太阳城广场①

嘉裕太阳城广场位于广州大道北商圈中最繁华的南方医院地段，总占地面

---

① 根据广州嘉裕太阳城广场官方网站相关资料整理。

积 2.76 万平方米，总建筑面积 7 万平方米，总投资超过 6 亿元，是目前白云区规模最大、档次最高的集购物、饮食、休闲娱乐于一体的综合体验式购物广场之一。嘉裕太阳城广场于 2009 年 10 月正式开始营业。

嘉裕太阳城广场被设计成狭长的"田"字形。从头至尾由一条主道贯通，分设四个进出口，向心式空间商业布局做到零死角，负一层和一楼部分是 1.4 万平方米的吉之岛，二楼尾部为苏宁电器，三楼尾部为金逸电影城。除负二层为停车场外，还有一个 4000 平方米的地面车场，共可提供 500 个车位，商场零死角，均为一线商铺。从效果图看，该广场的造型就像一朵开在白云山下的金黄色太阳花，流线造型时尚大气。室内规划也独具匠心，在商场中间，一条宽大的中央走廊串起三个中庭，商铺分布在走廊和中庭两侧，形成向心式商业布局，使每一间店铺都位于一线，完全做到零死角，这在大体量商场中非常罕见。吉之岛、苏宁、金逸国际影城、儿童乐园等主力店以及特色主题餐饮分布在商场各层的中间主动线两端，这种动线设计让主力店产生的客流能为整体业态共享，让奢侈品区、品牌服装区、餐饮区、娱乐区、时尚潮流区的客流可以进行互动（见表 6）。

表 6　嘉裕太阳城广场各层业态及主力店分布情况

楼层	业态及主力店
B2F	地下停车场
B1F	未来街市、吉之岛、胡椒厨房、Disney
1F	吉之岛、屈臣氏、服饰、珠宝、皮具、鞋类、眼镜、精品
2F	苏宁电器、胜道运动城、肯德基、大家乐、名店城、皮具
3F	金逸电影城、九毛九、味时尚、熊部落、床上用品、服饰、精品

资料来源：根据广州嘉裕太阳城广场官方网站整理。

（2）佳润广场①

佳润广场坐落于广州大道北圣地酒店旁，定位于集购物、饮食、娱乐、休闲于一体的高端商业服务中心，以乐购（TESCO）、广百百货以及国际知名餐饮绿茵阁、必胜客、肯德基等为主力店。佳润广场总占地面积 1.76 万平方米，

---

① 根据 http://baike.baidu.com/view/3808911.htm，佳润广场相关资料整理。

总建筑面积约 4.4 万平方米，拥有 2000 平方米的阳光广场，可为娱乐休闲、大型活动提供开阔场地。各层业态及主力店分布情况见表 7。

佳润广场辐射范围东至沙太路，西至 105 国道，南至环城高速公路，北至北二环高速公路。佳润广场积极发展超市、专业店等新型业态，适度发展大型综合超市和百货店，注重现代服务业配套，现在已经发展成为白云区东南部的区域级商业中心。在其辐射区域内有云景小区、怡新花园、云山熹景、白云信步闲庭、颐和山庄、倚绿山庄、山水庭苑、南湖山庄、雅居乐南湖半岛花园、江南世家、春晖闲庭等近 20 个发展成熟的花园小区。

表 7　佳润广场各层业态及主力店分布情况

楼层	业态及主力店
B1F	乐购(Tesco)、迪士尼
1F	美宝莲、露华浓、欧莱雅、CK、BOSS、OLAY、花花公子、达芙妮
2F	JACK. JONES、Adidas、PUMA、匡威、abase、美津浓、李宁、NICK

资料来源：根据 http：//baike. baidu. com/view/3808911. htm 佳润广场相关资料整理。

广州大道北商圈主要商业项目情况如表 8 所示。

表 8　广州大道北商圈主要商业项目情况

单位：万平方米

项目名称	开业时间	建筑面积	主力店
嘉裕太阳城广场	2009 年	7	吉之岛、苏宁电器、金逸电影城
佳润广场	2008 年	4.41	乐购超市、广百百货

资料来源：罗志杰等：《广州商贸业发展报告 2012》，社会科学文献出版社，2012。

二　白云商圈存在问题分析

（一）商业规模等级偏低，商圈结构不合理

以白云新城商圈和广州大道北商圈为代表的白云商圈大都定位于中端消费，

在规模等级、竞争力以及经济效益等方面，与天河、越秀等老牌商圈存在巨大差距。白云商圈结构不合理，都会级商圈和区域级商圈比重偏低，导致白云商圈商业经营效益难以大幅提升。白云区南部商圈虽然具有良好的发展基础和巨大的发展潜力，但现有网点规模偏小、消费群体有限，商业氛围也不够浓厚，难以形成强大的商业竞争力，至今尚未形成具有城市影响力的都会级商圈。北部商圈大都以社区级为主，辐射范围仅限于镇街，商业规模小，业态单一，功能简单。其中，北部四个镇以及中部均禾、永平等尚未完全城市化的街道中经济比较发达的村社，一般会形成一个较为单一的商业中心，辐射范围集中在本村和周边临近村落，以士多店、便利店、小型超市等单一业态为主，提供简单商业服务，缺乏连锁超市、专业店等业态；普通村落几乎没有成形的商业网点，农民的基本生活需求主要由布局分散的士多店、小型个体超市等提供，缺乏基本的商业网点体系。

（二）批发市场、物流业有待资源整合与功能提升

白云商圈沿京广铁路、106国道、机场路等南北交通动脉，发展形成了一批具有影响力的批发市场和物流中心。但是总体来看，商圈的批发市场经营商品属于中低端、经营效益一般、交通压力大、信息化程度低，批发市场与物流中心之间没有进行有效的整合，未形成有较强影响力的商贸物流中心。受城市空间限制、产业升级和产业转移等的影响，原来主要集中于南部的批发市场和物流中心都面临着转型、搬迁的压力。

物流业发展对商圈发展的支撑作用不明显。目前商圈的大部分物流商都是入驻企业原有的合作伙伴，在商圈内的物流经营场地多属于临时租用建筑，配套设施建设滞后，物流集散种类集中于汽车配件、皮具、农产品、建筑装修材料和音像，与白云商圈大型商业中心经营种类重合度不高。白云区的物流中心和批发市场与商圈的发展还没有形成有效衔接，对白云商圈的发展支撑作用不明显。同时，白云商圈没有充分利用白云国际机场的航空货运优势，商圈经营主体与国际厂商的合作不多。

（三）商圈特色不突出，错位发展不明显

白云商圈现有的诸如白云新城商圈和广州大道北商圈与广州市其他大型商

圈发展上相似程度过高，没有与成熟商圈之间形成错位发展。由于白云商圈还处于发展初级阶段，与老牌商圈相比更加缺乏竞争优势，主要表现在：（1）缺乏知名度高、特色鲜明的商业街和商业中心；（2）各类业态的品牌店、连锁店和折扣店等数量偏少，经营档次有待提升；（3）综合型商业网点和大型商业中心发展不充分。

从功能上看，白云商圈没有充分利用白云山、南湖、白云湖、帽峰山等丰富的生态资源和白云机场、高速公路、地铁等丰富的交通资源，缺少旅游服务类、商务服务类商业网点和商业中心，旅游商贸业和空港商贸业发展不足，商圈没有形成特色。

三　白云商圈未来发展趋势分析

随着广州中心城区人口向郊区迁移，以及交通路网的进一步密集，白云区商业发展需求将不断增强。依托云山绿水和相对宽裕的土地，白云商圈有着广阔的发展空间，白云商圈的规模和竞争力将有可能与越秀、天河等成熟商圈等量齐观。着眼未来，白云商圈能够形成由都会级、区域级和社区级商圈组成的完整商圈体系，内部的白云新城商圈、广州大道北商圈和航空城商圈也有广阔的发展腹地，能够形成层次鲜明的核心商业圈、次级商业圈和边缘商业圈。

（一）形成以特色商贸业为支撑的商圈体系

随着城市化进程的加快、道路交通的完善以及房地产的迅速发展，白云区的居住和消费人口将大幅增加，购物、休闲、体验类市场需求也将日益强烈，可为大中型零售商业项目投资、商业街建设以及白云区空港商贸和旅游商贸的发展提供良好机遇，也将为白云商圈的快速发展提供有利条件。一方面，现有商业网点通过优化提升，在功能、档次和主题定位上可实行差异化策略，由大中型零售网点和商业街构成的商圈将进一步提高辐射和影响力。另一方面，随着居民消费模式的转变和消费结构的升级，具有品牌和价格优势的新型业态，如国际知名连锁超市、仓储式商场以及厂家直营的品牌店、折扣店等在白云区也会有较为广阔的发展空间，年轻、购买力强的消费人群将推动新型商业业态加速发展。

（二）商圈经营加快向连锁化和信息化转型

中国加入 WTO 后，外资零售经营商加速进入广州市，带动内资企业加快了连锁化经营步伐。目前家乐福、好又多、广百百货、摩登百货等国内外大型连锁购物中心、百货店已进驻白云区，国美、苏宁等连锁专业店，肯德基、麦当劳、真功夫等连锁餐饮企业也纷纷落户白云区，大型商业连锁企业的加入能够加快消费结构升级，促进白云商圈的成熟与发展。可以预见，通过加强与连锁经营行业协会、商家的协作，加速连锁经营商业网点的集聚，白云商圈能够实现跨地区、跨业态、跨行业连锁化经营。同时，随着信息技术和网络化程度的不断提高，邮购、网上购物和电视购物成为新兴商业模式，在零售业经营中占据了越来越大的份额。白云商圈经营主体通过使用电子商务，能够有效拓展流通渠道，构建大市场网络，提升商业竞争力。

（三）批发市场集约化、展贸型发展

发挥经营优势，以音像制品、家居建材和汽车配件等优势产业为主导，通过对传统市场的改造升级，加强市场整合、业态升级和功能拓展，能够使白云商圈走上一条集约化、园区化、专业化、信息化和特色化发展的道路。通过推广综合体验性的商业模式，在促进交易、流通的同时，加强旅游购物、餐饮、娱乐和休闲功能的开发，打造复合式专业卖场，可以使这里形成一流的购物环境、一流的配套服务和一流的营商环境。

（四）物流服务加快升级，进一步促进商圈发展

随着商圈规模的进一步扩大，白云商圈对物流业的需求呈现快速增长趋势。依托区位优势和交通优势，白云商圈物流服务将更多承接中心城区商品集散功能的转移，更多满足商圈内部商业网点的物流需求，原有零散、杂乱的物流网点将逐步优化、整合形成专业化的物流网络和配送体系，实现产业升级和与商圈物流需求的有效衔接，进一步加速商圈发展。同时，随着白云国际机场枢纽功能的拓展，航空物流配套服务功能需求将更加迫切，白云区能够吸引临空型物流企业、城市配送企业进入，有条件成为以航空港为核心、多式联运的物流服务中心。

B.6
广州市客村商圈的崛起及影响力研究

吴泽丹　李杰明*

摘　要：

　　客村商圈是海珠区新兴商圈，具有较大的发展能力与前景。本文从客村商圈发展的经济社会背景出发，调查分析了客村商圈的主要商业构成及其特色，并结合对客村商圈重要商业项目丽影广场商业业态、经营品类、品牌构成、发展经验等的分析，提高了对客村商圈的认识水平。

关键词：

　　客村商圈　丽影广场　业态

　　客村商圈位于广州市海珠区东部的新港中路，紧邻琶洲会展区。随着近年该地区交通便利性的不断提高，新领事馆区的迁入和周边房地产的不断发展等利好因素，该地区逐步成为海珠区新兴的中高端住宅区及新兴商圈。

　　本文所界定的客村商圈的范围，是东至新港立交、北至赤岗塔、西至中大东侧、南至大塘范围内的三公里核心商业区域。该商圈的影响力，可至琶洲、客村、昌岗、洛溪、赤岗塔板块等。主要的消费群体为本区域内海珠区东部、南部及番禺区北部洛溪一带的居民（图1大圆分界线以下区域。图中中心区域为核心影响区域，外围区域为辐射区域）。

　　客村商圈内的商业设施，目前主要包括位于新港中路的丽影广场，以及一批在"三旧改造"计划中翻新的创意产业园等商业项目。随着商圈的不断发展，珠影星光城等项目也将陆续在该区域落成开业，逐渐形成庞大的商业群。

---

　　* 吴泽丹：广东丽影商业有限公司总经理；李杰明，广东丽影商业有限公司策划部经理助理。

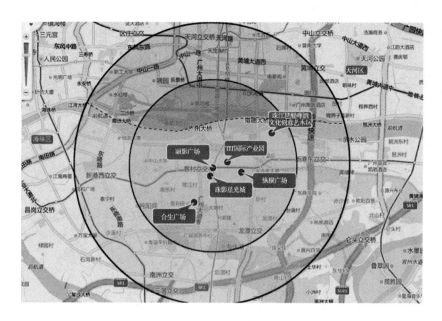

图1 客村商圈及其影响范围示意图

一 客村商圈发展背景分析

客村商圈所处的海珠区是目前广州比较重要的住宅及商业发展核心区。20世纪90年代，海珠是广州的城郊村，与对岸的越秀、荔湾等地相比，较为落后，"宁要河北一张床，莫要河南一间房"成为当时广州居民对于海珠区的评价。近年来，随着后亚运时代广州城市经济社会发展战略定位的转变，海珠区逐渐成为广州的绿地公园和滨水宜居新城。在这样的背景下，海珠区商业实现跨越式的发展，逐渐兴起了集聚活力的几大商业集聚区，客村商圈是其中最具特色的商业区之一。

（一）海珠区经济社会发展概况

海珠区是广州的老四区之一，古称江南洲，在广州市珠江的南面，现辖管18个行政街道。广州人称为"河南"的海珠区，处在广州市的中部，由珠江水系广州河段前后航道环绕，江岸线长达47.35公里，有74条纵横交错的河涌水网,地理位置优越,有丰富的土地资源、大面积的水网果林风景区,呈现出"山水城市"的格局,是四面环水的天然良壤,是素有广州"南肺"之称的绿色岛区。近年来,海珠区致力于建设滨江路具有岭南特色和异国情调的旅游、休闲、观光中心,江南大道、江南西路、宝岗大道、客村的大型购物、商业服务中心,广州大道南地区以专业市场为主体的物流商品集散中心,琶洲赤岗地区的会议、信息、商贸服务中心,新港路沿线的科技中心,围绕万亩果树保护区的现代都市型生态农业旅游中心等。

海珠区综合经济实力已遥遥领先于国内许多大城市中的同级区份。2012年,海珠区经济发展更是取得了丰硕成果,GDP首次突破千亿元大关,实现了历史性跨越。全区GDP达1002.38亿元,比上年净增128.73亿元,按可比价格计算,同比增长12.0%,增速居广州市六个中心城区首位。其中第三产业增长13.5%,对全区经济增长的贡献率达91.6%,拉动全区经济增长11.0个百分点,是推动全区经济增长的主导力量。2011年,全区实现社会消费品零售总额559.98亿元,比上年增长16.5%。其中批发零售贸易业实现零售额488.50亿元,增长15.0%,住宿餐饮业实现零售额71.48亿元,增长28.2%;全区连锁超市零售额56.89亿元,增长16.2%。[①]

(二)海珠区商业发展及功能定位

20世纪90年代,大量的房地产开发使海珠由工业型城区向生活型城区转变。但由于缺少目标导向和统一部署,出现了"重开发、轻配套"的不正常现象,导致海珠区没有形成市一级的商业中心,出现了"居住在河南,购物到河北"的怪现象。自《广州城市建设总体战略概念规划纲要》提出"南拓"发展策略,海珠区力图寻找海珠在广州城市建设"南拓"发展中的比较优势,合理确定了海珠在城市发展中的定位,以期实现海珠与其他区域的合理分工与协作,并创造出自己的特色。海珠位于广州南拓的起点,随着交通条件的改善,面临被番禺南沙跨越的危机,如果不抓住南拓机遇,海珠极有可能被"边缘化"。

根据《广州市海珠区城市建设总体发展概念规划纲要》,海珠区未来的城

---

① 广州市海珠区统计局。

市结构为：以江、涌、围、园生态格局为基础，以轨道交通为主要发展轴的"东部创业、西部居住"的城区结构。城区结构为"一城两片，绿心蓝脉"，其中"一城两片"为东部创业组团和西部居住与商业组团；"绿心蓝脉"为以果树生态保护区为绿心，江涌水系和绿带贯穿环绕城区。在空间布局上，《纲要》提出了"东部创业、西部宜居"及"抑制房产、完善配套"的用地布局思想，东部布局重点在产业用地的预留与调整，西部布局关键在宜居环境的营造与商业及配套设施的完善。在商业布局上，将构筑面向国际的琶洲国际会展中心商务区、珠三角辐射华南地区的广州大道南专业批发物流园区、面向海珠辐射广州的江南西商业区、塑造海珠形象的赤岗商业区四大都市商业圈。同时，构筑滨江西海珠异国风情街、江南大道北婚纱商业特色街、江南西时尚商业街、南华路和同福路传统骑楼商业街、宝业路美食一条街、新港西路科技文化用品商业街六条主题商业街。①

其中，构建海珠区四条城市发展轴。

沿地铁 2 号线发展轴：海珠岛西部旧城—中大、布匹市场—新城轴线—琶洲岛，该发展轴将海珠岛北岸东西向各功能区联系起来。

沿广佛线发展轴：西部旧城—工业大道板块—广州大道南专业市场—新客港—新渔科技园—生物岛，是海珠岛南岸各重要组团之间的联系线。

沿地铁 3 号线发展轴：与新城市中轴线重合，同时位于海珠区—市桥"南部转移带"。该段各功能组团拟根据建设信息港的策略进行调整。

沿地铁 4 号线发展轴：为广州城市功能南拓轴，串联了一批新兴产业区，从广州科学城、琶洲会展中心、广州生物岛、广州大学城至广州新城、南沙。海珠区将构筑两个市级中心，即在江南大道、昌岗中路、宝岗大道、江南西路围合地段构建海珠西部旧城中心，在广州新城中轴线赤岗段形成海珠区东部新的城市中心。

海珠区已成为广州市新的中心区域，在今后较长一段时间内将得到优先重点发展，蕴藏着巨大的发展潜力和广阔的发展前景。随着广州国际会议展览中心、国际生物岛等重点项目落户海珠，海珠区的区位优势日益凸显。新世纪迎

---

① 《广州市海珠区城市建设总体发展概念规划纲要》。

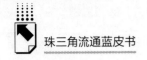

来新机遇，历史悠久的海珠区将焕发更灿烂的光彩。

到 2012 年底为止，海珠区的商业建设已经形成了江南大道商业中心、三大商圈（江南大道、广州大道南、琶洲会展中心）和 72 个农贸（肉菜）市场，社区都设立了小商业网点，完善了商业网点的布局。其中，位于西部的江南西路、江南大道北、昌岗路一带是海珠区传统的商业旺区。江南西路一直稳坐海珠商业的龙头宝座，是海珠区高档且发展最成熟的商业区之一。受其辐射影响，附近一带的商业也逐渐被带动起来。经过多年的发展后，随着房地产开发向东拓展，海珠区中部、东部的商业也在崛起。在海珠区中部，地铁 2 号线的开通让新港成为地铁上盖物业，百佳将其裙楼商场全部消化，中大布匹市场升级换代；东部则以琶洲国际会展中心带动了整个海珠区东部商业的发展。而紧邻琶洲会展区的珠影商业中心地区，也逐渐成为海珠区新兴的商业旺区。

二　客村商圈产生的历史背景及现状

（一）客村商圈发展的历史背景

1. 客村、赤岗的城市化进程

客村商圈所处的位置，主要涵盖了海珠区东部客村、赤岗两个地区。客村，是广州的城中村之一。明朝万历年间，黎氏跟严氏迁居至此建村，村名含有客居他乡之意。

而紧邻客村的赤岗地区，也是在明万历期间即已形成村落式的居住格局，其中兴建于明万历四十七年（1619 年）的"赤岗塔"，是继琶洲塔、莲花塔之后广州修建的第三座"风水宝塔"，是广州市区现存的古塔之一。

新中国成立后，在市政府的规划下，客村和赤岗一带成为广州市轻工业的发展基地。20 世纪 50 年代至 80 年代，广州纺织机械厂、珠江啤酒厂、广州卷烟二厂等纷纷在此建厂，大批职工家属随之迁入，使该地区初步形成了城市化氛围。

2. 珠江电影制片厂的成立和发展

1956 年，珠江电影制片厂开始在现今的地址上筹建。经过近半个世纪的艰苦奋斗，珠影公司已经发展成为中国南方电影的重要生产基地。由于珠影公司的成就和知名度，从 20 世纪 90 年代开始，人们就习惯性地将客村、赤岗之间的连接地区简称为"珠影"，并一直沿用至今。

珠影的存在和发展，为本来仅限于轻工业的客村一带注入了文化产业的元素。自 20 世纪 90 年代末开始，以珠影为首的文化创意产业在周边蓬勃发展起来，商业交流和商业机会逐渐增多，整个地区的商业氛围不断提升，为"客村商圈"的成立打下了基础。

3. 琶洲会展圈的发展为珠影地区带来勃勃生机

步入 21 世纪后，随着广州会展行业的东移，2003 年底，琶洲会展中心一期正式落成，为整个海珠东部地区带来了勃勃生机。为了配合琶洲会展圈的发展，2002 年，广州地铁 2 号线（后来转为 8 号线）率先开通至琶洲。而客村作为其中的一个大站在该线路当中起到了承上启下的作用。至 2005 年，南北走向的广州地铁 3 号线再次选择客村站作为换乘站。双地铁的落成，使客村站成为广州最大的地铁换乘枢纽站之一，日均人流超过 15 万人次，为客村商圈带来了络绎不绝的人流。

同时，琶洲会展圈的发展使周边楼市迅速升温。以珠江帝景苑为代表的一系列高端小区在客村、赤岗一带落成（见表 1）。中高端收入人群的不断迁入，使整个珠影地区的消费水平得到了稳步提升。

表 1　客村商圈周边高档小区一览

小区名称	物业类别	当前价格(元/平方米)	户数(户)	人口(人)
珠江帝景	住宅	23000	2532	7500
丽影华庭	住宅	22000	400	880
影城花园	住宅	16000	520	1200
泓景花园	住宅	20000	1676	6704
佳信花园(会展星城)	住宅	20000	1200	4800
江怡雅筑(瀚林水岸)	住宅	20000	400	1600
银业国际公寓	住宅	20000	450	1800
栢蕙花园	住宅	19000	650	2600
叠彩园	住宅	19000	3000	12000
富泽园	住宅	19000	1137	4548

小区名称	物业类别	当前价格（元/平方米）	户数（户）	人口（人）
会展西岸	住宅	19000	1000	4000
顺景雅苑	住宅	19000	1200	4800
逸景翠园（中区）	住宅	19000	1408	5632
元邦明月园	住宅	19000	1200	4800
雅郡花园（会展宫寓）	住宅	18000	1000	4000
颐景华苑	住宅	18000	400	1600
罗马家园	住宅	17500	7000	28000
嘉鸿花园	住宅	17000	800	4000

（二）客村商圈商业发展现状

经过十几年的发展，目前的客村商圈已形成以丽影广场为核心，周边临街商铺及小型商场为补充的商业发展格局，而极具特色的创意园为客村商圈的商业增加了不少色彩。

1. 丽影广场

丽影广场坐落于海珠区新港中路356号，是客村站的地铁上盖，经营面积7万平方米，共由A、B、C、D四个区域组成。作为拥有长达500米的广州最长临街展示面的"广州首席风尚生活长廊"，丽影广场日均人流非常庞大，是目前整个客村商圈的核心商业项目。

丽影广场于2003年开业，早期一直定位为社区型购物中心，并以年轻消费者为目标，打造年轻时尚的购物体验之都。自2009年以来，公司在新管理层的领导下，不断实现品牌和硬件的升级改造，整个购物中心的四大区域逐步实现统一联动，向更具品位及更具影响力的"区域型购物中心"方向发展。

目前，丽影广场内正在经营的大客户包括好又多、苏宁、力美健、必瘦站、奈瑞儿、屈臣氏、万宁、丽影盛会量贩式KTV、食临盛宴、同湘会、必胜客、肯德基、麦当劳、美心、许留山、黄记煌、七十二街、仁信茶餐厅、八里屯麻辣香锅、峰回转寿司等，囊括餐饮娱乐、运动健身、名品精品、服饰鞋类、IT 数码、美容美体、休闲服务等丰富业态。作为客村商圈当前最大的购物中心，丽影广场仍有着巨大的发展空间。

2. 三旧项目改造的商业项目——广州 TIT 国际产业园，珠江琶醍啤酒文化创意艺术区

广东"三旧"改造是指广东省特有的改造模式，分别是"旧城镇、旧厂房、旧村庄"改造。"三旧"改造是国土资源部与广东省开展部省合作，推进节约集约用地试点示范省工作的重要措施。开展"三旧"改造的项目，必须符合城市土地利用总体规划、城乡总体规划，纳入"三旧"改造总体规划、年度计划，已纳入省"三旧"改造监管数据库的，需制订改造方案，并且通过市（县）人民政府的批准。

2009 年，随着迎亚运整饰工程在广州火热开展，广州市的"三旧"改造也掀起了轰轰烈烈的热潮。对"旧城镇、旧厂房、旧村居"的改造已不仅仅限于建筑的外墙装饰整修，还有从内部经营、文化内涵等多方面着手的改造，为旧物业引入新内容。而客村商圈中的广州 TIT 国际产业园、珠江琶醍啤酒文化创意艺术区也应运而生。

广州 TIT 国际服装产业园前身为广州纺织机械厂，这个具有传统纺织工业历史的老厂房已被打造为主题突出的南中国现代纺织服装时尚业的服务名片及专业平台。TIT 创意产业园区占地 9.34 万平方米，园区建筑 5.5 万平方米，主要分为八大区域共五个功能区。业态涵盖个性办公、创意小店、时尚发布活动以及配套服务等。由于园林优美、交通方便，再加上充满怀旧味道的个性文化，TIT 创意产业园内的租金一直居高不下，目前办公区域的租金已达 150～220 元/（月·平方米），直逼珠江新城一线甲级写字楼价格。

TIT 创意产业园作为最早的"三旧"改造项目之一，最大的意义就是非常有效地将中国南方现代服装行业发展的历史、文化、空间与商业功能结合到了一起，为其他"三旧"改造项目提供了很好的借鉴意义。目前，该项目已经成为服装行业乃至其他一系列时尚行业的商业展示平台，创造了良好的商业效益和社会效益。该项目挖掘传统行业中的创意内涵，建设以纺织服装、影视传媒、娱乐休闲、包装印刷、文化艺术等为主题的各具特色的新型创意产业园区；充分利用中大布市的成熟资源，发挥广州 TIT 纺织服装产业园的品牌效

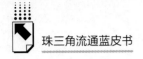

应，不断丰富和深化纺织服装产业园的内涵。①

珠江琶醍啤酒文化创意艺术区前身为珠江啤酒厂的旧厂房，改造后，成为一个以珠江—英博国际啤酒博物馆为依托，在磨碟沙隧道顶部及沿江区域用全新的创意建筑打造的具有现代格调的啤酒文化艺术平台及高端餐饮休闲娱乐地带，将工业年代的货运码头改造成为游艇、观光游船可以停靠的水上交通码头，营造出生态与美态兼容的优质城市公共空间。

广州 TIT 国际产业园、珠江琶醍啤酒文化创意艺术区作为广东特有的"三旧"改造商业项目的代表，通过旧厂房、旧园区的改造，融合了历史、文化、时尚等元素，充分利用原有资源，为客村商圈注入了崭新的动力。

3. 其他未落成的商业项目介绍

（1）珠影星光城

坐落于珠江电影集团内，东临广州新中轴线南段、西近广州大道、北面新港中路，地处地铁 3 号线与 8 号线的交会点客村站旁。星光城致力于打造为广州最具电影和音乐主题的时尚生活综合体。

该项目首期部分物业已于 2012 年底开业，以餐饮业态为主。二期项目计划于 2015 年开业。

（2）合生广场

位于广州大道南与叠景路交会处的广州合生广场商业部分建筑面积 78809 平方米，地上五层为购物广场，地下三层为停车场（2000 多个车位），整体建筑分为南、北区两部分。其中南区将引进国际时尚潮流品牌、时尚百货、生活超市、星级影院，以及特色餐饮、娱乐、KTV、健身中心等；北区将规划图书中心、文化用品、教育培训、休闲餐饮等配套服务。

建成后的合生广场将成为集购物、商务办公、文化休闲、餐饮娱乐于一体的城市综合体。该项目预计于 2013 年开业。

三　客村商圈业态分析

由于客村商圈的消费需求主要来源于本区域居民的购物、休闲、娱乐等需

---

① 《广州市海珠区国民经济和社会发展第十二个五年规划纲要》。

要，因此，各商业设施的业态目前以零售、休闲、娱乐为主，部分项目还承载了会展、批发等功能，整个商业区的业态颇为丰富。本节主要介绍商圈内的购物中心代表项目——丽影广场。

丽影广场地处地铁3、8号线交会站——客村站上盖，项目体量7万平方米，是集餐饮、娱乐、休闲、零售于一体的区域型购物中心。广场位于广州新城市中轴线南端，紧邻广州新领事馆区、琶洲会展中心双CBD交会核心，与广州新地标——广州电视塔对望，更与海珠区政府、珠江电影制片厂咫尺相邻。丽影广场作为客村商圈最具核心地位的购物中心，是同区域内经营最成熟、面积最大的项目，具备得天独厚的先天优势。

第一，双地铁上盖，日均超过15万人次的巨大人流。

第二，开业较早，拥有一群固定的消费人群。

第三，拥有两大户外广场及500米长廊，经常举办户外活动吸引消费者。

目前主要的业态分为超市、品牌零售、休闲、餐饮、娱乐及生活配套六大板块。

1. 丽影广场项目发展历程

丽影广场于2003年开业，开发商是广州伟城房地产开发有限公司。早期仅作为裙楼的商业项目存在。满足周边居民比较低端和日常的需求。开发初期，没有什么知名的号召力强的品牌进驻，基本以个体散户经营为主。再加上几个区域相互之间没有连接，整个项目较为分散，未形成统一的商业气氛，因此商业价值不高。

2003～2008年，随着琶洲会展圈的兴起，珠影周边房地产的升温以及广州大学城的修建，丽影广场所处的新港中路逐渐成为周边区域最主要的交通要道，途经丽影广场的公交车达30多条。2005年地铁3号线开通，地铁客村站立即成为广州最繁忙的交通换乘站之一，丽影广场也因此成为双地铁上盖物业，商业价值不断提升。

2009年，丽影广场购物中心升级被正式提上日程，开发商聘请曾服务于天河城等大型购物中心的专业高管和团队，启动了丽影广场由社区型购物中心向区域型购物中心的转型，打造广州首席风尚生活长廊。

丽影广场提出了崭新的品牌定位："广州首席风尚生活长廊"，提出了

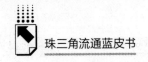

"快都市，慢生活"的"乐活"概念！更多从时尚度、生活体验、风景线这些核心字眼包含的意义着手，重视国内外知名连锁品牌的引进。

2009年率先完成了B区二层的品牌升级，引入了如七匹狼、S&K、先施眼镜等知名品牌，改变了以往该区域以小个体户经营为主的局面，同时，专营数码业务的D区数码港开业，业态不断丰富。

2010年，丽影广场继续深化升级，回购了C区部分小商户的业权，逐步实现了全场统一招商、统一经营。同年，C区首层引入了屈臣氏、面包新语等知名品牌，使整个C区面貌焕然一新。

2011年，丽影广场的升级工作继续平稳而高效地开展。B区首层做了大调整。美心、许留山在B区名店城露脸迎客。名店城主体还引进了珠宝、眼镜、钟表、化妆品、服装、鞋、包等类商品，包括六福珠宝、金至尊珠宝、明廊眼镜、先施眼镜、西铁城、CASIO、美宝莲、欧莱雅、玉兰油、EMU、OSANI、百丝、接吻猫等国内外知名品牌。

2012年局部升级调整依然没有放松。首先，C区二楼重点打造"美食潮坊"主题餐饮区，成功引入香港峰回转寿司、八里屯麻辣香锅、仁信双皮奶等时尚餐饮品牌。同时实现了ABCD四个区域的相互连通。其次，B区四楼招揽到国内知名瘦身美容品牌奈瑞尔，使该区域成为包括美容美发美甲瘦身减肥护理等全方位服务女性的"美丽悠馆"，主题更为突出鲜明。最后，B区首层新加盟了六福珠宝、金至尊、EMU、ESONS、百丝、ROSE & THIN、佐丹奴、安踏、KISS CAT、奥康·美丽佳人、比酷、卡西欧、亮视点、美心西饼、许留山等知名品牌；而C区除继续提升首层的品牌档次，引进热风、GIGI名品店等服饰品牌，还着重加大了餐饮比重；D区则整体出租给国内家电巨头苏宁电器；整个丽影广场的业态更为全面。

丽影广场还非常注重利用场内外空间举办众多的公益和商业活动，这些活动充分提升了整个购物中心与消费者的互动性及商业气氛。特别是近年注重公益事业，多次和广东狮子会联手举办捐献活动，为贫困山区的儿童献爱心，为社会作力所能及的贡献。丽影广场的知名度及美誉度日益提升，影响力也得以大幅提升。

2. 丽影广场主要商业类型及业态分析

目前，丽影广场已经实现了100%的出租率，同时购物中心的品牌档次得到了整体提升。目前正在经营的业态及主要品牌如表2所示（商家名称未全数录入）。

表2　丽影广场主要商业类型及品牌

商业类型	主要品牌
大型超市	好又多
大型家电卖场	国美电器、苏宁电器
连锁美容塑身	奈瑞儿、必瘦站
大型健身机构	力美健
大型娱乐	丽影盛会量贩式KTV
知名连锁快餐	肯德基、麦当劳、72街
连锁休闲餐饮	美心、面包新语、许留山、甜心宝贝、仙踪林
特色时尚餐饮	黄记煌、八千代、八里屯麻辣香锅、峰回转寿司、仁信双皮奶、同湘会、食临盛宴酒家
休闲娱乐	丽影盛会KTV
时尚超市	屈臣氏、万宁
化妆品	美宝莲、欧莱雅、玉兰油等
珠宝、钟表、眼镜	六福珠宝、金至尊珠宝、明廊眼镜、先施眼镜、西铁城、CASIO
服饰鞋类	EMU、百丝、OSANI、ROSE & THIN、Easons、热风、柴牌、七匹狼、宾宝、KISS CAT、奥康、纤细、犁人坊、EC等

从业态组成上来看，丽影广场实现了多业态并存的格局，其中零售∶休闲∶餐饮的比例约为63∶16∶20，[①] 展现出较好的分配比例（见图2）。丰富的业态构成、100%的出租率、不断攀升的租金，对知名品牌越来越有吸引力的丽影广场作为客村商圈的佼佼者，转型取得了成功。近年来，丽影广场得到业界和相关管理机构的认可，获得了诸多荣誉。

2009年，丽影广场获广州市慈善会、广州连锁经营行业协会颁发的"'爱蕾行动'积极参与单位"称号，同年获广东省连锁经营协会、《21世纪经济报道》颁发的"新中国60周年广东购物中心30强最具成长性项目奖"。2010年，丽影广场获广州商业总会颁发的"广州市商贸服务业优质服务迎亚运——优质服务示范门店"称号，并获第一商业网颁发的"新世纪十年广东杰出商业企业"称号。

---

① 此处零售包括图2中品牌零售和超市，休闲包括图2中休闲和娱乐。

2011 年，丽影广场获得了广东流通商业协会、信息时报社颁发的"2011
年度中国时尚产业最受消费者信赖品牌"称号，并于 2012 年成为广州市连锁
经营协会常务理事单位。

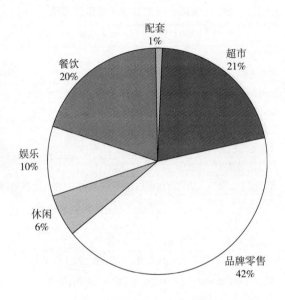

配套
1%

超市
21%

餐饮
20%

娱乐
10%

休闲
6%

品牌零售
42%

图 2　丽影广场业态分布图

3. 丽影广场未来升级改造方向

面对良好的发展前景和新的竞争形势，丽影广场正在筹备一轮全新的升级
改造。由于最初定位是裙楼商业项目，动线设计和硬件配套一直是丽影广场的
硬伤，因此，丽影广场已经与国际知名的商业规划公司——GLC 设计公司签
订了合作协议，将以国际级的视野为先导，投入巨资对整个购物中心的外立
面、灯饰灯光、外广场和长廊的绿化景观以及场内动线、交通设备、导视系统
等重新进行规划设计，实现 2014 年丽影广场的全新升级。

同时，在招商和管理上，丽影广场仍将致力于引入更多的国内外知名品
牌，并将逐步建设会员系统，充分利用微博、微信、APP 等新媒体，给消费者
提供更便捷的购物信息。

通过适时更新的规划和不断提升的管理，丽影广场目前已经成为客村商圈
内的商业领军项目。未来，丽影广场仍将继续发挥其核心项目的主导地位，创
造出新一轮的商业传奇。

四 客村商圈的经验分析及未来发展

如果将一个商业圈的发展阶段分为培育期、成长期、成熟期、衰落期，客村商圈目前仍处于成长期。任何一个商业项目或商圈的发展，都离不开该区域从业人员的内部推动以及商圈本身的价值成长。

（一）客村商圈发展经验分析

1. 天时篇——新海珠，新客村

21 世纪初，根据广州"东进西联南拓北优"的"十一五"规划设计，海珠区东部作为"东进"与"南拓"的连接部位，获得了巨大的发展机会，也促成了客村商圈的形成。除了前文已经阐述过的琶洲会展圈的发展之外，客村商圈在近年之所以得到飞速发展，离不开四个重要的历史机遇——亚运会、"三旧"改造、新领事馆区的兴建和海珠区政府的迁址。

2010 年广州举办了举世瞩目的亚运会，为了迎接有关盛事，政府投入了巨资建设相关工程。其中，亚运会开闭幕式的主会场均设在海心沙岛——珠江新城南端的一个小岛。因此，围绕海心沙岛及其周边的一系列工程就等同于亚运会建设的核心工程，也是广州新中轴线规划的重要组成部分。而这些工程中，对于客村商圈影响最大的，莫过于 2010 年广州塔的落成使用。

广州塔位于广州市中心，城市新中轴线与珠江景观轴的交会处，与海心沙岛和广州市 CBD 珠江新城隔江相望，整体高 600 米，是中国第一高塔，世界第四高塔。自 2010 年 10 月 1 日起，广州塔正式公开售票接待游客。广州塔的投入使用，改变了新港路以北一带旧城区的面貌，同时，围绕其作为城市核心景观所进行的一系列周边交通及景观的规划，彻底颠覆了人们对客村、赤岗一带脏杂乱的旧印象，居住环境、营商环境均得到了很大提升。新资金和商业的注入，为客村商圈的发展带来了强大的驱动力。

另外，由于历史原因，客村、赤岗一带旧厂房较多，且这些旧厂房大多已完成历史使命停止营运。2008 年，在汪洋书记的指示下，"三旧"改造在客村、赤岗轰轰烈烈地展开。2010 年由原广州纺织机械厂改造而成的"TIT 创意产业园"落成，2011年由珠江啤酒原厂房改造而成的"琶醍啤酒文化创意艺术区"投入使用，这些利用原有厂房改造的商业项目不仅节省了资源，还很好地利用了原有资源及历史文化，搭建出现代商业新的展示、交流平台，创造了良好的社会价值和商业价值。

同时，2009年发生的两件大事——广州新领事馆区规划落户赤岗及海珠区政府迁址广州大道中东侧，亦为整个客村商圈的环境、交通、商业等带来了巨大的改变。

在多重利好政策的驱动下，客村商圈的整体营商环境得到了大幅提高，逐渐形成了涵盖购物、休闲、旅游、会展等多种业态的商业氛围，大大提升了该商圈的商业价值。

2. 地利篇——交通规划与客村商圈

早在1989年，连通新港路和广州大道的客村立交就已经建成，但直至21世纪初番禺的开发，广州大道上的来往车辆才逐渐多了起来。而新港路与广州大道的交接处及珠影一带，依然是以批发市场、轻工业厂房、宿舍为主的杂乱的城乡结合部景象，该种状况直至琶洲会展圈规划浮出水面后才得到逐步改观。

2002年，琶洲会展首期落成，同年，华南快速干线南段与广州地铁2号线投入使用，为整个海珠东部地区注入了勃勃生机。除琶洲地区是最大的受益者外，位于客村、赤岗连接处的珠影地带也顺势得到了很好的发展。

2005年，珠影已经成为到达琶洲会展中心和大学城的公交、地铁大型中转站，而同年开通的广州地铁3号线亦选择了该站点作为中转站。

2007年，以赤岗石榴岗路为起点的新光快速路正式开通，为往来海珠和番禺两地的居民带来了巨大的便利。2009年，猎德大桥开通并连接新光快速路，将天河区东部和海珠南部以及番禺连成一体，使客村商圈的南北交通实现了畅通无阻。再加上2009年海珠区政府的迁址，使进入新港中路的车流进一步增多。整个客村商圈进入了东西接壤、南北贯通的新时代。

不断成型的交通规划，是客村商圈的商脉，也是钱脉。当前的客村商圈，被广州大道、新光快速路——猎德大桥两大南北主干道包围，东西走向的新港中路连接中大商圈和琶洲会展圈。再加上地下的地铁3号线和8号线，集中显示了立体交通的核心枢纽地位。交通线路和交通方式的改变，影响的不仅仅是人们的出行方式，更开启了珠影黄金商业地脉的新纪元。

3. 人和篇——从丽影广场的成长看客村商圈

丽影广场自 2003 年开业起，基本经历了整个客村商圈的培育期。从某种意义上来看，丽影广场的发展史就是客村商圈从零成长至今天的发展历程。本小节着重从 2001～2009 年处于"培养期"的丽影广场现象分析客村商圈的培育期。

丽影广场项目的发展，至今为止大致可分为三个阶段（见表 3）。

表 3　丽影广场发展阶段

年份	阶段	大致情况
2003～2005 年	购物中心培育期	以中小商户经营为主，整体经营情况较不稳定
2006～2009 年	主力基本成型	开始引入永乐电器(后改为国美)、力美健、食临盛宴、同湘会、奈瑞儿等功能主力店
2009 年至今	升级改造期	购物中心开始局部整体升级,进一步引入国内外知名品牌,成为海珠区东部首屈一指的购物中心

在 2001 年丽影广场 B 区最早开发的时候，丽影广场的开发商——广州伟城房地产开发公司并没有对这个裙楼商业项目抱太大的期望。虽然从一开业就拥有了地铁上盖物业的先天优势，但是当时稀疏的人流和周边的菜地很难令人感觉这是一个购物中心。

当时的经营者对这个项目也缺乏明确的定位。项目初期曾尝试百货联营、统一收银，以保底＋提点的方式进行收租。但因客流实在太少，商户纷纷撤场，百货业态经营失败。后来，随着广州大学城的兴建以及周边几个职业学校的落成，项目又致力于打造年轻人的潮流旺地，取名"新潮传说商业广场"，希望重振旗鼓，虽然引入了不少年轻人喜爱的品牌，但仍然由于市场、招商和管理三方面的因素，经营业绩始终不尽如人意。

2005～2006 年是丽影广场的转折点，经过三年的经营，丽影广场在周边地区已经拥有一定的知名度和忠诚顾客，最重要的是，外部环境的成长为丽影广场创造了一个非常好的机遇。

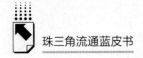

①政府亚运工程启动，海珠区规划形成利好。

②琶洲会展圈落成，影响逐步扩大。

③地铁 3 号线的开通打通了番禺动线，地铁人流日渐增多。

④房地产市场开始复苏，周边优质房地产项目大量落成。

在这样利好的市场形势下，丽影广场作为当时新港中路上唯一成形的商用物业，受到了市场的巨大关注，丽影广场的经营者也逐步认识到项目的未来价值，开始对项目进行重新规划。

2006 年，丽影广场 C 区开业，引入了同湘会、奈瑞儿、食临盛宴酒家、丽影盛会 KTV 等功能主力店。同时，B 区也引入了力美健、永乐电器等知名主力店，首层开始实施品牌商户的经营理念，逐渐减少中小商户经营比例，使整个项目的经营有了起色。值得一提的是，项目的名字在这个阶段更改为"丽影广场"，并设计了统一的 VI 系统。

在这个阶段，主力店、品牌店对项目的经营起到了关键的拉动作用，几大品牌主力店的加入使丽影广场真正实现了从一个业态相对零散的购物商场到社区型购物中心的转变，同时也使整个购物环境和商品档次得到了提高。丽影广场在新港中路的核心商业价值逐渐显现。

但是，这一阶段的丽影广场仍然缺乏一个准确的市场定位，而且购物中心由于分为几个区域经营，每个区域也没有形成自己的特色。另外，由于历史原因，中小商户的经营比例在丽影广场仍然较大，这就为购物中心的管理及档次提升带来了一定的难度。进一步的升级改造已势在必行。

2009 年，新的管理团队开始统领购物中心的主要工作。当时，丽影广场再次面临一个非常难得的历史机遇——海珠区人民政府迁往广州大道中。政府的迁址，令丽影广场周边的交通、经济及商务环境均得到了一定的提升。富有购物中心经营经验的吴泽丹及她的团队敏感地抓住了这次机会，结合丽影广场长达 500 米展示面的特点，提出了"广州首席风尚生活长廊"的口号，立志打造新港中路最好的商业项目。

自 2009 年至今，丽影广场的品牌升级、场内设施改造已经实现了相当大的跨越，国内外知名品牌不断加盟，中高端消费者的消费需求得到了满足，整个购物中心的商业价值也得到了很大提升，实现了迈向区域性购物中心的华丽转身。

总结丽影广场多年来的发展经验，我们得出如下结论：一个成功的商业项目乃至一个商圈，必须具备对外围环境发展的及时应对能力和自我更新能力，需要自身商业团队在经营上的不断自我认识和不断自我调整，日益转好的营商环境固然能造就一个商业项目的天时地利，但更重要的是，及时转变定位和经营方针，通过对项目换血和输血的方法实现目标，才是使商业项目和商圈本身实现转身的关键。

丽影广场的成功，不仅使物业的商业价值得到提升，更因此带旺了整个珠影地区的商业氛围，成为客村商圈的商业领头羊，也为后来的项目提供了宝贵的借鉴经验。

作为客村商圈的核心商业项目，丽影广场为珠影地区带来了巨大的人气和商业氛围，也为客村商圈的发展带来了内部推动力量，使整个客村商圈从以小商品市场和批发市场为主的粗放式经营逐步走向以购物中心为主的高端商业模式，实现了崭新的跨越。

（二）客村商圈未来发展前景分析

2012 年，海珠区首次完成 GDP 超 1000 亿元的大关。今后海珠区将继续以商贸、旅游、服务业为主线，推动相关第三产业发展。而客村商圈作为海珠东部的核心商业板块，将迎来极大的发展机遇。

1. 广州新中轴线规划对客村商圈的推动

随着广州市政治经济中心的东扩，广州新城市中轴线的规划以及相关景观在近年内已经逐渐成为现实。

根据规划，除现有的北起燕岭公园，南经火车东站、中信广场、体育中心、珠江新城的新中轴线北段，广州新中轴线穿过广州塔后还将继续向海珠区延伸，一直南望番禺洛溪岛。

整个新中轴线南段地区总体定位为"具有岭南特色的行政中心"。核心区涵盖广州大道南以东、江海大道以西，贯通珠江前、后航道，面积约 16 平方公里，包括广州塔、赤岗塔、海珠湖公园、中交集团南方总部等重要节点。而在此基础上，万亩果园等外围区域也将被纳入新中轴线南段地区，使整个南段

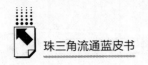

的面积达到 40.26 平方公里，占海珠区总面积的 44.5%。这些规划项目都将在近几年内落成。

新中轴线有关规划项目的落实，将进一步改变客村商圈中赤岗一带目前的落后面貌，对加强交通动线、推动地产市场有着非常积极的意义及动力，将为客村商圈的未来再一次注入巨大的利好。

2. 客村商圈的商业发展方向

随着"三旧"改造的深入，客村商圈的核心位置——老珠影厂也将迎来一次大改造。建筑面积超过 17 万平方米的超大型商业项目——珠影星光城将在 2013 年落成首期并开业，计划 2015 年整个项目将全部落成。项目既充分保留和发展了原有的电影文化元素，更将岭南文化元素以及商业的大众文化元素融入其中，成为集历史、文化、旅游、餐饮、商业、娱乐于一体的独具岭南风情的城市休闲娱乐消费中心。珠影星光城的出现，将极大地改变当前客村商圈的格局，并对周边区域形成巨大利好，加快资源整合的进程。

在这样的形势下，包括丽影广场在内的一批老商业项目都将面临新一轮的升级改造以适应新的市场环境。在可预见的未来，客村商圈内的消费力、商业氛围都将得到提高，行业也将面临新一轮的洗牌，更为知名和国际化的品牌商户将大量出现在这个商圈中，购物中心对招商、管理运营的要求也必须提升。

对于客村商圈的商业项目和驻扎于其中的商户而言，未来对于他们既是机遇，也是巨大的挑战。日益增长的消费需求和多变的商业形态将催生新的商业模式。但是无论如何，客村商圈已经走过了最艰难的一段道路，步入了成熟的通道。相信在前人总结经验的基础上，无论是老一辈的商业龙头还是新一代的商业精英，在未来康庄大道上，都会走得更为平稳，更为踏实。

B.7
广州流花服装商圈的构成、
问题及前景研究

叶永丰*

摘　要：

　　流花服装商圈是国内最大的服装商圈，是依托广州及珠三角各地服装生产基地的优势，并凭借良好的地理位置及历史口碑逐渐形成的。流花服装商圈拥有 30 多个大型服装批发市场，2 万多商户，本文着重介绍了其中几个知名的批发市场及其特色。在此基础上，我们重点分析了流花服装批发市场成功的原因及其对珠三角发展批发市场的启示。

关键词：

　　流花服装商圈　商圈　批发市场

一　广州流花服装商圈形成的背景及基本现状

　　20 世纪 80 年代初，地处华南沿海地区的珠江三角洲服装生产加工企业依靠毗邻港澳地区得天独厚的条件，承接了大批海外服装加工订单，迅速形成了完善的纺织品产业链和强大的生产集群。广州流花地区紧邻广州火车站及省、市汽车客运站，为客商和货物的集散提供了十分便捷的条件，经过数十年的发展，逐渐成为具有强大影响力和辐射力的国内第一大服装批发商圈。

　　20 多年来，流花服装批发商圈的发展经历了以下三个阶段：第一阶段，1980 年代初至 1993 年从室外市场交易向室内交易过渡。这个阶段服装市场从路边摊形式的集市走向了专业市场，从个体经营向公司经营转化。第二阶段，

---

* 叶永丰，广东省经济贸易职业技术学校经营管理专业高级讲师，高级经济师，高级技师。

1993~2003 年，商圈走上了品牌化、规范化、专业化之路，流花商圈的绝大部分商户在经营初期都是由代理产品开始的，从无品牌经营到打造自己的品牌。第三阶段，从 2004 年起到现在，部分有远见的商户开始从实物交易转化为部分期货交易，通过样板、电子商务、信息聚散等新的商业模式运营。

经过 20 多年的发展，目前流花服装商圈包括以环市西路为中心，南至流花路、北达广花路、西接广园西路、东连解放北路的广大区域，占地面积超过 2.3 平方公里，内有白马、红棉、步步高、天马、壹马、广控等 30 多个经营不同档次、不同种类的服装专业市场，商户达到 2 万多家，从业人员 10 万多人，日均人流量达 30 万人次，每天从流花服装商圈发往国内外的服装平均达 50 多吨，年交易额在 300 亿元以上。流花服装商圈已成为目前国内规模最大、成交额最高的服装批发贸易集散地。

广州流花商圈在数量、质量和结构上均具备相当的优势，具有品牌齐全、规模宏大、结构合理和种类繁多等特点。商圈内形成了专业分工相对明确、各具特色的服装专业批发市场集群，其中白马服装市场以经营中高档时尚女装、男装为主；壹马服装广场内汇集了大批国内知名中高档男装品牌加盟店；新大地服装城主打针织毛衫等类型服装；康乐以牛仔服装系列为拳头产品；御龙、迦南等外贸服装市场主要是面向中东和非洲等地的外贸业务；精都休闲服饰商城则以外贸和内销相结合的方式主营各式休闲类服装。此外，商圈还分布着美博城、名商天地等国内顶级的美妆、皮具、钟表市场，初步形成了服饰潮流的延伸聚集。

流花商圈作为全国最大的服装买卖基地，既是全国服装批发商的集散地，也是珠三角服装批发市场的中轴线。流花服装商圈集中了虎门女装、石狮男装、濮院毛衫、沙溪休闲装、织里童装、普宁衬衣、南海内衣等地区优势产品及著名品牌，具有比珠三角地区其他服装商圈（如广州的沙河、十三行，东莞的虎门，中山的沙溪等）规模大、在国内外知名度高、著名服装品牌集中度高、信息快、款式新等特点，是我国华南地区服装流行趋势的"晴雨表"和"风向标"，在国内具有极大的影响力，商圈的繁荣吸引了来自五湖四海的服装经营者。广州流花地区作为广州的交通心脏，凭借其便利的交通条件，内联华南众省各邑，外达我国港澳、欧亚两洲的地理优势，汇聚了来自广州、虎门、中山、福建各地、浙江各地、重庆、沈阳等全国各地的服装生产及批发商家。这里，每天来自全国 20 多个省、直辖市、自治区以及美洲、俄罗斯、非洲、东欧、东南亚等国家和地区的客商络绎不绝。

2007 年，流花服装商圈被广州市确定为实施专业市场园区化升级改造的试点之一，成为中国纺织产业集群试点并荣获了全国首家"中国服装商贸名城"的荣誉称号，流花服装商圈已在国内具有了极高的知名度。随着市场的园区化改造与实施，连锁经营、电子商务、流程标准认证等现代技术手段与先进经营管理已开始得到广泛应用，商圈确立了统一管理、统一形象、统一物流、统一信息化的新型批发产业集群园区发展目标。流花商圈已呈现从单纯的传统服务业向现代服务业过渡的趋势。各市场的经营模式正逐步从过去较为单一的服装批发零售的初级交易形态向集商品与信息集散、会展、物流、商务、设计、策划等综合功能于一体的高级交易形态发展，在品牌的带动下逐步形成了产业群聚效应。

近年来，广州市政府为实现流花服装批发市场集群成为"两个中心、一个时尚社区"（即"国际服装采购中心""国际服装品牌中心"和"国际服装文化时尚社区"）的发展目标，将原广交会流花展馆整体改造为广州国际服装展贸中心，流花商圈的经营体量增加了一倍，这将进一步树立其"中国服装商贸名城"的领导地位和影响力。未来商圈除了做好市场的各项建设及资源整合、业态升级外，还将充分利用"流花服装"多年来累积的知名度及市场规模效应等优势，巩固和扩大"流花服装"的影响力和辐射面，将"流花服装"打造成世界级品牌，作为广州"千年商都"的缩影，成为中国现代商贸流通业的旗舰和典范。

二 流花商圈代表性服装批发市场的调研

（一）广州白马商贸大厦

广州白马商贸大厦位于紧邻广州火车站的站南路，1991 年由广州市城市建设开发集团投资建设，1993 年 1 月开办为广州白马服装市场。现有建筑面积 6 万平方米，共 10 层，4 层商场、5 层写字楼、1 层地下停车场。市场配置中央空调、客货电梯、安全监控系统、消防系统、宽带网等现代设施。商场装饰美观，

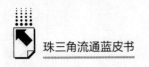

通道宽敞，附设时装表演广场、银行、商务中心、托运站等配套服务设施。

广州白马服装市场是华南地区规模最大、装修最好、配套最完善、管理最规范、交易量最大的中高档服装市场（见表1）。市场经营业户1300多户，既有国内各省市及港台地区的服装生产、销售企业，也有韩国、中东、欧美等国家和地区的商家。白马服装市场既是中、高档服装的现货批发、零售中心，也是服装品牌连锁加盟中心，有批发零售、看样下单、专卖代理、连锁加盟等多种交易方式可供选择。广州白马服装市场是国内服装市场的龙头，享誉海内外。每日来自全国各地及海外的客商达数万人，年交易额在30亿元以上，在广州地区超亿元市场评比中排名第一。

表1 广州白马服装批发市场资料

名称	规模	铺面建筑面积	租金水平
白马服装批发市场	建筑面积6万平方米，共10层，有4层商场，5层写字楼、产品展示厅，1层地下停车场	13～50平方米，大部分为23平方米	全场满租。首层租金普遍1000元/平方米或以上，甚至1600元/平方米，二层～四层约800元/平方米左右

数据来源：广州白马服装批发市场物业管理部门及部分商户。

（二）天马大厦时装批发中心

广州天马大厦时装批发中心于1998年10月19日开业，大厦占地面积4000多平方米，营业面积近3万平方米（见表2）。在众多著名的大型服装批发商厦中，天马大厦是唯一一家引进外资的服装批发大厦。其负一层至三层为商铺，其中首层是国内外知名品牌营销汇聚之地，二、三层经营各类男女休闲服装，及毛衣、皮衣、职业系列等流行服饰，四至八层为各服装厂商的产品展示区。

表2 广州天马服装批发市场资料

名称	规模	铺面建筑面积	租金水平
天马服装批发市场	营业面积近3万平方米，负一层至三层为商铺，四至八层为各服装厂商的写字楼、产品展示区	13～56平方米，大部分为23平方米	首层一手租800～1000元/平方米，二手转租一般1200元/平方米左右，而二～三层一手租金800元/平方米左右

数据来源：广州天马服装批发市场物业管理部门及部分商户。

（三）红棉国际时装城

红棉国际时装城坐落于广州火车站对面，是一个以中、高档时装批发为主，辐射全国的大型时装广场。红棉步步高时装广场始建于1993年8月，占地面积达1万平方米，是一个具有相当规模，汇聚全国各地服装技术、款式设计，反映时装潮流，闻名全国乃至在亚洲亦小有名气的大型时装广场（见表3）。步步高时装广场地处广州市服装批发市场"金三角地带"的中心，南邻白马商厦、天马大厦，东邻流花服装批发市场、金马服装中心。

表3　红棉国际时装城资料简

名称	规模	铺面建筑面积	租金水平
红棉国际时装城	营业面积近6万平方米，一～三层为商铺，四～九层为写字楼。以高档现代时装批发（批零兼营，以批发为主）为主	普通以7～40平方米为主，大部分区间为20～30平方米	首层一手租1200元/平方米左右，二～三层一手租金1000元/平方米左右，写字楼在800元/平方米左右

数据来源：红棉国际时装城物业管理部门及部分商户。

红棉国际时装城位于广州火车站对面，占据流花黄金地段，营业面积约6万平方米。红棉国际时装城云集来自泛珠江三角洲地区、长江三角洲地区乃至全国各地及我国港澳台、日本、韩国、欧美等地的服装厂商，现有商户1800多家，是中高档时尚潮流服装以及品牌首饰的现货批发中心、服装品牌连锁中心和时尚潮流发布展示中心。

（四）壹马服装广场

壹马服装广场为广州壹马交通投资有限公司投资的重要项目之一，坐落于流花商圈核心地段，位于环市西路与站南路的交界处，毗邻广州火车站、省市汽车站和地铁站。周边大型服装批发市场云集，汇聚了广州、虎门、中山、深圳、惠州、潮汕、福建晋江、浙江义乌、湖南各地、武汉、沈阳等地的服装批发零售商，是广州服装批发零售的集散地。

壹马服装广场为广州市政府重点工程项目，在各方面都得到了政府的大力支持。壹马服装广场集服装批发、贸易洽谈、展示展览、国际采购、商务办公于一体,并设有气势宏伟的多功能厅,演绎时尚,引领潮流,是流花区域内最大型的专营服装批发的综合性广场之一(见表4)。

表4 壹马服装批发市场资料

名称	规模	铺面建筑面积	租金水平
壹马服装批发市场	建筑面积 10 万平方米,由地下 2 层和地上 10 层构成,其中负三层为车库,负一~二层为服装批发商铺,四~十层为办公区、展示厅	15~80 平方米	一~二层二手转租普遍在 800~1000 元/平方米左右,好的位置达到 1200 元/平方米以上。写字楼 600 元/平方米左右。

数据来源:广州壹马服装批发市场物业管理部门及部分商户。

(五)锦都服装大厦

锦都服装大厦位于越秀区站前路 197 号,大厦地处流花地区服装批发商圈的中心位置,楼高 12 层,经营面积 18000 平方米,是一栋集旅店、服装、商务于一体的综合性商业物业,拥有客户 200 户(见表5)。

表5 锦都服装大厦资料

名称	规模	铺面建筑面积	租金水平
锦都服装大厦	经营面积 18000 万平方米,一~二层为商铺,三~八层为写字楼、展示区,九~十一层为迎商酒店	商铺 10~15 平方米,写字楼为 30~60 平方米	一~二层二手转租普遍在 800~1000 元/平方米左右,写字楼普遍为 600~700 元/平方米

数据来源:锦都服装大厦物业管理部门及部分商户。

锦都服装大厦首、二层为商铺,首层经营内衣,二层主要经营男装系列,以批发零售为主;三、四层为时尚装修格局的服装批发商务写字楼,云集了各类男、女休闲服装品牌;五、六层集中了国内的品牌客商,是以休闲、舒适为主的服装批发商务写字楼,专营男女休闲毛织服装系列;七、八层为高档商务服装批发中心,主要经营全国各地的休闲、梭织、毛织、针织等服装系列;九、十、十一层为迎商酒店客房部,环境舒适幽雅;大厦的负一、二层是停车场。

（六）康乐牛仔城

康乐牛仔城拥有三层近 6000 平方米的经营场地，是广州市第一家个体室内服装批发市场（见表 6）。商场拥有独立式商铺 300 余间，通道明亮、宽敞，楼层间设置自动扶手电梯和步级踏梯。配套完善的商务中心、监视中心。经营环境优越，配备中央空调等设施。

表6　康乐牛仔城资料

名称	规模	铺面建筑面积	租金水平
康乐牛仔城	经营面积6000平方米	商铺 10～45 平方米	一层二手转租在 300 元/平方米左右，二层二手转租在 200 元/平方米左右，三层二手转租在 112 元/平方米左右

数据来源：康乐牛仔城物业管理部门及部分商户。

广州康乐牛仔城位于中国出口交易会的对面，经营各类牛仔、休闲服装品牌近千种，其中有 70% 远销东南亚、中东、欧美等国外市场。

（七）汇美国际服装城

广州汇美国际服装城于 2008 年 8 月开业，总共有地下一层和地上五层，三层以下以女装为主，从三层起以男装为主，六、七层为餐饮店，八、九、十层为南北两塔写字楼（见表 7）。商铺约 1119 间，全场满租经营。广州汇美国际服装城紧靠站西服装批发市场与省汽车客运站。聚集了一大批韩国人在里面开店，以经营韩版服饰为主。

表7　汇美国际服装城资料

名称	规模	铺面建筑面积	租金水平
汇美国际服装城	共12层,地上10层,地下2层。	一、二、三楼 7～14 平方米；四、五楼 14～21 平方米；八、九楼 30～100 平方米。	一楼:300 元/平方米;二、三楼:250 元/平方米;四、五楼为 220 元/平方米;八～十楼为 150 元/平方米

数据来源：汇美国际服装城物业管理部门及部分商户。

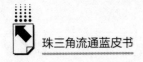

（八）万通服装批发市场

万通服装批发市场地处广州市环市西路，以休闲服饰为主，包括各类品牌 HITHOP 服饰及女装休闲、休闲饰品、运动鞋、牛仔等外贸服饰（见表8）。

表8　万通服装批发市场资料

名称	规模	铺面建筑面积	租金水平
万通服装批发市场	该项目共9层，一～三楼为商铺，四楼以上为服装类写字楼	商铺使用面积普遍为16平方米左右，写字楼为30～45平方米	一～二楼600～800元/平方米，写字楼租金为300元/平方米。物业管理费约5元/平方米

数据来源：万通服装批发市场物业管理部门及部分商户。

（九）环球国际商贸中心

环球国际商贸中心"步云天地"位于广州站西路26号，占地约1.7万平方米，总建筑面积6万多平方米（见表9）。中心以经营鞋类为主，全部批发无零售。

表9　环球国际商贸中心资料

名称	规模	铺面建筑面积	租金水平
环球国际商贸中心"步云天地"	地面楼高10层，地下2层，负二层为地下停车场，负一层为万国童鞋世界，一～三层为大型鞋业专业市场，四～十层为国际级鞋品展示区、高级商贸写字楼层	负一楼为40平方米左右，一楼均为30～40平方米，二楼20～30平方米，三楼为40平方米左右	负一层:420元/平方米;一楼:约1300元/平方米;二楼:800～1000元/平方米;三楼:约为800元/平方米

数据来源：环球国际商贸中心物业管理部门及部分商户。

（十）东宝妇婴用品展贸城

东宝妇婴用品展贸城位于广州广交会对面，占地面积约8万平方米，首期规划3万平方米，二期为5万平方米，配套仓储物流区和停车场，商场开业不久，商业氛围不是很浓，还处于商业氛围培养阶段，三楼有较多空铺（见表10）。

表10　东宝展贸中心资料

名称	规模	铺面建筑面积	租金水平
东宝展贸中心	共9层,一～四层为商铺,一楼有71个铺面,二楼有86个铺面,三～四楼均有106个铺面,五～九楼为服装类写字楼	单铺面建筑面积均为13～60平方米;最大的为200平方米	首层租金均为136元/平方米;二楼租金均为100元/平方米;三～四楼租金均为80～100元/平方米

数据来源：广州东宝展贸中心物业管理部门及部分商户。

三　流花服装商圈成功原因探讨及存在问题分析

流花服装商圈的成长壮大具有一定的历史必然性及重要原因，分析其发展经验对于我们指导相似商圈的建设及推动流花商圈的进一步发展具有很大的现实意义。同时，我们也可以看到，在数十年的发展之后，一些障碍和限制因素已经出现，流花商圈也面临一定的问题，值得我们深入思考。

（一）流花服装商圈成长原因探析

通过对流花服装商圈各个市场的调研分析，我们认为经营服装批发市场取得成功的必要因素有如下几点。

1. 交通便利、位置优越是市场经营成功的基础

每一个经营成功的市场都是交通便利、位置优越的市场，如白马服装批发市场处于站前路一带，火车站、汽车站近在咫尺，空运也十分便利，为客商和货物的集散提供了便捷条件。

2. 政府支持是市场经营成功的重要因素

政府的支持主要在产业政策、投资环境、城市规划、配套设施、管理、税收等方面。当然，也可以通过行政手段进行干预和支持。

3. 准确的市场定位是市场经营成功的关键

每个市场都有自己的定位和特色。例如：白马服装批发市场定位为国内外中高档专业服装批发市场，它的客户是来自国内外的客商。它采取的贸易方式主要是批发零售、看样下单、专卖代理和连锁加盟。康乐牛仔商场定位为专业

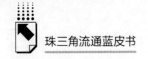

性的区域批发市场，主要经营牛仔类服装，主要采取看样下单、批发零售的方式，但更侧重于看样下单的贸易方式，它的市场覆盖范围主要是华南地区和中东地区。

4. 正确的广告宣传是提高市场知名度和招商的重要手段

广告能够有效地提高市场的知名度，商圈内的每个市场都十分重视广告宣传，通过网络、电视、报纸、广播、户外广告和内部刊物等媒体来宣传市场，甚至在全国性的媒体做企业形象广告。商厦内也通过广播设备、大屏幕电子显示屏、内部刊物等宣传手段，加强经营户、客商和管理者之间的交流与沟通。

5. 通过会展、产品发布会、订货会聚集人气，提高知名度

商圈定期举办服装展览会、产品发布会、订货会，引起了客商的高度关注，提高了交易额。其间各种报道铺天盖地，媒体为市场做了免费宣传，提高了商圈的知名度。

6. 高效的经营管理是市场经营成功的保障

经营管理水平对市场的经营成功有重要影响。流花商圈的每一个市场都组建了具有工商管理、经济贸易、市场营销、服装设计、法律和文艺等专业技能并有丰富服装批发市场管理经验的人才组成的经营管理队伍，为商圈的繁荣奠定了人力资源基础。通过不断创新，实现了从粗放型经营向集约型经营的转变。在经营模式上不断创新改进，使市场在科学有效的管理方法下经营运作，从而保证了市场的经营成功。

7. 浓厚的商业氛围有效地促进了市场的经营成功

商圈内经营成功的市场都有一个共同特点，要么是处于具有浓厚商业气息的区域，要么是商圈所在地有与所经营产品紧密联系的产业。白马服装批发市场所在地具有浓厚的商业氛围，天马、红棉、步步高、壹马等十几个市场近在咫尺，形成了一个庞大的商业圈。另外，在商圈周围2小时车程内有完善的服装产业链和生产集群，这些企业生产的服装为商户提供了充足的货源。

8. 经营手段的创新是吸引客户光顾的有效手段

商圈中每个市场的经营都富有特色，如有些店员在销售过程中身穿自己店经营的服装进行产品展示，有些商户甚至花钱请时装模特身着流行时装站在店门口进行时装展示招揽客户。经营手段的不断创新能引起客户的关注，加深顾客的印象并促成交易，促使他们下次继续来此采购服装。

（二）流花服装商圈存在的问题分析

尽管广州流花服装商圈近 20 年来得到了快速发展，通过调研分析，我们认为商圈的发展还存在一定的隐忧，以下问题可能成为其进一步发展的瓶颈。

1. 交通问题成为商圈发展瓶颈

商圈地处广州火车站、汽车客运站人车流量最大的地区，由于交通规划和设施建设滞后，交通组织难度大，不能为客商提供顺畅的交通和物流支持。特别是到了周末和节假日，经常是"出不去、进不来"，商圈交通拥堵、行车缓慢、货车禁入、停车难等问题大大削减了商圈的运作效率。

2. 商圈内业态不够丰富，同质化较严重

随着流花商圈中市场的不断增多，较多市场的经营业态、经营模式和产品雷同，较易形成恶性竞争。虽然商圈内部分市场具有较强的品牌知名度，但专业市场的比例偏低且部分服装市场特色不明显，没有形成鲜明的定位。

3. 业态层次较低

现代商圈发展逐渐多元化，客商不仅要求其功能齐全，环境优美，而且非常注重采购空间的自由度和体验性，以满足客户日益多元化和个性化的需求，把采购体验提升到较高的水平上。流花商圈尚未形成多元化的商业结构，商业结构单一和抗风险能力弱的问题仍较突出，特别是业态层次低、硬件基础弱、产业链条短，现代化流通手段运用少，核心竞争力较弱，没有形成新型完善的产业链条，与其他国际采购中心相比，在功能完善度、服务水平等方面存在较大差距。

4. 电子商务等新型经营模式兴起的冲击

流花服装商圈目前仍处在较为原始的经营扩张阶段，经营质量还没有新的突破，内涵也没有质的飞跃。在电子商务等新型经营模式兴起的冲击下，服装专业市场电子商务的兴起，将逐步淘汰旧的市场经营模式。流花服装商圈还未从"服装厂家→批发市场→服装店→消费者"的传统服装商业模式，转向"厂家→专卖店或电子商务平台→消费者"的现代销售模式，大部分商户仍沿

用旧的批发零售经营方式，没有将传统零售业务的供应链及物流体系、线上线下渠道等各环节进行整合，实现线上线下的立体营销。

5. 经营成本的快速上升

随着租金上涨、人工费用上升，流花商圈物美价廉的优势已不存在。外地服装产业集群迅速崛起，大批工厂内迁，成本低，就近采购等使流花商圈的服装批发业务被大大分流。

6. 国内其他服装市场的兴起和客源分流的挑战

广东一些服装厂内迁趋势明显，国内东北、华北、华东等地区形成了多个批发中心，凭借服装批发闻名全国的广州流花商圈，将受到这些新兴服装市场的夹击和客源分流的挑战。目前流花服装商圈的竞争压力更多来自外部。最近三年，全国各地的专业市场如雨后春笋般发展起来。如株洲、常熟、杭州、福州、武汉、北京等地区的服装商圈都已成长起来，且都是 50 万~60 万平方米的服装城，当地的一些采购商更愿意就近采购，大大分流了流花服装商圈的客户。

四　流花服装商圈发展壮大的经验启示

广州流花服装商圈在形成、发展及壮大中所形成的经验和教训，对于珠三角乃至全国其他地区发展城市商圈都具有一定的经验启示。笔者从以下几个方面进行了总结。

（一）政府应重视商圈的规划和发展

政府应加强商圈的整体规划、区域功能定位、宏观调控指导和市场激活。根据政府统一规划，确定区域功能定位，商圈功能要体现现代化、多元化和国际化。商圈的发展是一个系统工程，经济意义巨大，涉及范围极广，需要政府统一指挥，建立机制，协调和整合各类资源。

（二）扩大商圈内涵

商圈业态要向现代服务业、商务、商业方向发展。首先要构筑现代商业链，发展国内贸易、国际贸易和物流业，鼓励相关企业落户商圈，与原有企业形成互补和乘数放大效应，提高地区经济总量。其次应扩大国内外商务领域，挖掘商圈深厚的历史渊源和文化沉淀的优势，积极吸纳国内大企业、国际跨国公司乃至国际组织地区总部或办事处落户商圈。最后要扩展现代服务业，逐步吸引办公营业占地面积小、知识含量高、涉及金额大、税收较高的国内外设计规划、投资基金、金融保险、信息咨询、行业协会、中介组织等现代服务业落户商圈。

（三）商圈的发展要走"园区化、集群化和虚拟化"的路子

园区化是通过探索组织创新和服务创新的形式来整合各种资源要素，加大对研发、设计、创意、展示、营销、宣传等的投入力度，以期占据产业链和价值链的高端节点，实现高端带动低端，实现整个产业链的提升。集群化是指商圈应是一定地域范围内某类商品的贸易集散地。集群化有利于市场的整合和升级，发挥各自的优势，避免单打独斗。通过政府的力量整合各方资源，可向国家工商总局申请注册商圈这一集体商标，把商圈打造成区域内产业发展的一张靓丽名片。而批发市场的虚拟化过程一般先从经营的商品开始，首先是商品的虚拟化，即经营者不一定要真的拥有现货，客户认定的是某个市场经营者的信誉，客户需要什么商品，经营者可以利用他对生产商的掌握，随时去联系发货或向其他经营者调用。其次是经营者摊位或门店的虚拟化，电了商务为经营者在网上建立商铺后，经营者可以撤出市场，可以在各自的企业或公司里办公，而不必像过去那样不论酷暑严寒一年四季坐在市场里面，他的门店搬到了网上，客户可到网上与他联系。最后是市场的虚拟化，一旦经营者都离开了市场，有形市场也就剩下一个空壳，失去了存在的价值，市场将依靠它的品牌、电子商务平台、物流设施来运作，成为一个完全的虚拟市场。

（四）商圈应采用现代科技手段，打造"智慧商城与数字贸易"

智慧商城是新一轮产业结构调整和产业转型的趋势和方向，依托云计算、物联网、高端软件、第四代移动通信技术等一系列新科技、新技术，为传统商城构建起智能网络、智能管理、智能物业、智能商业、智能监管、智能预警等。"智慧商城"本身也孕育着一批新兴业态，特别是互动共享、数字商铺、

专业资讯服务等高端信息服务业，以此获得新的竞争优势。例如：在市场内安装一套"智能客流分析系统"，智能摄像头可以自动报告服装城进出人数和实时滞留人数，甚至是男女比例，据此可以推算客流量、顾客提袋率等商业数据。"智能客流分析系统"还可以与商城内各级管理人员的手机进行对接，实时查看店铺内的客流情况和治安情况，随时随地调动客服、安保人员。商铺内还可以安装"电子装扮镜"，采购客户站在电子镜前，就可以随意移动搭配各个系列新品，电子镜还可根据年龄、脸形、流行主题给出搭配建议。如果在样板服装上植入 RFID 芯片，就可以根据顾客摸试频率确定流行款，而不用盲目生产追"爆款"造成不必要的库存。

（五）打造商圈品牌

应加强商圈宣传力度，适应品牌化营运需求，掌握品牌发展规律，提高商圈的品牌含金量，使其在全国或区域内有较高知名度。商圈建设应主要体现四大功能：一是理论创新功能；二是研发设计功能；三是品牌展示推广功能；四是基金扶持功能。应发挥商圈的领导力，扶持品牌发展。商圈还应帮扶进驻企业升级转型，建立品牌运营系统，在国内快速建立销售渠道，为广大商户提供品牌设计企划、品牌终端管理、品牌营运管理等全方位的培训服务，起到品牌孵化器的作用。

珠三角其他城市主要商圈研究

Research on Trade Areas in Other Cities of Pearl River Delta

B.8

深圳市商圈的形成、分布及发展研究

杨叶飞　窦志铭　花　涛*

摘　要：

深圳是我国改革开放的前沿和示范点，在数年之间从一个小镇迅速崛起为具有国际影响力的现代化大都市。深圳诸商圈是伴随着深圳经济社会的快速发展而不断涌现的，目前已形成东门商圈、华强北商圈、人民南商圈及宝安商圈共同发展的局面。本文介绍了深圳市重要商圈的商业构成，并对其存在的问题及发展前景进行了深入论述。

关键词：

深圳　商圈　东门商圈　华强北商圈　人民南商圈

* 杨叶飞，深圳职业技术学院管理学院市场营销专业主任，副教授，研究方向：市场营销和流通经济；窦志铭，深圳职业技术学院管理学院院长，教授，中国商品学会副会长，研究方向：流通经济和企业管理；花涛，深圳零售商业行业协会会长。

深圳市，又称"鹏城"，是中国南部海滨城市，地处广东省南部，珠江口东岸，东临大亚湾和大鹏湾，西濒珠江口和伶仃洋，南边通过深圳河与香港相连，北部与东莞、惠州两城市接壤，并通过辽阔海域连接南海及太平洋，属亚热带海洋性气候，温润宜人，降水丰富。深圳是中国第一个经济特区，于1980年8月26日正式设立。全市土地总面积为1953平方公里，其中经济特区面积为395.81平方公里。深圳全市辖6个行政区和两个新区：罗湖区、福田区、南山区、盐田区、宝安区、龙岗区、光明新区和坪山新区。2011年末，全市常住人口1046.74万人，户籍人口267.90万人。经过32年的建设和发展，深圳由一个昔日的边陲小镇发展成为具有一定国际影响力的新兴现代化城市，创造了举世瞩目的"深圳速度"。中国社会科学院发布的《2012年中国城市竞争力蓝皮书：中国城市竞争力报告》对中国大陆地级以上城市综合竞争力2011年度排名显示，深圳位列第三，仅次于上海、北京。深圳是中国对外交往的重要国际门户，是中国改革开放和现代化建设的精彩缩影。

作为改革开放窗口和新兴移民城市，深圳独特的地缘和人文环境，造就了这里文化的开放性、包容性和创新性，是最适宜海内外英才创业拓展的活力之都。根据《珠江三角洲地区改革发展规划纲要》，深圳定位为"国家综合配套改革试验区""全国经济中心城市""国家创新型城市""中国特色社会主义示范市"和"国际化城市"。

根据深圳市规划局《深圳市城市总体规划（2007~2020）》草案，未来深圳在城市空间布局整体结构上将呈现"三轴两带多中心"的组团结构，并建立起三级城市中心体系——2个城市中心、5个城市副中心、8个组团中心。[①]其中，两个城市中心便是福田中心和前海中心。福田中心由福田中心区和罗湖中心区组成，主要发展市级行政、文化、商业、商务等功能；前海中心，包括前海、后海和宝安中心区，主要发展区域性的生产性服务业与总部经济。5个城市副中心为龙岗中心、龙华中心、光明新城中心、坪山新城中心和盐田中心，主要承担部分区域或城市分区范围内的综合服务职能。发展地区性商业、文化等公共服务职能，带动地区整体发展。8个城市组团中心，

① 《深圳市城市总体规划（2007~2020）》。

即航空城、沙井、松岗、观澜、平湖、布吉、横岗、葵涌，是城市组团的综合服务中心。

深圳是一座工业基础深厚，商业、服务业、金融业等非常发达的中心城市。依托充足的商品来源和巨大的消费需求，深圳商贸零售批发业发展具有较大的活力，形成了以东门、华强北、人民南为主，分布范围包含各大城市中心与副中心，包含八大商圈的商业格局。

一 深圳商圈发展的经济与社会背景

面对复杂严峻的国内外经济环境，"十一五"期间，深圳围绕科学发展的主题和加快转变经济发展方式的主线，坚持有质量的稳定增长和可持续的全面发展的基本方针，坚持稳增长和调结构相结合，坚持速度与质量相统一，加强经济运行调节，化解经济下行压力，经济增长质量不断提升、经济结构不断优化升级、自主创新能力不断提升、内外需持续稳步增长、城市人均可支配收入稳步提高。[①]

（一）经济总量稳步增长，结构不断优化

2011 年，初步核算全市生产总值为 11502.06 亿元，生产总值在全国内地城市中继续保持第四位次（见表 1），三次产业结构为 0：46.5：53.5。

表 1 2011 年深圳 GDP 的具体情况

单位：亿元，%

	本地生产总值		第一产业		第二产业		第三产业	
	绝对值	增速	绝对值	增速	绝对值	增速	绝对值	增速
全市合计	11502.06	10.0	5.70	−22.3	5343.33	11.8	6153.03	8.5
福田区	2098.63	8.5	0.56	−12.8	177.73	−3.8	1920.33	9.6
罗湖区	1209.16	8.2	0.11	−32.4	107.94	10.1	1101.10	8.0
盐田区	325.36	10.0	0.05	−0.2	74.94	6.4	250.37	10.9
南山区	2441.75	11.6	1.34	−1.2	1472.75	12.7	967.66	9.9

① 《深圳市 2011 年国民经济和社会发展统计公报》。

续表

	本地生产总值		第一产业		第二产业		第三产业	
	绝对值	增速	绝对值	增速	绝对值	增速	绝对值	增速
宝安区(含光明新区)	3269.52	14.5	1.69	−10.5	2072.16	17.5	1195.67	9.7
宝安区(不含光明新区)	2887.83	13.2	0.76	−22.1	1803.86	15.7	1083.21	8.5
光明新区	381.69	28.5	0.93	−3.0	268.30	31.7	112.46	11.5
龙岗区(含坪山新区)	2157.64	12.0	1.94	3.5	1437.80	14.2	717.90	7.7
龙岗区(不含坪山新区)	1881.31	11.5	0.94	7.4	1236.02	14.0	644.38	7.0
坪山新区	276.33	14.5	1.03	0.0	201.78	15.4	73.52	9.8

数据来源:《深圳市 2011 年国民经济和社会发展统计公报》。

(二)地方财政增长速度快,实力雄厚

2006~2011 年,深圳地方财政实力明显提升,2011 年达到 1339.59 亿元(见图 1)。

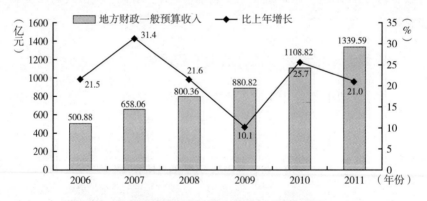

图 1　深圳地方财政一般预算收入和增长速度

数据来源:《深圳市 2011 年国民经济和社会发展统计公报》。

(三)社会消费品零售活跃,增速快于 GDP 增长

2006~2011 年全市社会消费品零售总额增长速度快,年均增长 15%,高于同期 GDP 的增长速度,2011 年全市社会消费品零售总额 3520.87 亿元(见图 2 和表 2)。

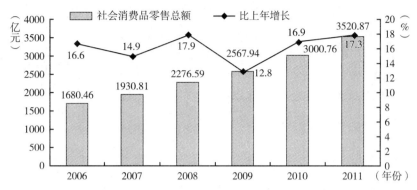

图2 社会消费品零售总额和年增长速度

数据来源:《深圳市2011年国民经济和社会发展统计公报》。

表2 深圳2011年社会消费品零售总额与分区状况

	绝对值(亿元)	比上年增长(%)
全市合计	3520.87	17.8
福田区	1086.09	17.0
罗湖区	707.93	17.5
盐田区	41.67	16.9
南山区	457.27	19.7
宝安区(含光明新区)	764.38	17.6
宝安区(不含光明新区)	703.23	16.9
光明新区	61.15	25.2
龙岗区(含坪山新区)	463.53	18.5
龙岗区(不含坪山新区)	421.58	17.9
坪山新区	41.95	25.0

数据来源:《深圳市2011年国民经济和社会发展统计公报》。

(四)深圳进出口总额连创新高,多年雄居全国首位

2011年深圳市外贸进出口总值达4090.99亿美元,在全国大中型城市中保持外贸出口"十九连冠"(金额和增长速度具体参见图3)。

(五)人均可支配收入和居民存款稳步提升,物价增幅合理

2006~2011年深圳居民人均可支配收入和居民存款总额稳步提升,2011年人均可支配收入达到36505.04元,存款总额达到7427.64亿元。与此同时物价整体增幅不大,在可控范围之内(见图4、图5、图6)。

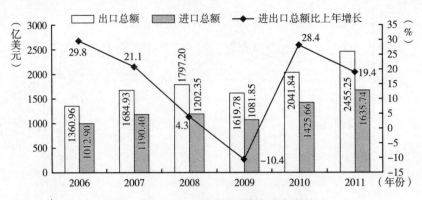

图3　2006～2011进出口总额与增长速度

数据来源：《深圳市2011年国民经济和社会发展统计公报》。

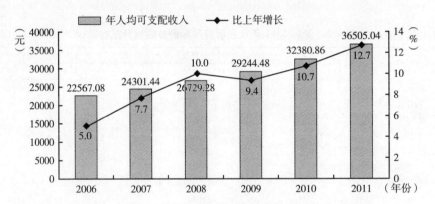

图4　2006～2011年深圳人均可支配收入与增长率

数据来源：《深圳市2011年国民经济和社会发展统计公报》。

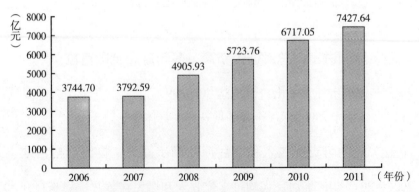

图5　2006～2011年深圳居民存款总额

数据来源：《深圳市2011年国民经济和社会发展统计公报》。

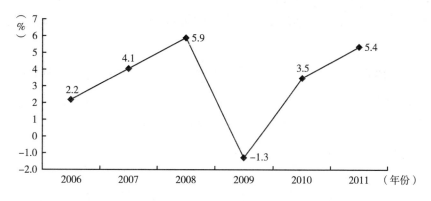

图6　2006～2011年深圳市物价增长指数

数据来源：《深圳市2011年国民经济和社会发展统计公报》。

二　深圳商圈概况

深圳商圈的形成和发展符合商圈形成和发展的一般经济规律，并与深圳的城市化密不可分、如影随形。经过30多年的磨砺与探索，深圳成功地创造了令世人瞩目的"深圳速度"，从南方滨海小渔村蜕变成了一个初具规模的区域性国际化大都市。伴随经济的腾飞，深圳商业同样取得了巨大成就。业已形成多商圈并存的多业态、多业种、多层次的立体化竞争新格局。

（一）深圳商圈发展阶段

以时间为线索，借用"时态"来简要描述深圳商圈的过去、现在和未来，可把深圳商圈的形成分为三个阶段。①

第一阶段，1980～1992年，现代商圈的萌芽期。1980年特区成立之前，深圳仅是南海边的边陲渔村，现代商业还不见影踪，商圈更无从谈起。特区成立后，伴随着经济、人口的快速增长，城市建设的迅猛发展以及对外交流的日益扩大，商业得到大幅度提升，初级商圈开始形成。到1992年，在现在罗湖区的人民南和老东门、南山区的蛇口一带，现代商圈的雏形初步显现。这一时

---

① 《深圳商圈的变迁史》，中国地产网，2009年10月10日。

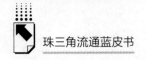

期的商圈层次较低，辐射范围很有限，也仅能够满足区域内的一般消费，层次大约介于现在的区域商圈和社区商圈之间。

第二阶段，1992～2002 年，现代商圈形成期。1992 年初邓小平的"南行"给深圳带来了翻天覆地的变化，深圳的城市建设日新月异，商圈也有跨越式提升。十年间，深圳商圈的基本格局初步形成，市级商圈有人民南、东门、华强北，区域商圈有南头、宝城等，社区商圈则更多，商圈已基本可以满足深圳作为大都市的商业需求。2002 年，深圳已初步形成了所谓的"八大商圈"，即东门、华强北、人民南、深南中、华侨城、南山、宝安中心区、龙岗中心城。这"八大商圈"主导着深圳的商业格局，代表着深圳的商业形象，推动了深圳经济的发展。其中东门商圈、福田华强北和南山商圈为三大主力商圈；人民南商圈、深南中商圈、华侨城商圈为三大特色商圈；宝安中心商圈、龙岗中心城商圈为关外新兴商圈（具体分布情况如图 7 所示）。

图 7　深圳主要商业区分布图

第三阶段，2002 年至今，各大商圈的优化和新商圈的兴起。伴随着城市化进程的深入，深圳八大商圈总体稳步发展并逐步优化，同时一大批新兴商圈不断涌现。随着深圳 CBD 的建成、前海深港现代服务业合作区开发开放和关内外一体化的推进，一些新的商圈逐渐形成。以购物公园为主体的福田中心区商圈逐渐成熟，前海商圈、龙华商圈等正在兴起。按照《深圳市商业网点规划（2006～2010）》，深圳目前已形成了较为完善的商业布局体系，初步形成了"市级商业区、区级商业区、社区商业区和特色商业街区"四级八类、分工明确的商业等级体系（见表3）。在空间布局上，全市已形成"以地铁1号线和4号线为商业主轴，沿东部205国道和西部107国道分布的批发商贸带"，各类型商业区呈网状分布的"两轴两带"商业格局。[①]

表3 深圳各主要商业聚集区等级列表

商业等级	商业区类型	数量	商业区分布
市级商业	市级商业区	2	福田华强北商业区、罗湖金三角商业片区
	次市级商业区	3	福田中心商业区、宝安中心商业区、龙城商业区
区级商业	区中心商业区	8	东园路商业区、南头商业区、南油商业区、沙头角商业区、布吉商业区、新安商业区、沙井商业区、龙华商业区
	片区中心商业区	大量	居民聚集区
社区商业	社区商业中心	大量	大型居住区
	邻里商业单元	大量	各住宅区
特色商业	特色商业区	8	笋岗、水贝黄金珠宝、沙河东家居建材、沙尾工艺品、福永家居、三大汽车市场
	特色商业街	8	东门老街、中英街、蛇口山海酒吧街、龙岗圩商业街

深圳零售业在激烈的市场竞争中不断发展壮大。接连的洗牌和重组，不仅给深圳零售业带来了生机和活力，也带来了扑朔迷离的市场局面。单打独斗、称霸一方的现象已成过去时，各零售商经过市场的洗礼，已逐步认识到只有依靠整体力量，形成规模效应，重新进行资源整合，才能得到进一步发展。

深圳市主要商圈相关内容比较如表4所示。

表4 深圳市主要商圈比较

商圈名称	主要商业名称	业态特征	总营业面积	商业地位	人流量/日
东门商圈	茂业百货东门店、白马服装批发市场	步行街、专卖店、批发市场等	东门商业步行街总占地面积17.6万平方米，建筑面积65万平方米，其中商业经营面积约50万平方米	是深圳历史最悠久的商业区	30万到50万人次/日

---

① 《深圳市城市总体规划（2007~2020）》。

商圈名称	主要商业名称	业态特征	总营业面积	商业地位	人流量/日
民南路商圈	华润万象城综合体、金光华广场等	大型购物中心、百货、专卖店等	面积约1.4万平方米	一度是深圳商业的名片	30万人次/日
华强北商圈	赛格电子广场等	批发市场、专业店等	商业面积62万平方米	被誉为"中国电子第一街",已发展为"亚洲最大的电子元器件集散中心"	60万人次/日,节假日达80万人次/日
福田商圈	中心城、中信城市广场、星河COCOPARK等	大型购物中心、百货等	总占地2.33平方公里,商业总面积达到50万平方米左右	作为深圳的商务中心,以总部经济为核心	日均5万人次

资料来源：广东商学院流通经济研究所数据库。

（二）深圳主要商圈基本情况

1. 东门商圈（传统综合型）

最初的东门，只不过是周边几个村庄共同参与的集市，主要的商户都是一些小商小贩，经营着针头线脑之类的小商品。随着时代的发展，这里逐渐演变成贩夫走卒们的一个固定通商地点，成为周边地区的一个商业中心。真正使东门商圈形成规模的是在深圳成为经济特区之后，借助改革开放的东风，这里由过去的集市蜕变为一个现代的商业物流中心，在批发市场的集聚效应下，街街成市，商业繁忙。

随着深圳特区建设的飞速发展，老街的陈旧和拥挤早已承载不下巨大的商业人流，政府从1998年开始花大力气进行东门老街改造，历时3年，总投资5.7亿元。到2001年底，东门改造项目已经基本完成，呈现给我们的是一个集零售、批发、休闲、娱乐、服务为一体的大型商业圈。

东门商圈位于罗湖区，由东门老街演变而成，具体位于人民公园路以东，深南东路以北，文锦中路以西，笋岗东路以南，约5平方公里，其中以人民北路和解放中路为轴线，以太阳广场到东门茂业百货为最核心地段，形成了全国面积最大的商业步行街，是集商贸、购物、游乐、观光、休闲、居住、办公为一体的多功能、现代化商业街区，被定位成"深圳的窗口、罗湖的品牌"。东门商圈的形成、繁荣和发展，得益于东门步行街的改造。改造后东门商业步行街区由 12 条步行街相连，包括 40 余个商业大厦和千余间商铺及大大小小4000 多个商家。平均日客流量达 50 万人次，节假日日客流量达上百万人次，年营业额达 50 亿元。

东门商圈作为商业聚集地的历史可以追溯到 300 多年前的明代中后期，从最早的乡村集市到后来的通商中心、商业物流中心，再到现在全国最大的步行商业街和现代商业中心，可谓深圳历史最古老的成功商业街区。

东门老街是历史味道浓厚的商业密集中心，一直是深圳商铺最密集、客流最集中、商品最丰富、历史最悠久的商业旺区。各式商场、酒楼茶肆、网吧、歌舞厅、美容美发、古董陶瓷、琴行画店、影楼剧院、数码城、广告设计及制作应有尽有。东门老街已经成为深圳商贸业的一面旗帜，被誉为"深圳商业的根，深圳商业的魂"。在深圳，"没到东门老街，就不算来过深圳"。经过改造的东门商业街已成为集购物、休闲和旅游观光于一体的新型步行街，是中国18 条重要商街之一。

东门步行街的成功除了靠"老字号"外，最重要的是定位明确。它抓住一大批中低收入者的消费习惯和消费趋势，低价却不失时尚，商铺多而不乱。它立足大众消费，凭借低价、时尚和年轻化，拥有了一大批忠实的消费者。逛东门，不仅能享受现代化的商业服务，还能欣赏到丰富多彩的历史文化和旅游文化景点。无论是本地市民还是外来游客，无论是打工子弟还是高收入阶层，东门总是他们购物休闲的理想场所之一。东门商圈主要商场如表 5 所示。

表 5　东门商圈主要商场

经营类别	代　表　商　场
综合性百货	茂业百货东门店、青春店、岁宝和平店、天虹商场东门店、太阳百货
专业商场	博雅书店、旺角购物中心、天龙商业城、新鸿基商业中心、中海商业城、九龙城、越港商业中心
批发市场	白马服装市场、明华服装市场、骏马宝华服装市场、柠檬街、大童装童装市场

2. 人民南商圈（时尚潮流式）

人民南片区一度是深圳商业的名片，特别是在 20 世纪 90 年代前期。当时的盛况是北京有王府井，上海有南京路，深圳有人民南。到不了香港的大陆人，以在深圳人民南和沙头角购物为荣；老深圳人在人民南免税店购物送礼总是特别有面子。

人民南商圈位于罗湖区的西部，深南路以南，文锦南路以西，建设路以东，沿河路以北，以人民南路为轴心，是深圳开发最早、开发程度最高的商业片区。商务、双口岸优势明显。罗湖口岸是全国最繁忙的陆路旅检口岸，而人民南是口岸的必经之地。1980年代初，深圳国商率先在人民南开了一家数千平方米的商场，由于地处罗湖口岸，国商当时被誉为"国门第一商"。

人民南商圈是深圳市早期城市建设的象征，是深圳商圈最初的繁衍地之一，也是深圳目前档次最高的核心商业区。街区内高楼林立，购物环境幽雅舒适，中外名牌商品荟萃一堂，是境内外游客和深圳高收入阶层的首选购物场所。商圈拥有商业面积达18万平方米的华润购物中心万象城、商业面积12万平方米的金光华商业城，以及罗湖商业城、友谊城、国商等一批大型老牌商业名店，沃尔玛、华润万佳、百佳、新一佳等一批大型连锁超市和一大批品牌专卖店共享人流和商机。这里是深圳市面积最大、大商业最集中、业态最全、商品种类最齐全、经营理念先进、环境具有国际一流水平、能代表深圳城市形象的标志性商圈，在内地和港澳都享有较高知名度的中心商业区。

该区同时也是深圳各类酒店密度最大的区域，有香格里拉、富临、彭年等5座五星级大酒店；娱乐业也是深圳最发达的，集中了各种影剧院、歌舞厅、卡拉OK厅和迪斯科舞厅等；这里还有数百家餐饮企业、1万多家公司、16家金融机构和相当数量的金融服务网点；有相当一批跨国公司办事处入驻人民南，如沃尔玛亚洲采购中心、丹麦的马士基公司等；全市外资金融机构的90%在该片区。

人民南路商圈立足于豪华高档，以众多高档次的百货商店和精品商场为依托，吸引来自内地和深圳的中高层消费者和香港居民，成为中高收入及白领阶层购物的首选区域。商圈特色为综合百货，是集购物、餐饮、娱乐、旅游、商务五大功能于一体的区域型现代化商业文化中心。

目前该商圈主要商场有华润万象城综合体、金光华广场、国贸、钻石广场、友谊城百货、罗湖商业城、香港女人城、航城艺都等。

3. 华强北商圈（新兴主流型）

20 世纪 80 年代的华强北是上步工业区，从 1988 年深圳城市总体规划修编时起，华强北的功能定位正式由工业区变更为商业区。在电子消费的拉动下，华强北吸引了众多百货类商家及家电商家的强势进驻，促使其向综合性商圈发展。在不到 20 年的时间内，华强北不但实现了由工业区向商业区的转变，并且一跃成为深圳市规模最大、业态最丰富、功能最齐全的商业街。另外，华强北原是厂房集中的工业区，20 世纪 90 年代，由于区内电子等专业市场的发展，吸引了大量上下游配套行业和服务性行业的聚集，带来了大量的商务/创业需求，集聚了大量人气，又进一步促进了零售业、餐饮业等行业的发展，使华强北在短短几年内成为令人瞩目的商业旺区，也促使该区域以前的厂房全部改造成了商业用房，带来了滚滚人流。

华强北商圈位于福田区，是深圳商圈最初的繁衍地之一。商圈以华强北路为中心轴线，向振华路、振兴路、振中路及华发北路辐射，成一个"井"字结构。区域东起上步中路，西到华富路，北起红荔路，南到深南路，总占地面积 1.45 平方公里。商业总营业面积 62 万平方米。交通四通八达，平均日客流量达 60 万人次，节假日高峰达 80 万人次，年销售总额逾 600 亿元。华强北商圈与周围商圈位置如图 8 所示。

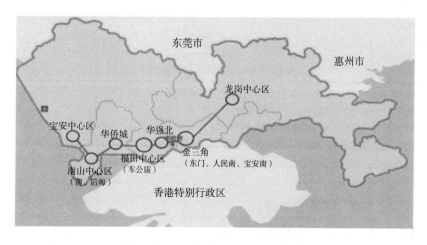

图 8 华强北商圈与周围商圈位置图

华强北商圈以电子市场为龙头，被誉为"中国电子第一街"，已发展为"亚洲最大的电子元器件集散中心"，是中国电子信息市场的风向标。商圈汇集了百货、服装、珠宝、餐饮、酒楼、金融等几十个行业，涉及现代商业的各行各业，其中，仅华强北沿街商业经营单位就有700多家，拥有全国最有影响的电子信息、钟表、珠宝、服装等20多家专业市场；营业面积在1万平方米以上的大型商场有21家，是达声、桑达、华发等20多家上市公司的总部所在地。华强北商业区已成为多业种、多业态、综合功能齐全的商业集合体，是全国客流、物资、资金流、信息流等流量最大的商业区之一，是深圳第一商圈，可与北京的王府井、上海的淮海路相媲美。具体如表6所示。

华强北商圈未来的定位是成为全国最具影响力、辐射海内外的高端电子信息服务、展示和交易中心，多元业态混合的高品质商业中心和生产型服务业中心，成为兼有商务办公、居住等功能的城市综合型片区。未来的规划是华强北路、振兴路两侧用地为地下空间开发核心区，形成以商业、服务业为主，兼文化娱乐、交通换乘、市政配套等多种功能的地下空间综合开发区域；核心区外围地下空间以停车功能为主，截流社会车辆进入核心区域。因此相关政府部门和企业目前已经对华强北片区进行了全面的城市更新改造，以提升华强北商圈的战略地位，使华强北商圈对深圳乃至整个珠三角的辐射力进一步增强，以中航城桥头堡和黄世纪汇打造城市新地标，最终成为全新的"珠三角购物天堂"。

表6　华强北商圈主要商业列表

业　态	商　场　名　称
电子市场	赛格电子广场、华强广场、赛博宏大
百货商场	茂业百货、天虹商场、紫荆城、群星广场、曼哈商业广场
专业商场	儿童世界、女人世界、男人世界、苏宁、顺电、国美、免税商场、深圳书城、博雅
其　他	振兴路服装专卖街(云集深圳最优秀的女装品牌旗舰店铺)、振中路(娱乐、饮食一条街)

4. 南山商圈（滨海度假型）

南山商圈是深圳市区内起步较晚而发展速度最快、发展空间最大的商圈，特别是2002年以来，其发展速度足可以用"突飞猛进"四个字来形容，目前南山商圈已成为深圳商业发展的又一重心。

南山区的后海、前海、蛇口片区是深圳高薪高素质人才的生活基地，文化水准普遍在大专以上，年龄主要集中在 25～40 岁之间，居住人口素质居深圳各片区之首，常住人口 40 余万。蛇口聚集了深圳市大部分外籍人士（超过3000 名），社区国际化氛围浓烈，具有较高的消费能力。目前已形成南山商业文化中心区、南油蛇口商圈、南头三个商业中心鼎立的格局。

（1）南山商业文化中心区东连滨海大道，南接后海住宅片区，西依南油大道，北望深圳大学；总用地面积 151 万平方米，规划总建筑面积为 243 万平方米，办公建筑面积为 44 万平方米，商业建筑面积约 35 万平方米。在海雅百货的带领下，南山商业文化中心区商圈迅速成型，形成了以海雅百货为中心，后海天虹、保利文化广场、海岸城（见表 7）等为侧翼的商业旺地，成为辐射深圳西部及周边地区的新兴滨海商圈，给周围的居民带来了更多的购物便利，成为南山商圈中的热点区域。

表 7　海岸城资料介绍

	经营规模、面积	业态特点	经营内容、品牌	经营状况及日均人流量
海岸城	总投资约 20 亿元人民币，建筑面积约 30 万平方米，其中：购物中心约 12 万平方米；写字楼约 14 万平方米；商业街约 4 万平方米	购物中心、专业店、大型超市等	集购物、休闲、娱乐、餐饮等为一体的大型购物中心，也是深圳唯一具有滨海风情特色的购物中心	是目前深圳西部经营面积最大、功能最齐全、服务人群最广、目前深圳西部规模最大的综合型商务及商业项目

资料来源：广东商学院流通经济研究所数据库。

（2）以沃尔玛、集美堂为核心的南油蛇口商圈，也是百佳、新一佳南山店等超市的集中地，是深圳颇具盛名的蛇口消费片区的"后勤部"。

（3）以家乐福、人人乐、天虹、沃尔玛社区店为核心的学府路一带的南头商圈，是南山最早的传统商业街，具有浓郁的商业气氛。

目前南山正在推进"三点一线一中心"的商务业发展战略，其中，"三点"为后海金融商务中心区、前海物流商务中心区及海上世界国际商务中心区；"一线"为滨海大道金融、商务、总部经济黄金线；"一中心"就是南油购物中心。后海中心定位为第三金融区和超级总部聚集地，将构建一个辐射珠三角的综合性区域金融服务中心，成为深圳未来的"中环"，前海片区是深港合作的核心地带，被称为深圳未来的"曼哈顿"。这些项目的规划建设，加上地铁1、2号线和西部通道的开通等一系列外部利好因素的促进，辅以南山庞大的土地储备和优越的地理位置，南山商业区在深圳的地位预计将进一步上升。南山将会从主要满足区内消费需求的局域商业中心，逐步发展成为具有区域外辐射能力的深圳西部副商业中心，日益凸显其作为未来城市发展方向的商业领军地位。

南山商圈的代表性商业主要有人人乐、海雅百货、岁宝百货、海岸城、保利文化广场、友谊城、花园城购物中心、蛇口海上世界、沃尔玛、信和春天百货、百安居、南山天虹、国美、苏宁、希尔顿酒店、南山书城、南山博物馆、歌剧院、新一佳等。

5. 福田中心商业圈（高档顶级）

福田中心商业圈，位于深圳中心商务区，是城市西移托起的新兴商圈之一。东起彩田路，西至新洲路，北临深南大道，南接滨河大道，总占地2.33平方公里，商业总面积达到50万平方米左右，作为深圳的商务中心，以总部经济为核心。这个区域是深圳未来集金融、商贸、信息、文化、会展及行政于一体的城市商务中心和行政文化中心。该商圈按照"总量平衡、布局合理、辐射力强、活跃繁荣、竞争有序"的现代城市商业网点体系标准正在建设，目标是成为具有深圳特色，代表城市商业形象，商业设施新颖独特，满足消费者购物、餐饮、娱乐、休闲等多种需求的具有国际水平的次市级商业区。具体如表8所示。

福田中心商圈由中央商务区、会展中心、高档酒店、高档住宅等项目构成，已有5家国际一流水准的五星级酒店与之配套，会展中心早已投入使用，每年带来约750万人的客流量。作为高标准建设的中心区商圈，其起点远远高于深圳其他商业区域。中心区南广场拥有18万平方米的商业面积，顶上将是郁郁葱葱的森林式公园，形成全中国独一无二的生态购物广场。以太平洋百货和家乐福为主力店的10万平方米的怡景中心城，8万平方米的晶岛国际购物中心，连同天虹购物广场和星河购物公园，形成中心区商圈四足鼎立的态势。从长远来看，拥有市民中心、少年宫、音乐厅、图书馆等六大市政配套工程的福田中心商业区将绝对抢占深圳市商业消费的最高点，是最具现代感的都市休闲消费去处。福田中心商圈总体情况如表9所示。

表 8　福田中心商圈主要概况

主要店铺名称	经营规模、面积	业态特点	经营内容、品牌	经营状况及日均人流量
中心城	2007 年 4 月 28 日正式开业,总建筑面积 14 万平方米,为 CBD 中心区最大的购物中心。中心城广场共五层,分别为 L 层、UG 层、G 层及 B1、B2 层	以"生态景观式休闲消费"为主导打造的集购物、休闲、旅游、餐饮、娱乐、文化等于一体的大型生态购物中心	中心区 CBD 中央,南毗邻国商晶岛购物中心,北邻市民中心广场,东街大中华交易广场,西接香格里拉大酒店	处于地铁会展中心 B 出口,地理位置绝佳
COCO PARK	总建筑面积 85000 平方米,共五层,有 1/4 的面积被设计为休闲空间,首家"内街"式购物中心,有 12 条折叠式内街,6000 平方米的下沉式露天广场,8 大自然光中庭,100 米空中天桥	大型购物中心、休闲娱乐城、专业店等	集餐饮、购物、休闲、娱乐等多功能于一体,拥有 200 余家国际国内知名品牌	深圳唯一的公园版情景式购物中心,最具时尚气质的购物中心
中信城市广场	项目占地 5.1 万平方米,由建筑面积 3.99 万平方米的中信大厦、7.18 万平方米的商业购物中心,经营面积达 2000 平方米的国际休闲(酒吧)街,以及 3 万平方米的星光广场组成	购物中心、休闲步行街等	有西武百货与吉之岛两大主力店;经营的国际著名品牌有:LV、Fend、Burberry、TOD'S、HugoBoss、Versace、Ermenegildo-Zegna、百胜餐饮、星巴克、哈根达斯,等等;还有中航健身会、屈臣氏、新南国影城、海港餐饮等国内知名品牌 100 多家	位于深南路市政府南侧,交通发达,人气兴旺,商业气氛浓愈,被深圳市主流媒体评为八大商圈之一

资料来源：广东商学院流通经济研究所数据库。

表 9　福田中心商圈总结

商圈定位	提供高档商品、餐饮和娱乐服务,主要消费群体是国内外商务客人及游客、在中心区进行商务及文化等活动的深圳居民及福田区中高收入居民
主要商场	怡景中心城、中信城市广场、晶岛国际购物中心、天虹购物广场、星河 COCOPARK 等

6. 华侨城商圈（旅游休闲式）

华侨城商圈以华侨城为中心,东至侨城东街健康广场,南至华侨城洲际酒店,西至世界之窗,北至玛雅水公园。这一商圈背靠优越的高档社区和旅游、休闲四大景区,一开始就引入了 Shopping-Mall 模式设计,使商圈起点更高。

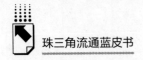

20 年前，华侨城这片土地上荒草丛生，20 年后这里彻底改头换面，出现了一座环境优美、独具特色的现代化海滨城区，社区住宅、生态环境按国际标准进行建筑和规划的"国际人居示范小区"。华侨城拥有锦绣中华、中国民俗文化村、世界之窗及欢乐谷四大主题公园。对于商业来说，人流为王，而在华侨城，最不缺的就是人流，华侨城是深圳最重要的旅游景点集中地，整个商圈年均客流量超过 5000 万人次。

华侨城铜锣湾的开业，标志着华侨城商圈的正式启动。目前华侨城商圈形成益田假日广场、京基百纳、欢乐海岸三足鼎立的态势，沃尔玛、湾畔百货、易家侬家居、步行精品廊布于其间。在主力店周围还遍布着特色食街、音响超市、美容会所、干洗店、健身房、酒吧风情街、西式快餐厅、书店、茶艺馆、药店、酒廊、儿童乐园等，与华侨城原有的饮食一条街构成新商业带，达到"一天休闲、一站购物、一家逛街"的目的，已成为白领阶层、青年一族、外国人和游客休闲购物的好去处。华侨城商圈具体情况如表 10 所示。

表 10　华侨城商圈主要资料

商圈定位	以旅游和休闲为特色，更多体现休闲购物、娱乐消费，把购物与度假、购物与旅游娱乐结合在一起
主要项目	世界之窗、欢乐谷、民俗文化村、锦绣中华和园博园五大主题公园，欢乐海岸、益田假日广场、京基百纳新生活广场、沃尔玛、湾畔百货等商业中心

7. 宝安中心区商圈（关外新兴商圈）

宝安中心区商圈包括宝安老中心商圈和宝安新中心商圈。宝安老城区商圈主要是指宝城 1～36 区，由湖滨路、广深高速、新安四路围合的片区。这里是宝安最早、最成熟的片区，也曾经是宝安地产的制高点，一直以来是宝安人居住生活的核心地带，聚集了御景台、冠城世家、新安湖花园等一批大型中高档住宅小区。这里是宝安商业的历史见证，是由香缤广场、新安购物中心组合的新兴商圈，这里是自发的商业地带，将形成宝安的华强北。

宝安新中心区位于深圳市西部，珠江口东岸，地处珠三角核心。东北临宝安大道，西北至碧海湾公园，东南隔湖滨西路与南山区相邻，西南面海。中心区以新安六路为界分为南北两部分，南片为滨海片区，北片为碧海片区。规划总用地面积 15.06 平方公里，其中滨海片区 6.82 平方公里，碧海片区 8.24 平方公里。宝安新中心商业区，位于宝安新中心区内。该商业区地处特区向西拓展的结合部，具有公路、水路、空港等交通优势，直接辐射宝安区经济发达的新安、西乡和福永三个街道，规划起点高、规模大，现代化程度高，将成为未来宝安高端商业的集中地。

宝安中心区商圈作为一个多业态并存，集购物、饮食、娱乐、休闲于一体的综合性、现代化大型商圈，是宝安全力打造的商业新名片。宝安有着人口密度较高、消费力强等得天独厚的商业条件，而宝安中心区更是一片商业沃土，随着地铁通车、社区入住、商务功能启动等，宝安中心区区域商圈成熟步伐明显加快，尤其是海雅缤纷城的建成，将极大提升该商圈的辐射力。

宝安商圈主要消费群体是区内常住居民，包括新中心区内的新增居民、107 国道沿线居民、香港及深圳特区内游客。该区商业总营业面积控制在 50 万平方米以内，在业态上，引入了中高档百货店、大型综合超市、大型专业店及各类品牌专卖店。宝安中心区商圈相关情况如表 11 所示。

表 11　宝安中心区商圈资料总结

商圈定位	深圳西部功能齐全、规模较大、业种业态丰富，集休闲、娱乐、餐饮、购物于一体，拥有多条特色商业街，引入百货、品牌旗舰店、精致生活超市、美食广场、酒吧街、主题餐厅等，能体现宝安区商业形象的次市级商业区
代表商场	港隆城购物中心、人人乐、沃尔玛、华润万佳百货、赛格电子城、国美电器、苏宁电器、家乐福、欧麦德

8. 龙岗商圈（关外新兴商圈）

龙岗商圈由龙岗中心城商圈和龙岗墟商圈两个子商圈组成。两个商圈总建筑面积高达 120 万平方米，接近东门和华强北两大市级商业中心面积的总和，商业前景不可限量。

龙岗中心城商圈包括龙翔大道、吉祥路和龙城中路两侧，龙岗中心城是深圳东部地区的行政、文化中心，一座现代化花园式卫星城市，中心城面积 32 平方公里，人口 25 万 ~ 30 万人。随着新城区中心的建设，本区域将形成以科技、教育、文化、卫生等高层次的第三产业为主体，高新技术产业为导向的综

215

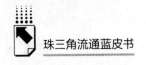

合型现代化新城区。

龙岗墟商圈则以传统老墟为核心，扩大至跨越 205 国道的取悦，龙岗天虹、柏龙广场、龙岗赛格、五洲风情在深惠路沿线南侧一字排开，形成长 800 米的现代化商业带，和深惠路另一边的龙岗老街片区一起，形成了以深惠公路为南北轴的空间分布格局，共同构成龙岗历史最悠久，也最为成熟的商业区，是商业网店集聚度最高的地区。

龙岗地处深圳、东莞、惠州的"金三角"，具有商业发展的先天优势。龙岗商业业态已经涵盖传统百货、MALL、商业步行街、物流地产、专业市场、品牌折扣城等，成为深圳商业业态最为丰富的区域。

代表商场包括五洲风情 MALL、鹏达假日 MALL、龙岗星河购物中心、柏龙奥特莱斯商城、龙岗步行街、人人购物广场、龙岗天虹、世贸百货、万佳百货、铭可达、百佳等。

三 深圳商圈存在的问题及未来前景分析

（一）深圳商圈存在的问题分析

1. 商业影响力有待提高

经过多年的发展，深圳商圈虽然发展迅速，商业繁荣，但与上海、北京等国内大城市的商业中心相比，还有明显的差距，目前尚没有一个名扬全国的商圈，各商圈也没有一个像上海的徐家汇商圈一样，拥有太平洋百货、东方商厦、港汇购物广场等响当当的招牌企业。由于商业区的发展缺乏足够的吸引力，深圳商业失去了不少商机。据调查，国内游客在香港旅游用在购物上的支出平均超过 2000 港币，而在深圳旅游用在购物上的支出平均不过 200 元人民币。虽然两者之间存在诸多不可比的因素，但仍可从中感受到深圳的差距。深圳的政治和地理位置特殊，开放的市场虽然给企业带来了活力，但也造成了开发、经营的盲目性，导致商圈之间和商圈内各店铺的经营特色不明显，这是深圳各商圈无法出现领军商业企业的根本原因。商圈不能错位经营，各商圈经营产品无特色，商场主题定位模糊，缺乏严格的功能区分，造成"千店一面"

的趋同化竞争，不断引发价格战。

尽管我们能够看到目前的繁荣，但在这个瞬息万变的时代，这种平民式的繁荣能够持续多久依然是需要经过时间考验的。可能在将来相当长的一段时期内，深圳商圈的档次仍会停留在目前的水平，毕竟深圳文化沉淀时期还短，能形成真正的影响力还有待时日。

按照深圳商业网点规划及商业组团规划，尽管深圳已经拥有一批实力雄厚的连锁企业，且大部分总部设于深圳，这些企业在深圳市场居主导地位，并正在积极开拓国内市场，部分已经在全国居领先地位，但打造深圳商业品牌，培育具有全国性知名度的商业旺区，提高服务质量，扩大深圳商业的辐射范围，增强对异地消费者的吸引力依然需要时间，需要市场经济的进一步发展。

2. 社区商业缺失

社区商铺以方便附近居民为主，经营定位多以社区的需要为依托，对品牌的知名度要求不高，自由度大、安全度高、成长性居中。消费结构的变化表明，深圳居民开始追求较高层次的消费需求，导致了需求多样化和个性化程度的提高，消费者不仅要求有满足便利性购物和日常购物的消费场所，更需要能满足一站式购物和一站式消费的场所，以及能够满足个性化需求的特色消费场所。

目前深圳的商圈绝大多数都处于过境任务相当繁重的区域，缺乏基于人行尺度的街区感较强的商圈。比如华强北，比如人民南，都处于交通要道的主干道上，人流虽多，可惜都是以过境为目的的，真正能够停留下来的不多。俗话说："激流当中鱼不养，大路两边商不旺。"以过境为目的，对于批发型商业、大型商业是有好处的，但对于那些着眼于休闲、文化、娱乐等活动的消费者是不利的，更不用说在大路两边去很从容地逛街了。只有提供消费者喜欢、贴近消费者生活需求的产品和服务，才可以真正留住消费者。

3. 配套设施不够完善

任何一个商圈的形成和发展，都离不开优越的位置和发达的交通，但随着汽车家庭化，汽车数量剧增，各商圈的路面交通已不适应发展的需要。交通阻塞、没地方停车的现象在各商圈普遍存在，有的商场甚至没有停车场，有的把

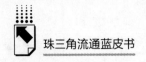

地下停车场改为超市，这样做似乎提高了商场利用率、扩大了规模，但往往导致中高层消费群减少，销售额下降，失去了具品牌忠诚度的顾客。

由于缺乏土地资源，各类新兴商业区内专业商业设施缺乏，很多网点都设于商住综合楼宇中，多数都存在建筑结构不适用、交通配套不足等问题。没有专门的规划，各种商业中心都是自发形成的，随着规模的扩大，带来了一系列环境问题，如废水、废气和废油的排放缺乏相应的处理条件，直接影响周边环境；交通问题日益严重，特别是停车位不足造成周边交通拥堵；市场布局的随意性较大，容易形成与城市其他功能的冲突。另外，不少早期发展的市场周边已成为人口密度较高、交通比较拥堵的居民区或商业旺区，比如华强北的电子批发市场，布吉农批与福田农批市场，影响了市场的集散功能。

一个小型城市，却搭载着繁盛的经济动力。如何合理地利用深圳市的每一寸有限的黄金地块，既考验城市管理者的科学规划水平，也要求城市管理者能用科学统一的目光，合理规划城市发展。同时，更要求商业发展站在消费者角度考虑问题，完善配套设施，使土地发挥最大的经济效用。

（二）深圳商圈成长性分析

目前深圳仍处于快速"扩张"阶段，经济、人口规模高速增长，城市发展以福田中心区为轴心，向东西两翼快速推进，众多卫星城逐步兴建形成，区域商业中心发展日新月异，住宅、商业投资消费呈现出前所未有的繁荣前景。从商圈的分布发展来看，全市基本形成了超级区域（市级）中心商圈、区域（区级次）中心商圈、社区商圈多层次均衡发展的格局。市级中心商圈以东门、人民南、宝安南、华强北为代表，依然是全市商业高地，引领消费潮流。福田 CBD 商圈、后海商圈是规划中的市级商圈，是未来的商业新贵，正奋起直追，瞄准主角地位；区级次中心商圈以蛇口、宝安中心区、龙岗中心区商圈为代表，新规划、完善的市政设施和无可比拟的发展前景是其独占优势；社区商圈以南头商圈、宝城商圈、华侨城商圈为代表，以满足片区居民日常消费为主。从业态发展看，深圳商业已经从以百货为主导的商业业态发展到以超级综合市场、专业店、专卖店和大型购物中心为主导的商业业态，总体发展十分迅猛。

1. 传统商圈升级潜力大

作为深圳的老商业旺区，人民南、东门、华强北三大商圈一直是人们关注的焦点。自 1997 年以来，深圳有关部门先后对东门和华强北进行了改造，并取得了显著效果。随着后期政府对其改造的进行，加上科学合理的规划，商圈规划将和城市规划紧密结合，引入市场竞争机制，发挥商圈最大的特色和魅力。除了做好商圈定位，突出特色，还应提升商圈的综合服务配套功能，比如休闲娱乐场所、交通等。另外，为了更好地打造商圈，不仅要引进知名度高的名牌，还要扶持中高档品牌，特别是本土化品牌，以此来展现深圳的本土文化，营造大都市气息。此外还要做好宣传工作。不仅要拓展市内宣传，更要利用都市特色商圈作为又一新名片，吸引全国其他省市的游客来深圳特区观光，在品牌、服务、性能上提档升级，打造特区大都市形象。

2. 前海经济区发展迅速

前海地区位于深圳南山半岛西部，珠江口东岸，包括南头半岛西部和宝安中心区。紧临香港国际机场和深圳机场两大空港，深圳—中山跨江通道、深圳西部港区和深圳北站、广深沿江高速公路贯通其中，未来可在 10 分钟内抵达深港两地机场，半小时内抵达香港中环。由此，前海将成为深圳未来的明珠，或者说是珠三角甚至是泛珠三角地区未来的明珠。2010 年，国家批复同意《前海深港现代服务业合作区总体发展规划》，前海开发上升为国家战略，是迄今为止国家批准的地域面积最小的区域规划。2011 年 3 月，前海开发被写入国家"十二五"规划纲要，成为"十二五"时期粤港澳合作和广东转型升级的"三大平台"之一。发挥前海独特的地理优势，使深圳速度二次实现跳跃，也是深圳能在当前经济环境中继续保持领先的原因。前海作为粤港现代服务业区，得到了深港两地政府的高度重视，通过发展前海，进一步巩固和优化深港作为中国贸易企业和资金进出跳板和枢纽的地位，将更有利于推动和提升全国服务业的发展和水平。① 前海规划区地理位置如图 9 所示。

深港两地政府均意识到了前海合作的重要性，不仅签署了《关于推进前

---

① 周少杰：《深港基因融合 前海"藏宝图"浮现》，《中国证券报》2012 年 6 月 25 日。

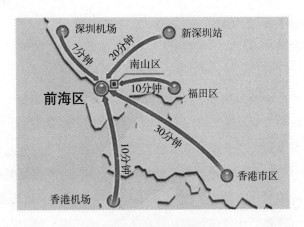

图 9　前海规划区地理位置

海深港现代服务业合作的意向书》，而且成立了前海专责联络机构和协调机制，两地在基础设施、产业发展、环境保护、要素流动等方面相继签署了一系列合作文件，已初步形成了前海深港合作的政策框架。再看产业环境，香港作为国际金融、贸易、航运中心，是全球服务业最发达的地区之一，服务业产值占 GDP 的比重为 92.3%，服务业贸易出口总值位列全球城市前 10 名。而深圳服务业发展迅猛，服务业的基础和综合实力不断增强，服务业增加值占 GDP 的 53.2%，已具备了和香港在较高水平上合作发展的能力。深港两地的服务业发展优势和珠三角地区世界级制造业基地的巨大需求，为深港合作发展现代服务业提供了强有力的产业支撑。

3. 新型社区进入快速发展时期

社区商业是一种以社区范围内的居民为服务对象，以便民、利民，满足和促进居民综合消费为目标的属地型商业。社区商业所提供的服务主要是社区居民需要的日常生活服务，这些服务具有经常性、便利性，但不一定价格低廉的特点。因此社区商业具有稳定的市场基础，并将随着居民收入水平的提高得到更大的发展。根据市场机制对商业网点的数量、面积和结构进行规划，把满足消费者、方便消费者放在第一考虑位置，同时根据城市总体发展目标和资源条件，提出政策导向，完善发展机制，整合商业资源，改善商业配套设施，可以减少功能冲突和布局分散的不合理现象，使商业体系更好地服务市民，适应产业及城市发展的需要。而发展层次分明的商业网点体系，可最大程度地满足不同类型的消费需求，也可以避免恶性竞争的不利局面。根据消费者不同类型的消费需求，划分商业等级，引导能够满足同类型消费需求的商业网点尽量在相应区域集聚，形成层次分明的商业等级体系，可以更好地服务消费者。[①]

近年深圳经济快速发展，居民收入水平不断提高。深圳新型社区不断形成，每一社区都聚居着大量人群，暗含着商机，因此，社区化是未来商业发展的另一趋势。

---

① 《深圳市商业分级设置方法》。

B.9
东莞市主要商圈发展的现状、问题及对策研究

陈海权　汪立文*

摘　要:

　　近年来,东莞市坚持以经济建设为中心,大力发展外向型经济,经济发展水平不断提高,城市化进程不断加快,市域内逐步形成了以"一主八副"商业中心为核心的多元化、多中心、层级协调、相互补充的商业布局。本文在研究东莞主要商圈发展现状和存在问题的基础上,针对现有"一主八副"的商圈格局,提出了促进东莞商圈未来发展的思路。目的是使东莞主要商圈在聚集人气、减少消费外溢、提高生活品质以及树立城市品牌等方面发挥更大的作用。

关键词:

　　商圈　主商业中心　副商业中心　发展思路

　　东莞市是国际现代制造业名城,岭南文化特色生态型现代化城市,是区域性产业支援服务中心。改革开放30多年来,东莞市实施"外向带动"战略,不断推进内部优化,走出了一条以加工贸易参与国际分工,以经济国际化带动地区工业化、城市化的发展道路。随着经济的快速发展,城市扩容步伐的加

---

　*　陈海权,日本中央大学博士,暨南大学现代流通研究中心执行主任、教授。汪立文,暨南大学管理学院研究生。本文根据作者受东莞市委托编制的《东莞市城市商业网点规划修编(2011~2015年)》修改完成,是《促进广东现代服务业发展的制度空间与路径选择》(2012ZGXM_ 0004),广东人文社会科学重大攻关项目;《现代分销批发组织的生成与新兴中间流通商培育的理论与实证研究》(11YJAZH009),教育部人文社科项目;《促进广东现代流通业大发展的战略选择与财政政策研究》,2012年广东省级现代服务业发展专项资金项目的阶段性成果。

快，以及人们生活水平的提高，东莞市主要商圈逐渐成形，并获得了长足发展。但是，东莞市域内并没有培育出能级较高的核心商圈，缺乏在省内具有影响力和知名度的商圈。与广州、深圳等周边城市特色商圈的商业吸引力相比，东莞主要商圈商业服务分散、同质化竞争严重、集聚和辐射带动功能不够强等问题共同造成了东莞商圈缺乏竞争力的局面。

一　东莞市商圈发展的背景概况

（一）优越的地理位置和便利的交通

广东省东莞市位于广东省中南部、珠江三角洲东北部，北距广州50公里，南离深圳90公里，水路至香港47海里，至澳门48海里，是广州与香港之间水陆交通的必经之地。1985年9月，经国务院批准东莞撤县设市；1988年1月，东莞升格为不设县的地级市，现辖32个镇区，678个村（居）委会。全市陆地面积2465平方公里，本地户籍人口215.6万人，外来暂住人口近1000万人。祖籍东莞的港澳同胞70多万人，海外侨胞20多万人，使东莞成为著名的侨乡。

地处经济发达的珠江三角洲地区的东莞市，地理位置非常优越。公路四通八达，市区距广州白云机场和深圳机场均约一小时车程，距离香港不足100公里，水路、铁路、公路，路路畅通。虎门港是国家一类口岸，对外国籍船舶开放，每天都有客货轮直达香港。位于常平镇的东莞火车站是南方铁路枢纽，广九、广深、广梅汕与京九铁路在这里交会。

（二）东莞零售业发展概况

东莞市统计局统计资料显示，2011年全市批发和零售业实现增加值458.74亿元，同比增长8.0%；住宿和餐饮业实现增加值168.62亿元，增长6.1%。全年全市社会消费品零售总额1266.31亿元，增长15.0%，扣除物价因素影响，实际增长9.6%。分行业看，批发零售贸易业零售额1150.61亿元，增长15.2%；住宿餐饮业零售额115.70亿元，增长13.5%。在限额以上批发和零售业、住宿和餐饮业零售额中，按登记注册类型分，内资企业实现零售额552.08亿元，增长 18.5%，占限额以上零售额的 87.3%。其中，国有企业占 2.6%，集体企业占 3.7%，有限责任公司占 33.4%，私营企业占 33.5%，外资企业占 11.7%。

在限额以上批发和零售业中，食品、饮料、烟酒类零售额同比增长 17.8%；服装鞋帽、针纺织品类增长 26.7%；日用品类增长 12.3%；汽车类增长 20.3%。图 1 是 2005～2011 年社会消费品零售总额及其增长速度。

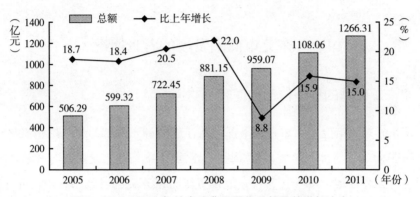

图 1　2005～2011 年社会消费品零售总额及其增长速度

2011 年东莞居民消费价格总水平上涨 4.9%。其中居住类上涨 4.3%，娱乐教育文化用品及服务类上涨 0.3%，衣着类上涨 1.4%，食品类上涨 11.1%，医疗保健和个人用品类上涨 2.4%，烟酒及用品类上涨 1.5%，交通和通信类上涨 0.1%，家庭设备用品及维修服务类上涨 5.5%。此外，全年商品零售价格上涨 4.7%。工业生产者出厂价格上涨 2.9%。

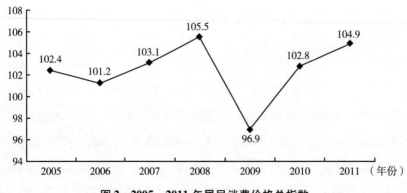

图 2　2005～2011 年居民消费价格总指数

资料来源：东莞市调查信息网。

在市委、市政府的领导下，东莞全面实施了《珠江三角洲地区改革发展规划纲要》，深入推进经济社会双转型，切实抓好结构调整等工作，确保了东莞经济平稳增长，呈现出城市综合实力稳步增强、产业结构持续优化、人民生活不断改善、社会事业全面进步的良好局面。

二 东莞主要商圈的发展现状及存在的问题分析

一个城市的发展史，往往就是一部商圈的发展史。在任何一个城市的发展过程中，商圈的发展不但起着重要的推动作用，而且也成为衡量一座城市繁荣与否的重要标杆，展现城市个性和魅力不可或缺的窗口。

东莞的发展也是如此，城市的每一次扩容，都会激起一波商业繁荣并形成新的商圈。从最初热闹繁华的新风路、市桥路、西正路、北正路，到目前以东纵商圈、城楼商圈、鸿福商圈和华南 MALL 商圈等形成中央商圈，无不展示出东莞这座城市发展的脉络。城市发展不止，商圈的裂变就永不停步，新兴的商圈正在以其特有的魅力吸引着众人的目光。

"老莞人"一定还记得，十几二十年前，神气地踩着自行车，穿行于绿荫遮蔽的马路，到老城中心区去买些日常百货，或到西城楼下的理发店去理发的画面。这里曾有红极一时的朝阳商场，人流熙攘。而西城楼旁静静流过的运河，曾寄托了打造"经贸中心"的梦想。运河旁有豪华的商城和酒店，家乐福超市也于 1998 年傍河而建。

随着生活配套逐渐成熟，在东莞本地市民的消费心理定势和消费习惯作用下，新风路市桥、运河、花园新村等老商圈终难逃魅力渐失、客流渐少的命运。缺乏规划，交通不畅，停车难，购物环境不理想，商品的档次较低等，都成为老商圈难以继续发展的硬伤，

对于老商圈来说，在发展举步维艰的众多原因中，"软刀子"或许更为致命。无法跟上"80 后"等新一代消费生力军的步伐，使商圈的发展失去了强有力的支撑。而此时，东纵商圈、南城商圈、万江商圈等不断蚕食着老商圈的版图。老商圈无可动摇的商业霸主地位，变得岌岌可危。

城市中心不断扩大和迁移，城区商圈转入了裂变期。从 2003 年开始，东

莞掀起一场又一场声势浩大的商业地产开发潮，莞城、东城、南城、万江等四大城区商业地产开发如火如荼，众多大型商业项目相继登场。

在这些大型商业项目的基础上，东莞市区逐渐形成了莞城、东城、万江、南城四个市级商业中心，东莞也从一个没有商业的城市逐步向商业化城市迈进。

东莞市商圈发展历程如表1所示。

表1　东莞市商圈发展历程

	1. 传统形态	2. 市场细分	3. 替代型商业
形成条件	刚刚走出农业社会的自给自足，商贸交易信息不充分	市场需求多元化，主流产品面临激烈竞争	商业业态细分完全，总量饱和
形成过程	伴随生活资料相对过剩，各种商业业态在城市中心混杂聚集，车水马龙、景象繁华，形成人们共同认知的生活服务和商贸交易聚集区	随着传统商业业态不断丰富，市场开始细分出服务于不同人群、经营不同门类的专业市场，并带动其上下游产业链以共同发展	随着市场不断细分，寻找空隙日益艰难，这时出现在一定辐射范围内经营相同门类、且档次有重合的不同商圈，相互分流客户，产生替代性竞争
阶段特征	城市原始商脉的发展和延续，民间自发形成，具备相对集中的商业设施和综合性的商业业态，承担城市商品流通中心的基本功能	市场信息和市场机会被充分关注，商家有比较明确的市场目标，经营同类商品的商家群体汇聚在一起形成行业整体竞争力	相互具有替代性的不同商圈以整体规模、经营档次或价格的相对优势，通过更好满足消费者需求而抢占市场份额
商业形态	商业形态第一次升级，取代了农业时代的地摊、集贸市场，商品为城市生活提供基本保障	多样化、规模化的现代商业形态得以展现，如超市、专卖店、商业街、开放市场、集中商业等	商业形态更加广义化、集合化，如SHOPPINGMALL、物流型商业，且主题购物公园等个性消费场所出现
项目举例	如市桥—西正街商圈、花园新村步行街、银丰食街、雍华庭步行街	如沃尔玛广场、家乐福、天和百货	如沃尔玛时尚岛、世博广场、华南MALL、第一国际

东莞商业发展具有鲜明的特色，不同于广州、深圳等市均有一个较为明显和强大的商业中心，东莞商业分散度较高，主要表现为东莞市区和各专业镇发达程度相当，商业规模也较为平均。现在，东莞主要商圈呈现多层次、多元化发展态势。经过多年建设发展，逐步形成由城市主商业中心、城市副商业中心、镇级商业中心和社区商业中心共同组成的层级协调的空间格局。"一主八副"是东莞商业空间的核心支架。目前东莞城市主、副商业中心分布特点逐

渐鲜明，初步形成了以莞城、东城、南城和万江四个区域为核心的主商业中心，虎门、厚街、常平、长安、塘厦、樟木头、石龙和松山湖等八个副商业中心。城区主商业中心逐步形成了东纵商圈、城楼商圈、鸿福商圈、华南摩尔商圈等主要商圈。

（一）主商业中心

东莞市主商业中心位于东莞城区，横跨东城、莞城、南城、万江等四个街道，由东纵商圈、城楼商圈、鸿福商圈和华南 MALL 商圈四大商圈组成（见图 3），主要汇聚大型商业设施、知名品牌、老字号和引领时尚潮流的商业网点，服务功能较完善，对全市商业发展具有强大的引导与拉动作用，对其他镇街和周边地区具有较大的辐射作用。

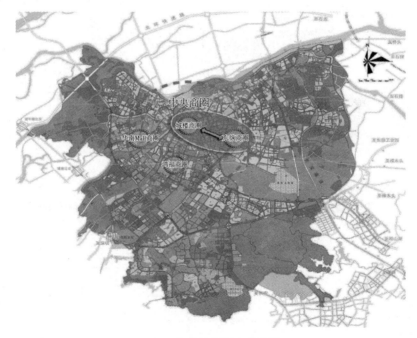

图 3　主商业中心四大商圈

1. 东纵商圈

东纵商圈以东纵大道和东城大道为主轴，东城西路、东城中路、东城东路为纽带，圈内路网相当发达，两条主干道和三条次干道连通其他区域，交通十分便利（见图4）。商圈内商业发展较为成熟，以大型购物中心、商务酒店和写字楼底层商业等中高端消费层为主，集购物、餐饮、休闲娱乐等多种功能于一体，是东莞市商业规模最大、商业氛围最成熟的商圈（见表2）。

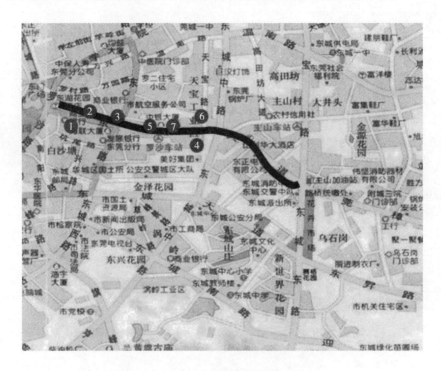

图 4　东纵商圈示意图

1. 地王广场（彩怡百货）　2. 东湖广场（沃尔玛）　3. 时尚电器　4. 盈峰广场
5. 愉景东方威尼斯　6. 美新家居中心　7. 光辉家居中心　8. 新兴装饰材料城

表 2　东纵商圈大型项目业态概况

项　目	经　营　情　况
地王广场	3层，彩怡百货、屈臣氏、必胜客
愉景东方威尼斯	天虹商场、顺电、情景步行街等
东湖广场（沃尔玛）	共3层，1层为沃尔玛百货和KFC；2层共有商铺312间，3层共有商铺162间
盈锋广场	天和百货二期商铺街铺19间，内铺32间
光辉大厦	市区最大的家居超市，1~4层为家具中心
时尚电器城	东莞最大的商业连锁企业，共3层
新兴材料装饰城	城区最大的家居建材装饰材料市场

地王广场业态情况如表 3 所示。

表 3　地王广场业态概况

商场名称	地王广场		
位置	东纵大道上,东湖花园对面		
商业类别	百货 + 店中店		
规模(平方米)	总面积 12 万平方米	楼层	共 3 层
楼层	业态	品牌档次	代表品牌
一层	百货、服装、餐饮	中档	真紫雅、美钻廊、新感觉、达芙妮、花也摹、恒生珠宝、七匹狼、诺基亚、必胜客、屈臣氏
二层	百货、服装、餐饮	中低档	爱莉、呼来吸、梦莎秀、花本主义、福来多、苏宁电器、真功夫
三层	百货、电器、餐饮	中低档	苏宁电器、真功夫
主/次力店比例	彩怡百货占地面积约 1.2 万平方米,占 10%;苏宁电器占地面积约 3000 平方米,占 2.5%,真功夫占地面积约 1500 平方米,约占 1.2%		
内部规划情况(业态布局)	商业规划比较散乱,主力店虽放在两端,但由于被消防通道割断,人流只在局部循环,不利于商场聚集人流。中间店中店有内外铺,商业气氛不浓		
停车位	比较充裕		
消费群	辐射周边住宅区中高收入居民和城区中年轻阶层		
商业气氛	★★★		
经营状况	★★★		

沃尔玛业态情况如表 4 所示。

表 4　沃尔玛业态概况

商场名称	沃尔玛广场	位置	城区东纵大道以东
规模面积	共 4 层,其中沃尔玛逾 8000 平方米 2 ~ 3 楼为独立铺位,共 470 多个	停车位	地下停车场 300 多个车位,地上停车场可容纳 500 辆小车 地下停车场主要给业主使用,地上停车场晚上一般没车位
开业时间	沃尔玛(1997 年)	档次	中等偏低
功能分布		一楼:沃尔玛及 KFC、CAV 音响 二楼:共有商铺 312 间,主营服装、精品、美容及古玩 三楼共有商铺 162 间,主营服装及电脑产品	
品牌商家		沃尔玛、KFC、CAV	
周边商业环境	是进入东莞最早的大型百货商场,东纵大道商圈已成为东莞最老最成熟的商圈,周围人气聚集度高		
综合评价	品牌好,但是商业管理较为混乱,周边民居档次不高,经营环境不好		

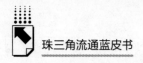

东纵大道商圈以超市及专业市场为主，较少有餐饮及休闲配套设施，一般以大众购物消费为主，区内商场停车位较为紧张，致使部分消费能力较强者被分流到其他区域或城市购物。

商圈主要业态有超级市场、大型百货商场、专业市场及步行街；独立经营和连锁经营均有，品牌商家包括沃尔玛、天和百货、天虹商场、时尚电器、KFC等。整个商圈以大型独栋商场为主，临街商铺很少。

2. 城楼商圈

城楼商圈地处东莞市老城区，是传统的行政、商业中心，拥有可园、西城楼等文化旅游资源，这里是东莞市最早形成的商圈和传统的商业中心。城楼商圈处于成熟期，商业氛围较为浓厚，内有西正街—石桥路商业街、花园路—红荔路商业街等著名商业街，人气较为旺盛，是东莞商业街最集中的区域。包含天和百货、花园商贸广场、东盛大厦等商场。天和百货业态相关情况如表5所示。

表5　天和百货业态概况

商场名称	天和百货	位置	西正路西城文化广场
规模面积	三层,营业面积20000平方米	停车位	地下停车场有172个车位,车位白天也显得紧张,路边车位供不应求
开业时间	2002年2月1日	档次	中档偏高
业态概况	一楼经营:百佳、屈臣氏、黄金珠宝、水晶玉器 二楼经营:化妆品、钟表、眼镜、服饰、品牌服装、鞋、童装 三楼经营:图书、音像、文化用品、体育用品、内衣		
品牌	百佳、屈臣氏,各种服装、鞋品牌均有		
周边商业环境	位于东莞市西城区中心,交通便利,周边有多条商业街,人流畅旺;地理位置得天独厚,极尽地利之优势,是市民购物、娱乐、休闲的中心地带		

东盛大厦家乐福商业业态相关情况如表6所示。

表6　东盛大厦家乐福商业业态概况

商场名称	家乐福东盛店
位置	运河西路东盛大厦
商业类别	综合超市

续表

商场名称	家乐福东盛店		
规模(平方米)	约20000	楼层	地上3层
楼层	业态	品牌档次	代表品牌
一层	餐饮、通信、服饰、化妆品、家居、珠宝等	中低档	肯德基、鹤留山、中国移动、美好家居、ITAT
二层	电玩、超市	中低档	家乐福
三层	超市、小吃、美容院	中低档	家乐福
主/次主力店比例(按业态划分比例)	家乐福占地面积12000平方米,占60%;美好家居占地面积1500平方米,占7.5%;KFC占地面积300平方米,占1.5%;ITAT占地面积700平方米,占3.5%		
内部规划情况(业态布局)	1. 该项目主要以家乐福为核心形成,其他商户为辅助 2. 一对手扶电梯分布在商场的左手靠墙边,较为隐蔽 3. 人流疏导一般 4. 层高达4米		
停车位	50个停车位,150个摩托车位,50个自行车位		
消费群(消费年龄段/性别)	不限		
商业气氛(人流指数)	★★★★		
招商状况(招商率)	95%		
经营状况	★★★		
备注	1998年便进入东莞,是最早进入东莞的国际零售巨头之一,位于运河西路,地理位置较偏,辐射力有限,主要以服务社区为主		

花园商贸广场业态相关情况如表7所示。

表7 花园商贸广场业态概况

商场名称	花园商贸广场		
位置	红荔路		
商业类别	社区购物中心		
规模(平方米)	30000	楼层	地上4层
楼层	业态	品牌档次	代表品牌
一层	服饰、精品饰品、数码通信、餐饮、皮鞋皮具、美容美甲	中低档	麦当劳、堡狮龙、绅浪、久红鞋业
二层	未来街市(吉之岛)、内衣、日用品	中等偏高档	—

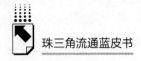

续表

商场名称	花园商贸广场		
三层	吉之岛超市(床用、儿童用品、健身器材、体育用品等)	中等偏高档	黛安芬、G2000、互动地带、富安娜、傲胜
四层	餐饮	中档	富迎门大酒楼
主/次主力店	吉之岛占地面积15000平方米,占50%;富迎门大酒楼占地面积6000平方米,占20%;麦当劳占地面积600平方米,占2%		
内部规划情况(业态布局)	1. 以主力店、次主力店为中心,其他商铺围绕其进行业态规划 2. 主力店内实行开放式经营,一楼商铺面积普遍较小,通道较多,人流动线不明显 3. 两对手扶电梯分布在中庭两边,楼层之间人流疏导较好,层高4米,中庭超过600平方米		
停车位	100个停车位,100个摩托车位,100个自行车位		
消费群	不限,但主要集中在18~45岁		
商业气氛	★★★★		
招商状况	96%		
经营状况	★★★★		
备注	1. 位于莞城老城区,周边商业气氛浓郁,区域内居住人口较多,消费群稳定 2. 以引进吉之岛超市为号召,开业之初就吸引了不少品牌商家进驻,开业不到一年全部满租 3. 受整体商圈老化的影响,近几年经营情况有所下滑,原本进驻一楼的阿兰德隆皮鞋和哥弟服饰等品牌商家陆续撤离,一楼已经出现部分空铺和转让铺位,租金也较前几年有所下滑		

城楼商圈商贸物业分布相对分散,街铺形式占据主导。截至2013年初,西正街—市桥路仍然是东莞市最为繁华的商业街道,街道总长度仅有675米,但是集中了上百个品牌服饰及珠宝、眼镜和运动品牌。并且与女人街—迈豪街、北正路、向阳路、凤来路、即将建成的西城楼大街直接连通,商铺总数量超过1000个,商铺体量超过10万平方米,将成为东莞商业街最集中的区域;花园路—红荔路汇集了不少餐饮、娱乐、休闲、家具、建材类商户,地位也不容小视。商圈较为大型的商场主要有西城文化广场、花园商贸广场、家乐福等。商圈竞争力近年来有一定的提升,但仍然无法具备较大的辐射力,以服务片区内及周边居民消费需求为主,并辐射其他区域的中、低消费群。

3. 鸿福商圈

鸿福商圈位于东莞的新行政中心,南城区莞太路和鸿福路一带,是东莞南城国际商务区的重要组成部分。商圈内商业主要沿莞太路和鸿福路分布，东至东莞大道，西到沿河路，形态组合主要为裙楼商业，百货、超市、专业卖场、商业街并存。现已建成第一国际、中环财富广场、莱蒙商业中心、腾龙大厦、曼哈顿广场、希尔顿广场、华凯广场等数十栋商业建筑物，吸引了沃尔玛、家乐福、海雅百货、百安居、苏宁电器、时尚电器、国美电器等国内外著名大型零售商进驻。商圈还着力引进了各大金融机构的地区性总部，不断汇聚资金、人才、技术、信息等高端资源。鸿福商圈主要大型项目业态相关情况如表8所示。

表8　鸿福商圈主要大型项目业态概况

项目	业态	商业规模(平方米)	经营状况
第一国际	百货、时尚服饰、家居用品	116052	经营情况一般
沃尔玛、嘉德	超市、百货	18000	2007年5月开业
时尚岛	女性主题购物中心	4层；20250	麦当劳、星巴克入驻
曼哈顿时代广场(海雅)	超市、书城、百货、餐饮娱乐	32500	2007年5月入驻
中环财富广场	苏宁(2、3层：5000平方米)	18000	已开业
家福特	仓储式建材超市	20000	由于周边人流量和专业的限制，商场人流量一直不大，但有持续人流

鸿福商圈由于地处中心区，道路交通比较完善，车流量大，到达单个商业消费很方便；同时因为马路缺少人行天桥和隧道，人流穿行极不方便，使得商圈内各商业个体之间缺少互通联系而显得分散，客源互动不够理想，以致商圈整合力不强。餐饮、百货、超市、电子、建材为商圈内最主要业态，休闲娱乐业态极为缺乏。商圈内部整体商业档次以中低档为主。作为东莞的行政文化中心，商圈内沿鸿福路分布着众多政府机构，有大量的写字楼，同时大量的住宅片区，如东泰、景湖片区、中央生活区和胜和片区等都能为商圈提供稳定的消费人群。

鸿福商圈商业街的业态构成中，餐饮业相对较为集中和发达，但基本上以中低档的地方特色餐饮为主，品牌餐饮、亚洲美食、国外特色餐饮、概念餐饮等餐饮市场还存在较大空白。其他业态如服装、美容美发等也占有一定比例，但基本还是靠餐饮吸引人流。商业街基本业态情况如表9所示。

表9　商业街基本业态概况

名称	位置	规模	主营项目
富民路步行街	南城区	1200 米，约 30000 平方米	服装、特色餐饮、鞋帽、时尚首饰
中华风味食街	银丰路	长 1000 米	餐饮、美容美发、网吧
怡丰都市广场商业街	怡丰路	860 米，约 40000 平方米	餐饮、美容美发、家居建材等

　　商圈内的裙楼商业集中在鸿福路和莞太路两侧，交通便利，消费人流既有写字楼人群也有周边居民。

　　裙楼商业的业态构成中，餐饮业、大型商业的比例不高，主要是写字楼配套和一些零售店，档次偏向中低档，随着新的写字楼的落成，大型酒楼、知名餐饮和大型卖场的进驻（如东凯城海鲜酒楼、真锅咖啡、真功夫、必胜客、苏宁电器、国美电器、海雅百货），商圈内的业态将趋向完备，档次也会逐渐走高。鸿福裙装商业基本情况如表10所示。

表10　鸿福裙楼商业基本概况

名称	位置	规模	主营项目
中环财富广场	鸿福路	4 层共约 10000 平方米	电器、餐饮
华凯广场	鸿福路/元美路	2 层共约 12000 平方米	餐饮、通信
南城商务大厦	鸿福西路南侧	1 层共约 2600 平方米	餐厅、银行
鸿福广场	鸿福路	2 层 3000 平方米	银行、酒楼
方中·元美广场	莞太路	1 层共约 3000 平方米	西餐厅、KTV、潮州菜馆
腾龙商务中心	莞太路/鸿福路	1 层共约 3200 平方米	机票订购点、信用合作社

　　商圈内的专业卖场主要分为家电/通信市场和家居/建材市场两大类，卖场分布过于分散，难以形成聚合效应，各卖场档次参差不齐，经营情况普遍一般。

　　知名家电品牌商家进驻东莞南城区是从 2005 年开始的，起步较晚，分布又比较分散，缺乏行业集群优势，导致没有足够的区域影响力，基本上以满足本地居民消费为主。

　　通信类商家目前以专业连锁为主，一般开在比较繁华的商业街区或百货/超市类主力店旁边，属寄生形式，独立经营能力较差；该行业经营分散，缺乏一个集中的、有影响力的区域专业市场。专业卖场基本业态情况如表11所示。

表11 专业卖场基本业态概况

名称	位置	规模	主营项目
家福特广场	鸿福西路南侧	2 层共约 20000 平方米	家居建材、卫浴用具
百安居	东莞大道/稻花路	2 层共约 10000 平方米	家居建材等
国美电器南城店	莞太路/新基路	3 层共约 7000 平方米	家用电器
宏远电器综合市场	莞太路	2 层共约 12000 平方米	旧货专业市场

4. 华南 MALL 商圈

华南 MALL 商圈位于东莞万江区，107 国道和广深高速公路道滘出入口之间，距离主城区核心区较远。华南 MALL 商圈是东莞市区唯一拥有大型户外游乐场的商圈（见表12）。华南 MALL 占地面积43 万平方米，建筑面积89 万平方米，商业面积40 万平方米，停车位8000 个。新华南 MALL 是中国首个集购物、休闲、餐饮、娱乐、旅游、文化、运动七大特色主题区于一体的主题式购物公园（见表13）。

表12 华南 MALL 商圈大型项目基本业态概况

项目	业态	规模	商业规模	经营情况
华南 MALL	一站式主题购物中心（肯德基、百安居、星级酒店、必胜客等）	占地面积 40 万平方米，建筑面积 80 万平方米	60 万平方米	人气不旺
麦德龙	仓储式会员制超市	占地 41511 平方米	10878 平方米	2004 年 3 月落户东莞，经营情况一般
都会广场	社区型商业（一层现代欧陆风情街）	占地 4 万平方米	—	嘉荣超市和小肥羊火锅店进驻后，人气稍旺
万福路商业街	餐饮、卫浴建材、士多店为主	—	商铺 95 间	经营较好
莞穗大道商业街	机械配件、建材	—	商铺 150 间	经营较好
苏宁电器城	建材、家电、手机、电脑	2 层	4000 平方米	经营情况一般

表 13　华南 MALL 业态概况

体量	华南 MALL 占地面积 43 万平方米,建筑面积 89 万平方米。商业面积 40 万平方米,总投资约 25 亿元。	
数量	总销售面积大约 6 万平方米,只有二栋(A、B、C 区)销售	
业态	一楼	百货、店铺
	二三楼	百货、超市、专业卖场、餐厅、店铺
	四楼	家居装饰、IMAX 影院、中小影院、儿童游乐、店铺
	五楼	店铺、沐浴中心
	六楼	风味餐厅、大餐厅、舞厅、酒吧、写字楼
	七楼	酒店
	八楼	商业、住宅、人防
	九楼	办公楼(现为展示中心)
经营方式	发展商自营商业面积与销售面积比为 88∶12。	
停车位	8000 个	

华南 MALL 业态情况如表 13 所示。

华南 MALL 商圈（万江商圈）以麦德龙、80 万平方米的华南 MALL 为代表，正构建一个集旅游观光、休闲购物、商贸物流于一体的新商圈；但是目前相对其他商圈，人气明显不足，商业气氛不浓厚。但是，随着轻轨的修通、大盘的开发、旧城改造的开始，在可预期的未来将逐渐改善，发展潜力大。

（二）副商业中心简介

城市副商业中心与城市行政区域相协调，具有区域性商业特色，功能相对完善，能够分流主商业中心的消费群体，辐射周边区域。城市副商业中心是主商业中心的功能补充和配套，主要满足中低档商业消费需求。同时，通过商业宣传和各类商业活动，可以展示城市的经济活力和文化特色，推动区域商业经济的全面发展。

1. 虎门副商业中心

虎门位于东莞市西南部、珠江口东岸，是珠江三角洲重要的商品集散地、中国时装名城、旅游名城；港口物流发达，是珠江三角洲地区区域性商业服务中心城镇与商贸物流中心。主要从事服装服饰、布料辅料和皮具皮料批发，辐射珠三角、华南地区乃至全国。

2. 厚街副商业中心

地处珠江东岸，北连东莞市区，南邻虎门港，是东莞市家具业、酒店业和会展业的商贸重镇，世界鞋业中心，先后获得"中国会展名镇""中国钻石餐饮名镇"和"珠江文化星座"的美誉，拥有 20 多个国际展会和数家高星级酒店，已经形成多元化的商业发展格局。

3. 常平副商业中心

位于东莞市东部，处于广深经济走廊的黄金地段，京九铁路、广梅汕铁路、广深铁路在此交会。凭借铁路枢纽的区位优势，这里建设大京九物流基地，发展成为东莞东部的商贸流通业中心城镇。常平镇商贸业繁荣发展，商品流通体系逐步健全，服务能力和水平显著提高。

4. 长安副商业中心

位于珠江口东岸，广深黄金经济走廊中部，是广东省商贸物流发展的重点模范区，珠三角地区五金模具、五金饰品等专业市场发展的集聚地、示范区，是广州、东莞与深圳往来的"南大门"。

5. 塘厦副商业中心

邻近深圳，是"东莞市东南部现代商贸中心"和"东莞东南部电子信息产品生产和商贸重镇"。以商贸流通业、酒店服务业、休闲旅游业等为代表的第三产业蓬勃发展，涌现出一批具有影响力的商业设施以及世界第一大高尔夫球会和一批高档次的星级酒店。

6. 樟木头副商业中心

位于东莞市东南部，地处广州、深圳、惠州、东莞四市的中心地带，是东莞东南部和山区片最具吸引力的现代商贸中心，享誉华南的"小香港"。樟木头商业发展以粮油饲料、塑料等专业批发市场为突出特色，定位为"东莞东南部乃至珠三角重要的区域性商贸中心"。

7. 石龙副商业中心

位于东莞市东北部，地处东江北干流与南支流的交汇处，是东莞东北部的商贸古镇，先后荣获中国历史名镇和联合国颁发的"国际宜居城镇第一名"的荣誉，商贸业繁荣，服装批发市场、电子产品批发市场具有一定的地位。以绿化路欧美风情商业街引领区域消费时尚，以 IT 产品专业街区形成展示和营

销东莞 IT 产品的窗口和集聚区。

8. 松山湖副商业中心

地处东莞市的几何中心，呈弓形空间构架，承担区域商务中心职能，是东莞新技术、新产业、新产品的展示、交易及交流中心，区域研发服务中心，学术及人才交流服务中心。

（三）东莞商圈存在的问题分析

东莞已经进入工业化中后期和经济社会转型期，居民收入水平与生活质量随着经济的迅猛发展而明显提高，带来购买力的不断增强，消费结构的不断升级，加上相关支持政策的出台，显著提升了东莞主要商圈的整体实力。但各种各样的问题依然存在，比如鸿福商圈依赖大卖场对于人流的吸附力，零售业的经营状况不尽如人意；华南 MALL 商圈缺乏市场支撑，商业体量过大，前期招商经营难以维持，且后期需要较长的市场培育期；城楼商圈硬件配套落后，停车位缺乏，低档次个体商家与品牌商家交叉经营，导致商圈形象杂乱，而且缺乏进一步开发的商业用地。

1. 城市商业中心地位不够突出

近年来，大型商业项目，特别是一些大型购物中心都集中在东莞中心镇和城区。但是城区的商业中心地位并没有因为大型商业设施的开发而得到明显的改观，集聚和辐射带动功能还不够强。不但如此，部分商业项目的开发商只强调某个商业理念的炒作，而缺乏对城市商业消费容量的准确判断，只重视销售商铺回收资金，而忽视小业主和租户的利益，没有进行后续投资培育市场、做旺市场，保证项目的长远发展。商业层次结构不够明显以及区域商业中心地位未确立，严重制约了商业资源的集聚和商业结构的升级。

2. 镇街商业分工不够清晰

东莞市共有 32 个镇街，商业资源和消费力比较分散。各镇街急于谋求自身发展，各自为政，千方百计引进大型的商业设施，结果造成了大型商业设施发展不协调、商业网点分散、商业辐射面狭窄、资源重复浪费、发展模式过于雷同等问题，各镇街的商业特色难以形成。镇与镇之间相差悬殊，发展明显不均衡。

3. 商业氛围不浓，高端消费外流严重

2011 年东莞城镇居民人均可支配收入超过广州、深圳位居首位，但人均消费水平比深圳、广州要低，商业对经济发展的贡献度较低。哑铃型的人口结构导致中间消费层缺失，且高端消费外流严重，商业氛围不浓。一方面，大量的低层次消费需求，造成商业定位于中低市场，商业模式和业态选择趋于同质化，局部竞争激烈；另一方面，大部分高端消费外流，导致高端商业发展缓慢，没有形成相对聚集的高端商业区域，整体商业层次难以提升。据统计，东莞城镇居民年外出消费资金上百亿元，占总消费的 1/10，深圳、香港是消费资金外流的主要地点。①

4. 商业结构不够合理

东莞城市化带动了商业的大量开发，但由于规划滞后，大型商业项目过多集中于主城区，全市范围内商业主次功能格局不够明显。主城区大型商业网点众多，明显超过了实际需求，且存在空置率问题。同时，社区商业网点相对缺乏，商业布局有待进一步优化，面对不能满足社区居民需求的现状，建议在做好主要商圈建设的同时，合理规划社区商业网点布局，满足社区居民生活需要。

5. 市场秩序有待规范

东莞市存在大量低收入的务工人员，客观上对低端消费需求较大，加上大部分外来人员自我保护意识不强，维权意识较为淡薄，给大量低层次的经营者提供了生存空间，而部分低层次的经营者守法经营意识、自律意识十分薄弱，损害了东莞市整体的商业形象和诚信环境。

6. 商业供应量不大，商圈发展受制约

东莞虽然号称有千万人口，但大部分为外来务工人员，且分散在各镇街。加上东莞的公共交通并不方便，镇上的人很少到市区购物消费，东莞城市主商业区（指莞城、东城、南城、万江）的人口并不多，市场竞争激烈，建设大型商圈所需要的人口密集且流动性大的条件并不具备。② 东莞目前的消费状况不足以支撑大型商圈的体量运转，商圈辐射范围扩大空间有限，未来的发展受到较大限制。

---

① 《东莞中央商圈发展商业项目规划研究及重点引导区城市设计》，华南理工大学建筑设计研究院，2011。
② 《盲目发展大型商业圈 不如家门口多建商业网点》，《东莞时报》2013 年 1 月 10 日第 A08 版。

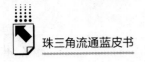

三 东莞主要商圈发展对策探讨

（一）主商业中心发展对策

东莞的主商业中心是城市中央商贸区，也是东莞的中央商圈，代表东莞的城市形象与商业发展水平。中央商贸区是东莞市商贸流通业、金融业等现代服务业功能比较突出的区域，是对外展示东莞现代商业与传统文化的窗口，是城市社会经济发展水平和商业形象的代表。中央商贸区的发展定位为能够凸显东莞主城区文化和聚集人流的城市商业街区、最具凝聚力和向心力的休闲购物中心以及珠三角东岸地区有相当吸引力的综合商贸地区。

1. 错位发展

针对四大商圈的不同特点进行差异化定位。东纵商圈侧重现代商业，以中高端消费品经营为先导，拓展高端消费区，打造层次分明、功能齐全的中央商贸核心区；城楼商圈侧重传统商业，以服务购物消费、旅游消费和休闲娱乐消费为导向，打造精品购物与传统商业相结合的大型岭南文化特色商圈；鸿福商圈侧重精品商业，以中央商务区中的精品店等高端业态为主，打造集购物、休闲、娱乐、餐饮于一体的综合性商业区和时尚潮流中高端消费区；华南MALL商圈侧重体验商业，培育形成多功能、高效率的城市综合体，打造国内最专业的奥特莱斯MALL和具有体验特色的商业区。

2. 改造优化为主，新建扩建为辅

主商业中心商业基础设施已基本完备，规划期内应重点改造和提升已有商业设施，优化商业布局。依托"退二进三""旧城改造"工程，新建、扩建商业设施，配套停车场等商业服务设施，完善主商业中心商业配套服务体系，改善市容环境。重点通过城市彩贝、连廊系统、交通优化等措施有效提升商圈档次，形成四大商圈的互动发展。

3. 提升中央商圈的集聚度

重视商业的集聚发展，特别是推进高档次零售商业的集聚，进一步提升东纵商圈、城楼商圈、鸿福商圈和华南MALL商圈四大商圈内部和相互之间的商业集聚度；同时，通过预留轨道通道、建设过江隧道、打通人民公园通道等措施加强商圈之间的联系，强化四大商圈之间的相互关联，使之逐步发展为高密度的城市核心商圈。

（二）副商业中心发展对策

东莞市的八个副商业中心主要分布在东南部和西南部区域，构成东莞商业三大重点板块中的两大板块。依托铁路和高速公路以及珠江水道等基础设施，城市副商业中心应建立起比较完善的零售商业系统以及物流业、批发业、会展业等，应从东莞全市去谋划与布局，处理好与临近主商业中心的关系，相互借势与烘托，在一定区域内补充主商业中心的功能，对本地居民购物需求和当地产业发展起到支持作用。

1. 虎门副商业中心发展对策

虎门是珠江三角洲地区的区域性商业中心城镇，商业发展以服装展示交易为突出特色。应通过整合设计、培训、信息服务和物流资源，强化虎门服装服饰、布料和皮具皮料批发零售业从珠三角辐射全国乃至国际的商贸优势，打造广东休闲服装国际采购中心；优化专业市场的交易系统、完善服务功能，推动服装专业市场向展贸交易中心转型；合理布局大型商业设施，大力发展电子商务，提升商业现代化水平；完善金融、信息服务以及酒店业的配套服务，提升服务业水平并进一步扩大对外影响力。

2. 厚街副商业中心发展对策

明确以会展经济为龙头，利用已经聚集起来的会展、家具、饮食等特色产业，展贸联动，拉动相关产业的发展，推动各类专业市场上规模、上档次；发展家具展贸市场，整合家具产业的生产、营销与文化展示，大力创新消费服务方式，创造新的消费市场；积极调整网点布局，引导各类商业网点集聚组合以及实行差异化经营，突出经营特色；大力发展连锁超市以逐步替代中心城区的农贸市场；实行商业网点发展规划内容公开、标准公平，营造适宜投资、建设、经营商业网点的环境氛围。

3. 常平副商业中心发展对策

发挥铁路枢纽的区位优势对常平商贸业的支撑作用，大力改造镇中心核心商贸圈，改善购物环境，优化业态结构，打造商业集聚区；继续推动大京九物流基地的发展，加快粮食加工产业园和大京九塑料科技园的建设，优化和提升专业市场的功能和布局，与周边镇街联动形成具有较大影响力的商品集散基地；适度控制大型零售网点，着力调整业态结构，引导错位经营。

4. 长安副商业中心发展对策

调整商业布局，规范商业发展，支持对批发贸易、家电、超市、物流配送等比较薄弱的商业业态的合作引进；通过引进现代商业业态、中小型企业，提高镇区商业的现代化水平；引导怡安百货和天虹商场错位经营，寻找合适的发展模式和经营特色，发展不同档次的百货店和专业店；提高交通可达性和便利性，增强商业服务功能，改造提升商业环境，建设城市标志性商业商务中心；整改美化沿街路面和路灯，取缔各类街面摆摊销售的小摊点，规范商家促销活动；指引城市商业中心向合理化、集约化和规范化的方向发展，形成特色突出、层次分明的商业发展体系。

5. 塘厦副商业中心发展对策

充分发挥塘厦邻近深圳的优势，推动酒店服务业、休闲旅游业等为代表的第三产业发展。以"三旧"改造为契机，推进塘厦新商圈的建设，加强由新旧商圈组成的核心商业区的融合发展；完善和补充城市公共服务中心的功能结构，以商贸、酒店、文娱休憩为主体业态，打造城市新的经济增长点；优化业态结构，积极培育发展各类专业店、专卖店，打造特色商业街区；大力推动现代物流业和社区商业的发展，完善金融、法律、信息、咨询等配套服务；强化展贸结合，完善以高尔夫产业为主题的商业链，打造高尔夫产品的展示交易中心。

6. 樟木头副商业中心发展对策

加强公共服务平台的投资建设，改善投资经营环境，解决旧城与现代交通发展的矛盾；从宏观角度着眼，建立和完善流通政策体系，使竞争政策、调整政策、振兴政策各司其政，建立良好的市场竞争秩序；加强信息服务和政策指导，引导投资者进行店铺选址和业态结构调整；严格大型商业设施的论证与审批，把发展商业与增加就业机会、促进商业物流、形成规模经济有机结合起来；保护城市的历史文化传统及城市特色风貌，避免商业发展造成不可挽回的破坏；利用良好的生态环境，打造国际旅游生态城，商旅互动，促进产业融合，把商业发展与工业、房地产业与旅游业的发展结合起来。

7. 石龙副商业中心发展对策

整合商业资源，适度控制大型零售网点，引导错位经营；高水平规划建设东莞新火车站商圈，配套特色商业，推动与周边镇街的融合发展；优化商业结构和服务水平，提升老城区商圈组团的影响力；优化西湖地区五金电子和服装批发市场的交易系统，提升市场的服务水平，打造 IT 产品的展示交易集聚区；加大"三旧"改造力度，着力打造商贸和旅游相结合的商业街区，突出岭南商业文化。

8. 松山湖副商业中心发展对策

在中心区或中部地区规划建设东莞新城市商业中心，承担部分区域商业中心职能。建设和完善能够满足辖区内居民生活工作需要的一站式购物商业设施，推动松山湖宜居环境的建设；发挥商业网点设施和服务设施的功能，重点突出商务功能，为东莞市乃至珠三角地区提供产业支援服务和物流服务；调控网点的规模，高起点完善商业网点功能、结构和布局，提升商业网点标准和商品品质，发展零售业新兴业态；加大旅游设施投入，通过举办大型活动，推出新型旅游项目等，以旅游带旺商贸经济的发展。

四　结语

近年商贸流通业在东莞社会经济发展中的地位逐步提高，成为城市经济的重要组成部分以及人民生活质量提高的支持系统。商贸流通业的发展驱动东莞商圈的升级，但商圈内发展不均衡，整体商业氛围仍未充分发挥，商业的发展还有很大的提升空间，伴随着优化商业网点布局、推进中央商圈建设等规划的落实，东莞商圈将有望实现新的突破。

东莞商圈不断发展壮大，最关键的是商业的布局要适度集聚，按照"建设大市场，发展大商业，促进大流通"的思路，充分发挥区位优势、交通优势和产业基础优势，优化资源配置，建设区域性物资集散、辐射珠三角的"统一、开放、竞争、有序"的商品网络体系。然而商业的集聚不仅是空间的

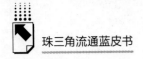

集聚，更重要的是商业要素的集聚和商流人气的集聚，要结合东莞市自身商业发展的特点，促使本地居民愿意留在东莞商圈消费，同时吸引增城甚至广州城区的居民走进东莞消费。

进一步结合东莞主要商圈的规划与定位，不仅要做到以商业为中心，更应该使之成为经济运作管理中心，建设高档商务办公楼、酒店等配套设施，完善市政交通与通信条件，开展现代商务活动，打造由商业、商务办公和服务三大职能构成的国际化商圈。同时，加快商圈内业态的整合，提高新型业态的比重，形成多核心的网络结构，提升商业设施品位，完善服务功能，汇聚人气，增强东莞商圈的消费吸引力，精心打造高度繁华的现代都市商圈。

B.10
珠海市商圈发展的历史、现状及趋势研究

杨 欢 李昆鹏*

摘 要：

　　珠海是我国最早设立的经济特区之一，素有商业历史传统，商贸活动发达。珠海商圈形成了以老香洲商圈、吉大商圈、拱北商圈为核心，六大商圈共存的局面。本文从珠海商业历史的回顾出发，论述了珠海商圈的形成与发展现状，分析了商圈发展的特点，并结合珠海经济社会面临的重大机遇，探讨了其商圈发展趋势。

关键词：

　　珠海 老香洲商圈 吉大商圈 拱北商圈

　　珠海，因位于珠江注入南海之处而得名，古称香山，是珠三角最南端的一座新型花园城市，是我国第一个获得联合国人居中心"国际改善居住环境最佳范例奖"的城市。珠海地处珠江口东南部与南海交汇之处，北接中山，南与澳门水陆相连，东与香港隔海相望，西邻新会、台山市，是我国五大经济特区之一，经济发达（见图1）。珠海市下辖横琴新区和香洲、斗门、金湾三个行政管理区以及高新技术开发区、高栏港经济管理区、万山海洋经济开发区、保税区和横琴开发区五个经济功能区（见表1）。现有陆地面积1701平方公里，海岸线长604公里，有大小岛屿146个，故有"百岛之市"的美誉。现有人口156万人，是广东人口规模最小的地级市。

　　珠海市城区辖3个市辖区，其中香洲区是珠海市中心城区，是珠海市政

---

* 杨欢，广东商学院管理学院研究生，研究方向：人力资源管理；李昆鹏，广东商学院流通经济研究生，助理研究员。

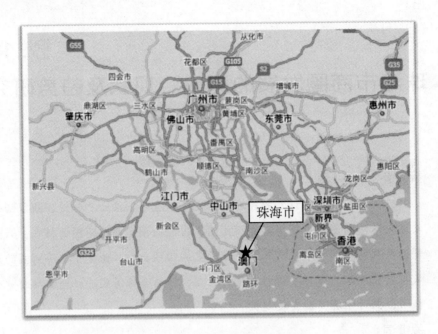

图 1　珠海在珠三角的区域位置

治、经济、文化、交通和金融中心，也是珠海商贸较为发达的区域，珠海几大
商圈都分布在香洲区。

表 1　珠海中心城区功能规划

功能区	功能发展指引	主导功能
香　洲	提升强化现有功能,发展综合服务业	行政办公中心、综合服务业、特色旅游业
拱北吉大	提升原功能,发展旅客联运枢纽、会议商务会展、旅游业(休闲度假旅游)、区域性房地产、区域性金融商贸等综合服务业	综合服务业
前　山	提升原功能,提升普通制造业,发展前山物流产业园	普通制造业、区域性商贸业
南坪湾仔	提升原功能,促进南坪科技工业园向商贸业、物流服务业转变,发展区域性房地产	高新技术产业、区域性商贸业
洪　湾	提升原功能,促进保税区的活力呈现,发展物流仓储业	区域性商贸业、仓储物流业
唐　家	提升原功能,利用交通节点及大学城优势,提升海岸与金鼎工业园科技创新水平	高新技术产业、综合服务业、旅游业

　　珠海于 1980 年成为经济特区，是我国最早设立的特区之一，2008 年国务
院颁布实施珠江三角洲地区改革发展规划纲要，并明确珠海为珠江口西岸的核

心城市。目前，珠海是国家重点口岸城市，共有八个国家一类口岸，其中九洲口岸是内地最大的水路客运口岸，拱北口岸是我国第二大陆路口岸。2009 年，国务院正式批准《横琴总体发展规划》，要把横琴建设成为"一国两制"下探索港澳粤合作新模式的示范区，当年底粤港澳大桥开工建设，这是加强港澳粤联系的重大举措，也为珠海经济发展注入了新的活力。

珠海经济发展活跃，围绕建设珠三角现代化区域中心城市的目标，珠海大力实施以港立市、工业强市、科教兴市、三产旺市四大战略，着力推动珠海经济社会各方面协调发展。根据珠海国民经济与社会发展统计公报，2012 年珠海市实现地区生产总值 1403.24 亿元，比上年增长 11.3%。其中，第一产业增加值 37.70 亿元，增长 3.2%，对 GDP 增长的贡献率为 0.7%；第二产业增加值 786.42 亿元，增长 14.4%，对 GDP 增长的贡献率为 69.5%；第三产业增加值 579.11 亿元，增长 7.9%，对 GDP 增长的贡献率为 29.8%。三个产业的比例由 2.7∶54.8∶42.5 调整为 2.6∶54.4∶43.0（见图 2）。

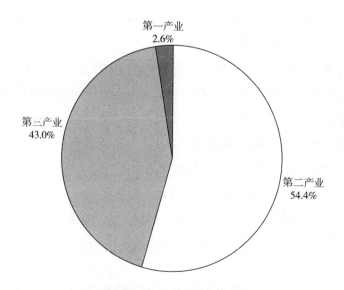

图 2　2012 年珠海三次产业发展状况

另外，从三次产业中第三产业从业人员比例看到，珠海第三产业从业人员占比接近 50%，仅次于广州、深圳，居第三位（见图 3），这也表明了珠海产业结构中第三产业所具有的地位。第三产业中批零贸易、酒店餐饮是吸纳从业

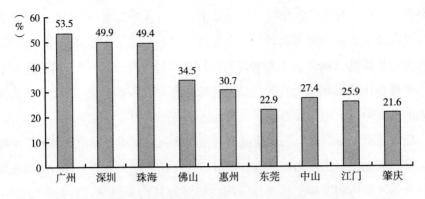

图3　珠三角第三产业从业人员比例比较

人员的主要行业，此外高新技术行业与旅游业也是珠海重点发展的行业。

珠海第三产业中的商业批发零售、餐饮、房地产、高科技产业、物流、旅游业等行业呈现出快速增长态势。其中旅游业是第三产业发展的龙头，房地产业成为其支柱产业，高科技产业为其经济发展提供了更好更新的途径。但总体上看珠海市第三产业仍以商业批零贸易、住宿餐饮、交通等传统服务业为主。

商业批发零售始终是珠海第三产业的主要构成部分。据统计，近年来，珠海市商业批发零售贸易在第三产业行业收入结构中所占比例始终超过50%。批发零售业的发展，不仅为当地提供了大量的就业机会，还大大拉动了当地GDP的增长。批发零售业发展的限制条件少，覆盖范围广，为当地居民提供了便利的生活条件，也提供了大量的就业机会。

作为商业批发零售业的主要载体，珠海商圈在珠海商业和经济发展中占据着重要的位置，是活跃珠海经济的重要部分。目前，珠海形成了以老香洲商圈、吉大商圈及拱北商圈为核心，以新香洲商圈、前山及南屏为补充的环形商圈格局。

一　珠海经济与社会发展概况

近年来，在珠三角经济一体化进程加速，港澳粤合作不断深化的背景下，在国务院大力推动横琴区域发展的契机下，珠海经济社会发展迅速，居民生活水平不断提高。

"十一五"期间，珠海经济发展平稳进行，国民生产总值（GDP）年均增长率达到12.3%，其中第三产业为11.2%，2011年GDP增长率达到11.3%，其中第三产业为11.6%，GDP增长速度远高于全国7.8%的平均水平。同时"十一五"期间，珠海社会消费品零售总额增速更为明显，年均增长率达到17.2%，2011年社会消费品零售总额增速更是达到18.1%。

珠海经济的发展也为居民生活水平的改善带来了机会。"十一五"期间城镇居民人均可支配收入年均增长率为8.9%，2011年更达到13.2%，人民生活水平进一步改善。

同时，珠海市常住人口及外来旅游人口也在稳步增长之中，这为珠海商业的进一步发展带来了稳定的人流以及潜在的客流。

目前珠海常住人口约为150万人，其中户籍人口约100万人，流动人口约50万人。未来人口还会稳定增长，到2015年与2020年，珠海常住人口会分别增至约200万人与250万人。由于珠海是珠三角地区人口最少的城市，这在一定程度上影响了珠海经济总量的提高和商业规模的扩大。珠三角各市人口密度情况如图4所示。

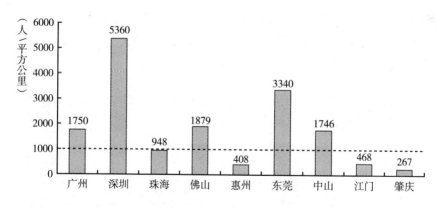

图4　珠三角各市人口密度比较

从人口密度上看，珠海同珠三角其他商贸服务业比较发达的城市相比也较为落后，这一方面表明珠海商业发展人口基础尚不充足，另一方面也表明珠海人口规模有较大的上升空间，人口增长潜力十分巨大。

未来几年之内，珠海将迎来大量常住人口，商业及消费力将进一步提升。

同时考虑到近期横琴新区开发、港澳珠大桥开发以及广珠轻轨建设等影响，人口规模增长会明显加快，实际人口数及人口密度将有可能较预测更多。同时，珠海作为一个以外来人口为主的发展中城市，伴随交通条件改善、新区开发及产业发展，会吸引更多高素质、高消费力的年轻人迁来就业与生活，这也将为珠海商业市场的扩容及升级奠定坚实的基础。

另外，作为广东最美丽、最宜居的城市之一，珠海是国内外游客重要的旅游目的地之一，加之毗邻澳门，国内赴澳门游客也会将珠海作为中转站，这也带来了部分旅游客户。商旅客户较易带动商业的发展，成为珠海商业发展的又一层人流支柱。

就国内商业开发的实际经验，一线城市人均商业面积1.0~2.0平方米，二线城市人均商业面积1~1.5平方米，三线城市人均商业面积0.5~1.0平方米均是比较合理的范畴。根据2015年珠海常住人口约200万的预测，且考虑到非常住人口（游客及澳门客）对商业的需求量，珠海商业仍然处在相对合理的范围，未来仍有充分的发展空间。

此外，珠海的交通事业也迎来了跨越式发展。改革开放之初，珠海被戏称为小渔村，一条马路、一个红绿灯是珠海给人的整体印象。不过，"小渔村、大乾坤"是对珠海翻天覆地变化的充分认可，设立特区之后珠海的交通事业有了长足发展（见图5）。

图5　珠海交通网络建设示意图

近年来，按照《珠海市公路网规划（2006～2030）》的要求，珠海逐渐形成了以公路和铁路为主的陆路交通设施，使珠海由"尽端末梢"成为"始端龙头"，同时珠海的"海港、航空港"也得以盘活，获得了重大的发展机遇。

粤西沿海高速公路是珠海除珠江大道之外的又一条横贯东西的交通动脉，连接珠海两翼；江珠高速公路解决了珠海与江门之间的高速通道，而太澳高速公路的开通则使澳门、珠海连接广州的通道更为便捷，加上早期京珠高速的开通，形成了包含广珠东线高速、广珠西线高速、江珠高速与粤西沿海高速公路共同构筑的珠海通往珠三角、泛珠三角地区各城市之间的高速公路网，形成珠海高速公路四通八达的高速运输体系。

珠海第一条铁路，也是国内为数不多的直通港区的铁路——广珠铁路的开通，则将进一步促进珠海港的深度发展，实现"下火车装轮船、下轮船装火车"，对于珠海实现以港兴市，带动珠海以及沿线城市大发展的目标，具有直接的意义。其中珠海西站是广珠铁路全线规模最大的一个站点。

广珠铁路投入运行后，已承担了作为广州铁路枢纽西部通道的功能，改变了珠江口西岸无货运铁路的状况，使珠江三角洲西翼地区能够更充分地发挥背靠内陆广大腹地、面对港澳的地缘优势，以广珠铁路为枢纽，加强与澳门的全方位合作，实现粤澳两地共同发展、共同繁荣。

2012年12月31日竣工的广珠轻轨是广东省内修建的第一条轻轨，这条连接广州、中山、顺德、江门、珠海的城际轨道使珠海与广州的连接更为紧密，方便了赴珠海、澳门旅游的游客，带来了大量的人流和客流。

几经周折兴建中的粤港澳大桥，将会使珠海成为粤港澳合作的理想平台，这对于珠海充分利用粤港澳融合的契机，发挥物流、商流的中介作用，具有重要的意义。另外，按照珠江三角洲地区改革发展规划纲要（2008～2020年）的要求，要加快建设珠海高栏港工业区、航空产业园区和国际商务休闲旅游度假区，珠海港和高栏港的建设也将不断深化，成为广东地区优良的工业港湾，珠海三灶国际机场则将成为国际商务休闲旅游度假旅客的便利工具。具体情况如表2所示。

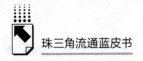

表2　珠海交通网络建设情况

	开通时间	意义
粤西沿海高速公路	2005 年	连接中山、江门，珠海东西大动脉
江珠高速公路	2007 年	联通江门与珠海的通道
太澳高速公路	2013 年 1 月 25 日	广珠西线高速
京珠高速公路	2003 年 11 月	广珠东线高速
广珠铁路	2012 年 12 月 19 日	珠海首条货运铁路
广珠城际快速	2012 年 12 月 31 日	通联广州、顺德、中山、江门、珠海
高栏港	—	优良深水港
珠海三灶机场	1995 年	优化国际商旅服务
粤港澳大桥	2009 年开建	加深粤港澳合作

由此，珠海逐渐形成了广珠城际轨道与高速公路一体化交通网络，及粤港澳大桥、广珠铁路、高栏港、三灶机场等交通基础设施构成的便捷的立体交通体系。完善、便捷、高速的交通体系对于珠海进一步发展商贸服务业具有重要意义。

二　珠海商业发展历史

珠海靠近珠江口，是珠三角连接海运与水运的关键节点，具有发展商业的诸多优势。数千年来，珠海都是作为中国同东南亚及西方贸易的转口港而知名，及至清末，香洲商埠的开办使得诸多商业资本蜂拥而至，一时间商业繁盛异常。然而，珠海商业真正的大发展却是近几十年来的事情，改革开放以来，珠海作为第一批经济特区，开始了商业发展的浪潮。近几年来，随着几大商圈的成熟和不断发展，以及数个大型新兴商业项目的兴起，珠海商业呈现出繁荣发展和不断开拓的新局面。

（一）珠海古代商业发展

珠海与海外的贸易往来始于汉代，当时，来自阿拉伯、波斯、印度、暹罗、安南等国家的商船停泊香山岛一带通商、传教。至唐朝，由于处在广州到阿拉伯的海上对外贸易航线上，香山岛南部的濠潭澳（今香洲山场村）设置了香山镇，与海外的贸易往来日益频繁。

南宋时，香山场大力发展盐业、银矿、水产业，经济发展相当繁盛，大量移民开始进入香山。明朝初年，香山县南部的浪白澳（今珠海市南水镇）被划定为外国商船停泊和贸易的港口。每年夏秋，外船趁季风前来贸易，高栏一带成为南中国盛极一时的对外商埠。在明代，珠海地区也是广东的对外贸易点之一，明中晚期，浪白（今南水）、十字门（今湾仔东南面）是外国商船到广州贸易停泊的外港。在明嘉靖二十一年至三十七年（1542～1558 年），"安南""占城""暹罗"诸国商船云集浪白等海域。清嘉庆二十五年（1820 年），外国商船停泊在外伶仃岛及唐家金星门，船只最多时达一百多艘，金星门一带成为商品交易市场。明朝嘉靖十四年（1535），澳门设置市舶司，允许外国船舶停靠贸易，逐渐成为沿海各地商人的贸易市场，香山场作为对外商埠的地位逐渐下降。至清朝初年，香山场贸易随盐业衰落而凋敝。

（二）近现代珠海商业的萌芽

清朝末年，两广总督张仁骏奏准朝廷，于宣统元年（1909）农历三月初三日，在香洲开埠，定名为"香洲商埠"，地点位于香山场和九洲洋之间（即今湾仔沙、凤凰北路、南坑一带），鼓励华侨实业界回国投资。其时港九、澳门、四邑等地的商贾纷纷前来经商，南海各地的渔民则相继迁来定居。

开埠之初，香洲王诜、伍于政、冯湘文等 5 人合力筹措资金，借鉴上海商铺的格式破土兴建商业街，被誉为"中环街市"，一时间吸引了不少商户前来开办商铺。较大型的有李伍投资开办的"中兴纺织公司"，雇员 130 人；较有名的商号有"协昌""康正""永利隆""均益""同益"等。在饮食服务方面，香洲"品香"建于宣统二年，面积约 1000 平方米，由 3 名点心师、厨师合股经营，每日有众多顾客光顾。后来又相继建成了"香泉""百乐园""新利""杏香"等茶楼。

经过两年多的时间，香洲建成大小铺户 1000 多间，其中完成了两层楼房 125 座，筑成一条 80 尺宽的大马路和 10 多条街道，栈桥式木码头两座，并开辟了通往穗港澳的航线，珠江口一个繁华的新商业区宣告诞生。吸引了大批中外人士前来观光访问，当时的香洲每到夜晚，灯光灿烂，如同白昼，一片兴旺景象。

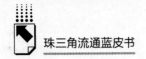

然而，好景不长，1910年7月，香洲遭受了一场延续6个小时的大火灾，800多间商铺顿成灰烬，几千灾民被逼流离转徙。次年4月，宣统皇帝下圣旨批准香洲为钦定自由港，但是自由港的管理章程却没有制定出来。此后，清政府在税务司极力反对香洲商埠无税的压力下，改变了以前的主张，认为香洲的自然地理条件不能与香港相比，不能建成香港那样的自由港，只能搞个"有限免税口岸"或"无税小商场"。加之当地乡绅在野狸山办了一个"广东全省渔业总埠"，与建埠公所分庭抗礼。投资者非常失望，纷纷转移资金，商店也随之倒闭，整个香洲变成了一个废墟。

清末及民国时期，社会政治动乱，商业无法发展，香洲商埠逐渐衰落，至新中国成立前，仅有千余人从业。

（三）社会主义商业建立

1953年珠海建县后发展国营商业，扶持供销合作事业，并对私营商业进行社会主义改造。随着生产发展，人民生活水平提高，商业日趋繁荣。1958年至1960年代初，经济体制及商业管理多变，珠海商业发展受到影响。到了"文化大革命"期间，珠海各业均受冲击，经济发展缓慢，管理混乱，市场供应紧张，购销与利润指标均大幅度降低。从珠海设置县级编制到改革开放前，珠海经济一直以农渔业为主，商业发展缓慢。

（四）现代商业的建立与发展

珠海现代商业的发展始自改革开放，珠海设立经济特区之后。1979年3月，珠海改为省辖市建制，1980年，经全国人大常委会审议批准设置珠海经济特区。珠海经济特区成立后，逐步建立了多种经济成分、多种流通渠道、多种经营形式的商业新体制，国营商业发挥主导作用，集体、个体商业迅速发展，商业日趋繁荣。珠海现代商业发展阶段如图6所示。

1. 珠海现代商业的萌芽期

珠海特区建立后，采取"以工业为主"的方针，实行外向型、基础工业项目、高科技项目"三个优先"引进。进入1990年代，则把发展经济的重点，转移到技术含量高、附加值大的高新技术产业上。

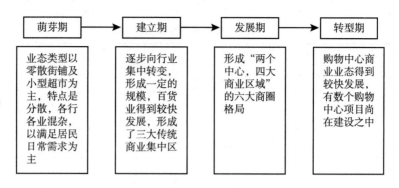

图6 珠海现代商业发展阶段

这一时期，珠海商业的发展处于自发发展阶段，商业类型表现为分散的杂货铺，行业发展处于零散阶段，商业类别混杂，以满足居民日常生活需要为主。这时的商业主要集中在老香洲香埠路及拱北口岸附近，其中朝阳市场于1990年建成投入使用，是一个集农副产品、水产品、化妆品、美容产品等卖场于一体的大型综合市场，在当时是珠海较为集中的购物场所，但更多的是发挥了农贸市场的作用。拱北口岸市场始建于1980年，是该区域最大型的综合性农贸市场，以经营农副产品及南北杂货为主。此外在香埠路和莲花路也逐渐发展起满足澳门和珠海居民需要的商业场所，并逐渐形成步行商业街。

这一时期的百货商店仍是计划经济时代的经营模式和商业类型，主要是香洲百货，及分布在吉大景山路的珠海百货。

2. 珠海现代商业的建立期

1990年代后期及21世纪头十年，是珠海现代商业快速发展的时期，商业发展逐渐向集约化、规模化方向发展，形成了一批各具特色的百货商店、大型超市及商业街区，商圈逐渐形成并不断得到巩固和发展。

这一时期，珠海商业得到较大发展。以百货商店、综合零售场等为主题的具有现代因素的商业设施发展速度较快（见表3）。

经过几年的发展，珠海逐渐形成了以凤凰路、香埠路为中心的老香洲商圈、以拱北口岸为中心的拱北商圈，以及吉大区域的吉大商圈。这标志着珠海的现代商业逐步建立了起来。在这一时期，珠海商业的重心也经历了不断演进变化的过程。

表3 珠海百货业发展

百货商店	开业时间	位　置	百货商店	开业时间	位　置
珠海百货	1992 年	吉　大	旺角百货	2005 年	敬业路
茂业百货	2001 年	紫荆路	香洲百货	—	凤凰路
尚都时尚百货	—	凤凰路	迎宾百货	—	拱　北
丹田百货	1998 年	凤凰路	米兰百货	2006 年	拱　北
通大百货	—	紫荆路			

珠海的商业发端于老香洲，随着特区建设的深入，吉大的兴起，商业重心逐步由香洲向吉大转移。进入 21 世纪后，珠海的商业重心随着拱北商业地产项目的陆续出现，又逐步由吉大过渡到拱北。从珠海商业重心的迁移路线及珠海商业经济的逐渐繁荣可以看出，珠海商业的发展道路是改革开放后，珠海一步步加大对外开放力度，充分利用港澳资源发展商业的历程，这从珠海商业重心逐渐向澳门迁移的方向可见一斑（见图7、图8）。

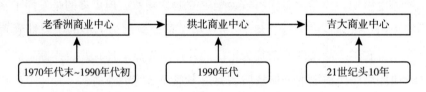

图7 珠海商业重心演变史

3. 珠海现代商业的发展期

2008 年以来，在珠海改革开放 30 年巨大发展成果的基础上，依托城市经济建设及国家政策规划等利好带动，珠海商业进入加速发展阶段，进入了新的发展时期。

2008 年，珠三角改革发展规划纲要正式公布实施，规划将珠海市确定为珠江口西岸地区的核心城市，强调要充分发挥经济特区优势和区位优势，加快交通基础设施建设，尽快形成珠江口西岸交通枢纽，增强高端要素聚集发展功能和创新发展能力，提升核心竞争力，提高发展带动能力，建成现代化区域中心城市和生态文明新特区，争创科学发展示范市。

伴随着珠海经济建设的发展及城市规划的实施，珠海作为建设珠三角南部中心城市和口岸城市的主体，商业得到加速发展。目前珠海已经形成了吉大商

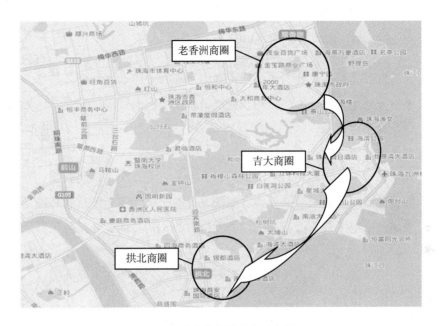

图8　珠海商圈的演变路径图

圈、拱北商圈、老香洲商圈、新香洲商圈、前山商圈、南屏商圈等"两个商业重心，四大商业区域"六大商圈的商业格局。

其中吉大商圈和拱北商圈是珠海目前的两大消费重心，无论是从商业体量，还是各商业物业的单体规模来看，这两个商业中心都相对较大，业态也较为齐全，商业气氛较浓，人气旺。而老香洲商圈受制于老城区发展限制，已处于落后状态。此外，新香洲商圈、前山商圈、南屏商圈则构成了珠海商业氛围相对较弱的新兴商圈，均为区域型商业配套，规模较小，业态也相对单一，这四大区域商圈勾勒了珠海四大商业区域的格局。

三　珠海商圈现状及特点

珠海商业在发展过程中，基本围绕板障山呈环状分布。从老香洲商圈起步，形成吉大、拱北两大传统商圈重心，并逐渐沿着城市发展的方向形成了新香洲、前山及南屏三大新兴商圈。这六大商圈构成了珠海商业发展的核心，形成了珠海独特的商圈发展特点。

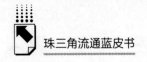

（一）珠海主要商圈分布状况

目前，珠海主城区商圈主要围绕板障山呈环状分布，这种格局是珠海城区地形、地貌等地理条件及人口分布较分散等因素影响的结果。同时，珠海城区商圈空间布局相对分散，商圈集中度不高，各商圈之间表现出较为独立的特征，彼此之间的辐射影响作用较弱。

珠海中心城区主要存在着六大商圈，分别是吉大商圈、拱北商圈、老香洲商圈、新香洲商圈、前山商圈及南屏商圈。其中，吉大商圈和拱北商圈是珠海两大市级商业中心，是珠海目前的两大消费重心，其总商业体量与各商业物业的单体规模相对较大，业态比较丰富齐全，商业气氛浓厚，人气旺，是珠海商业的标志。而老香洲商圈作为珠海商业的起源和最早建立起来的商圈，目前已繁荣不在，业态以百货、专卖店为主，较为单一。新香洲商圈、前山商圈和南屏商圈是在珠海城市发展"西进"过程中逐渐建立起来的，发展潜力巨大。具体如表4所示。

表 4   珠海主要城市商圈

商圈名称	商圈级别	辐射范围	档次
拱北商圈	市级商圈	珠海、澳门、游客	中档大众化、中档偏低
吉大商圈	市级商圈	珠海	中高档、高档
老香洲商圈	区域级商圈	老香洲	中档大众化
新香洲商圈	区域级商圈	新香洲	中档大众化、中低档
前山商圈	区域级商圈	前山	中档大众化
南屏商圈	新兴区域级商圈	—	—

珠海目前的商业消费群体主要有三部分，即珠海本地人、珠海游客及澳门游客过境人员，按照不同的收入水平则又可分为不同类型的消费群体。按照各商圈的顾客吸引力，不同消费者往往选择不同的商圈消费。珠海本地高端消费群体具有较高的消费能力，主要在吉大商圈消费；而较为年轻时尚的消费群体追求时尚，关注潮流，消费频率也较高，他们主要在拱北商圈、吉大珠海百货及免税商场消费；而各区日常消费群则以就近消费为原则，主要在新老香洲商圈消费。澳门过境游客及珠海游客则相对集中地在拱北商圈附近进行消费。

1. 吉大商圈

吉大在规划中是珠海核心商务区（CBD），是集生态、旅游、休闲、购物等于一体的城市核心区之一。吉大商圈以景山路全国购物放心一条街为中心，主要由珠海市国营外币免税商场、珠海市百货公司、国贸海天购物广场等组成，经营商品的档次相对较高，多以国际二、三线和国内一、二线品牌为主。

2. 拱北商圈

拱北是目前全国第一大陆路连接口岸，日过岸人流量达数十万，以港澳游客出入境为主。拱北也是国内外游客及客商的集散地。拱北商圈以口岸地下商业广场和莲花路商业街、万佳百货为龙头，以众多的百货商场、高档酒店、休闲娱乐场所及水湾头酒吧街等为补充，成为珠海商业、贸易、金融、旅游、服务、娱乐网点最为集中的地区之一。

3. 老香洲商圈

老香洲是珠海商业的发源地，朝阳市场、香埠路步行街、香洲百货在珠海商业发展史上都是率先建立起来的。老香洲商圈所在区域是目前老城民居集聚区，其商业发展以满足周边居民需要为主，发展前景受到限制。老香洲商圈目前已形成了四大区域，一是以南坑为中心，加上茂业百货、新一佳等形成的以超级市场为主导的区域商业中心；二是以香洲百货为核心，加上周边的丹田百货、珠影广场、扬名广场、香埠路步行街形成的区域商业中心；三是在湾仔沙片区形成的电脑、电子、通信专业市场；四是围绕丹田城市广场（家乐福）及五洲花城商业街形成的社区商业。

4. 新香洲商圈

新香洲地区是珠海市行政、文化、体育中心，是融市级行政、体育、文化功能和居住功能于一体的城市中心区，自 2010 年以来，大量新兴楼盘的建立，促进了这一地区的繁荣。目前新香洲商圈已形成以梅华西路汽车销售及配件专业市场和围绕华润万家、旺角百货等的购物、美食街区为核心的商业集中区。具体如图 9 所示。

其中，位于人民西路的时代电力广场是该区域最大的商业设施，包含 A 区商场、BC 区商业步行街两大部分，商业面积达 2.9 万平方米，包含华润万

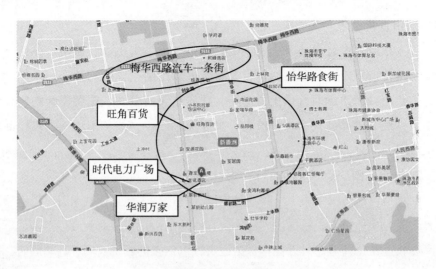

图9　新香洲商圈主要商家示意图

家等主力店，以及各色专卖店。时代电力广场以"新香洲，我的生活购物乐园"为消费定位，致力于打造一站式体验型社区主题 SHOPPING MALL，构建首席社区生活 MALL。

　　新香洲是珠海开发较晚的城区，是未来的行政、体育、文化中心。虽然目前商业配套和市政生活配套水平尚不如其他区域成熟，但未来发展空间广阔，前景看好。一旦政府机构迁入，必将成为珠海新的经济兴奋点。商圈面积近13 平方公里，可开发和正在开发的项目众多，日均人流量超过 10 万人，居住人口及其素质正在逐步提升，潜力巨大。

5. 前山商圈

　　前山是珠海最大的家居建材专业市场，前山商圈正是围绕这一专业市场建立起来的。该商圈目前面积近 12 平方公里，日均人流量超过 10 万人，以家居、建材、装饰消费为主。依托几大装饰建材广场的带领，已成为珠海最重要最集中的建材专业市场。

　　前山地区处于珠海城郊结合部，有大量的工厂及外来务工者，普遍消费能力比较低。旧城改造，将在一定程度上促使商圈内形成以建材装饰、家装为核心的专业市场商圈。目前前山商圈的商业设施主要包括以世邦国际装饰市场、世邦家居、财富时代装饰广场为核心的家居建材专业市场区，及以明珠商业广场、前山百货、米兰商业城、益源百货、惠发百货为主的日常商业区。

其中明珠商业广场位于交通枢纽主要干道，是前山、香洲、吉大、拱北的交会处，交通极为便利。该商场总营业面积逾5万平方米，目前已形成包含华润万家、新美百货商场、国美电器等主力店，涉及百货、餐饮、通信、美容、娱乐、电器等诸多业态的综合性购物中心，是前山区域的商业中心。

除此之外，前山百货、米兰商业城、旺嘉购物广场、汇益百货等都是社区型中低端服务型商业。具体如图10所示。

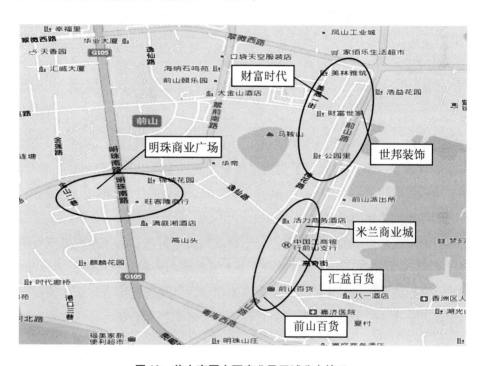

图10　前山商圈主要商业及区域分布情况

目前前山商圈正处于建设和进一步发展之中，其中中海环宇城是该区域规模最大、最具发展潜力的项目。中海环宇城由中海地产开发建设，位于香洲区广珠轻轨前山站前，项目商业部分包含经营面积达10万平方米的超大型购物中心，另外还有甲级写字楼、五星级国际品牌酒店、国际级酒店式公寓及全河景住宅等项目，形成了一个大规模、综合性、现代化、高品质的标志性商业建筑群。

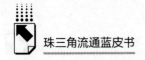
建成后的中海环宇城将成为珠海最大的都市综合体，也是珠海唯一一个广珠轻轨站点滨水物业，同时将拥有珠海单体体量最大的购物中心。

此外，附近还有招商花园城和都会明珠配套商业项目在建设之中，尚有 6 万平方米的商场有待面世。

6. 南屏商圈

南屏地区是主城区在西进拓展中形成的房地产板块，承载着南湾城区的行政管理和居住服务职能，并承担了部分市、区级商业服务和旅游休闲功能。该区域与澳门隔河相望，距拱北仅三分钟车程，位置极为优越，拥有庞大的政府储备用地，未来开发潜力巨大，众多知名开发商已进入或正在筹划进驻该区域，而随着业主的陆续入住，该片区将形成高端消费区域，商业发展潜力巨大。

目前，该商圈主要以华发新城和华发世纪城为主导，规划新增居住人口约 10 万人，人口素质普遍较高。2012 年 1 月 15 日，位于前山河西岸、紧邻大型社区华发世纪城的华发商都酒吧街正式开业，该商业街规模不是很大，总建筑面积 4500 平方米，但已吸引了包括星巴克咖啡、千登世日本料理、海清纯甜品等众多高档知名品牌进入，形成了一个聚集了高档餐厅、咖啡厅和异域风情酒吧的高档文化休闲场所。

目前正在建设中的华发商都，位于珠海大道南屏路口，正在积极招商中，预计 2013 年中开业。华发商都由 6 万平方米的华润万家"欢乐颂"大型购物中心、集中式商业以及定位高端的商业街组成，计划通过引入高端品牌商家，以华润万家欢乐颂大型超市及时尚百货为主力业态，整合国内外品牌旗舰店、时尚精品店、家居装饰、美容 spa、美食广场、儿童游乐天地、电影院、银行、电信等元素，打造服务于珠海市和周边城市居民及游客的"一站式"购物、休闲、餐饮、娱乐大型主题商都。

随着华发新城、华发世纪城以及相继开业的湾畔雅苑、御东领岸、佳兆业水岸新城、中信华南项目的不断完善，南屏商圈商业发展还会更加繁荣。

（二）珠海商圈发展的特点

1. 空间布局相对分散，商圈独立性很强

受珠海城区地形、地貌等地理条件及人口分布较分散等因素的影响，珠海城区商圈空间布局相对较分散，商圈集中度不高。从区域分布上，珠海几大商圈主要是围绕板障山，在居民聚集区建立起来的。其中老香洲地区是珠海传统的居住区域，这里也诞生了珠海第一个商圈。后来随着吉大地区成为高档小区、高档旅游区及高档酒店的集中地，吉大逐渐开始建设高档、新兴的商业区，并经过30年的发展，成为珠海目前的商业核心。伴随着改革开放和珠澳合作的深化，拱北作为两地联系的前沿，又发展出外向型的商业中心区。

在进一步深化改革的背景下，珠海深入开展西进战略，新香洲成为新的行政、文化、体育中心，许多小区在此兴建，前山地区依赖珠海最大的汽车销售中心，南屏地区依赖华发新城、华发世纪城及其他社区项目，逐渐诞生了新兴的商圈。

此外，珠海商圈独立性也较强，主要表现在连锁性大型商业设施的缺乏。到目前为止，每一个商圈都是在自己商圈内特有的商业设施的基础上建立起来的，鲜有连锁性百货、购物中心项目建立。

从表5可以看出，各商圈的代表性商业较为独立，这表明商业设施处于集聚的低级阶段，即商业企业在某一地区集中，利用商圈的影响力扩大自己的销售，并不断增强自己的实力和影响力，利用商圈的规模优势、管理扩散、信息优势等，使自己不断发展壮大。这同广州商圈大型商业企业在各个商圈布点的扩散效应相比，还有较大的努力空间。

表5　珠海六大商圈代表商业

商圈	代表商业
吉大商圈	免税商场、珠海百货、国贸购物城、潮响国贸城、九百地下商场
拱北商圈	口岸购物广场、莲花路步行街、国际商业大厦、迎宾百货广场、米兰百货广场、口岸市场、莲花万景城
老香洲商圈	扬名广场、茂业百货、百分百购物中心、乐淘城、商都时尚百货、丹田城市广场、金宝路商业广场、通大百货、朝阳市场
新香洲商圈	旺角百货、时代电力广场
前山商圈	明珠商业广场、前山百货、米兰商业城、世邦家居
南屏商圈	华发商都

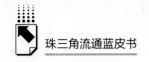

2. 经营规模小、经营业态落后

从珠海各商圈现有商场的面积来看，单体商业的经营面积呈现出规模小的特点，单体经营面积鲜有超过 4 万平方米的（见图 11）。

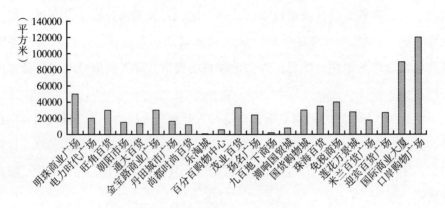

图 11　珠海现有商业单体面积对比

另外，从业态类型来看，珠海各商圈商业大多以单体百货为主，经营类型一般为商品零售，较少有餐饮、娱乐等现代体验式购物设施。从目前国内大城市商业发展的经验和历程来看，百货业作为传统商业经营方式已越来越不受顾客欢迎，而购物中心、奥特莱斯等新兴现代商业业态则如雨后春笋般不断涌现，这表明珠海商业仍然较为落后，现代商业发展不够充分。

3. 吉大、拱北两大商业核心共存

拱北商圈与吉大商圈是珠海目前的两大消费重心，总商业体量与各商业物业的单体规模相对较大，业态比较丰富齐全，商业气氛浓厚，人气旺。而其他商圈均为区域型商业配套，商业规模较小或业态业种相对单一。

从表 6 可以看出，吉大、拱北两大都市级商圈，形成了珠海商业的两大中心。由于定位差异，珠海商圈呈现出两大商圈共同繁荣的景象。

拱北由于是珠海市的商贸中心和交通枢纽，也是连接澳门的重要通道，形成了以口岸地下商业广场和莲花路商业街、华润万家为龙头，以众多的休闲娱乐场所、丰富的餐饮配套及水湾头酒吧街等为补充的外向型商圈，成为珠海商业、贸易、金融、旅游、娱乐网点最为集中的地区。其所面对的客群主要是澳门客、游客以及珠海本地客，日均客流量巨大。

表6 珠海各商圈对比

单位：平方米

	总营业面积	业　　态	级别
吉　大	311400	百货、超市、专卖店、专业店、零售、餐饮、休闲、娱乐	都市级
拱　北	120000	百货、超市、专卖店、零售、餐饮、休闲、娱乐	都市级
老香洲	151000	百货、超市、专卖店、零售、餐饮	社区级
新香洲	50000	百货、超市、零售	社区级
前　山	50000	百货、超市、专业店	社区级
南　屏	200000（在建）	零售、SHOPPING MALL	社区级

吉大商圈区域内环境清幽，楼盘档次高，海景酒店众多，是珠海高档社区聚集的地方。该商圈围聚着珠海免税商场、珠海百货等大型综合购物休闲中心，良好的人居环境和商业氛围使其成为珠海中高档消费旺地。其所面对客群主要是本地中高端消费群体。具体定位如图12所示。

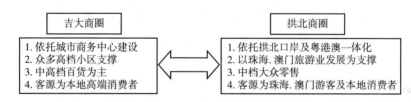

图12 珠海两大都市型商圈定位对比

4. 经营档次较低

目前珠海的商业整体上以中低档次为主，面向的消费者多为大众化消费群体，针对高档消费者的高档商场较为缺乏。从所引进的产品品牌来看，一般以国际二、三线，及国内一、二线为主，高档品牌极为缺乏。

以目前珠海最为高档的商场——免税商场为例，具体情况见表7。

表7 免税商场品牌

系　列	品　牌　名　称
服　装	D&G、EP、JOYA、bernini、SAMMY、Marisfrolg、zucaro、Five Plus、欧时力、Miss sixty、MO & CO、JNBY、Teenie Weenie、Prich、only、vero moda 、Levi's、NIKE、adidas、converse、puma、kappa、Fila、umbo、李宁、安踏、曼奴、黛安芬、爱慕、VALISERE、Lacoste、鄂尔多斯、沙驰、皮尔卡丹
珠宝、手表、化妆品	BURBERRY、ANNA SUI、BOSS、美宝莲、欧莱雅、maxfactor、B&F、浪琴、tudor、精工、TITONI、TISSOT、citizen、六福珠宝、周大福、钻石世家、名钻金店
鞋　包	NINE WEST、STELLA LUNA、le saunda、joy & peace、staccato

从表 7 我们可以看出，该商场商品品牌档次较低，这也折射出珠海商圈商业环境的特点。造成这种情况的原因是，珠海与港澳距离非常近，通关通道也十分便利，加之港澳商场高档商品相对较为便宜，因此大部分高端消费者流向港澳地区，限制了珠海高端商业的发展。而珠海市内消费者，则往往以日常生活用品为主，促进了相应层次商业的发展。

粤港澳大桥开通在即，势必会进一步分流高端消费者，不过，依目前珠海经济与社会生活发展现状，珠海有充足的高端消费者，消费潜力巨大，足以支撑高端商场的发展。如何与港澳商场差异化经营，或许是珠海发展高端商业需要考虑的一个问题。

5. 商业发展外向性较低

纵观珠海各大商场，其商业多以本地品牌为主，外来商家比较欠缺，如表 8 所示。这种状况是珠三角各城市共有的特点，外来百货不了解本地消费者，难以适应本区域商业环境，往往生存不良，而本地百货则可以依托天然优势，保持生存。但是，由于本地商家在管理水平上没有全国性商家那么高，往往导致小商业格局，总体商业水平有待提高。

表 8　珠海百货和超市品牌构成

商家	外资品牌	国内品牌	本土品牌
百货	无	茂业百货	米兰百货、珠海百货、迎宾百货、新美百货
超市	家乐福、吉之岛	华润万家、新一佳	得一超市、壹加壹超市

总体而言，珠海目前商业以零售、百货为主，且形成了以拱北商圈和吉大商圈为代表的都市型商圈。

但由于地形、人口分布、政策规划、经济发展相对滞后以及客户群体层次不一等因素，珠海商业发展受到局限，商业市场也尚未完全成熟。这主要表现在区域分布较为独立，扩散效应较弱，商业业态较为单一，档次较低，包含体验式消费的现代购物中心商业设施较少，商圈包含的餐饮与休闲娱乐功能的面积比例严重偏低，难以满足各类型消费者的一站式消费需求。尽管如此，近几年来珠海商业发展总体平稳向上，在诸多利好因素的影响之下，未来仍有较大的发展潜力和上升空间。

四　珠海主要商圈研究

在珠海的六大商圈中，考虑商业规模、影响力及产品档次和发展前景等诸多方面，吉大商圈和拱北商圈无疑是商圈之中的重心，其中吉大商圈由于最高的档次及最为密集的分布，再加上其周边密集的高档社区和旅游景点，成为珠海商业的代表；而拱北商圈则在珠澳一体化的背景下，迎来了发展的浪潮，成为珠海最新的商业中心。另外，作为珠海商业的发源地及最古老的商圈，老香洲商圈也有很多特色是珠海商圈的代表。

（一）珠海商业核心——吉大商圈

吉大地区承载了珠海城市和商业发展的诸多荣誉和历史。1986年，珠海政府规划在吉大建立一个市级商业中心，随即以国家控股的形式设立了吉大百货（珠海百货），考虑到珠海临近澳门的特点，又开设了免税广场，两个商场定位中高端，填补了当时珠海消费市场的空白。吉大商圈一开始就以高端商场的形式出现，并以大百货、大超市为主要商业形式，迅速成为珠海最有影响力和最高端的商业区域，迅速吸引了全市的消费者，成为珠海最繁华的地段之一。

政府规划打造了优良的商业环境，商家自然被吸引过来。1998年前后，珠海商业地产的首个大项目银隆广场在吉大出现了，银隆广场位于珠海免税商场附近，一开业就成为当时珠海的一大新闻，大量的商家一拥而来，商铺的销售也可谓成功，达到1万元/平方米以上。

经过数年的规划发展，吉大地区逐渐成为珠海传统意义上的CBD，诸多珠海商业、银行总部都设在此地（见表9）。此外还有珠海市国税局、广东省中医院珠海分院、新华书店等行政、医疗及文化机构在此建立。

表9　吉大商圈附近主要写字楼、酒店及金融总部

写字楼	光大国际商贸中心、盛业大厦、诚丰银座、东大商业中心、水湾大厦、新达城大厦、乐高大厦、丹田大厦、金昇大厦、新天地大厦、证券大厦
酒店	珠海酒店、旅游大酒店、德翰大酒店、怡景湾大酒店、丽景酒店、中天酒店、星城大酒店、南国酒店、凌波酒店、日升酒店、玻丽商务酒店、君悦来酒店、珠海粤财假日酒店
金融总部	建设银行、珠海商业银行、农业银行、人民银行、工商银行、中国人民财产保险、光大银行

　　经过 30 年的不断完善和发展，吉大已成为集办公商贸、文化交流、旅游观光、休闲购物、金融证券为一体的珠海城市中心区域。拥有珠海宾馆、石景山旅游中心、珠海度假村等星级酒店，珠海百货广场、免税商场等大型购物商场，九洲城、珠海渔女、石景山公园等旅游景点，以及光大国际贸易中心、商业银行等高档写字楼。无论商业、地产还是环境、居住人气，吉大在整个珠海主城区中有着独特的气质和氛围。吉大功能覆盖面宽，商业辐射强，商业价值大，随着城市经济的增长其覆盖能力会进一步增强。由于吉大同时拥有非常便捷的交通和现代化的信息交换系统，以及大量的办公、餐饮、服务和住宿设施，高品质与高消费成为该商业圈的主要特点。

　　目前吉大确立了"一线、一街、一圈"吉大商圈发展规划。其中"一线"是指情侣中路吉大段，把情侣中路吉大段打造成集旅游休闲观光、高级商务办公、高端酒店集聚、高档住宅区域于一体的具有亚热带风情的现代化海滨大道。"一街"是指石花东路放心餐饮一条街，通过扩大经营范围、提升品位档次，可把石花东路打造成既汇聚南北风味又具地方特色的高档餐饮示范街。"一圈"就是以免税商场、珠海百货、国贸海天城等主要商家为核心的吉大商业圈。

　　吉大商圈是目前珠海商业发展的核心区，形成了以全国首批购物放心一条街——景山路为核心，辐射整个珠海高档消费群体的珠海商业重心，大型商业建筑主要有免税商场、国贸购物广场、珠海百货等珠海最为高档的购物商场，成为珠海集中体现生态、旅游、休闲、购物理念的高档商圈。此外，在情侣中路也形成了以日东商业广场为核心的商圈次街区。这些高档商业设施依托周边高档小区居民及珠海游客发展迅速，已成为珠海商业发展的标杆。

　　如图 13 所示，珠海吉大商圈的核心区域主要包括由景山路、吉大路和海滨南路围成的三角形区域。在这一三角形区域中，有免税商场、国贸商场、珠海百货及建设中的珠华商业广场等（见图 14）。

　　从表 10 可以看出，吉大商圈在狭小的三角形区域内，集中了七家经营档次各异的商场，总营业面积逾 20 万平方米，产生了一批珠海最为高档的购物商场。建设中的珠华商业广场包含目前的珠华大厦、银隆大厦等区域，规划商业面积超过 7 万平方米，建成后将成为集写字楼、商业、酒店于一体的大型商业设施。

图 13　吉大商圈核心区域示意图

图 14　吉大商圈主要商场示意图

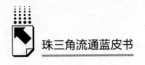

表10　吉大商圈主要商场

单位：平方米

	营业面积	业态组合	档次	经营者
免税商场	4.5万	专卖店、超市、餐饮、休闲、健身、美容	中高档	珠海免税企业集团
珠海百货	3.5万	百货、超市、主题卖场、餐饮、休闲	中档偏高	百货广场有限公司
国贸商场	3万	品牌专卖店、主题卖场、餐饮、休闲娱乐	中档	珠海免税企业集团
潮响国贸城	8千	零售、主题卖场	中档	九百百货有限公司
九百地下商场	2千	零售	中档偏低	九百百货有限公司
流行前线	—	零售	中档偏低	九百百货有限公司
珠华商业广场	7万	规划中	规划中	盛明国际有限公司

从业态类型上来看，吉大商圈主要以零售业态为主，发展百货业、餐饮及休闲娱乐业。

1. 珠海免税商场①

珠海免税商场全称为珠海经济特区国营外币免税商场，是改革开放初期珠海为充分利用临近澳门、可以便利地引进国外商品的优势而建立起来的。商场处于景山路吉大商圈中部，交通便利，有三条公交线路直接在商场设立站点，16条公交车可便利到达商场。

珠海免税商店的发展始于1980年，② 当时珠海友谊商店的免税业务独立剥离开来经营，6名工作人员在拱北口岸销售烟酒等免税商品，并开办了第一家关前免税商品店，即现在拱北免税店的雏形。1988年，位于吉大的珠海经济特区国营外币免税商场成立，是隶属于珠海免税企业集团有限公司的国有商业企业。1995年，珠海免税集团公司成立，同年国家取消市内免税政策，位于吉大的免税商场不再经营免税商品。2000年国企改革，免税商场转变经营模式进行直营，作为百货商场继续为市民提供服务。珠海免税商场产品种类如表11所示。

珠海免税商场是一家集购物、旅游观光、娱乐休闲、饮食等功能于一体的大型综合商场，经营面积5万多平方米，场内设施完备、功能齐全，商品种类繁多，国内外品牌商品逾千种，有百佳超市、好百年家具等主力商店，成为汇

---

① 珠海免税集团，www.zhuhaidutyfree.com。
② 吴建登、梁清：《在珠海人眼里吉大免税不是商店而是地标》，《南方都市报》2011年5月18日第ZB14版。

聚各类品牌专卖店的高品位时尚购物商场，也是珠海迄今最高档的商场，吸引了众多国外二三线品牌和国内一二线品牌入驻（珠海免税商场业态比例如图15所示）。

表 11　珠海免税商场产品种类构成

楼层	品牌、业态
一楼	青春女装、运动服饰、休闲服饰、家用电器、数码产品、通信器材、红酒屋、西饼店、必胜客、肯德基
二楼	黄金珠宝、玉器首饰、钟表、参茸补品、化妆品、眼镜、鞋子、皮具箱包、工艺饰品、烟酒茶叶、苹果数码、西餐厅、百佳超市
三楼	男士服饰、女士服饰、儿童服饰、内衣、床上用品
四楼 五楼	好百年家居
六楼	健身会所、4D影院、美容店、儿童摄影、发艺设计生活馆

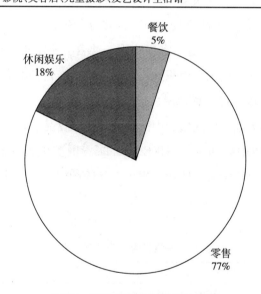

图 15　珠海免税商场业态比例图

从表11及图15中可以看出，珠海免税商场仍然是按照百货商场的模式建立起来的购物商场，零售业占据绝大多数比例，而能反映体验式消费的餐饮、娱乐等元素所占比例较小，与具现代特征的业态丰富、注重体验功能的购物中心相比，仍有一定的差距。

30多年来，免税商场取得了巨大的进步和多种荣誉，也获得了良好的经济效益和社会效益。如今的免税商店已不仅仅是珠海的一座购物广场，更成为珠海的标志和象征。免税商场先后获得全国"商业信誉企业""消费者满意店"、广东省"重合同、守信用"企业、珠海市"模范纳税大户""诚信单位"等荣誉称号。2010 年，免税集团被评为"全国百城万店无假货示范单位"和"购物放心一条街"示范点。目前，在珠海百货零售业中占据龙头地位。

现在，免税商场坚持"效益第一、实现共赢"的经营理念，以科学、规范的管理，热情、真诚的服务，"高品位"的市场定位和富有时尚品牌特色的商品组合，不断创造卓越品质，凝聚企业核心价值，全力打造免税品牌魅力，朝着"建百年品牌店"的目标迈进。

2. 珠海百货广场

珠海百货商场是吉大商圈又一座具有较高知名度的百货商场，是吉大商圈发展初期建立的几大代表性商场之一。商场于 1992 年 7 月 25 日开张营业，2000 年底改制为民营企业，是一家集购物、饮食、旅游观光、休闲娱乐于一体的综合性现代化购物商场，面积近 4 万平方米，经营各类商品 8 万余种，拥有麦当劳、禾绿回转寿司、意粉屋、哈根达斯、水果捞、得一超市、屈臣氏、DHC、欧莱雅、周大福、位元堂、中国移动、优之良品、百丽、思加图、金利来、哥弟、VEROMODA、levi's、NIKE、adidas、国美电器、探奇乐园等众多国内外知名品牌，是珠海人民购物、娱乐、休闲的好去处。珠海百货经营品种如表 12 所示。

表 12　珠海百货经营品种列表

楼层	品牌、业态
一楼	国际眼镜、糖果记忆、日用化妆、得一超市、G2000/U2、禾绿寿司、哈根达斯、亮视点、万青医药、麦当劳、意粉屋、水果捞、屈臣氏
二楼	金银珠宝、参茸海味、烟酒茶叶、钟表照材、家居工艺、中国移动、手机专卖、数码产品、傲胜按摩、优之良品、鞋类皮具、修鞋配饰、钟表维修、首饰加工
三楼	男女服饰、内衣世界、孕妇服装、时尚饰品、针棉织品、布艺加工
四楼	运动休闲、文体康乐、保健器材、汪氏蜂蜜、国美电器
五楼	床用巾品、品牌折扣店、探奇乐园、生活空间、图章雕刻、童装童鞋、玩具书包、办公文具、风味美食、嘉利娜美容

珠海百货是目前珠海市规模大、品牌多、设施全、功能广、声誉好、知名度高、地理位置极为优越的现代购物中心，先后获得全国百家名品名店活动的名店、全国商业信誉企业、全国百家最大零售商店、全国百城万店无假货示范店、全国百家放心商场承诺单位、广东企业文化建设先进单位、珠海市重合同守信用企业、珠海市 2001～2002 年度诚信单位、全国商业诚信企业等荣誉称号，并于 2004 年在珠海零售业率先通过 ISO9001 质量管理体系认证，以国际标准进行管理和服务，成为珠海商业发展的一座里程碑。

（二）珠海对外开放的窗口——拱北商圈

　　拱北是珠海市的商贸中心和交通枢纽中心，也是连接澳门的重要通道，是国内外游客及客商的集散地，日均人流量超过 50 万人次。其中拱北口岸是目前国内第一大陆路口岸，日均人流量超过 20 万人次，2011 年全年更是达到 9400 万人次，首次超越罗湖关口。2011 年 3 月 13 日，拱北边检站当天共验放出入境旅客 30.1 万人次，继 2011 年 1 月 23 日的 29.7 万人次之后再创新高，也是拱北口岸有史以来单日出入境人数首次突破 30 万人次。

　　凭借拱北口岸地区巨大的人流量优势，拱北商圈迅速成为目前珠海最具活力和人气的商圈，区域内商家聚集，配套成熟。消费群体主要为澳门人、游客、本地居民，是珠海最具影响力和辐射力的商圈。拱北商圈可以细分为拱北口岸、莲花路与迎宾路三大商业板块，三大板块从商业的档次、经营内容及客群定位上形成错位竞争，主要商业包括口岸广场、莲花路步行街、迎宾百货、国际大厦商城、米兰百货、中珠商业广场等，以众多的休闲娱乐场所、丰富的餐饮配套及水湾头酒吧街等为补充，成为珠海商业、贸易、金融、旅游、娱乐网点最为集中的地区。具体情况如图 16 和表 13 所示。

　　拱北商圈交通便利，商圈内设有五座公交站，数十条公交线路穿行而过。另外广珠轻轨也将终点站珠海站设在拱北，拱北也是粤港澳大桥珠海端的终点。

　　按照珠海商业重心转移的路径，拱北商圈是目前珠海最重要的商业中心之一，与吉大商圈并肩而立。目前拱北商圈形成了以莲花路步行街、迎宾路及口岸广场为核心的拱北商圈三大区域，以百货、零售、餐饮为核心的档次各异、差异化发展的商业格局。

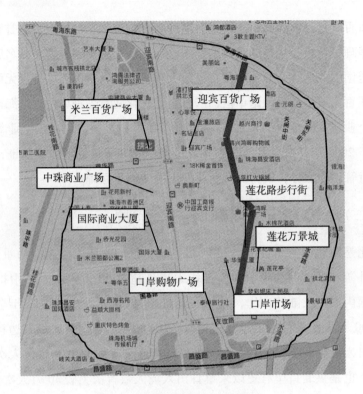

图 16　拱北商圈范围及主要商业

表 13　拱北商圈主要商业

单位：平方米

主要商业	营业面积	业态组合	档次
口岸购物广场	120000	百货、零售、餐饮	中档、中高档
莲花路步行街	14000	专卖店、零售、餐饮、美发美甲	中低档
国际商业大厦	90000	百货、超市、餐饮、娱乐、书城	中档大众化
迎宾百货广场	27000	百货、餐饮、休闲娱乐、美容	中档大众化
米兰百货广场	18000	百货、餐饮	中档大众化
口岸市场	14400	菜市场、零售	中低档
莲花万景城	28000	零售、休闲娱乐、餐饮	中低档

在拱北商圈的三大板块中，口岸板块以口岸购物广场为核心。这一大型地下商业设施，占地面积超过 12 万平方米，包含档次定位稍高的港澳城百货，以及以游客消费群体为主的中档大众化消费品，包括时尚潮流服饰、餐饮、珠澳特产，以及澳门输入关内的时尚产品，基本是依赖澳门市场和影响力而发展

壮大起来的。随着粤港澳一体化的加快，港澳游的便利化及快速升温，拱北口岸将成为连接三地的一大窗口，口岸板块的商业情况将越来越好。

莲花路板块则主要以莲花路步行街为核心，是拱北商圈早期自发形成的商业中心。包含历史悠久的莲花路步行街，及商业起步时期建立的拱北市场等，这两年又开设了莲花万景城这一商业项目。该区域商业档次较低，以满足居民日常生活需要为主，经营状况随着人民生活水平的提高不断变差，逐渐失去了其曾有的光彩。

迎宾路板块是拱北商圈定位较为高档的商业集群区，主要包括米兰百货、迎宾百货、华润万家、沃尔玛等百货超市品牌，业态业种比较齐全，基本能满足普通家庭一站式购物需求。拱北商圈三大商业板块情况如表 14 所示。

表 14　拱北商圈三大商业板块概况

商业名称	消费档次	经营品类	经营状态	消费群体
口岸板块	中档大众化	以时尚潮流服饰、澳门舶来品、特产等与澳门有直接关联的商品为主	良好	珠海本地年轻消费者、澳门客、游客
莲花路板块	中档偏低	以服饰和品牌仿冒品为主，该区域内夜店、酒店、宾馆也相当密集	一般	主要为游客、澳门客以及一些从事特殊服务行业人员所带动的消费
迎宾路板块	中档偏高	以百货、超市为龙头商家，业态业种比较齐全，基本能满足普通家庭一站式购物需求	较好	珠海本地顾客群、部分澳门客

1. 莲花路步行街

莲花路步行街是珠海历史悠久的商业步行街，是珠海商业发展早期自发形成的商业步行街，经营业态丰富，历史悠久，一直被誉为"珠海最早的商业中心""对外开放的重要窗口"及"南粤明珠之龙眼"，可见其在珠海历史上的商业地位。

步行街南起拱北关口友谊路，北至粤海东路，全长约 1000 米，主要商业街长 350 米左右，总经营面积约 14000 平方米，拥有超过 200 家的商家，商业业态以零售、餐饮、娱乐为主，包含各色专卖店、特色店及精品店。它主要依靠来自境外的人士和内地旅游人士，以及一些从事特殊服务行业的人员来带动消费。莲花路步行街业态分布情况如图 17 所示。

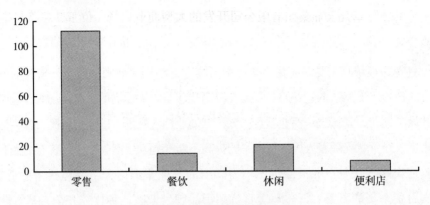

图17　莲花路步行街业态分布

　　莲花路商圈曾经是珠海最为繁荣的商业街区，十年前，马路上熙熙攘攘的人群都在挤着走路，想走快一点都难，非常热闹繁荣。而如今，这条昔日的商业中心正面临门可罗雀的窘境。据调查，① 目前莲花路步行街经营商品品类较杂乱、档次较低，且存在较多假冒伪劣商品，路中还有较多流动摊位，人流稀少，大多是行色匆匆。

　　据相关部门报道，莲花路商业街升级改造项目已被正式纳入拱北商圈规划之中，随着粤港澳大桥的建设完成，其升级改造可能会尽快实施。

　　莲花路步行街还有一个历史悠久的市场——拱北市场，这一始建于1980年的老牌市场是拱北区域的一个时代记忆。经过多年的改造经营，目前拱北市场主要分两层，总营业面积逾14000平方米，以农贸市场和零售为主，经营档次较低。拱北市场主要经营品类如表15所示。

表15　拱北市场主要经营品类列表

一楼	服装成衣、皮具鞋帽、床上用品、童装、窗帘地毯、文具、玩具、日用百货、灯饰电器、化妆品、电器、烟酒茶叶、体育用品、饰品等
二楼	菜市场、特产干货、药材、茶叶、日用杂货、陶瓷五金、美容美发、纤体美甲等

　　最近改造的莲花万景城是莲花路另一座经营种类较为齐全，集餐饮、娱乐、休闲于一体的新型旅游商业广场，是莲花路商业业态的很好补充。莲花万

---

　　①　黄钰：《珠海莲花路，没落十年升级叹难》，《羊城晚报》2012年11月13日第A22版。

景城是由珠海卓凡实业集团有限公司开发的大型商业广场，位于莲花路与桥光路交会处，商场面积达 3 万平方米。定位较为低端，以低档服饰为主。

莲花万景城共有四层，其中商场二楼 7000 平方米，主要经营餐饮，汇集全国各地风味的餐馆数十家，有"五月花"海鲜酒楼，华鸿汕头牛肉火锅城及具有浓厚异国情调的泰国料理、安格斯西餐厅，除餐饮外还有天地人间夜总会；首层为零售商场，面积为 8000 平方米，主要经营服装、鞋类、化妆品、通信器材及美容美甲美发，还有一个大型的儿童游乐中心；负一楼面积 8000 平方米，主要有娱乐广场和按摩桑拿；负二楼面积 5000 余平方米，设有全国面积最大的卡丁车赛车场，为全国青少年卡丁车培训基地，香港明星会训练基地。并不定时举办各类卡丁车比赛等。莲花万景城主要经营品类如表 16 所示。

表 16　莲花万景城主要经营品类列表

楼层	主要经营项目
二层	西餐厅、美食街、天地人间夜总会
一层	服饰、皮履箱包、手机通信、美容美甲、儿童游乐中心
负一层	按摩中心、桌球城
负二层	卡丁车赛场

2. 珠海口岸购物广场

珠海口岸位于珠海市区主轴线之上拱北迎宾大道的最南端，背倚拱北口岸联检大楼，与澳门翘首相望，是往返澳门的必经之路，地理位置得天独厚、独一无二。该广场共三层，总建筑面积约 12 万平方米，其中一、二层商业营业面积约 70000 平方米，入驻有十多家大型商场，开设约 2000 间铺位，是目前珠海营业面积最大，入驻商家最多，消费最旺盛的商场。珠海口岸购物广场以往来驻澳游客为主要客源，经营业种包括餐饮、休闲娱乐、服装服饰、化妆品、箱包、电子通信、餐饮、文化产品等品类，是一座一站式购物休闲中心，已成为珠澳两地的经济与文化交流中心，日均客流量十几万人，节假日更高达 20 万人以上。目前的主力店包括凤凰书城、置地新天地购物中心、迷失世界娱乐城、KFC、真功夫等。

珠海口岸购物广场由珠海口岸购物广场有限公司独资开发建设、经营管理，是庆祝澳门回归的市政重点工程之一。配套有大型停车场、长途客运站、多家知名餐厅等，此外，16 条宽阔的市政交通车道从负二层南北贯穿而过，居中设立的 13 条市内线路公交车站，使广场成为市中心的一个交通枢纽。珠海口岸购物中心经营品类如表 17 所示。

表17　珠海口岸购物中心经营品类

单位：平方米

楼层	商业面积	经营品类
负一层	40000	澳海城百货、凤凰书城、潮流服饰、精品、皮鞋箱包、澳门特产、烟酒杂货、餐饮
负二层	30000	潮流服饰、精品、皮鞋箱包、澳门特产

该商场所针对的顾客群体主要是珠海本地年轻消费者、澳门客及珠海游客，经营档次以中档大众化为主，包含了诸如 KFC、大家乐、味千拉面、面牵一线、大禾寿司、真功夫等中西大众连锁快餐，满足游客的需求。

其中，澳海城百货是口岸购物广场转型升级过程中的一大举措。2010 年，澳海城百货开业，该百货商店引入了大量国际二三线品牌和国内一二线品牌，提升了口岸购物广场的档次。澳海城百货主要品牌如表 18 所示。

表18　澳海城百货主要品牌

奥海城百货主要品牌	imi's、卡洛芳瑞、出格、BAISI、伊比莎、Helen Moda、S. DEER、伊丝艾拉、特乐路、MOVEUP、ebase、依思、茵佳妮、皮匠世家、angel、安佳妮、奥伦提、only、伊索宫、上野熊、普普风、莱丽纳、corona、卡路约翰、卡佛达、康格斯、FASHIONFISH、LIQPRINT、艾哲、OZZO、欧特菲尔、古川崎、JNBY、BCVOEA、ac 区、ST&SAT、Tata、康莉、红蜻蜓、哈驰、BASTO、百丽、安玛莉、KISSCAT、曼妮芬、芬狄诗、12 月坊、潘多拉、伊泰莲娜、E 天尼、天美意、晶玉良缘、达芙妮

3. 迎宾百货、米兰百货

迎宾百货广场位于迎宾南路 1144 号，经营规模约 30000 平方米，共三层，是沿街面长 220 米的狭长形裙楼商业。经营业态以零售、餐饮、休闲娱乐为主。零售产品主要包括服饰、鞋履、内衣、日用品等，还有 KFC、麦当劳、各类西餐、日本料理等餐饮品类，迎宾百货商场内还有两家美容美体商店，一家 300 平方米的电玩城以及一家营业面积超 2000 米的桌球城等。迎宾百货经营品牌以国内一至三线为主。迎宾百货主要销售品牌如表 19 所示。

表19　迎宾百货主要品牌示例

经营品类	代表品牌
女装	哥弟、Castle、LILY、TOUCH、FGFEEL、白丝、ebase、卡宾
男装	卡宾、Jack Johns
鞋	百丽、天美意、特乐路、Hot West
内衣	Maniform、fandecie

　　米兰百货广场位于迎宾南路1099号，总经营面积约10000平方米，超过200家商家入驻。经营品类以零售、餐饮及休闲娱乐为主。其特色是餐饮比例高达50%，包括咖啡时间、大家乐、自然美食坊、大西洋超级牛排、磨磨香土菜馆等，该商场还有夜总会、电玩城等娱乐休闲项目。零售品类则以服饰、化妆品（屈臣氏）、金石珠宝为主，产品档次主要以国内二三线为主，包括Castle、多尔、出格、喜丽、百丽、天美意、百思图、staccato、丸美、色彩地带、伊丝艾拉、六福珠宝等品牌。

4. 国际商业大厦广场

　　国际商业大厦位于侨光路，总建筑面积约90000平方米，其中营业面积约2万平方米。主要有国际大厦商城、运动城、家居广场、文华书城、华润万家等（见表20）。

表20　国际商业大厦广场主要商家

单位：平方米

主要商家	经营品类	经营面积	管理方
华润万家	百货、超市	50000～60000	华润集团
文华书城	书店	10000	文华书店
运动城	专卖店	5000	—
家居广场	专卖店	2000	—

　　国际大厦于1993年动工兴建，到1997年只建至六层。1998年的亚洲金融风暴吹停了大楼的"长势"，只完成了8.3万平方米的建筑面积。2001年，为了盘活已建成的6层建筑，珠海引入万家超市、文华书城、太平洋保健中心，支撑起这个虽不大却是拱北最聚人气的商业中心，也是珠海盘活烂尾楼的范例。

　　文华书城国际大厦店，以一个文化中心配套多个文化主题展开设计，在珠海打造了一个文化产业购物广场。在文化配套及品牌引进上投入大笔资金，设计了图书、音像、文具、体育、电子、数码、休闲、精品、动漫、学习和艺术等文化产品集合销售的新型文化产业商业模式，成为国际大厦拱北核心商业地位的"给力"配套设施。

华润万家拱北店采用"百货＋超市"形态的大卖场形式，是目前珠海面积最大的百货商场，经营面积达到 5 万~6 万平方米，经营产品以国际二三线品牌和国内一二线产品为主。

珠海国际商业大厦华润万家经营品牌如表 21 所示。

表 21　珠海国际商业大厦华润万家经营品牌

经营品类	代表品牌
女装	Mango、ESPRIT、欧时力、Vero Moda、Only、FGFEEL、自然元素等
鞋	le saunda、staccato、百丽、ST&SAT、达芙妮、KISS CAT、TATA、安玛丽、Harson
运动休闲服饰	CAT、Kappa、Converse、Nike、adidas 等
化妆品	美宝莲、欧莱雅、OLAY、自然堂、羽西

随着珠海交通设施的大跨度发展，近年来，珠海商业大厦迎来了重建发展的机遇。从概念方案得知，珠海商业大厦改建项目建成后将成为可以承载多个核心主力店和大量一二线国际品牌形象店的 SHOPPINGMALL，打造一个集购物、商务、餐饮、休闲、娱乐与旅游观光于一体的城市综合体项目。

粤港澳大桥、广珠轻轨与广珠西线开发建设以及拱北口岸 24 小时通关等利好消息，进一步凸显了拱北连接港澳与珠三角地区的交通枢纽地位，促进了拱北的商业发展。领秀城、恒虹世纪广场等多个大型商业项目相继开工，均以购物中心形态出现，商业规模大，综合性更强，加上拱北原有 30 多万平方米的商业体量，将极大地提升拱北商业市场的发展水平。星级电影院、量贩式KTV、大型电玩中心等新的商业元素将伴随购物中心逐步进入珠海，珠海商业丰富度将有较大提升。伴随购物中心等商业模式的陆续出现，珠海将出现更多新的商业元素，进入一个崭新的时代。

（三）珠海商业起源——老香洲商圈

老香洲是珠海的老城区，是珠海居住密度最高、生活氛围最浓厚的区域。老香洲也是珠海商业的发源地,据有关资料记载,珠海商业的发展正是源自清朝末年在香埠路开设的商业街,虽然一场大火令这条极尽繁华的商业街昙花一现,不复存在,但已经种下了商业发展的种子。改革开放及珠海设立经济特区后,珠海商业的发展从这里开始起步,并逐渐向整个城区扩展,最终形成了如今繁华的商业格局。这里也是珠海城市的起点之一,珠海正是从这个小地方开始不断发展、扩张,形成了今天欣欣向荣的南国魅力滨海城市。

老香洲商圈主要是指香埠路周围一系列商场构成的商业区域,包括香埠路步行街、朝阳市场、香洲百货、珠影广场、扬名百货、尚都时尚百货等,此外在紫荆路附近也形成了以茂业百货、金宝路商业广场、通大百货等构成的商业区域,具体如图18所示。老香洲商圈占地面积近10万平方米,经营档次较低,以满足居民日常生活所需的生活用品为主,服务对象主要是商圈内居民,辐射力相对较弱。日均人流量超过20万人,无太多发展空间,发展缓慢。

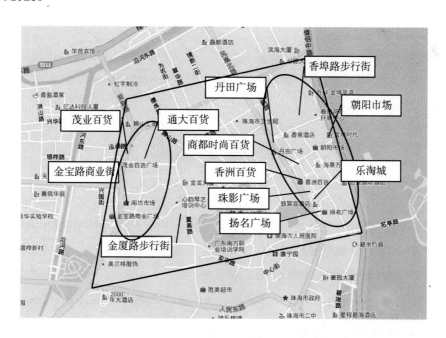

图18 老香洲百货范围及主要商业位置

老香洲商圈也有由仔沙数码广场、海域电脑广场、香湾电脑城、新华数码、丹田广场的苏宁电器等形成的珠海最大的数码电子专业一条街，已有3000 余商家入驻。老香洲主要商业企业如表 22 所示。

表 22　老香洲商圈主要商业企业

单位：平方米

主要商业物业	规模	业态组合	档次
扬名广场	10000	百货、超市、家具、餐饮、休闲、娱乐	中档大众化
茂业百货	20000	百货、餐饮	中档大众化
百分百购物中心	6000	百货、超市	中档大众化
乐淘城	1000	零售	中档大众化
尚都时尚百货	12000	百货、餐饮	中档大众化
金宝路商业广场	40000	零售、书城、休闲娱乐、餐饮	中低档
通大百货	14000	零售、超市、餐饮	中低档
朝阳市场	15000	菜市场、零售	低档
香埠路步行街	—	零售	中低档

从业态上看，老香洲商圈以零售及餐饮为主，层次较低，以满足日常生活需要为主。

在珠海旧城改造及新一轮发展浪潮中，老香洲商圈迎来了新的发展机遇，扬名广场二期等新兴商业广场的建设，将提升老香洲商圈的地位，改变其不断下降的颓势。

五　珠海商圈发展前景分析

近年来，随着改革开放的深化和城市发展的加速，珠海迎来了一系列重大的发展机遇，珠海商业发展迎来了前所未有的灿烂前景。其中粤港澳大桥的建设，广珠轻轨、太澳高速的开通，以及横琴开发区的大力发展，为珠海商圈发展注入了巨大的活力。珠海商圈发展开始进入新的阶段，其中"购物中心化"、大商业格局等成为珠海商圈未来发展的重要走向。

（一）珠海商业发展的机遇

作为中国最早的五大经济特区之一，珠海的经济社会发展自改革开放设立特区以来，有了长足的进步，从一个小渔村一跃成为南粤南端绚丽的明珠，成为一座花园式中心城市。但是由于地理位置所限，珠海较深圳具有天然的劣势，发展速度不很理想，尤其是交通方面。

近几年来，珠海的经济发展面临着大量机遇。首先是珠三角规划将珠海设为珠三角南端核心城市、旅游城市及航空港，并开始大力发展珠海交通运输业，使珠海由"尽端末梢"变为"始端龙头"，同时珠海的"海港、航空港"也得以盘活，获得了重大发展机遇。2009 年，横琴新区开发正式获批，这是在粤港澳一体化背景下，为进一步深化合作设定的平台。

1. 粤港澳大桥的建设

粤港澳大桥跨越珠江口伶仃洋海域，以公路桥的形式连接香港、珠海和澳门，大桥的起点是香港大屿山，经大澳，跨越珠江口，最后分成 Y 字形，一端连接珠海，一端连接澳门。

粤港澳大桥是三地政府规划多年的重大工程，设计行车时速每小时一百公里，建成通车后，开车从香港到珠海的时间将由目前的 3 个多小时缩减为半个多小时。大桥总工期计划为六年，已于 2009 年 12 月 25 日正式动工，预计2015～2016 年建成通车。

大桥珠海段通过隧道穿越拱北建成区域，与太珠高速广珠西线相连，再通过延长线接驳，将与珠海境内现有的京珠高速、西部沿海高速、江珠高速，以及规划建设中的机场高速、高栏港高速等一系列干道连通，直贯整个珠江西岸地区乃至泛珠三角区域。

粤港澳大桥的建设将连接起世界最具活力的经济区，极大地促进香港、澳门、珠海三地经济社会的一体化，并有助于珠三角沿海城市经济链的调整和产业结构的转型，这将对珠海的商业发展产生极为重大的影响。

2. 广珠轻轨建设

广珠城际轨道交通由广州市广州南站途经佛山市顺德区、中山市，南至珠海市拱北口岸的珠海站，并经延伸线连接珠海机场，又设一支线由中山市小榄镇经中山市古镇，跨西江，连接江门市新会区会城街道东甲。该线和广深城际轨道交通是珠三角城际快速轨道"A"字形网络中的两条主干线。2012 年 12月 31 日正式通车，广珠轻轨全线贯通，从广州南站到珠海北站最快仅需 41 分

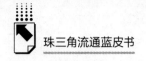
钟，而到珠海站拱北口岸仅需72分钟。

广珠城轨的开通，对珠三角地区同城化"一小时生活圈"蓝图的构建具有十分重大的意义，尤其是对珠江西岸"珠、中、江经济圈"的交通与经济社会一体化更具有历史突破性的意义。珠三角一小时交通圈的形成将可能带动一种新的居住模式——"城市群居住"，市民可以在中心城市工作，到副中心城市居住。加上珠江东岸紧密的一体化格局，宜居的"花园城市"珠海将成为众多居民的理想选择，珠海人口将会加速增长。另外，珠三角的一体化也会促进珠三角游客的一体化，去珠海、到澳门将成为广东旅游的一项选择，这将为珠海带来大量高素质的旅游消费者，促进珠海商业的发展。

此外，另一条货运线"广珠铁路"几乎同时开通，加上广珠城轨和正在动工的粤港澳大桥，珠海一下子进入了国际顶级酒店管理公司的视野，国际顶级酒店争进珠海，其中洲际酒店将再次进入，在拱北口岸亮灯。

3. 24 小时通关

连接澳门的珠海拱北口岸是中国第二大陆路口岸。在"港澳自由行"以及 CEPA 政策的进一步推动下，赴澳经商、旅游的内地居民年均有 20% 的增长。经拱北口岸出入境的旅客连续数年突破 8000 万人次，并在 2011 年达到 9400 万人次的规模，超越深圳罗湖，位居全国口岸过关人数第一位。

目前拱北口岸正深入讨论加强珠澳口岸建设的诸多措施，探讨在拱北口岸试行"两地一检""单边验放"的查验模式，适当延长通关时间，力争实现 24 小时通关。

方案如果实行，澳门将成为一个巨大的虹吸池，吸引珠三角游客大量进入，这将使珠海成为一个巨大的中转中心，大量的过境游客必将促进珠海经济的繁荣。

4. 横琴新区规划

2009 年 8 月 14 日，国务院正式批准实施《横琴总体发展规划》，将横琴岛纳入珠海经济特区范围，要逐步把横琴建设成为"一国两制"下探索"粤港澳"合作新模式的示范区。横琴将成为内地开放度最高、体制活力最强、创新空间最广的区域。

横琴新区，位于珠海市南部，珠江口西侧，毗邻港澳，面积 106.46 平方公里，是目前珠海面积最大的海岛。

横琴新区尝试"分线通关"政策，整个横琴将被视为一个免税或保税区，并在税收上享有与港澳相同的优惠政策，相当于一个类似于香港的"自由贸易区"，也就是将横琴做成一个扩大版的澳门，为三地的合作示范提供空间和保障。

根据《横琴总体发展规划》，横琴新区的发展目标是：通过重点发展商务服务、休闲旅游、科教研发和高新技术产业，加强生态环境保护，鼓励金融创新，实行更加开放的产业和信息化政策等，逐步把横琴建设成为"一国两制"下探索粤港澳合作新模式的示范区、深化改革开放和科技创新的先行区、促进珠江口西岸地区产业升级的新平台。

横琴新区的建设不仅是一个新区的事情，它的建设给珠海带来了大量的发展机遇，众多商贸企业正是看重横琴新区作为粤港澳合作平台的作用，看好珠海以此为契机发展的前景，才大量涌入珠海，以占得先机。因而，横琴新区的建设，为珠海带来了大量的商业企业实体，促进了珠海商圈的繁荣。

总之，珠海交通枢纽地位的大幅提升，极大地增强了珠海的城市辐射力和发展潜力。而粤港澳大桥的开发建设将大大缩短香港、澳门与珠海之间的交通时间，会给珠海带来更多的港澳客流、物流与财富流，促进珠海商业发展，同时也会带来港澳先进的商业理念，促进商业环境不断改善，经营管理水平不断提高。广珠轻轨与广珠西线的开发建设会进一步增强珠三角西翼各地之间的交通与经济往来，加强"珠三角一小时生活圈"的构建，同时会进一步凸显珠海作为连接港澳与内地交通枢纽的地位。

经济规模与人口规模的提升，大大促进了珠海商业规模与消费规模的增加。横琴新区重点发展商务服务、休闲旅游、科技研发、高新技术等"四大产业"，一方面会整体提升珠海的经济发展水平，另一方面会吸引大量高素质、高消费力就业人口与居住人口，促进珠海整体商业的发展。24小时通关、交通条件的改善等将进一步增加珠海旅游人口，带动商业消费。

（二）珠海商圈发展前景分析

1. "两大商业重心、四大商业区域"的格局难以动摇

目前，珠海的城市化进程和城市规划面临诸多利好，这为珠海商业的扩容和提升奠定了坚实的基础。然而，就目前珠海的经济社会发展现状及城市规划前景而言，珠海商圈"两大商业重心，四大商业区域"的格局短期内很难改变。

其中，吉大、拱北两大市级商圈目前商业成熟度较高，商业价值远高于其他区域级商圈。两大商圈的商业总规模、业态丰富度均优于其他商圈，并各自拥有一个稳定的消费群体，消费者的消费习惯短期内难以改变。而诸如南屏商圈、前山商圈等新兴商圈虽有较大发展前景，但仍处于发展初期，未来状况难以确定，仍将只是区域性商圈。

此外，目前规划及在建的大部分商业地产仍集中在拱北与吉大两大商业核心，领秀城、恒虹世纪广场和万科珠宾花园等多个大商业项目，均集中在拱北与吉大商圈，各大发展商仍看重两大商业核心区域的未来发展前景。

总之，由于六大商圈目前商业成熟度较高，商业价值远远大于珠海其他点、片商业范畴，所以，"两大商业重心，四大商业区域"的商业格局短期将维持不变。

2. 商业规模不断扩大、档次不断提升、业态不断丰富

目前，珠海在建及规划中的大型商业项目超过十家，预计将为珠海新增近50万平方米的商业体量。具体如表 23 所示。

表 23　珠海新建商业项目列表

单位：平方米

新商业项目名称	营业面积	新商业项目名称	营业面积
领秀城	76000	沃尔玛购物中心	20000
恒虹世纪广场	30000	中海环宇城	100000
扬名广场二期	100000	仁恒滨海中心	14000
华发商都	100000	总　计	430000

资料来源：广东商学院流通经济研究所数据库，不含商业街面积。

从目前在建的几大商业项目来看，珠海各商圈商业业态正趋于完善。其中领秀城规模近 80000 平方米，意在打造集品牌百货、大型超市卖场、时尚特色餐饮与休闲娱乐功能于一体的一站式购物中心；扬名广场二期首创珠海全新商业模式，将游乐、休闲消费与风靡国际的商业模式SHOPPINGMALL巧妙结合，建成之后，与一期相连，将集大型百货、大型超市、主题风味食街、星级影视城、KTV、超级儿童反斗城、书吧、五星级酒店于一体，形成真正的一站式购物、休闲、娱乐的珠海第一商业城。

此外，在商业档次上，珠海各商圈将引入多个大型外资品牌商家与开发商，商业开放度也将更大。2011年，沃尔玛已签约进驻前山招商花园城，万达集团、大润发、天红百货、海雅百货等也在进一步洽谈或考察中。

珠海部分中低档商场也将进行升级改造，整体商业水平将得到进一步提升。如珠海政府与开发商正对拱北商业进行升级造规划，拱北市场、莲花路、银都酒店与口岸广场地下商业等的改造升级已完成概念性规划。

3. 珠海商圈将进入"购物中心"时代

在"两大商业重心，四大商业区域"的现有商业格局之下，珠海商业业态正处在由有一定规模的商业街区或大型超市、百货及百货单独门店模式上升为集购物、娱乐休闲、餐饮等功能于一体的一站式购物中心商业模式的过渡阶段，一站式商业中心高端商业模式已经成为珠海商业经济发展的一种趋势。

目前珠海规划开发的众多商业地产项目，多以一站式"购物中心"为定位。如华发商都、恒虹世纪广场、扬名广场二期、领秀城等项目，商业体系配套均规划以业态丰富、规模大、定位高端、综合性更强的一站式购物中心。将引进大型商业卖场、国内外一线品牌、高端餐饮、星级电影院、量贩式KTV、大型电玩中心等诸多可满足不同消费者购物休闲需求的商业元素，形成业态丰富的一站式"购物中心"。

而随着这些在建商业项目的建成并陆续投入使用，珠海一站式"购物中心"形态的商业模式将陆续出现，为珠海带来更多新的商业元素，珠海商业市场将进入一个崭新的"购物中心"时代，迎来另一个发展天地。

以华发商都为例，华发商都总建筑面积达到10万平方米，由6万平方米的华润万家"欢乐颂"大型购物中心、集中式商业以及定位高端的商业街组成。其中"欢乐颂"的商业形态，不仅具备了居民日常购物、休闲、餐饮、文化、金融等服务功能，更迎合了消费者的"快乐消费"心态，增强了购物中心的游乐场、剧场、影院等各种娱乐功能，为消费者带来了"一站式消费"

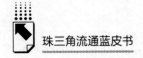

和"快乐消费"的双重体验。同时华发商都以华润万家"欢乐颂"大型超市及时尚百货为主力业态，综合性能高，规模大，是一种创新的商业模式，将会吸引一定的消费客群，是珠海商业市场的一次较大提升。

4. 珠海正逐步呈现出"大商业"格局

随着万科珠滨花园、扬名广场二期、岭秀城、华发商都等大型商业地产项目的建设完成，珠海总体商业体量将大幅提升，增加近 50 万平方米。并且这些商业项目多以一站式大型购物中心为主要形式，全面打造珠海"购物中心"时代，吸引更多大型外资品牌商家与开发商入驻，商业开放度也相应更大，商业业态丰富度不断提升，综合性更强。而珠海各大商圈部分中低档商场将进行升级改造，整体商业水平将得到进一步提高。经过一段时间的发展，珠海商业将改变"两大商业中心，四大商业区域"的格局，逐步整合为"大商业"格局。

大商业是指，伴随城市规划的实施和珠海经济的发展，以及目前在建及规划中的多个大型商业地产项目的开发，珠海主城区将逐渐突破现有地形、人口分布、经济发展、政策规划以及客户群体层次不一等诸多因素的影响，大型商业购物中心将由点到片辐射到各个区域。珠海商业市场无论在规模、档次还是在综合性、业态丰富度上都将得到质的提升。

近年来，珠海商业经济虽然受到经济调控、发展空间有限等诸多因素的影响，有一定的局限性，同广深相比，发展略显迟缓，但通过城市经济建设及国家政策规划等利好的带动，依然呈现出欣欣向荣的景象。今后随着大量商业地产项目的涌入，珠海商业及商圈的发展前景将一片光明。

B.11
佛山市主要商圈的分布、
特点及发展趋势研究

彭雷清　段伟为　罗晓林*

摘　要：

　　佛山是广佛肇经济圈的重要经济核心之一。近年来佛山商业在广佛同城的推动下快速发展，目前已形成以祖庙商圈、千灯湖商圈、升平商圈等为主的商圈分布格局，以购物中心、现代百货为代表的现代商业形式快速发展，提升了佛山在广佛同城背景下的商业地位。

关键词：

　　佛山　广佛同城　祖庙商圈　千灯湖商圈

　　自 2002 年始，佛山重新调整行政区域规划，形成了由禅城、南海、顺德、高明和三水共同组成的"一市五区"的行政架构，并确立了"2＋5"组团式格局的城市总体布局，佛山市城市商圈发展开始呈现从"一枝独秀"到"百花齐放"的新时期发展特点。

　　《珠三角城镇群协调发展规划（2004～2020）》对于佛山的定位为"地区性主中心"，提出的城市发展方向为："积极发展以高新技术为导向的轻工业，着重发展第三产业，与广州优势互补，担负地区性商贸、研发和服务功能，逐渐成为珠江三角洲向粤西沿海和西江流域辐射和拓展的重要枢纽。"

---

* 彭雷清，广东商学院工商管理学院院长，教授，博士，广东商学院流通经济研究所流通渠道研究中心主任，首席研究员；段伟为，广东商学院管理学院研究生，研究方向：市场营销；罗晓林，广东商学院流通经济研究所研究员。

此外，《佛山市城市总体规划纲要（2004～2020）》对佛山市的城市性质、定位进行了调整与布局，将佛山城市性质确定为：全国重要的现代化制造业基地，区域性专业物流中心之一，国家历史文化名城。此外，将佛山定位为：珠三角核心区——珠江三角洲广佛经济圈的重要组成部分，全国重要的现代化制造业基地，向粤西沿海和西江流域辐射和拓展的重要枢纽，区域组合型专业化市场及物流基地之一，具有岭南风貌特色的国家历史文化名城。

上述一系列城市规划和区域规划的调整布局及实施，为佛山市商业发展提供了新的契机与动力，与此同时，也为佛山市商圈的形成、发展、演变创造了外部条件，使佛山市的商业及商圈发展呈现出新的趋势和特点。

一 佛山市社会经济发展概况

佛山简称禅，古称忠义乡、季华乡，"肇迹于晋，得名于唐"，是国家历史文化名城，广东省第三大城市，中国古代四大名镇之一。佛山位于中国最具经济实力和发展活力地区之一的珠江三角洲中部，是"广佛同城""广佛肇经济圈""珠三角经济圈"的重要组成部分，在广东省经济发展中处于领先地位。

据考证，佛山的历史起源于现禅城区澜石街道区域，距今4500～5500年。唐宋年间，佛山的手工业、商业和文化已十分繁荣。明清时，更是发展成为商贾云集、工商业发达的岭南重镇。佛山与湖北的汉口镇、江西的景德镇、河南的朱仙镇并称中国四大名镇，与北京、汉口、苏州并称天下"四大聚"，陶瓷、纺织、铸造、医药四大行业鼎盛南国。清末，佛山得风气之先，成为我国近代民族工业的发源地之一，先后诞生了中国第一家新式缫丝厂和第一家火柴厂，并建立了"南洋兄弟烟草公司竹嘴厂"。

改革开放之后，经过30多年的发展，佛山经济总体形势良好。在2008年中国城市综合竞争力排名中，佛山市位列大中华地区第9位，在2011年中国最富20大城市中，排名第4。在中国社科院发布的《全球城市竞争力报告（2011～2012）》中，佛山全球排名为210位，在中国内地城市中跻身前10位，在广东城市中排名第3。在2012年前三季度中国各市GDP排名及增量排名中,佛山排第11位。另外,佛山还获得了2012中国特色魅力城市称号。

(一)水陆空交通便利,区位优势显著

佛山市位于广东省中南部,地处泛珠三角的核心腹地,属于珠江三角洲的西北部。背靠广州,西连肇庆,南面珠海,北通清远,与香港、澳门毗邻。佛山的地理位置十分优越,不仅是珠三角的腹地,也是中心城市广州向西的必经之路,与广州共同构成泛珠三角的中部都市圈(见图1)。

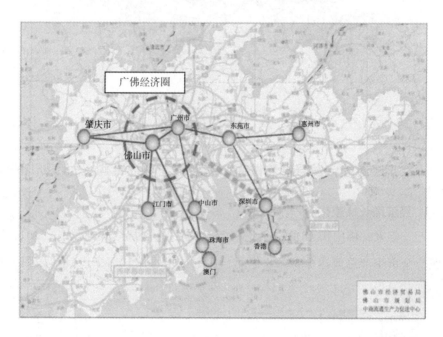

图1 佛山市与周边城市的区位关系

资料来源:佛山市经贸局。

佛山市境内有广茂铁路、广佛、佛开等高速公路与321、325国道,还拥有容奇、平洲、高明等港口,另有佛山机场,并与广州白云国际机场临近。随着高速公路系统、快速干线系统、城际轨道交通以及广佛地铁的规划建成,凭借区位上的优势,佛山将进一步辐射与带动西部地区产业发展,吸引周边地区的物流、人流与商流(见图2)。

图2　佛山市干线路网规划图

（二）经济社会发展稳步推进，消费能力与社会购买力不断增强

1. 经济增长快速化

近五年来，佛山市 GDP 以平均每年 15% 的速度持续快速增长。2011 年年底，全市生产总值达 6580.28 亿元，比上一年增长 12.1%。具体如图 3 所示。

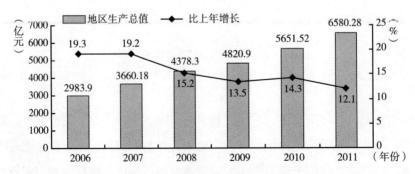

图3　2006～2011 年佛山市生产总值及增长速度

资料来源：《2011 年佛山市国民经济和社会发展统计公报》。

2. 市民生活富裕化，消费能力及购买力增强

截至 2011 年年底，全市社会消费品零售总额 1931.41 亿元，同比增长 18.1%；全年城镇居民人均可支配收入为 30718 元，同比增长 12.7%，城镇居民人均消费支出 23782 元，增长 8.1%。城镇居民消费支出中，教育支出占比为 4.9%，较上年下降 0.8 个百分点；文化娱乐用品及服务支出占比为 9.5%，较上年上升 0.9 个百分点。2006～2011 年佛山市社会消费品零售总额及增长速度如图 4 所示。

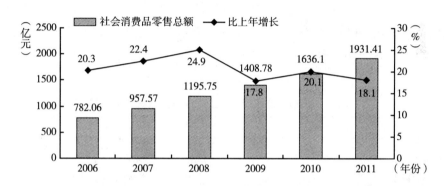

图 4　2006～2011 年佛山市社会消费品零售总额及增长速度

资料来源：《2011 年佛山市国民经济和社会发展统计公报》。

2006～2011 年佛山市城镇居民人均可支配收入及其增长速度如图 5 所示。

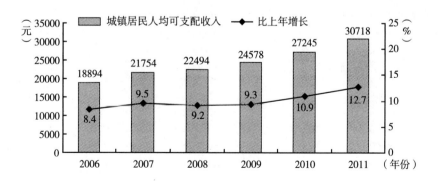

图 5　2006～2011 年佛山市城镇居民人均可支配收入及其增长速度

资料来源：《2011 年佛山市国民经济和社会发展统计公报》。

（三）产业升级转型效果明显，优势产业集群化

目前，佛山市以镇区为单位，形成了家电、陶瓷、铝型材、家具、不锈钢、五金、纺织、照明等多个产业集群，在国内乃至国际上都具有一定的影响力。在制造业30个行业中，22个行业总产值占全国1%以上，其中6个行业占5%以上，陶瓷、家电、专业机械、铝型材、小五金等在全国占有较大市场份额（见表1）。传统产业在加速转型升级，陶瓷行业调整进展明显，小火电和立窑水泥全部退出，小印染、小熔铸大部分已清理。战略性新兴产业迅速崛起，光电显示、LED和光伏产业初步形成集群，新能源汽车及配件研发制造初具基础，获"国家新型工业化产业示范基地"称号。

表1　佛山市制造业规模以上工业总产值占全国比重

按制造业行业分类	佛山（亿元）	全国（亿元）	佛山占比（%）
农副食品加工业	180.5666	27961.03	0.65
食品制造业	116.6503	9219.24	1.27
饮料制造业	57.5559	7465.03	0.77
烟草制品业	7.2168	4924.97	0.15
纺织业	464.8648	22971.38	2.02
纺织服装、鞋、帽制造业	301.9131	10444.8	2.89
皮革、毛皮、羽毛（绒）及其制品业	163.1931	6425.57	2.54
木材加工及木、竹、藤、棕、草制品业	74.536	5759.6	1.29
家具制造业	264.2808	3431.12	7.70
造纸及纸制品业	204.0328	8264.36	2.47
印刷业和记录媒介的复制	119.1015	2972.9	4.01
文教体育用品制造业	141.1155	2630.16	5.37
石油加工、炼焦及核燃料加工业	199.687	21492.59	0.93
化学原料及化学制品制造业	473.6986	36908.63	1.28
医药制造业	42.0533	9443.3	0.45
化学纤维制造业	13.8282	3828.32	0.36
橡胶制品业	53.9502	4767.86	1.13
塑料制品业	630.6744	10969.42	5.75
非金属矿物制品业	869.7583	24843.9	3.50
黑色金属冶炼及压延加工业	333.2887	42636.15	0.78
有色金属冶炼及压延加工业	687.2012	20567.21	3.34
金属制品业	1033.7892	16082.95	6.43
通用设备制造业	461.8665	27361.52	1.69
专用设备制造业	318.1538	16784.4	1.90

续表

按制造业行业分类	佛山（亿元）	全国（亿元）	佛山占比（%）
交通运输设备制造业	337.9755	41730.32	0.81
电气机械及器材制造业	2494.8763	33757.99	7.39
通信设备、计算机及其他电子设备制造业	578.7737	44562.63	1.30
仪器仪表及文化、办公用机械制造业	194.3982	5083.31	3.82
工艺品及其他制造业	160.2124	4465.2	3.59
废弃资源和废旧材料回收加工业	130.5563	1443.86	9.04

资料来源：《佛山市"十二五"规划》。

（四）商业历史悠久，基础雄厚

佛山是一座典型的传统工商业城市，商业发达程度较高，尤其自改革开放以来，商贸流通业更是得到长足发展。截至目前佛山形成了以家电、纺织服装、陶瓷建材、金属材料加工、装备工业、电子信息、食品饮料、塑料制品、精细化工、医药和家居用品十大优势产业为主导的各类专业市场，与产业配套的一系列商业服务业也迅速发展，商品销售网络日益扩大，商业网点体系不断完善，已经形成了以大型批发零售网点为骨干，中小网点密布，遍及城乡，辐射国内外的多成分、多层次、多渠道、多形式、多业态的商业网点体系。

二　佛山市商圈发展现状

（一）佛山商圈发展概况

城市商圈的形成是现代文明和经济社会不断发展的产物。随着城市化进程的推进和区域经济的新发展，现代商圈的发展对城市建设的推动作用日益显现。商圈作为新型城市经济的重要载体，发挥着聚集经济的作用，是促进区域经济增长、丰富城市休闲文化生活、方便城镇居民日常生活、提升城市品质的重要途径。城市商圈的巩固和完善，必将促进一个城市、地区乃至国家商业、旅游、文化、地产等事业的全面发展。

商圈是经济社会多种因素发展的产物，它既受市场力量推动，也借助行政力量形成。为保障商圈在科学的定位下健康发展，商圈内外产业协调运行，需要运用综合杠杆构筑商圈发展的长效机制。作为城市发展的核心要素，商圈建设的成熟度已经成为衡量城市发展的一个尺度。而作为商业流通业发展的重要表现形式，商圈不仅可以为城市建设提供配套服务，为众多商业企业提供有价值的发展空间，更是消费者进行餐饮、娱乐等复合型消费的场所，为城市的产业功能发展提供商业配套支撑。

佛山市商圈的形成、发展、演变历程也受到佛山城市发展、商业发展以及行政变迁的影响，形成了不同的发展阶段以及各阶段的独有特征。

1. 佛山商圈发展的历史进程

（1）第一阶段：鸦片战争以前（～1840 年），佛山商圈萌芽阶段

据考古发现，大约在 5000 年前，佛山已进入原始农业阶段。秦汉时期，农业以种稻植桑为主。佛山"肇迹于晋，得名于唐"。晋代，佛山称季华乡。唐贞观二年（公元 628 年），乡人在此掘得铜佛像 3 尊，认为这是佛家之地，遂名佛山。从此季华乡改为佛山，并逐渐成为珠江三角洲的宗教中心，故又称"禅城"。

早在唐宋年间，佛山的手工业和商业已经鼎盛南国，并发展成为我国南方重要的对外贸易港口；到明清时期，更是商贾云集、会馆林立、商肆栉比、船只如梭、游人如鲫，成为我国南方最大的商品集散中心和中国封建社会后期商品经济最发达的城镇之一，是"中国四大名镇"和"天下四聚"之一。

1840 年鸦片战争前期，佛山工商业发展到有史以来最高水平，拥有了陶器、铸造、织造等 300 多个行业，4000 多户手工业作坊，3000 多类产品和数千家店铺，产品畅销国内及东南亚、越南、澳大利亚、欧洲、美洲。四方商贾云集，有 18 个省在此设立会馆，22 家外国商馆常驻，"故商务为天下最"。当时佛山有"四方商贾之至粤者，率以佛山为归"之誉，有"百货山积，凡希购之物，会城所未备者，无不取给于此"之势。至道光年间，佛山商业发达至高峰，被誉为"川广云贵各省货物皆先到佛山，然后转输各省，故商务为天下最"。全镇共有六圩十二市，手工作坊之多，产品之丰富曾一度超过广州。其时形成以石湾为中心的陶器区，市郊栅下、山紫一带的铸铁区，舒步街、纪岗街一带的土布织造区和新安街的打铁区；出现"春风走马满街红，打铁炉过接打铜"的盛况。

这一时期，伴随着手工业、商品交易以及城市的形成、发展、壮大，佛山商圈发展处于萌芽状态，开始出现地区性的繁荣商业中心，并逐渐扩散开来。

（2）第二阶段：1840～1978 年，佛山商圈发展阶段

鸦片战争后，大量洋货源源不断输入中国，佛山经济受到猛烈冲击。佛山的手工业产品无法与洋货竞争。石湾陶器在市场上的地位被使用机器生产的日本陶瓷、搪瓷和铝制品所取代；土布由于洋纱、洋布的大量输入而失去市场；铸铁业在与洋铁器制品的竞争中落败；曾是广东唯一的染（磨）色纸业也因洋纸充斥市场而不景气。不少手工业作坊因此破产、倒闭，大批工场荒弃，大量工人失业。第一次世界大战爆发后，帝国主义无暇东顾，加上抵制日货、振兴国货运动，佛山经济一度复苏。许多产业有了很大发展，但由于官僚买办的扼杀，手工业经济仍是时起时伏。抗日战争时期佛山经济陷于绝境。抗日战争结束后，佛山手工业受到了美货的冲击，又由于国民党的横征暴敛，脆弱的佛山经济重陷困境。在1840年鸦片战争后，佛山经济一直处于起伏阶段，终未回复到最强盛时期。

尽管1904年后广三铁路、江佛和禅炭公路相继建成，佛山镇形成了内外、水路交通网，但由于鸦片战争后"五口通商"局面的形成，西、北江的水运地位下降，穗—澳经济轴线让位于穗—港经济轴线；加之受西方工业产品的冲击，佛山传统的农业与家庭手工业密切结合的经济体系解体，经济从此萧条，佛山在区域发展中的地位开始下降。至1949年底，佛山全市非农人口313632人，占总人口的24.2%；佛山镇的道路面积仅5.38平方公里，非农人口95350人，占总人口的66.6%（佛山市统计局：《佛山市主要年份统计资料提要（1949～1988）》）。

新中国成立后，佛山国民经济取得了令人瞩目的成就。建立起初具规模的机电、化工、建材等重工业，重点开发和拓展了电子、塑料、棉纺、化纤、印染、针织、造纸、灯泡、家用电器等日用轻工行业，使工业结构趋于合理，并确立了纺织、陶瓷、电子、塑料四大支柱行业。

这一时期，在1949年之前，受制于国内外势力的压迫与剥削，国内产业经济发展不够迅速，甚至出现倒退，但是，佛山市商业以及城市发展的主要推动力来自外来势力以及官僚资本；1949年以后，佛山社会与经济发展迅速，商圈发展迅速回升，但受制于传统的计划经济体制，发展不够充分。总之，这一时期，佛山市商圈处于潜伏发展期。

（3）第三阶段：1978~2002 年，佛山商圈崛起阶段

改革开放以来，珠江三角洲在全国的先发优势在佛山也有表现。佛山得到了改革开放后的发展良机，经济和社会发生了巨大变化，经济总量迅速增长，全市国内生产总值从 1978 年的 12.96 亿元上升到 2003 年 1381.39 亿元，全市工业总产值从 1978 年的 13.72 亿元上升到 2003 年 3300.16 亿元，成为全国城市综合实力 50 强。

佛山的产业结构在改革开放后也有很大改变，三次产业比例从 1978 年的 31.2∶50.5∶18.3 变为 2003 年的 5.5∶55.9∶38.6。其中第一产业比重从 31.2% 下降到 5.5%，而第三产业从 18.3% 上升到 38.6%。

改革开放以来，佛山已跨进我国经济起飞城市的前列，建立起了一个拥有现代先进设备和技术、具有相当规模的工业基地。不仅建立了初具规模的机电、化工、建材等重工业，还重点开发和拓展了电子、塑料、化纤、印染、针织、造纸、灯泡、家用电器等日用轻工行业，工业结构趋于合理，由过去纺织、陶瓷、铸造、医药四大支柱行业为主发展成以纺织、陶瓷、电子家电、塑料皮革、建材、食品六大支柱行业为主。

这一时期，佛山市的商圈发展与城市发展、经济发展呈正相关关系，商圈不断壮大、崛起，形成了一些有区域特点、辐射面较广、业态完整的商圈，当然，商圈分布及发展存在地区不均衡性。

（4）第四阶段：2002 年至今，佛山商圈繁荣阶段

2002 年 12 月 19 日国务院的批复同意撤销原佛山辖区的城区、石湾区以及县级南海市、顺德市、三水市和高明市，同意设立佛山市禅城区、南海区、顺德区、三水区和高明区五个区。

自 2002 年开始，佛山重新调整行政区域规划，形成了由禅城、南海、顺德、高明和三水共同组成的"一市五区"的行政架构，并确立了"2+5"组团式格局的城市总体布局（见图 6），随后，《珠三角城镇群协调发展规划（2004~2020）》将佛山定位为"地区性主中心"。此外，《佛山市城市总体规划纲要（2004~2020）》对佛山市的城市性质、定位进行了调整与布局，《佛山市商业网点规划（2005~2020）》对佛山市的城市商业发展进行了规划布局，从此，佛山市城市商圈发展开始呈现从"一枝独秀"到"百花齐放"的新时期发展特点。

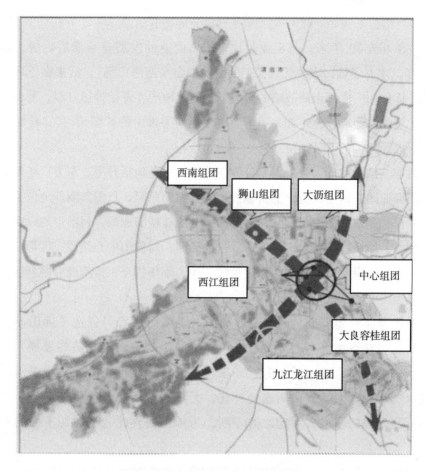

图6 佛山市城市商业中心规划图

资料来源：佛山市经贸局。

2. 佛山市商圈的总体分布及数量

近几年来，佛山市商圈经济（组团经济中心）得到迅速发展，逐渐形成了祖庙商圈、东方广场商圈、季华商圈、南海大道商圈、桂城东商圈、大沥商圈以及城南商圈等七大商圈。2011 年全市社会消费品零售总额达到 1931.41亿元，同比增长 18.1%。

作为商圈的重要组成部分，零售网点的发展及分布是商圈经济发展的风向标，截至目前，佛山市大型零售网点（营业面积 1000 平方米以上）超过 200家，区域分布方面，以顺德区为最多，禅城区次之，南海、高明和三水区位列

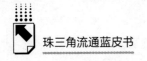

其后。

改革开放 30 年来，与工业相比，佛山商业的发展显得滞后迟缓，直到 1997 年，才有了第一家现代意义上的购物中心（南海广场）。后来在泛珠三角区域一体化和广佛都市圈战略的影响下，商业地产才开始慢慢升温，涌现出一批有代表性的经典之作，如，季华商圈被规划为佛山的"新天河"，桂城商圈要力争成为广佛的 CBD 核心区。

目前，佛山商业大致可以划分为三大块：一是包括升平、东方广场等在内的祖庙商业圈，由于人流、消费辐射力等方面的原因，目前其商业地位没人可以取代；二是以大沥、平洲、桂城等为中心的桂城商业圈，目前形成以南海广场为中心，城市广场、家天下齐头并进的局面，对佛山中心组团东区形成强辐射；三是当前最惹人关注的以东建世纪广场、季华货仓、玫瑰商业圈和丽日都会广场为中心的城南商业圈。

佛山市商圈起步最早的是祖庙商圈，祖庙商圈曾经创造了佛山商界的辉煌历史，获得过佛山商界无数个第一。然而随着佛山经济的发展，人们生活水平的提高，城市的扩容，外来人口的增多，祖庙商圈已难以承载如此庞大的市场，因此，商圈遍地开花，尤其这几年来，佛山商圈发展呈现出多元化发展的格局，后起之秀不断，为佛山商界注入了源源不断的新生活力。

根据相关资料，结合调研实际，我们将主要介绍佛山五大商圈，即祖庙商圈、季华商圈、南海大道商圈、桂城东商圈、大沥商圈，此外，顺带介绍一下顺德商圈（见表2）。

表 2　佛山市主要商圈介绍

商圈	分布区域以及概况
祖庙商圈	该商圈以祖庙路、福贤路、升平路、锦华路、松风路为主体,结合历史文化、民俗工艺、酒店服务、休闲娱乐和汾江河两岸自然景观等优势资源的综合开发,改造街区商业环境,配套休憩和停车设施,打造泛珠三角地区的商业名街
季华商圈	沿季华路两侧发展,并向东西双向延伸,是主商业中心唯一一条轴心商业带。其中,该商业带东段(文华路以东),即季华二路与桂澜路交会口,将依托一环快速路、东平水道沿岸开发,整合半月岛等旅游资源,形成新的商业核心

续表

商圈	分布区域以及概况
南海大道商圈	南海大道商圈围绕着南海大道两边，以南海广场、街铺、汇潮新天地、佑一城、南海嘉信茂广场为主力商家，是南海目前发展最成熟的商圈。南海大道商圈是南海中部商业最集中的区域，拥有较强的辐射能力
桂城东商圈	该商圈以南海广场、城市广场和深国投商业中心为基础，与千灯湖公园周边建设相配套，东起平一路，西至南海大道，南起南新一路，北至海八路，构建环境优美、生活便利的居住区
大沥商圈	主要由大沥的巴黎春天商业街和黄岐商业中心组成，巴黎春天商业街和黄岐商业中心均为规划形成的新型"块状"商业街区，以服装专卖店为主，辅以少量连锁餐饮网点

（二）佛山市各商圈特色及基本情况

1. 祖庙商圈

（1）祖庙商圈分布及其概况

祖庙商圈位于佛山市禅城区，东起普君北路—文庆路，西至汾江中路，南临卫国路，北接汾江河，是佛山中心组团的核心区域。祖庙商圈位于佛山市禅城区的老城区，拥有祖庙、梁园、东华里古建筑群等得天独厚的旅游资源，是佛山文化旅游中心，每年吸引大批中外游客。片区内的祖庙路、升平路、锦华路等传统老街区，不仅有深厚的历史文化沉淀，更具有浓郁的商业文化氛围。自 20 世纪 90 年代中期起，随着图书馆、影剧院、百花广场等新的文化、娱乐、商业设施落户祖庙路，祖庙商圈开始奠定佛山商业的中心地位，成为佛山商业形态最丰富、商铺种类最多、辐射范围最广、发展最成熟的大型商业圈。现商圈内商铺众多、人气鼎盛，云集了兴华商场、百花广场、顺联百花总汇等众多百货商场，有苏宁电器、屈臣氏、佛罗伦、NIKE 等名店进驻，消费市场繁荣活跃。祖庙商圈区域位置如图 7 所示。

（2）交通状况及公共配套

祖庙商圈是佛山的文化旅游和商业中心，同时也是交通枢纽。这里有卫国路、汾江中路、祖庙路、市东下路等交通干道，四通八达，不仅公交线路汇聚，涵括了佛山市的南庄、乐从、陈村、大沥、盐步等 18 个镇区，更配套祖

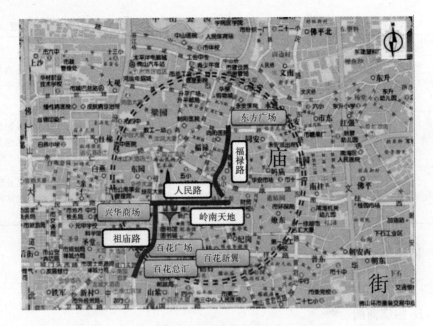

图 7　祖庙商圈区域位置

庙汽车站，脚踏广佛地铁，囊括祖庙及普君北路两个地铁站，公共交通发达，客流物流顺畅。而作为禅城区目前的城市中心，祖庙商圈拥有佛山最高档的宾馆、酒店，完善的教育、文化等配套设施，如佛山皇冠假日酒店、琼花大剧院、佛山图书馆、佛山第二人民医院、佛山第一小学等。

（3）片区功能定位及规划发展

根据《佛山市城市商业网点规划（2005～2020）》，祖庙商圈将以祖庙路、福贤路、升平路、锦华路、松风路为主体，结合历史文化、民俗工艺、酒店服务、休闲娱乐和汾江河两岸自然景观等优势资源的综合开发，发展时尚、休闲、观光、传统特色商业和主题商业街，加强多元消费服务的组合效应；改造街区商业环境、网点结构与服务环境，调整业态结构，发挥大型商业网点的带动作用；配套休憩和停车设施，打造泛珠三角地区的商业名街。

（4）祖庙商圈主要商业

祖庙商圈商业布局大致是从祖庙路连接到人民路，再由福禄路延伸到锦华路。以下分三个路段进行分析。

1）祖庙路段

祖庙路位于佛山市禅城区老城区的中心地段，其中的人民路至建新路段更是位于祖庙商圈的核心位置，北可通过人民路与东方广场商圈相连接，南可通过建新路与南海桂城相通，总长度约 500 米。

祖庙路现阶段主要为单边商铺，主要经营服饰，沿街商铺租金三四百不等，售价一般 3 万元/平方米以上。总体来说，以祖庙为界，中高档商铺集中在南段，中低档商铺集中在北段。相对来说，南段的人气略高于北段。祖庙路段商业分布情况如表 3 所示。

表 3　祖庙路段商业分布情况

单位：元/平方米

物业名称	类型	商铺月租金	经营内容、特色	经营模式
百花广场	商场	300～400	化妆品、服饰、手表、运动馆	个体式经营
顺联百花总汇	商场	180～250	服饰、手表、鞋	统一管理、统一收银
兴华商场	产权式商铺	300～350	服饰、鞋、电器、数码	统一管理、统一收银
祖庙路商业街	街铺	350～450	服饰为主	个体式经营
飞鸿天地步行街	街铺	180～200	饮料店、古玩店	个体式经营
丽园广场	商场	—	首层：国美电器等 3 楼：游艺场 4 楼：桌球城	个体式经营

值得一提的是，在佛山图书馆与佛山新广场之间有一条内街形式的步行街——飞鸿天地步行街，连通了祖庙路与祖庙大街，使祖庙路与祖庙博物片区连为一体。街内的建筑体现了中国古代尤其是岭南古建筑的传统，是祖庙商圈少有的有本土特色的街道。但目前人流量较少，一些商铺已经结业，只有几间商铺继续经营，以饮料店和古玩店为主。

2）人民路段

人民路人流量较大，经营商业种类繁多，以服饰、鞋类为主，消费群体主要是普通大众。其中佛山岭南天地项目延续了上海新天地的作风，定位为高档商业，现已进驻李宁、耐克等名店。商铺只租不售，租户装潢、营运、服务，都要统一管理，有很严格的监管，形式上也是走商业与文化相结合的路子。人民路段商业布局情况如表 4 所示。

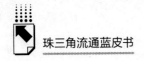

表4　人民路段商业布局情况

单位：元/平方米

物业名称	类型	商铺月租金	经营内容、特色	经营模式
人民路商铺	街铺	230～300	服饰、鞋、果汁店	个体式经营
岭南新天地	街铺	约400	各种专卖店	统一管理 个体经营

3）福禄路—锦华路段

福禄路拥有佛山最成熟的商业街——银花商业街，商业氛围相当浓厚，经营业态品种繁多，包括服装、餐饮等，主要面向普通大众。

东方广场占地面积25万平方米，总建筑面积80万平方米，其中商业面积超过23万平方米，投资20亿。以全新的"国际观光产业街区"理念，成为佛山的商业航母和华南地区屈指可数的超级巨MALL。东方广场内部划分了不同的功能区，不同位置的租金与售价差异较大。位置较好的商铺售价可达8万元/平方米以上，一般临街铺位为5万～6万元/平方米。福禄路—锦华路商业布局情况如表5所示。

表5　福禄路—锦华路商业布局情况

单位：元/平方米

物业名称	类型	商铺月租金	经营内容、特色	经营模式
福禄路商铺	街铺	300～400	服饰、鞋、餐饮	个体式经营
东方广场银州城	商场		底层:国美电器、数码产品、百货; 1～4层:吉之岛百货	底层:个体经营 1～4层:统一管理、统一收费
东方广场明珠城	商场	首层约500, 其他层数300	服饰、鞋、化妆品	个体式经营
东方广场蓝宝石城	商场		各种专卖店	个体式经营
东方广场钻石城	商场		1～2层:家具 3～4层:餐饮	个体式经营
东方广场德胜楼	商场		餐饮	个体式经营

(5) 祖庙商圈主要商业项目介绍

1）百花广场

百花广场于1997年1月18日开业，坐落在佛山市区祖庙路与建新路、城门头交会处，54 层，高度为 254 米，拥有大型购物商场、甲级写字楼、豪华型公寓、美食娱乐城、摩天观光球、大型地下停车场、直升飞机坪、亚洲最高观光梯、银行、工商管理、电信网络等，是佛山及周边地区集商、住、玩、购于一体的最大型的多功能商业大厦，更是佛山市的标志性建筑之一。百花广场布局情况如表 6 所示。

表 6　百花广场布局情况

项目简介	本项目是商圈主要商业项目之一，引入了餐饮、娱乐业态，较受佛山消费者的欢迎，目前商场也在随着市场发展而调整
物业资料	经营面积:25000 平方米 开业时间:1997 年 1 月 7 个主题区域:1 楼休闲名店城,2 楼名仕天地、皮具世界,3 楼名媛坊,4 楼百花奥运城、时尚领地,5 楼手机数码城,6 楼食通天

具体楼层分布

楼层	业态品牌
1 楼	休闲服饰:BOSSSNI、G2000、APPLE、佐丹奴、鞋类:TATA;主力店:屈臣氏;餐饮:KFC;名表珠宝配饰:周大福、六福;食品:桃园食品
2 楼	服装:鳄鱼恤、DISNEY、PLAYBOY、梦特娇、嘉意;名表珠宝配饰:东时达表行、亮视点、TISSOT;鞋类:思加图、ST&SAT、LAPAGAYO;主力店(餐饮):大快活
3 楼	内衣:37°、戴丝玉、芬狄诗;鞋类:百丽;化妆品综合店:研美;名表珠宝配饰:豪柏钻石、SUNNY;食品:蜜蜂鸟;女装:百丝、粉蓝、经典故事、爱诗尼、森波拉、金利来、A/E
4 楼	名表珠宝配饰:瑞士表坊;体育服装:ADIDAS、NIKE、KAPPA、LVEIS、PLAYBOY
5 楼	娱乐:欢乐城;大型餐饮等
6 楼	食通天

2）兴华商场

佛山市兴华商场有限公司是一家大型的综合性商业企业，位于佛山市最繁华的祖庙商圈中心——祖庙路。兴华商场集购物、饮食、娱乐于一体，经营面积 25000 平方米，形成了以家电为龙头，各类商品配套发展的特点，经营的品种六万多个，时尚商品应有尽有。

佛山兴华商场，自 1982 年 12 月 25 日开业至今，巧借改革开放的机遇，秉承"顾客至上、信誉第一"的经营宗旨，以年平均 21% 的商品销售额递增速度，成为佛山市最令人瞩目的商场之一。面对空前激烈的市场竞争，兴华商场不断进行管理创新，挖掘和培育人才，并于 2005 年进行了全方位规划、全面升级改造，软硬件设施得到了进一步提升，增强了市场竞争力，强势品牌纷纷进驻。兴华商场布局情况如表 7 所示。

表 7　兴华商场布局情况

项目简介	该项目目前以时尚百货定位,引入较多时尚潮流品牌,在佛山市商业界有较强的市场竞争力和号召力,已成为佛山经营最为成功的商场
物业资料	位于佛山市最繁华的祖庙商圈中心——祖庙路 经营面积:25000 平方米;开业时间:1982 年 12 月 25 日;改造时间:2005 年
具体楼层分布	
楼层	业态品牌
1 楼	鞋类:百丽、TATA、康丽、思加图、LAPAGAYO;化妆品:DHC、露华浓、郑明明;礼品:位元堂、东方红
2 楼	女装:CASIO、ESPRIT、W/S/M、ONLY、VERO MODA、ETAM、淑女屋;主力店(化妆品综合店):屈臣氏
3 楼	女装:茗、水云间、柏诗姬;内衣:三枪、皮尔卡丹、V/O;皮具:WANLIMA、MONTA;家居:多样屋
4 楼	主力店:超市;男装:虎彪、虎都、维多利亚保罗、浪登、七匹狼、九牧王、LEVIS、APPLE、ADIDAS
5 楼	玩具;内衣:爱慕、芬怡、安莉芳、曼妮芬;床上用品:富士、维科家纺
6 楼	婴儿用品:BETTY、ANNIL、丽婴坊;体育服饰:KAPPA、NIKE、ADIDAS
7F	数码家电
8F	家电

（6）祖庙商圈——佛山第一特色核心商圈

2012 年禅城区及祖庙街道为重振祖庙商圈，充分挖掘商业核心竞争力，实现历史文化与现代商业、城市的有机结合，"以文促商"，打造具有岭南特色的核心商业区。禅城在城市升级三年行动计划中提出，要整合"祖庙—东华里片区"和"莲花路—升平路片老城区"（含东方广场）双核心片区内的零散商业资源，形成"大祖庙商圈"。随着东华里片区改造、岭南天地开张迎客以及祖庙商圈各项升级改造工程完工，祖庙商圈又重新吸引人流，迎来一片全新的景象。在过去的一年当中，在"强中心"战略和城市升级三年行动计划的实施中，祖庙商圈正在向城市与产业发展相融合的目标靠近，一度令商圈内商家担忧的"边缘化"问题，也在这场升级蝶变中逐渐褪去。

1）祖庙商圈特色分析

①历史悠久且文化底蕴浓厚

祖庙商圈是以悠久历史、独特岭南建筑和具有岭南特色的宗教文化为依托的商业地带，这在珠三角几乎没有地方可以取代，在全国也少有，只有像上海的城隍庙具有这种特色。

祖庙东华里区域有佛山祖庙、东华里古建筑群等国家重点保护文物，还有简氏别墅、嫁娶屋、孔庙、李众胜堂祖铺等22处文物建筑及街道。祖庙商圈不应重复模仿高端商圈的模式，应利用好祖庙景点这个强势资源，打造一个绝无仅有的"祖庙文化商圈"。

②新时代产物：岭南新天地——有文化滋养的商业地产更茁壮

众所周知，位于祖庙商圈的祖庙是岭南文化的艺术宝库，不仅在佛山人心目中占据重要地位，同时也深深吸引着珠三角的众多市民。深厚的文化底蕴，使祖庙商圈在商业氛围中增添了几分神秘感与荣耀感。

岭南天地，这个广东最大的旧城改造项目，在2007年被瑞安房地产以75.1亿元的价格竞得，其开发内容包括文化、商业、办公、住宅、零售、餐饮、娱乐、旅游等多功能设施，投资额巨大，建设周期也相当漫长。

时至今日，岭南天地一二期项目已基本完成。改造后的原来佛山东华里已经脱胎换骨成为"岭南天地"，不仅保留了项目所在地原有的历史文化遗产，促进了城市名片的塑造，更将时尚元素和现代化设施融入社区，吸引着八方游客。

禅城区"以文促商、重振祖庙商圈"的施政思路，亮出的是"打文化牌"的招数。岭南天地作为岭南文化商业的重要载体，在"修旧如旧"的建设理念下，保存了包括简氏别墅、嫁娶屋、酒行会馆、李众胜堂祖铺等在内的完整古建筑群，共计涉及22处文物建筑和旧街道。深厚的文化底蕴，不仅成为岭南天地发展商业地产的一个支撑点，也助力岭南天地成为全球首个获得LEED-ND金级认证的地产项目。

传统文化与现代商业的融合，本土文化与时尚文化的碰撞，使岭南天地不仅进驻了老字号"黄祥华如意油"等品牌名店，还将迎来国内第一家正版Hello Kitty咖啡店的开业。商业发展、休闲旅游等相互结合，形成岭南天地一股新的发展力量，在"文化地产"战略中发挥着不可替代的作用。

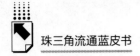

2）禅城区对于祖庙商圈特色发展的定义与规划

禅城区立足自身实际，结合《佛山市2005～2020商业网点规划》，为谋求祖庙商圈的重振雄风，对其未来的发展进行了系统的规划（见表8、表9）。

表8　祖庙商圈发展规划

商圈区位	位于禅城老城区,东起市东路,西至汾江中路,南起卫国路,北沿汾江河
功能定位	大佛山的市级城市商业中心,融合岭南民俗文化、禅城时代特色和现代商业文明,辐射珠三角,影响华南地区的集文化、旅游、居住、商业为一体的综合街区,成为佛山的城市中心和城市标志
发展模式	特色商业街区 + 文化旅游 + 休闲娱乐特色网点
业态设置	以购物中心、百货店、大型专业店、大型综合超市为主力业态,以旅游商业街、步行街为特色,形成大店与小店、精品购物与传统商业网点的有机结合
具体措施	1. 改造提升百花广场、丽园广场、兴华商场等网点,引导其错位经营;丰富业态种类,增加商业吸引力和集聚力 2. 引导福升商场、名花商业城、银花商场、花园商场等综合购物广场整合经营种类,改造硬件设施;远期,在祖庙—东华里"岭南天地"片区规划新建1处大型综合购物中心 3. 重点打造东方广场,使其成为集观光、旅游、购物、饮食、娱乐、休闲、康体、展示于一体的国际观光产业街区 4. 在商圈内重点打造4条商业街:祖庙—东华里"岭南天地"商业区,以佛山传统老字号经营、特色旅游购物和消费为主;人民路体育用品专业街,以品牌特色体育用品专卖为主;福贤路商业步行街,以传统骑楼式风格为特色,以民俗风情旅游商品购物为主;松风路商业街,以仿古旅游为特色

表9　祖庙商圈重要商业规划

名称	业态	规划意向	规划期限
东方广场购物中心	购物中心	重点培育	近、远期
百花广场	购物中心	改善提升,引导错位经营	近、远期
兴华商场	百货店	优化品牌,调整定位,改善环境	近、远期
丽园商业广场	百货店	改善提升,引导错位经营	近、远期
福升商场	百货店	优化品牌,调整定位,改善环境	近、远期
名花商业城	百货店	优化品牌,调整定位,改善环境	近、远期
祖庙—东华里岭南天地商业区	商业街	引导纵深发展,提升繁荣大型网点	近、远期
松风路商业街	旅游商业街	适量增加,引入1～2处大型商业网点	近、远期
人民路体育用品专业街	专业街	引进品牌专卖店,提高集中度	近、远期
福贤路商业步行街	商业街	新建骑楼式商业街	远期

资料来源：《佛山市禅城区商业网点规划》。

3）祖庙打造佛山第一特色商圈的具体举措

①基础设施改造，优化环境

从2012春节至2012年"五一"前，祖庙商圈核心区的环境进行了第一阶段改造，通过建新路扩宽工程、祖庙路改造提升工程、祖庙路绿化工程以及城市综合管理秩序的改善和创新，祖庙的市容环境得到较大提升，商业氛围明显增强。在祖庙商圈的改造提升中，从建筑到绿化，再到灯柱设计等，都融入了岭南文化元素。

此次提升，首先是定位上的提升。祖庙是佛山的脸面，祖庙商圈的定位是要做佛山最大、在珠三角有影响力的最具文化特色的商圈。新的"大祖庙商圈"计划北延至升平片区，往东到普君新城，往南接季华路商圈，向西到汾江路，统一规划，形成商业带。"大祖庙商圈"既要做佛山的城市名片，也要做佛山城市升级的引擎。

②整体规划风格——中西合璧

"大祖庙商圈"的整体规划特色是中西结合，"中"是与佛山传统历史文化相结合，以岭南建筑特色做主线，把岭南元素融入建筑，如祖庙的瓦脊公仔；街景、公园、绿化中使用佛山特产、陶瓷、佛山人物雕像等。但是光"中"也不好看，一些现代商业综合体还要中西结合，传统与现代形成丰富的层次。

"大祖庙商圈"首先需要解决一系列关键性问题，包括：交通及停车位等基础设施、景观节点的串联、餐饮业的集聚、整体商业氛围的营造等。

交通方面近期加强对祖庙路、天地路、东方广场片区等路段和路网的优化管理，改造提升公交设施，做好五区公交接驳和区内公交优化工作，加大公共交通进入率。在主干道和公路设置祖庙、岭南天地等重要景点的道路指示，方便引导人、车流进出。通过新建临时停车场、改造提升现有停车场、利用旧物业改造增设停车场等，达到近期新增超2000个停车位，并充分调配利用好现有停车场资源。

同时，综合祖庙商圈的商业、历史和文化等因素，对祖庙商圈的景观进行高水平策划，尽量挖掘商圈的文化底蕴，提升商业价值。主要做好商圈内人民路沿线、福升商场、潮人坊、东方广场等原有建筑的改貌工作，实现商圈范围

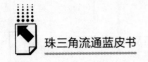

内外在形象上的全面提升。

③200米"地上行车地下走人"的风景线

禅城区政府邀请佛山市城市规划勘测设计研究院对祖庙核心区地下空间进行设计，开发城门头下沉广场至百花地铁站200米地下空间，连通ICC、南国酒店、友谊商店、百花广场、东建大厦、瑞士恒安大酒店、金城大酒店等几大商业主体的地下空间，形成一个地下慢行系统，这个系统将是开放的，在地下走也能看到地上的阳光。如果能建成，将是一道亮丽的风景线。

2. 季华商圈

（1）季华商圈区域分布及其基本情况

季华商圈沿季华路两边分布，东建世纪广场、禅城嘉信茂广场、流行前线、顺联国际、百佳等商家强势进驻，周边保险、银行、饮食等行业丰富，是禅城区另一个重点商圈之一。季华路商圈始建于15年前，现已集商务、金融、写字楼、商业于一体。该商圈位于佛山中轴线上，交通十分便捷，已汇集了相当高的人气。澜石旧城改造如火如荼，可以预见的是该商圈发展前景良好。

（2）商圈形成历程

早在20世纪90年代初，作为当时禅城区13项重点工程之一的季华路就已开通，但通车后却因冷清的路面而备受质疑。不过，让许多人都未曾想到的是，经过短短数年时间的发展，季华路不仅变得车水马龙，而且还一跃成为禅城乃至佛山最繁忙的城市主干道之一。以季华路为轴线的季华商圈也成为继升平商圈、祖庙商圈之后佛山的又一个新兴商圈，因发展形态近似天河，季华商圈在佛山业界被普遍认为是佛山的"新天河"。

2000年10月28日，东建世纪广场的建成开业被认为是季华路商圈发展的一个里程碑。这个经营面积达2万多平方米、定位在中高档的购物中心直至今日仍然是季华路商圈中极具号召力的商业项目。此后，流行前线、季华货仓商场等一些商业项目的开业更是极大地活跃了该区域的商业氛围。

受中心组团新城区建设的影响，佛山城市商业格局南移的速度加快。而作为佛山新老城区承接点的季华路首当其冲，周边商业元素不断丰富，从2003年开始，众多知名商家纷纷抢驻其中，如今，季华商圈已经吸引了季华货仓、顺联国际、好又多、百佳、国美、苏宁、沃尔玛等诸多大型卖场在此安营扎寨。与此同时，季华路一带的住宅地产发展也十分兴旺，周边汇集了佛山当前最热、最高档的 3 个楼市板块，即桂城东板块、亚艺板块和城南板块，禅城乃至佛山最密集、最具消费力的高端人群为季华商圈提供了发展的巨大动力。而正如广州的天河一样，除密集的商业项目和住宅区外，季华路也汇集了大量的写字楼、金融和政府机构。仅季华五路一带，就有发展大厦、季华大厦、行政服务中心、兴业银行、农业银行、招商银行、广发行，以及中国人寿保险公司、太平洋保险公司等多家金融保险机构。此外，随着岭南明珠体育馆和文华花园的投入使用，季华路增加了休闲、体育的元素，使该区域的功能更为齐全。

季华商圈的出现，改变了祖庙商圈"一枝独秀"的商业格局，从人气上看，季华商圈仅次于祖庙商圈，成为禅城区内第二大商业中心。

（3）片区功能定位及其规划发展

佛山市城市商业网点规划，将季华商圈未来的发展规划定位如下：沿季华路两侧发展，向东延伸至桂澜路，向西延伸至南庄。该商业带实施分路段发展，西段（佛山大道以西）以中国陶瓷城为主发展陶瓷交易、展示类网点；中段（汾江路至大福路）结合季华园、文华公园、亚洲艺术公园等景观节点，发展购物中心、百货店、大型综合超市、大型专业店等集约型、规模型商业设施，打造现代商业；东段（文华路以东）依托一环快速路、东平水道沿岸开发建设，整合半月岛等旅游资源，优先发展购物中心、特色餐饮、星级宾馆及休闲娱乐网点，适度发展综合超市、便利店、生活服务网点等社区商业设施，满足旅游度假人口和本地人口的消费需求。配套建设架空步行天桥、过街隧道等立体化步道系统和停车设施。

（4）季华商圈的主要商业项目——顺联国际购物中心

顺联国际购物中心有限公司位于佛山中心组团的黄金地段——禅城区季华五路与普澜二路的交会处，地处佛山商务金融中心区域。它抢占商圈制高点，以高定位打造佛山城南国际化商业新地标，是佛山首个在策略上坚决采用只租不售发展模式的购物中心。

顺联国际购物中心定位为佛山顶级百货商场，招商主要面对国际一线品牌，以倡导"精品百货、精彩生活"为目标。这种高端定位和目前同属季华商圈的其他商业广场形成错位经营，在丰富季华商圈商品结构的同时，也借助规模效应，再度提升了季华商圈的整体实力。商场充分考虑到高级购物中心的特点和市民消费的视觉感受及消费心理，在布局、硬件上独具匠心。

顺联国际购物中心共5层，整个购物中心项目占地面积约1.2万平方米，总建筑面积约4.5万平方米，商场专用停车位400多个。其外形线条简洁明朗、风格优雅大方，集现代建筑风格与艺术为一体。附近有众多的金融、企事业单位及商场，商业气息浓厚。北面是4000多平方米的小区公园及地下停车场，广佛地铁线路将有一站设点在地块的西侧，多条公交线路途经本项目，为此地带来了优越的交通条件。具体如表10所示。

表10　顺联国际购物中心介绍

项目介绍	顺联国际购物中心为佛山档次最高的商业项目,引入部分国际一线品牌,提升了季华路商圈的档次及辐射力,吸引了佛山众多中高端消费者
物业资料	项目位置:佛山市中心组团的黄金地段——禅城区季华五路与普澜二路交会处 开业时间:2006年 经营面积:42000平方米
代表品牌	纪梵希、登喜路、范思哲、伊斯卡达、都彭、卡尔丹顿、FORNARINA等 餐饮代表品牌:必胜客、星巴克等

3. 南海大道商圈

（1）南海大道商圈分布及其概况

南海大道商圈围绕着南海大道，以南海广场、街铺、汇潮新天地、佑一城、南海嘉信茂广场为主力商家，是南海目前发展最成熟的商圈。南海大道商圈是南海中部商业最集中的区域，拥有较强的辐射能力，吸引了不少顺德、南海附近街镇的购买力。该商圈占有有利的地理位置，但档次有待提高，往后将会平稳发展，属于有实力、有后劲的商圈之一。具体如图8所示。

（2）交通状况及其公共配套

南海大道在20世纪90年代渐渐成为桂城的交通主干道，支撑起整个桂城的城市骨架。进入2000年，随着广佛地铁1号线的建设，以及佛山地铁3号

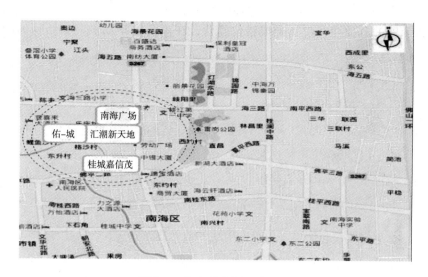

图8　南海大道商圈区域分布

线规划，整条南海大道再次成为南海城市建设的重心。

自从广佛地铁1号线开通以来，南海大道沿线的商业中心、高档写字楼、酒店等如雨后春笋般涌现，吸引了部分名企、名店进驻，聚集了大部分佛山高端人士到此消费，南海大道沿线的商业氛围也日益浓郁。

2007年之后，中海、保利、万科和创鸿等大公司涌入，会同南海本土发展商，在南海桂城板块的南海大道及周边如千灯湖等地，构筑起了"创鸿水韵尚都""中海千灯湖1号""保利水城"等高档住宅及商业中心。

四通八达的交通，是整个大佛山商业巨头聚集的源泉。天蓝百货、凯德、沃尔玛等一批商业巨头，近年来纷纷进驻南海大道，使南海大道不仅成为南海区的购物中心，而且在全市商业消费市场中所占的比重也逐年增加。

人们通过宽敞的南海大道，可从大沥、里水、罗村、狮山等镇街汇聚到桂城的核心街区。正常工作日，南海大道每天的人流量在10万人次左右，到了周末更会成倍增加。还有其他区和广州的市民到此购物消费。宽阔的双向8车道，南海大道由北向南，连接着南海、禅城和顺德三个佛山经济最为发达的区域。而在地下，有广佛地铁1号线通过，规划中的佛山地铁3号线也将汇聚在此。尤其是3号线，将从狮山起，经罗村、桂城南海大道进入禅城，再经佛山新城通向顺德，沿途经过北滘、伦教、大良直到容桂。

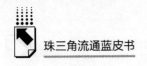
可以说，途经南海大道的佛山地铁 3 号线，串起了南海、禅城和顺德的大部分主要建成区，沿线居住的市民多达 300 万至 400 万人之众。而由此带来的商业消费需求量，将向商家们展示巨大的消费潜力。

（3）片区功能定位及其规划发展

根据规划，广佛之间还将再打造两条快速城际轨道线，连接广州中心和区域客运枢纽；同时，佛山将通过道路、轨道等的建设，加强与白云机场、广州南站以及南沙港等客货运枢纽的联系，实现资源共享。

"广佛同城，南海先行"，作为南海区政府所在地的桂城，当之无愧地成为了广佛一体化的桥头堡。在广州的辐射和南海自身基础设施不断完善的情况下，桂城的城市化建设逐渐加快，交通方式的变革带来了人流的聚集和商业的繁荣，需求持续增长给南海商业带来了前所未有的发展空间。

桂城是南海的政治、经济、文化中心，与禅城一起组成了佛山市最核心的城市组团——禅桂中心组团。到目前为止，禅桂中心组团已形成了祖庙路商圈、东方广场商圈、季华五路商圈、南海大道商圈和保利水城商圈等五大商圈。其中南海大道商圈在广佛同城带动下，前景十分看好，商圈以南海大道为主轴，北至海三路，南至南桂东路。商圈内主要物业有南海广场、汇潮新天地、佑一城、嘉信茂以及在建的创鸿广场。由于南海大道是区府所在地桂城的城市中轴线，沿途聚集了南海的主要行政机关、金融机构、写字楼和高档住宅区，周围社区和未来的商务人群将为商圈的发展奠定坚实的消费基础。

商圈内正在建设和招商的南海地标建筑创鸿广场是令人瞩目的焦点。创鸿广场位于南海广场对面，规划建筑面积达 13 万平方米，其中商业面积 8 万平方米，由粤东商业地产龙头创鸿集团开发。项目地下层与佛山地铁 3 号线直接连通，并靠近广佛地铁换乘点桂城站，二层人行天桥联通南海大道东西两侧，规划地下停车位超过 1700 个。该项目最大特色在于拥有长达 180 米的临街展示面和近 8000 平方米的外广场和 800 平方米的下沉广场，吸引了大批商家尤其是国际一二线连锁品牌商家的青睐，建成后的创鸿广场将成为南海市民休闲购物的好去处。

（4）主要商业项目

1）南海广场

南海广场位于佛山市南海区桂城南海大道，作为佛山首家区域性购物中心，集休闲、购物、饮食、文化、娱乐、健身、观光为一体，占地面积为 25000 平方米，建筑面积 80000 平方米。设计风格融汇中西文化精髓，外部恢宏气派、高雅大方，内部豪华精致、美轮美奂，各种服务配套设施齐备。

南海广场以"一站终点"的现代化消费模式，把握未来商业的发展态势，遵循业态互补互助的组合理念，使在场的各业态商业功能得到强势组合，为商家创造无限的商机和发展空间。购物方面，经营面积超过 20000 平方米的大型百货公司天蓝百货，名牌荟萃，花色品种超过 10 万种，家电城、服装城在本地区最具影响力和代表性；经营面积超 5000 平方米的大型超市，在本地区率先推出"现代街市"经营理念。饮食方面，有本地区规模最大、装修最豪华的大型宴会厅；有汇聚日本、东南亚、我国台湾以及全国其他地方风味小吃的大型美食广场；有世界品牌快餐肯德基。娱乐方面，有桑拿中心、沐足馆、保龄球馆、儿童乐园。文化方面，有书城、电影城等，文化气息浓郁。南海广场布局情况如表 11 所示。

表 11　南海广场布局情况

项目介绍	香港启胜为其商业经营管理顾问，目前以时尚百货定位，并在商业发展中引入美食广场等餐饮业态及儿童乐园，为南海区最受消费者喜欢的商场之一
物业资料	位于南海桂城南海大道 开业时间:2003 年;占地面积:25000 平方米;建筑面积:80000 平方米
具体楼层分布	
楼层	业态品牌
8 楼	酒楼、家居生活
7 楼	各式餐饮、美容/皮肤护理
6 楼	美食广场、儿童乐园、特价场
5 楼	影音电器
4 楼	体育服饰及用品、孕妇装、婴儿用品、玩具、文具、音像制品、健身器材、按摩产品
3 楼	男女服装、男女内衣、洋服定做、饰品、服装裁改
2 楼	青春女装、时尚饰物、休闲服、鞋类、手袋
1 楼	餐饮、电影院、珠宝首饰、眼镜、皮具、钟表、潮流服饰、鞋类
G 楼	化妆品、超市、个人护理、糕饼屋、顾客服务中心
B 楼	停车场

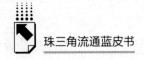

2）桂城嘉信茂广场

嘉信茂广场·桂城坐落在南海区的心腹地带南海主干道南海大道,南邻桂江大桥,位于南海商业核心区——南海广场与南海城市广场以及即将开业的桂城百花广场之间的核心地段。项目四周办公楼群云集,临近市政府办公大楼,南海医院、广东发展银行、工商银行大厦和大型商业楼群近在咫尺,交通极为便利。随着广佛地铁的开通,嘉信茂桂城项目作为地铁上盖物业,其商业价值愈显分量。

嘉信茂广场·桂城定位为集时尚、购物、休闲、餐饮、娱乐、资讯、生活服务于一体的一站式大型购物休闲中心,提供丰富多彩的商品和服务,包括国内外潮流服装、鞋、饰品、特色餐厅及多元化的日常所需物品和时尚家居用品。购物广场融合了大型超市、国际品牌专卖店、美容、休闲娱乐、电玩、幼儿教育、美食和特色餐饮,一应俱全。桂城嘉信茂广场布局情况如表12所示。

表12 桂城嘉信茂广场布局情况

项目介绍	凯德置地在佛山开发的首个商业物业,以沃尔玛超市为主力店,配合中档零售,以吸引周边家庭客流	
物业资料	位于南海大道即南海邮电局对面 开业时间:2007年9月;经营面积:65000平方米	
具体楼层分布		
楼层	定位	品牌
负1楼	沃尔玛购物广场	沃尔玛购物广场
1楼	服装、珠宝、餐饮	麦当劳、星巴克、KFC、味千拉面、千色店、STACCATO、Belle等
2楼	运动休闲用品	ADIDAS、李宁、LEE等
3楼	家居用品、儿童	金宝贝、AUV、迪士儿童用品、JOJO、MIMA、靓女靓仔、反斗乐等
4楼	通信、手机、餐饮	三锅演义、三养堂、尚宴、三十三号庭院、湘聚会、探奇儿童乐园、蕉树泰菜馆、宝视通、寿司正、韩美味、飞毛腿手机配件

4. 桂城东商圈

（1）桂城东商圈分布及其概况

桂城东商圈:以南海城市广场、百花时代广场、家天下商场等为代表,是桂城老一代商圈所在地之一。虽经多年发展，但商圈凝聚力与辐射力不足，氛围不够。商圈区域性强，以满足周边居民消费为主，未来发展受到硬件条件制约，以平稳发展为主。具体如图9所示。

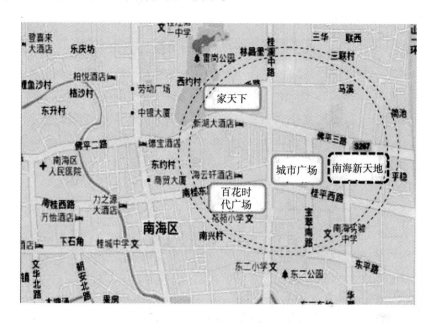

图9　桂城东商圈区域分布图

（2）交通状况及其公共配置

桂城东商圈是目前桂城最为成熟、档次也较为适中的商圈。如今的桂城东聚集了百花时代广场、城市广场、顺联奥特莱斯、新天地广场、佳盛国际广场、麦德龙等大大小小的商城五六个，为了能进行特色定位，南海新天地广场在2012年又引入了广州新光百货，打造以时尚消费为主的精品百货商场。从规模特色上看，桂城东商圈的购物层次丰富，既有适合工薪阶层的卜蜂莲花、城市广场，又有定位高档的顺联，还有适合小资的百花时代，地铁也就在旁边，交通十分便利。

（3）功能区位定位及其规划发展

该商圈以南海广场、城市广场和深国投商业中心为基础，实行空间适度扩展和功能积极扩展，发展配套服务网点，开发服务、娱乐、文化消费领域；与

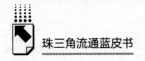

千灯湖公园周边建设相配套，适度设置便利店、超市和餐饮、娱乐类网点，构建环境优美、生活便利的居住区。

（4）主要商业项目

1）百花时代广场

百花时代广场地处桂城商圈新的商业大道南桂东路与桂澜路的交会处，由南海桂南地产与佛山百花广场联手打造。经营总面积近2万平方米，与桂南名都花园、名都国际公寓组成一个强大的城市综合体。规划建设四大主题功能区，即国内首个以奥运文化为主题的"400米星光大道购物步行街"、汇聚各国特色美食的"国际潮流美食汇"、推进运动新时尚的"潮人运动休闲馆"和同步日韩潮流的"尚潮社区"。

百花时代广场布局情况如表13所示。

表13　百花时代广场布局情况

项目介绍	商铺销售采取统一经营方式,品牌较弱,档次较低
物业资料	位于南桂东路与桂澜路交会处;开业时间:2009年7月;经营面积:20000平方米 经营管理公司:百花广场物业管理公司
定　位	档次:中低档次;　定位:佛山首席生活品位流行橱窗 目标消费群:20~40岁
餐饮代表品牌	小肥羊、养生堂、KFC

2）保利水城

保利水城购物中心地处广佛经济圈核心——佛山南海千灯湖畔，同佛山首家超五星级酒店保利洲际酒店、保利千灯湖一号公馆、佛山保利花园连为一体，与千灯湖公园、虫雷岗公园比邻而居，千灯湖景观运河穿流而过，将项目区隔为东广场和西街两个商业集群，形成东城西街的特色布局。

保利水城购物中心投资10亿元，总建筑面积40万平方米，其中东广场建筑面积16万平方米，地上四层，地下一层，是集购物、餐饮、娱乐、美容美发于一体的封闭式购物中心。西街齐聚特色酒吧、咖啡店、KTV、俱乐部、时尚会所、个性商店，营造佛山最具规模的河岸酒吧长廊、娱乐休闲第一街。保利水城布局情况如表14所示。

表14 保利水城布局情况

项目介绍	华南最大的水景购物中心,集购物、餐饮、美容美发于一体,提供全新的一站式购物休闲新体验
物业资料	开发商:保利华南实业有限公司 总建筑面积:40万平方米,其中购物中心广场建筑面积16万平方米
主力店	吉之岛、保利国际影城、伊丽莎白美容健身、真冰溜冰场、美食通美食广场、苏宁电器等
品　　牌	CK、GUESS、ESPIRIT、FLLORINTENO、LUKADLONG、DEICAE、FELLEIGEMU
其　　他	西街齐聚特色酒吧、咖啡店、KTV、俱乐部、时尚会所、个性商店,营造佛山最具规模的河岸酒吧长廊、娱乐休闲第一街
业态比例	零售40%;餐饮10%;娱乐休闲25%;主力店25%

5. 大沥商圈

（1）大沥商圈分布及其概况

该商圈主要由大沥的巴黎春天商业街和黄岐商业中心组成,巴黎春天商业街和黄岐商业中心均为规划形成的新型"块状"商业街区,以服装专卖店为主,辅以少量连锁餐饮网点。该区的商业基础设施较好,但经营特色不突出,缺少主体风格与内涵。

（2）片区功能定位及其规划发展

大沥商圈要体现组团职能定位要求,成为服务本地、东承广州市场的商业中心区。规划近期,优先改造现有商业网点,完善商业基础设施,以购物中心为主体,鼓励发展中小型专业店、专卖店、超市和餐饮网点;适度发展工厂直销中心和折扣店;适度发展大型购物中心和步行商业街。远期规划,引导区内商业协调发展,整合各商业区网点资源,形成各区特色;适度发展大型专业店、专卖店;配套休闲、娱乐和文化消费网点。

（3）主要商业项目

大沥镇位于南海区中部,地处广州和佛山两市之间,离广州9公里,南接佛山禅城区,素有"广佛走廊"之称,更是富裕之地。近年,大沥确立组团式发展模式后,商业地产如雨后春笋般发展起来,嘉洲广场、大沥巴黎春天步行街、南海·新都会等是主要代表。经过近几年的发展,大沥商圈逐步发展为以新都会广场、巴黎春天、兴沥雄广场为购物中心,都市海逸酒店、金岛假日

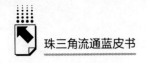

酒店、大沥宾馆为差旅中心，大沥影剧院、俱乐部、KTV 为娱乐中心的综合性大型商圈。

1）巴黎春天步行街

由于紧跟改革开放步伐，大沥镇经济发展一直是南海区的龙头，在大沥中心区域形成一个商圈自然是水到渠成的事情。一直以来，以 325 国道（广佛路段）为中心，城南路、园东路、金贸大道、建设路、竹基路等为辐射区的大沥商圈就备受周边消费者的青睐。

"巴黎春天·商业步行街"是政府立项并大力扶持的商业项目，发展商（佛山市南海区大沥巴黎春天发展有限公司）在人才、技术、资金方面具有雄厚的实力。项目位于南海大沥城南二路，主体建筑占地面积约 20000 平方米，总体建筑面积达 60000 平方米，东西走向长约 220 米，南北宽约 120 米，主体建筑共有 4 层，依不同功能划分为南北两栋，中间建有宽约 20 米的休闲步行通道。"巴黎春天·商业步行街"汇集饮食、运动、金饰、电器、时装、美容、皮具、电信、百货、娱乐等十大购物休闲主题功能，率先借鉴国际市场管理经验，实行统一管理、统一营销，引入"一站式全方位多体验购物步行街"的全新经营理念，致力营造一个舒适写意的购物享受空间，引发了本地综合产业的整合热潮。

该项目于 2003 年 3 月动工，2004 年 1 月验收结束，项目总投资 4 亿元，是目前大沥商业市场的首选平台。2004 年大沥商业步行街建成开业，成为佛山第一条真正意义上的步行街。

"巴黎春天·商业步行街"特设 2000 平方米的罗马广场、露天休闲咖啡、艺术喷泉、大型停车场、法国钟楼式观光电梯、25 平方米大屏幕电视、高达 38 米的法式灯柱、公园式园林等大型设施，更安装了高级中央空调系统。以超前的设计理念将法国典雅的建筑风格融入商业建筑中，实现了建筑艺术、时尚生活与商业的完美统一，恰如其分地创造出别具一格的商业环境。

2）新都会购物广场

新都会购物广场原本是林立在广佛路与广云路交会处的一排旧商铺和老厂房，占地达十几万平方米，建筑物规划程度很低，商业价值也不高，最难以接受的是正好位于大沥商业步行街和广佛路之间，像一个无形的屏障，阻挡了商业步行街的光芒。

鉴于此，2009 年大沥镇提出"三旧"改造工程，这里成为首要改造的目标，随后新都汇购物广场拔地而起。目前进驻了大润发超级市场及多个国际知名服装品牌，吸引了不少人流。该购物广场的重要意义在于将商业步行街与广佛路北边的商圈连成一片，为大沥商圈升级立下了汗马功劳。

3）兴沥雄广场

位于大沥商圈北部沥雄路的兴沥雄购物广场项目占地 2 万平方米，建筑面积达 4 万平方米，其中商业经营面积 3 万余平方米，由大型购物中心、写字楼及酒店构成，是集百货、休闲、餐饮、娱乐于一体的一站式综合购物广场。据了解，目前东方书城、时代经典 17.5 电影院、歌神 KTV、伊丽莎白美容院、耐克、阿迪达斯、佐丹奴、欧莱雅、玉兰油、联想、苹果等知名品牌已经率先进驻。

4）嘉洲广场

嘉洲广场（Galaxy mall）位于佛山市南海区广佛一路黄金地段，是广佛核心首座现代化 MALL，规划占地面积 3 万平方米，总建筑面积约 12 万平方米，楼高 6 层，其中地下两层、地上四层，总投资达 10 亿元，嘉洲广场按国际级 MALL 进行业态设计，集购物、饮食、娱乐、休闲、文化于一体，成为广佛核心区域最大、最好的 MALL。

6. 顺德区主要商圈

顺德区的主要商圈集中于大良容桂组团商业中心，该中心位于市域东南部，由大良老城商圈、德胜河商圈和容桂商圈组成，是三核结构的商业中心。该商业中心的大良老城商业区和容桂商业区发展历史较长，网点密集度高，但现有网点档次不高，特色不够鲜明，两个商业区的功能尚未形成互补。德胜河商业区处于新建阶段，商业网点需要逐渐发展和完善。目前三个商业区尚处于独立发展中，还未融合成一体发展。

顺德主要商圈分布如表 15 所示。

表 15　顺德主要商圈分布

商圈名	分布及其规划
大良老城商圈	东起新桂路,西至新宁路和鉴海路,南起南国路,北至桂畔路。该商圈依托"一街一园"实行精、特互补发展;以步行商业街为主体,调整华盖路、清晖路和东乐路等街区业态结构,发展品牌专卖店、专业店和精品老字号,形成以名品名店为主的商业街区;以清晖园为中心,适度发展大中型综合超市等商业网点
德胜河商圈	位于德胜河两侧,东起碧桂公路,西至广珠公路,南起桂洲大道,北至德民路。该商圈实行"一站式"服务和便民服务相结合的模式,完善建设大型购物中心,积极发展便利店和餐饮网点,控制发展大型超市
容桂商圈	位于桂洲大道、容桂大道、容奇大道和广珠公路围合成的区域内。该商圈实行商业与商务服务的互动发展。依托购物中心,发展工厂直销中心和休闲娱乐网点,适度设置商业服务设施
陈村商圈	位于广州南站周边区域。该商圈考虑到广州南站建成后可能形成的本地人口和流动人口的消费需求,实行分步骤发展,优先设置服务本地人口的便利店、超市和其他生活服务网点,适度发展社区型购物中心,实现"一站式"服务;面向流动人口设置餐饮、购物与休闲网点

三　佛山商圈的特点、问题及发展趋势

（一）佛山商圈特点

受社会经济发展、城市扩张变迁、地域特色、商业发展等主客观因素的影响，佛山形成了具有地方特色及风情的佛山商圈。

1. 现代商贸流通发展迅速，品牌企业纷纷扎根

（1）多种业态均衡发展

首先，连锁经营作为商贸流通的重要方式之一，在佛山已经被普遍应用于汽车、医药、服装、食品、日用百货、餐饮等行业，这些企业大都采用直营连锁的经营方式，不仅顺应了商业发展的潮流，方便了市民的日常生活消费，而且进一步提升了自身的竞争力。此外，佛山已经形成一批与产业发展相匹配的高档、辐射力强的大型专业市场。目前，佛山市拥有一批具有世界影响力的大型专业市场，这类市场依托本市的强势产业，逐渐发展成为享誉国内外的专业市场，主要有乐从家具市场、乐从钢铁市场、陈村花卉市场及家电市场等。

总之，佛山市在推进城市化战略进程中，通过旧城改造和新区建设，逐渐形成了一个功能齐全、统一开放和竞争有序的现代城市商业体系。目前，全市有禅城、大良、容桂等商业区以及华盖路、祖庙路为代表的商业街。以大型休闲购物中心、大型综合超市、便利店、专卖店、专业店等为特征的新业态得到了初步发展。

（2）品牌企业纷纷落地，消费种类繁多

首先，在祖庙商圈，2011 年年底，位于城门头 ICC 商业中心的广州友谊商店佛山店正式开业。相关数据显示，友谊佛山店营业面积近 3 万平方米，有 7 个楼层，将引进近 500 个国内外知名品牌，女装品牌 d'zzit、珠宝品牌 ENZO、法国女鞋 achette 等 10 多个品牌在这里首次进入佛山。其次，2011 年年底，在季华路商圈，"元旦档"开业的三大商场之一的印象城最大的杀手锏，是 H&M 和 UNIQLO 两大品牌首进佛山，对于消费者的吸引力甚至超过了商场本身。这一点，也是印象城有别于同区域甚至全佛山其他商场的最大亮点。此外，COSTA 咖啡、MANGO 等诸多品牌，也成为商场吸引消费者的店铺。总之，伴随着新兴业态及经营方式的应用与普及，佛山各大商圈都迎来了新的发展机遇。

2. 传统商圈重新焕发生机，新兴商圈拔地而起

2011 年底，广州友谊商场和岭南天地隆重开业，这两大重量级项目的加盟给祖庙商圈注入了新鲜血液，也将带来新的商机，让祖庙商圈这一传统商圈重新焕发生机。此外，禅城区 2011 年《政府工作报告》提出，禅城要争取 2015 年服务业增加值比重从现有的 48.5% 提高到 60% 左右，而商业将是禅城"强中心"、提升对外吸引力和辐射力的重要因素。祖庙商圈的复兴则是禅城区提升对外吸引力的"第一炮"。

传统商圈重新焕发生机，新兴商圈也不甘落后。伴随着城市经济发展以及城市规划的制定，一系列新兴商圈如雨后春笋般拔地而起。自从佛山千亿城市升级计划拉开帷幕，佛山城市建设迎来了新一轮高潮。与城市建设密不可分的"商圈"建设也随之驶入新轨道，"强中心"中三大商圈加速发展。祖庙商圈迎来广州友谊入驻加强商圈聚合力；季华商圈借优衣库、H&M 的驶入时尚路

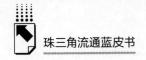

线更为明显，城市广场更是后发势头迅猛；先是奥特莱斯折扣店开业，近期，南海新天地项目又牵手广州新光百货，桂城东商圈 10 万平方米的城市生活 MALL 悄然崛起。借着外来商业巨头频频入驻之机，佛山商业驶入新的蓬勃发展阶段，将从松散式发展向"强心"聚合升华。

此外，伴随着城市建设的拓展，城市商业不断发展，新的商圈也不断涌现，如南海大道商圈、三水商圈、城南商圈以及顺德商圈。

3. 区位优势日益显著，广佛商圈关系紧密

2009 年 3 月 19 日，《广州市佛山市同城化建设合作协议》正式签署，广佛同城正式启动；2010 年 11 月 3 日，广佛地铁首通段（魁奇路—西朗段）开通，广佛城际轨道发展迈出重要一步；2013 年，广佛地铁将全线通车（魁奇路—沥滘），届时，佛山到广州全程将只需 40 分钟。

根据规划，广佛之间还将再打造两条快速城际轨道线，连接广州中心和区域客运枢纽；同时，佛山将通过道路、轨道等的建设，加强与白云机场、广州南站以及南沙港等客货运枢纽的联系，实现资源共享。

受广州辐射和佛山自身基础设施完善的影响，佛山的城市化建设逐渐加快，交通方式的变革带来了人流的聚集和商业的繁荣，需求持续增长给佛山商业带来了前所未有的发展空间。伴随着城市建设、商业发展，人流、物流、信息流、资金流的不断汇聚和交融，佛山市的城市商圈不断发展壮大，并且不断与广州商圈紧密联系起来。

（二）佛山商圈发展存在的问题分析

过去数十年，尤其是最近十年来，佛山市商圈得到迅速发展，但是受制于各种主客观条件，佛山商圈仍然存在一些不可避免的问题。解决与处理好这些问题，对于佛山商圈做强做大具有关键作用。

1. 商圈分布不够均衡，覆盖辐射范围不尽合理

到目前为止，禅桂中心组团已形成了祖庙路商圈、东方广场商圈、季华五路商圈、南海大道商圈和保利水城商圈等五大商圈，成为佛山市商圈的主要聚集地，而其他中心组团区域商圈分布较少，且发展水平较为低下。

佛山现有商圈是在原有行政区划的基础上形成的，存在不同程度的重复建设问题。"2＋5"组团城市新格局推出后，各区在职能划分上各有侧重。现有商圈格局已与城市新格局下的职能分工不相适应，需要加以适当调整和布局，建立与之相匹配的商业基础架构，以满足城市发展的需要，方便市民生活。

各区现有商圈集中分布在几处商业区，镇区之间缺乏整体协调，商圈布局不合理，重复建设多。佛山市在产业发展上虽提出"一镇一品"，但镇区之间没有明确的职能分工和差异化定位，镇区建设往往各自为营，缺乏统一协调和宏观控制，使商圈设置功能雷同、定位相似、市场交叉大，造成全市流通体系整体效益降低，社会公共资源浪费。

2. 商圈内部特色不够明显，业态结构较为单一

佛山市多数商圈为自发产生，经营商品差别不大，经营手段雷同，尤其是一些传统业态的商圈，缺乏区别于其他商圈的鲜明特色，未能形成错位经营，造成同业竞争激烈，仅靠打价格战来赢取市场份额，最终导致自身竞争力的削弱，不利于长期持续发展。

全市的主要商圈中，百货店等传统业态占多数，折扣店、专卖店等新型业态所占比例较小，不能满足富裕起来的佛山市民多样化和多层次的消费需求，造成对全市经济增长拉动的滞后。

3. 商圈配套设施不够完整，商贸流通业发展滞后

2011年年底，佛山市规模以上工业完成增加值3958.16亿元，增长14.8%。其中轻工业1819.48亿元，增长12.0%；重工业2138.68亿元，增长17.4%，轻重工业的比例为1:1.18。产业适度重型化、高级化趋势初现，高新技术产业发展迅速，高新技术产品产值1002亿元，增长36%。装备工业发展加快，汽车配件等新兴产业呈现蓬勃发展态势，引进了一批汽车配件制造企业，形成了布局鲜明的汽配产业带。

但是与产业配套发展的商贸流通业的服务功能还不健全，对产业的服务能力也不强，生产资料零售网点和专业市场的布局与发展程度不能很好地和产业发展相匹配，相关市场信息不能及时反馈到生产企业，市场信息对生产的指导作用不强，市场配置资源的基础作用没有得到充分发挥。商贸流通服务业发展的滞后，严重阻碍了当前佛山市商圈的发展壮大。

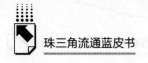

（三）佛山商圈发展前景分析

佛山市的商圈发展虽然仍存在很多主客观制约因素，也面临巨大的外部挑战，但凭借其自身雄厚的经济基础以及悠久的商业发展沉淀，加之日益显著的区位优势，佛山商圈发展将迎来新的繁荣时期。

1. "三核"相竞促发展，众多商圈百花争艳

根据城市升级三年计划，佛山将联合佛山新城、禅城中心区及千灯湖片区互动发展，共同支撑佛山强中心，并开始探讨谋划城市中心轴线。

较多城市的商业发展是随着中心城轴线向外辐射发展的，而佛山这一组团式城市，虽然五区合一后就确立了中心城区，但商业市场发展态势仍略显分散，不过也结合城市板块，发展成了旧城区祖庙商圈、城南片季华商圈、桂城东商圈（城市广场）三核相竞发展的态势，并一直延续至今。现有几大商圈之间有一定距离，有各自辐射范围。祖庙商圈主要辐射旧中心区，季华商圈沿季华路为轴发展，辐射禅城区城南片区，桂城东商圈辐射区域内高档商住小区，是桂城主要的居住生活区。除中心城区以上三大商圈外，未来，随着佛山新城建设的推进，相信新城区域内也将建立起相应的商圈。

与城市建设同步，各大商圈处于不断嬗变之中。特别是在广佛地铁开通的背景下，深国投印象城、广州友谊商店佛山店和顺联 outlets 相继开门迎客，现在南海新天地又实施大招商，新进商场与扎根禅桂多年的东建世纪广场、兴华商场、百花广场、南海广场等形成区域商圈效应，季华、祖庙和桂城东三大商圈相互"较劲"势头明显。

此外，其他城区也结合自身特点及历史积淀，制定出了符合自身特色及需求的商业发展规划，势必将进一步带动区域性商圈的不断涌现及发展。

2. 错位经营谋求生态平衡，强强合作聚集佛山力量

商圈之间的发展应强力打造商圈生态平衡系统，维系商圈之间的良性发展及竞争，实现错位经营，而不应是毫无独特性的盲目扩张，要实现商圈之间、商圈内部各系统的生态平衡。

以禅桂中心城区的几大商圈为例，虽然佛山中心区商业三足鼎立，但由于各自有辐射范围及错位定位，相互间实现了"生态平衡"。祖庙商圈独有的特色文化底蕴不可复制，季华商圈汇聚楼宇经济的优势独特，桂城东商圈广佛客厅的地位优势最为显著。而本土商家与外来商家，也因为错位适当实现了平衡发展。本土口碑是老牌商场赖以生存的"皇牌"，而新驻商场则凭借自身的商品、服务、环境等优势，分得佛山商业一杯羹。比如说兴华有稳定的客源，因此广州友谊佛山店主打高端商品销售，虽同在一个商圈却"生态平衡"，讲究的就是错位经营。藏富于民，是外界对佛山的整体评价，也是众多零售企业选择佛山作为发展新绿洲的原因之一。禅桂商业从 2011 年年底步入新时代：广百百货里水项目动工、天河城百货计划进驻、广佛地铁上盖南海金融城、王府井百货竞得季华路地块、大连万达投资 200 亿元在佛山建 4 个大型商场。这样一股股新鲜血液的注入，对于本土商家来讲，虽是竞争，但更多会变成竞合，将推进佛山商业从原有的松散、无序状态向有序竞合、更好错位发展，更加丰富佛山零售行业的整体层次结构，弥补佛山高端商品缺失的空白；但也会令佛山的零售业竞争进入白热化阶段。佛山商业要"强心"，三个商圈都要发展，应以平和的心态欢迎外来新伙伴，各种要素一齐发挥威力，更好地促进佛山商业的发展与提升。

3. 广佛同城，"反吸"广州客，佛山商圈辐射范围扩大

公开资料显示，广佛地铁运营一年多时间，佛山接近一半的消费力被吸引到了广州。而实际情况是，随着广佛同城化的提速，越来越多的广州人外溢到佛山就业、定居，广佛商业同城化将更加明显，许多商家谋划在佛山复制广州，挽留因地铁"虹吸"效应带走的佛山散客，并服务"候鸟群"。

众所周知，佛山各商圈的硬件配套是远比不上广州的，要"反吸"广州客，关键在于发挥自身所长。多发展像岭南天地之类的成熟综合街区，发挥本土文化、旅游和美食的优势，以文化引领消费，以旅游带动消费，做大做强佛山消费的蛋糕，吸引更多的企业争食，增强商圈凝聚力。

B.12

中山商圈研究报告

叶文青 戴诗华 李 英*

摘 要：

中山是我国著名侨乡，也是具有浓厚商业传统的珠三角重要城市。中山市在历史发展过程中形成了以孙文西商圈为中心，以富华道商圈、大信商圈等为补充的商业格局，商贸业活动日益频繁。本文分析了中山主要商圈的分布及特点，并就其未来发展趋势进行了论述。

关键词：

中山 孙文西商圈 侨乡

中山，古称香山。位于珠江三角洲中南部，后改名为中山，以纪念孙中山先生，是中国唯一以伟人名字命名的地级城市。中山市北接广州、佛山，南连珠海，西通江门，毗邻港澳，四周与 8 个县级行政区接壤。全市下设 20 个镇，4 个区，一个国家级高新技术产业开发区，现有居住人口 300 多万人。中山又是著名的侨乡，有海外侨胞、港澳台同胞 80 多万人，旅居世界五大洲 87 个国家和地区。这样特殊的地理位置及与外面世界的广泛接触，造就了中山非常深远的商业文化。同时中山是最早实行改革开放的城市，各种商务来往也得到了较好的发展。旧时的繁华小街，经过百年的变化已成为兴旺的大道，各种大型商业中心陆续建成，新生商圈实力渐显，中山商业市场出现了久违的兴旺局面。

---

* 叶文青，广东商学院工商管理学院研究生，研究方向：市场营销；戴诗华，广东商学院流通经济研究所副所长；李英，广州专业市场商会秘书长。

一　中山市经济发展概况及商业发展历史

（一）中山经济发展概况

1. 蓬勃发展的区域特色经济

中山市是我国沿海开放城市之一，近年来大力推进"工业强市"战略，先后建成了全国包装印刷基地、国家健康科技产业基地、电子信息产业基地、民营科技园等技术含量较高的工业园区，基本形成了以高新技术产业为龙头，以优质产品为拳头的多元化产品结构，有乐百氏饮料、耶鲁固力门锁、凯达精细化工、华帝燃气具、嘉华电子等一批国内外知名的工业品牌。小榄五金、古镇灯饰、沙溪休闲服、大涌红木家具、南头空调、黄圃食品等区域特色经济蓬勃发展，产品在全国占有较大的市场份额。全球500强在中山开办了20多家企业。

2. 便捷的流通体系

全市现有公路通车里程1067公里，形成了以国道和干线公路及京珠高速公路为骨架的四通八达的公路网；90公里半径范围内有广州、深圳、珠海、香港、澳门等5大机场；铁路运输经由广州通达全国各地。目前，随着神湾港的开通，中山已形成东有中山港、南有神湾港、北有小榄港的"品"字形码头布局，其中，中山港的集装箱年吞吐量更是跻身全国十强、世界百强。从中山港到香港航程仅需75分钟。中山供水供电充足，并初步建成了以城区为枢纽，贯通各镇区、大中型企业的宽带高速大容量信息网络，形成了"中山信息高速公路"。

3. 社会消费市场概况

根据中山市统计局数据，2012年1~10月，全市社会消费品零售总额668.51亿元，同比增长9.5%。其中，批发和零售业零售额598.64亿元，增长9.4%；住宿和餐饮业69.88亿元，增长10.6%。全市居民消费价格总指数同比上涨2.5%，比1~9月回落0.2个百分点。其中，服务项目价格涨0.2%，消费品价格涨3.4%。八大类居民消费价格呈"六升二降"态势，其中食品、家庭设备用品及维修服务、烟酒及用品、医疗保健和个人用品、娱乐教育文化用品及服务、居住价格涨幅居前，分别涨 6.5%、4.0%、3.3%、2.2%、1.4% 和 1.1%，衣着、交通和通信价格分别下降 1.3% 和 3.2%。工业生产者出厂价格指数下降 0.04%。可见，消费市场稳中有升，市场物价持续回落，前景良好（见图 1）。

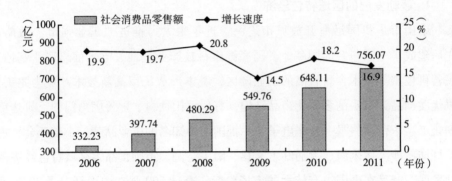

图 1　中山社会消费品零售总额及变化趋势

资料来源：《2012 年中山市统计年鉴》。

（二）中山市商业发展历史

　　中山自古就是商品交易的集聚地，无论从陆路还是水路，都有着得天独厚的商业地理优势，商业服务行业在中山根深蒂固，一派繁华景象。中山市是珠江三角洲的富庶之区，水陆交通方便，又是著名侨乡和文化之乡，商贸发达，商业发展非常活跃，自古以来都是商务贸易往来之地。近现代的中山商业发展十分引人瞩目，四大百货公司由中山崛起继而冲出中山影响全国。中山与港澳相邻，许多先进的经商理念也从中山开始影响全国，在改革开放初期，伟大的改革开放总设计师邓小平同志也亲临中山，并提出"不走回头路"这一改革豪言，使中山在改革开放中得到了更大的鼓舞。

1. 辉煌的过往

　　中山市商业发展历史悠久，早在宋代中山就是著名的商品集散地。而在明清期间，中山商业无论在思想上还是实践上都有了巨大的飞跃，明清"十八间"带来的商贸繁荣，郑观应的"商战思想"，孙中山"以农为纬"的重商理念，至今仍然影响着中国的商业活动。近代中国的大买办近八成是中山人，郑观应、徐润等是买办中的杰出代表，中国四大百货——先施百货、新新百货、永安百货、大新百货，创始人均出自中山。

另一处体现中山商业历史文化精髓的是沙岗墟，是指历史上设在城区石岐太平路维新街口至莲塘街口一段路上的集市。20世纪20年代，从太平路东的正局巷起，西至后岗涌口的千多米长的墟期集市，被称为沙岗墟。每天天刚蒙蒙亮，布店即开门，掌灯收购夏布麻布，而摆在街道两旁的猪崽、家畜家禽和鸡鸭鹅苗就叫个不停。天光大白，乡下人或商贩担着柴芒、草药、瓜菜苗、竹器和日用品进墟摆档，叫卖之声，不绝于耳。一些江湖献艺卖药者和占卜星相者，也夹杂其中。还有行江（供销员）与大耕家在茶楼互相斟盘，洽谈农产品生意。据估计，每期趁墟者多达万人，是县城常住人口的20%。

1985年，根据市人民政府指示精神，市工商行政管理局将石岐沙岗墟从湖滨路迁往柏苑新村，分设农历三、六、九墟市和平日固定摊档墟市，20世纪90年代，再搬到起湾道的沙岗墟，并作为相对永久性的集市。

2. 平稳的90年代

随着改革开放的到来，中山的商业也逐步得到发展。20世纪90年代，中山商业网点可以用"单纯"来形容：东有益华，西有中恳，老牌中山百货居中，壹加壹、置禾穿插其中，南、北均无像样的大卖场，沿街商铺寥寥可数，商家们各据一方，虽有竞争，却也相安无事。

曾几何时，星宝购物中心在沙溪兴起中山首个大型仓储式大卖场。新张之时，部分果蔬价格比批发市场还低，个别罐装饮料零售价低于同行进货价，迅即招来群情汹涌。无奈"星宝"及其后普尔斯马特的雄心在中山商业史上只是昙花一现。应该说，整个90年代中山商业几乎臻至"和谐"，只局部出现过零星的过度竞争。

中山旧的商业圈主要集中在石岐一带，即孙文路、拱辰路、民生路、太平路、民族路等商业街。孙文路是中山商业街的典范，当时中山的商业圈主要在这一条路上，生活用品、食肆、娱乐在这一条街上可以全部找到。改革开放后，中山商业日渐复兴，政府保留了明代"十八间"的街市位置，商业逐渐兴盛。当时相对繁华的商业街还仅限于孙文西路步行街，以及民族路。但除此

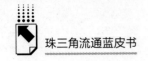

之外，城区及其他镇区就再没有能说得上名字的商业圈了。

当时最负盛名的零售企业是位居步行街两头的商业大厦和中山百货。这里素来人气极盛，车水马龙，占据着难得的"超白金"地段。店里的商品琳琅满目，但顾客依然要站在柜台外观赏自己喜欢的商品。拱辰路与民生路和孙文路交叉，并对孙文路的商业特色进行了延续，主要经营生活配套用品。民族路可以说是中山最早的服装批发零售集散地，是中山改革开放后发展最快的服装专业街，一度成为中山周边地区人民时装的首选之地。

20世纪90年代，其他镇区没有一个成形的商业圈，所以当时中山人的购物消费主要集中在旧城区一带。

3. 百花齐放，商业竞争趋于激烈

中山经历了30余年的改革开放，当初以工业立市的战略，聚集了全国各地的务工劳动力，使中山由一个农业为主的地级市，一跃成为珠三角地区的工业强市，生产力和生产关系发生了翻天覆地的变化，以销售农副产品为主的市场也变身为现代零售市场。

随着各个镇区经济的发展，在房地产的大力推动下，中山商业迎来了全新的变化。中山原来最兴旺的旧商业街——孙文西路，现在已成为一条全新的文化旅游步行街，它依旧是中山商业街的典范，同时以它为中心，逢源商业街、民生路等一批批商业街聚集在一起，形成了新的商业圈，即孙文西商圈。

其他镇区的商业街也呈现出一片生机。以中山东区为例，它是中山新的政治、文化、经济中心，人口多，消费力强，整个片区商业街林立。中山镇区的商业同样具备了较大的发展潜力，城市总体规划构建一主一副两个商业中心的格局，旨在把更多的商业资产转移至镇区，振兴镇区商业。从目前的发展趋势来看，开发区、三乡、古镇、小榄将成为商业市场发展潜力较大的镇区，而且各有自己的特色。开发区以高新科技为依托，大量的新生代人口可形成一种休闲文化商业模式；三乡镇为打造成为"中国古典家具名镇"，主力发展古典家具的零售和批发；古镇已经有"中国灯都"之称，主要发展的是灯饰；小榄镇是专业的小五金生产基地，发展以五金批发为主。

在中山五路旁，万佳百货首先打破了这种相对的平衡和宁静，拔地而起的

数万平方米的大型商业中心，全新的经营模式，让中山消费者真正领略到何谓大卖场，同时，也拉开了中山真正意义上的商业竞争大幕。

2004 年，更为宏大的大信新都汇横空出世，集中了大福源、国美电器、屈臣氏等商业巨头驻扎在当年的莲塘老街上，打造了一个中山前所未有的商业群。

2005 年春节前，假日广场的百佳超市进驻兴中道这一中山标志性路段，2006 年春节前，号称名列全国家电零售三甲的永乐家电公司在石岐区布下第一个点。

纵观中山商业发展的历程，孙文西商圈的命运可以很好地做一注解（见表1）。可以说，孙文西商圈的发展史，正是中山商业发展史的缩减版。

表1　中山市孙文西商圈的起源及发展历程

时间	1980 年代之前	1980 年代	1990 年代	21 世纪初
商业业态发展	十八间商铺。孙文路成为中山商业的发源地	乡镇街区。孙文路东至服务大厦、西至岐江桥的路段一度成为中山市民购物、消费的重点区域	百货商场。1994 年壹加壹第一家店——凤鸣路店开业，出现了最早的本土连锁超市；1995 年，益华百货开张，打破了中山没有大商场的历史，带来一种新的消费方式。由此，百货在中山兴起	超级购物中心。2003 年7 月，吉之岛在中山开业；2004 年 3 月大信新都汇开业；2004 年 8 月假日广场开业。由此，超级购物中心商业开发模式兴起
影响		孙文路的兴旺，带动了周边的太平路、民族路、民生路、民权路、拱辰路、悦来路等的街铺，乡镇街区型商业格局得以发展	百货商场式商业与街区型商业互补发展，随着消费者观念的改变，其所能承担的城市功能出现很大的局限性；2004 年广州友谊撤出中山，孙文步行街、民族路等街区商业开始下滑，街区型商业与百货商场式商业开始衰退	超级购物中心模式改变了中山的商业格局，表现出更强的竞争力

资料来源：广东商学院流通经济研究所数据库。

（三）当前中山商业的概况

中山市是珠江三角洲的富庶之区，水陆交通方便，又是著名的侨乡和文化之乡，商贸发达，商业发展非常活跃，自古以来都是商务贸易往来之地。最初的商业形式主要是农副产品和日常小商品的销售，原来的商业街主要集中在城区，即现在的石岐旧城区一带。

中山市商业的档次定位以中档和中低档为主，满足大部分本地消费者的需求。目前整体品牌档次不高，除了益华百货引进了一些国际品牌，其他商场多以国内品牌为主导。其中，大信新都汇和益华广场是中山经营业绩领先的两个商场，分别定位为中档和中高档。在供应上，目前中山商业正在转向以购物中心为主导的阶段，正在规划和建设的大型商业项目大部分以购物中心为发展方向。未来商业面积供应量巨大，将面临巨大的竞争压力。

与广州、深圳相比，中山目前 MALL（商业综合体）形态的购物中心仍然处于初级成长期。深圳与广州分别以万象城、太古汇为商业的旗舰代表，同时益田假日广场、天河城等购物中心也以自己的特色占据着一定的市场份额。而中山的商业市场尚未出现较有跨区域影响力的购物中心，目前中山市商业仍然以较为传统的商场为主导。

但是，中山市有大量的新增项目，包括金鹰广场、万达广场、天悦城等颇具实力的大型商业项目。这些新起的大型商业综合体，将使中山市的商业发展发生较大变革，从传统街区商业、传统商场为主导转向以大型 MALL 为主导的商业格局。

中山市的中心城区包括石岐区、东区、西区、南区、五桂山和火炬开发区，以及沙溪、大涌、港口、南朗等六区四镇，面积约为全市总面积的40%。这不仅是中山市主城区自然蔓延和主要功能拓展延展区域，而且是市级商业中心、市级商业副中心、区域商业中心、社区商业中心、大型商业网点、商业街、大型综合及专业批发市场、物流基地及会展中心等商业网点相对集中的地方。中心城区形成了以孙文西路商业核心区为主体、以大信新都汇和益华商业区为两翼的"一体两翼"市级商圈。商业对当地经济增长的贡献率从2006年的11.1%左右提高到2012年的18.3%。在未来的3~8年内，中心城区将有12个大型商业 MALL，其中用于零售业的商业建筑面积就超过150万平方米，而中心城区常住人口现不足一百万人，即中心城区的人均零售面积将达到1.5平方米/人。

中心城区各区镇已经提出建设多个现代商业集聚区，大信商圈、益华商圈、假日广场、逢源商业街、富华道商圈、孙文路步行街、太阳城商贸中心等的改造升级将使集聚度得到进一步提高。2012年中心城区的东区、石岐区、西区、南区等的商业增加值合计231.2亿元，同比增长24.3%，高于全市平均增速近12个百分点，中心城区商业增加值合计占全市商业增加值的比重达到33.4%，中心城区首位度提升。

在分布方面，目前中山主要商业设施高度集中在石岐区、东区，镇区的商业发展则较为落后，主城区吸纳了大部分的消费。中心城区现有五大商圈，分别是位于石岐区的孙文西商圈、益华商圈、假日商圈、大信商圈和位于西区的富华商圈。其中，石岐区作为中山的中心城区和商业的发源地，聚集了中山大部分的主要商业设施。

二 中山商圈现状分析

（一）中山商圈总体分布

目前中山市的大型集中商业区和商圈主要分布在市内三条东西向主干道上。商业集聚区主要分布在中心城区的以下几个商业区域：孙文西商圈、京华商圈、大信商圈、假日商圈，以及紫马岭和富华道两大富有潜力的商圈（见图2）。

（二）主要商圈资料及比较

1. 孙文西商圈

孙文西商圈是中山客流量最大的商圈，是中山商业文化的发源地。孙文西商圈的主要商业有：中山百货、中垦百货、吉之岛、孙文西步行街、逢源商业街、金都城潮流MALL等，其中，孙文西步行街和逢源商业街最具代表性。

孙文西路步行街是中山商业街的代表。孙文西路，古称迎恩街，从隋唐时期开始到1925年间逐渐拓展，形成今天的格局，1925年孙中山先生逝世后为纪念孙中山先生改称孙文路。孙文西路一带凝聚了中山市60多万海外侨胞的乡情，他们祖祖辈辈回家乡建了不少住宅、食肆、酒店等楼宇，使孙文西路日益繁华。先后建成的有"十八间""天妃庙""泰东戏院""思豪大酒店"

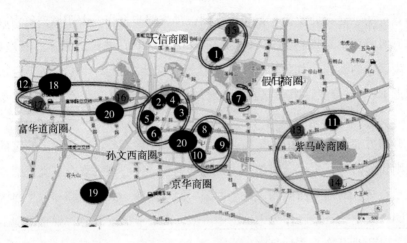

图 2 中山主要商圈分布

1 大信新都汇 2 孙文西步行街 3 逢源步行街 4 中山百货 5 中垦百货 6 吉
之岛 7 假日广场 8 好又多超市 9 益华百货 10 南下新码头 11 华润万佳 12 水
牛城商业广场 13 建纶国际商务中心 14 中环商务街 15 博鳌广场 16 中山恒基商
业广场 17 中山西区商业广场 18 富业广场 19 大东裕女人世界 20 益华城

"先施公司""汇丰公司""福寿堂药房"等历史遗迹以及众多茶楼、食肆，这些建筑物大部分建于清代至新中国成立前期，具有较高的文化品位和艺术含量。

孙文西步行街两侧的低层建筑风格是 19 世纪末、20 世纪初欧式殖民地风格建筑与岭南骑楼建筑的混合，建筑学上称为"南洋风格建筑"，是欧亚混杂的"南洋"文化的重要表现。"南洋骑楼"极具历史文化欣赏价值，又有不可估量的经济价值，无论刮风、下雨、日晒，游人顾客均不受天气的影响。骑楼建筑往往几座或十余座毗连在一起，形成参差错落的连续界面，外观统一。

孙文西步行街是中山的特色文化街，整条街道长约 529 米，东起越来路口中山百货大楼处，西至中山商业大厦。整条街道有 137 家商铺，以街道首层商铺经营为主，是石岐区的商业、交通中心，主要经营中低端运动休闲服饰、特色小吃，街区商业品牌重复率较高，无经营特色。由于有大量的低档商铺进驻，孙文西步行街充斥着各种吆喝叫卖声，与"中山特色文化街道"这个称谓有点格格不入；商业氛围也大不如前，政府也开始试图改变这种现状，希望真正将其建设成以文化为主的特色商业街道。

逢源商业街是中山另外一条特色商业街，是政府 2002 年立项的旧城改造工程，首期 300 米于 2004 年落成，并于年底开始试营业。2005 年 6 月二期 300 米落成并全线通车。全街构成贯穿石岐中心城区的生活空间中轴线，交通方便，在中山激烈的商业竞争环境中，独树一帜，成为中山旅游休闲购物的新热点。逢源商业街的商业发展很快，商业氛围、人流量等都慢慢超过了孙文西商业街。

孙文西商圈的主要业态如表 2 所示。

表 2　孙文西商圈主要业态概况

单位：平方米

项目	开业时间	定位	层数	建筑面积
孙文西路步行街	1990 年代	文化旅游步行街	一层沿街商铺	
逢源商业街	2004 年	以服饰为主,中高档	一层沿街商铺	
中山百货	2001 年	中档百货	B1 楼:地下停车场 1 楼:皮鞋、化妆品 2 楼:女装、内衣 3 楼:男装、男女休闲装 4 楼:珠宝、床上用品 5 楼:超市、童装	7000
中垦百货	1997 年	中低档百货	A 座 1 楼:珠宝、化妆品 2 楼:皮鞋、皮具 3 楼:男女服饰 4 楼:休闲服饰、床上用品 B 座 1 楼:生活超市 2 楼:苏宁电器(即将入驻) 3 楼:个体商铺 4 楼:水疗休闲中心	24000
中天广场	2002 年	以中低档服饰为主	1 楼:三福百货、化妆品 2 楼:女装 3 楼:皮具、皮鞋、内衣 4 楼:协亨手机连锁 5 楼:水库屋咖啡	5500
永胜广场	2002 年	数码商场	1 楼:手机、通信产品 2 楼:电脑 3 楼:电脑耗材 4 楼:安防产品	15000
吉之岛	2003 年	文化旅游步行街	大型超市	20000

资料来源：广东商学院流通经济研究所数据库。

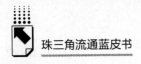

除此之外，还有即将开业的兴中广场。该广场位于岐江河中恳段至光明桥以北，东邻孙文路步行街商圈，西连西区富华道商圈，南接中恳商圈。整个项目分两期开发，第一期建筑面积逾 13 万平方米，投资超过 10 亿元。第一期规划为 A、B、C 三大地块，全部亲临一线江景。其中，A 地块主体为 10 层，建筑面积为 28000 平方米；B 地块主体建筑为 5 层，建筑面积逾 85000 平方米，临江面设置休闲餐饮和休闲设施，临街设置国际一二线零售品牌；C 地块是整个项目的亮点，主体建筑为 5 层，建筑面积超过 22000 平方米，业态定位为摩天轮观光区域，高百米的摩天轮与岐江河、周边完善的商业及休闲设施交相辉映、浑然一体，将成为最吸引眼球的地标建筑。

兴中广场项目集滨江公园、滨江广场、沿江酒吧街、咖啡馆、巨型摩天轮等五大活动于一体，是目前中山乃至珠三角西岸城市从未见过的商业形态，不仅在功能上与中山现有购物中心有明显区别，还会提升中山的城市形象和竞争力，甚至影响整个珠三角的消费态度。

兴中广场业态集中体现为"一江三街五城"。

一江：岐江；

三街：欧式风情美食酒吧街、南洋风情商业街、粤港老字号手信街；

五城：幻彩摩天城、韩国巨幕影城、超级亲子娱乐城、时尚百货商城、潮流 KTV 城。

兴中广场一期相关情况如表 3 所示。

表 3　兴中广场一期简介

	经济指标	地块	定位	面积
第一期	建筑面积:13.9 万平方米；占地面积:5.3 万平方米 投资:超过 10 亿元 停车位:1200 个 亮点:亲临一线江景	A 地块		建筑面积 2.8 万平方米，共 10 层
		B 地块	临江面设置休闲餐饮和休闲设施；临街设置国际一二线零售品牌	建筑面积 8.5 平方米，共 5 层
		C 地块	摩天轮观光区域，高百米的摩天轮与岐江河、周边完善的商业及休闲设施交相辉映，浑然一体，将成为最吸引眼球的地标建筑	建筑面积 2.2 万平方米，主体共 5 层

资料来源：百度文库 http://wenku.baidu.com/view/7011461b650e52ea55189852.html。

2. 京华商圈

京华商圈是中山的 CBD 核心区域，各大银行的中山总部，广发证券和国泰君安等保险、金融、证券机构都集中在此。益华百货是京华商圈最有代表性的商业体，而 2012 年 5 月份开业的利和广场更为这个商圈锦上添花。益华百货是中山市最早诠释国际流行商业模式 MALL 的商业中心，位于中山市中山三路，占地面积约 74000 平方米，主力商家有益华百货、益华四海电器中心和益华乐家超级商场，主要经营时尚百货、国产合资名优电器、超市等。

中山利和广场位于中山三路，项目总投资逾 40 亿元，总建筑面积 42 万平方米，由利和广场购物中心、利和希尔顿国际酒店、国际金融中心写字楼及利和国际 CEO 专属公馆四大业态组成。其中国际金融中心写字楼和利和希尔顿国际酒店是两栋 55 层塔楼，项目高度 209 米，为珠江西岸最高地标。

利和广场购物中心总面积达 13 万平方米，内有国际时尚品牌旗舰店、化妆品、香水、钟表、特色休闲餐厅、时尚潮流时装、时尚配饰、成熟男女时装、童装、箱包、专业数码城、家居生活馆、配饰、美容纤体、儿童天地、专业运动城、电影院、娱乐天地、精品数码电器、美食、精品超市等。引入了多个国际、国内知名品牌，打造中山顶级购物中心：服装巨头 H&M、全球服装零售业巨头优衣库、嘉禾影院、希尔顿酒店、blt 精品超市、顺电、汉堡王、世界最昂贵的咖啡"猫屎咖啡"等，都是首次进入中山。

京华商圈业态相关情况如表 4 所示。

表 4　京华商圈业态概况

单位：平方米

项目	开业时间	定位	层数	建筑面积
益华世纪广场	一期：1995 年 二期：2007 年	集购物、商务、餐饮、娱乐于一体的大型城市综合体	一期 1、2 楼益华四海电器；3、4 楼益华乐家超市 二期 1 楼化妆品、皮鞋、皮具；2 楼女装、内衣、床上用品；3 楼男装、休闲运动服饰；4 楼童装、名牌折扣店	一期、二期共计 20 万，其中商业建筑面积约 5 万
南下新码头	2008 年初	集餐饮、娱乐、休闲、观光、购物于一体的商业广场	3 栋，3 层，局部 4 层	22000

续表

项目	开业时间	定位	层数	建筑面积
好又多	2002	超级市场	2层	
万佳百货	2001	超级市场	1楼:品牌服装 2、3楼:华润万家超市	共计33000,其中超市约23000

资料来源:广东商学院流通经济研究所数据库。

中山益华城位于中山三路,总建筑面积约60万平方米,傲立于中山市政治、经济、文化中心的黄金地段,中山市委市政府近在咫尺,市政府第二办公区紧靠东侧。益华城业态相关情况如表5所示。

表5 益华城业态概况

楼层	定位	经营内容
1楼	中高端品牌专卖	品牌服饰、高级化妆品、奢侈品
2楼	淑女时尚馆	淑女品牌服饰、名牌内衣等
3楼	流行体验馆	潮流数码产品、时尚家电、户外运动、极限运动、品牌系列运动
4楼	家庭休闲生活馆	精品书屋、正品音像、通信服务中心、电玩游艺、电影城、夜总会

资料来源:广东商学院流通经济研究所数据库。

益华城的商业氛围和经营环境十分优越,周围中山中行、建行、交行、工商行、太平人寿、太平洋财险等金融保险机构云集;中山国旅、中旅、海外旅游、菊城假期等旅行社密布;中山电信、移动、联通三大通信营业厅网点遍布其中;京华食街、潮苑轩、东悦名厨、维景湾海鲜楼、日本石膳料理、韩国梨花苑、麦当劳、肯德基等餐饮店紧聚周围;雍景园、维景湾、豪逸华庭、翠闲庭、优雅翠园、雍逸廷等高档住宅小区与益华城紧密连成一片;体育中心、全民健身广场、文化艺术中心等场馆为益华城注入了浓郁的文化氛围;中山三路、兴中道、博爱路、岐关西路四条主干线贯通益华城。益华百货主要品牌如表6所示。

益华城商圈内居住了较多中山金领、白领阶层;外国友人和外国派驻工作人员也多喜欢在本商圈内消费休闲;这里是中山上流社会、名人的生活聚集地;这里已成为中山城市繁华的盛景、商家的掘金重地;这里交通便利,益华城设有怡华长途客运中心,全日有长途汽车直通省内外主要城市。

表6   益华百货主要品牌

楼层	典 型 品 牌
1楼	名表:劳力士、帝驼表、SEIKO、万宝龙、CASIO、TISSOT、TITONI、ENICAR;皮具/皮鞋:宾度、SKAP、金利来、保罗、沙驰、骆驼、安嘉英、老人头;化妆品/珠宝:资生堂、OLAY、HUGO、周大福、钻石世家、周生生、金至尊、戴梦得;其他:华斯度、大公鸡、韦乐、CalvinKlein、派对、LACOSTE、ZIPPO、LOYOU
2楼	女士服饰:GMD、G2000、ONLY、EITIE、KAVON、TOUCH、GITTI、JINAVA、THEME、鄂尔多斯、柏瑞福、果素、安莉芳、黛安芬、爱慕、芬怡、衣典、恒源祥、梦特娇、吉祥斋
3楼	男士服饰:OMIGA、KAYEE、BYEOFD、名盾、宝飞龙、七匹狼、博仕名奇、添多利;休闲服饰:CAT、JACK JONES、第五街、李维斯、宾宝、鳄鱼恤、曼哈顿;运动服饰:ADIDAS、NIKE、PUMA、CONVERSE、KAPPA、ANTA、美津浓、麦斯卡
4楼	床上用品:ESPRIT、雅芳婷、寝宫、富安娜、赛诺、艾迪蒙托、喜来登、卡努天骄;童鞋/童装:T100、NIKE、ADIDAS、魔术屋、棉店、小木马、哥比兔、安奈尔;玩具:BANDAI、LINGDONG、LEGO、芭比、奥迪双钻、银辉、迪士尼、孩之宝

益华城二期2008年初已相继投入营运的益华百货、益华商业大楼及京华世纪酒店等总商业面积约18万平方米,现配套1100个停车位、420个五星级酒店房间。益华城集五星级酒店、多功能豪华商务公寓酒店、国际会议中心、大型百货购物中心、商务写字楼、餐厅、娱乐城、数码影院、金融储蓄、票务客运、高级住宅于一体,是多功能城市综合商业服务"生活馆"。

3. 大信商圈

大信商圈是以大信新都汇为中心的石岐人流最密集的商业体。大信新都汇是由中山市大信置业有限公司投入巨资打造的集购物、休闲、娱乐、餐饮于一体的大型购物中心。占地面积约9万平方米,设有地下停车位1500个,一个垂直高度达30米的室内中庭天幕广场,一条700米长、由230多家商铺组成的骑楼特色商业街,节假日客流量达到日均12万人次,是中山第一家为中至中高生活水平阶层精心规划的规模最大、服务种类最全的现代优雅商业场所。主力商家有麦当劳、肯德基、国美电器、屈臣氏、大润发超市、优越城百货、王子饭店、简爱家居、早晨健美健身会、KTV、金龙游乐城、时尚精品街、书城等。大信新都汇业态相关情况如表7所示。

4. 假日商圈

假日商圈是以假日广场为中心的一个商圈,商圈位于中山的政治与文化中心,临近中山市政府和中山标志性道路兴中道。假日广场坐落于中山市城区核心

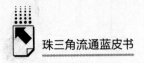

表7 大信新都汇业态概况

单位：平方米

项目	开业时间	定位	层数	营业面积
大信新都汇	2004 年	集购物、休闲、餐饮、娱乐于一体的大型商业项目	地下 2 层，地上 5 层	优越城百货 20000 大润发超市 20000 国美电器 3000 屈臣氏 400 爱婴岛 4000 简爱家居 20000 王子饭店 5500

楼层	业态
B1 楼	真功夫、海天电脑城、爱婴岛儿童百货、地下停车场
1 楼	优越百货、时尚精品街、国美电器、麦当劳、肯德基、屈臣氏
2 楼	优越百货、大润发超市、众达通信、水果捞
3 楼	优越百货、大润发超市、文兴书城、奇乐儿儿童乐园
4 楼	简爱家居、TOP 星派对 KTV
5 楼	王子饭店、简爱家居、健身会、金逸电影城、金龙欢乐世界
主要品牌	主力店：优越城百货、大润发超市；国美电器、简爱家居、TOP KTV、王子饭店、金逸电影城、金龙欢乐世界等

地段——兴中道与孙文路交会的黄金轴线上，周边高档住宅林立，具备罕有标志性地利及极高的商业价值。

商圈占地面积 30 多亩，商业面积约有 5000 平方米，由一幢主楼和两幢塔楼构成，配建停车位约 600 个，商务推广广场 3 个。有百度、美国友邦保险、广发证券等公司进驻。进驻商家有百佳、屈臣氏、冒险乐园，各种名牌零售商如 ESPRIT、Julique、Puma、Kappa、Adidas 等，各种餐饮集团如荷房、小城大餐、颐东大酒楼、东一料理、味千拉面、仙踪林、大家乐、禾绿回转寿司等。商圈是集购物、娱乐、饮食、商务于一体的年轻商业中心。

假日广场业态相关介绍如表 8 所示。

表8 假日广场业态概况

项目	内容
商场名称	假日广场
位置	兴中道与孙文路交会处
规模	3 层共 20000 平方米
定位	百货 + 超市
档次	中档

续表

项目	内容
业态分布	1楼：餐饮、服饰精品、皮鞋皮具、化妆品、箱包、手表眼镜、运动用品 2楼：超市、书城等 3楼：餐饮
主要品牌	百佳超市、KFC、麦当劳、屈臣氏、博雅等

5. 富华道商圈

富华道商圈位于中山西区富华道，是中山酒店业最集中的地域。西区作为中山商贸的发源地，商业以批发、酒店等为主。西区具有深厚的商业文化底蕴：西郊小商品市场是率先引领全国小商品流通的集聚点，至今仍车水马龙、货如轮转；国际酒店、富华酒店是中山有名的星级酒店，也是中山重要的标志性建筑；邻近的西苑电脑城是华南地区最具规模的电脑专业市场之一。周边配有大型商住区、金融服务区、市场、学校、医院等，各类市政设施一应俱全。

中山市政府于2007年12月批准西区为"服务业综合改革试验区"。而富业广场，是政府引进的大型项目之一。几年过去了，富华道商圈日趋成熟，成为西区乃至全市第三产业快速、健康发展的典范。

富华道商圈有富华酒店、富洲酒店等大型酒店，中山规模较大的西苑电脑城，还有富华道上最大的商业体富业广场。富业广场位于中山市有"香港尖沙咀"美誉的西区富华道商圈最繁华的商业核心，这里也是城区炙手可热的黄金宝地的中心。富业广场总占地面积近30000平方米，建筑面积近90000平方米，设有大型露天文化广场和拥有2000多个车位的大型停车场。整个广场建筑基本呈U形，北面楼高6层，西面楼高9层，东面为18层酒店式公寓及商铺，是集大型购物、餐饮娱乐、健康休闲、文化社交、金融办公、豪华酒店、酒店式公寓于一体的"一站式"多功能大型休闲国际商业中心。

富业广场的一、二层为20000平方米的大型商场，是富业广场与中山益华百货强强联合打造的富业益华百货：采用国际流行的CITY MALL商业模式，汇聚了一百多个品牌商家。商场设施先进完备，融入低碳环保、安全温馨理念的全方位开架售货服务，将商场购物演绎成了一种轻松愉悦的高档享受，形成了时尚而大气的经营风格与特色。商场主要经营高中档百货、金银饰物、美容化妆品、高档服装、家居精品、时尚精品等；苏宁电器、肯德基、周大福、中国人民银行、交通银行等纷纷强势进驻。广场南区三层 7000 平方米的荣光国宴饭店，是荣光集团自主经营的大型高级饭店，饭店荟萃了粤港澳名厨大师与优秀的服务管理人才，竭诚为宾客提供饕餮盛宴与宾至如归的五星级服务。酒楼既有同时开 168 席喜宴的豪华气派，又有独立容纳 98 席、配备高雅舞台、高级音响、高清特大屏幕的"中南海式"宴会大厅和富丽堂皇的贵宾豪房，是喜宴庆典、公务宴会、餐饮聚会，享受美酒佳肴，品味丰盛人生的美食殿堂。四星级标准豪华装修的荣光假日酒店和休闲养生馆也将隆重开业。广场还设有时尚动感的量贩式卡拉 OK、特色美食一条街和高级办公区。富业广场二期还将建设 28 层的酒店式公寓，将配套大型超市、大型影院、大型金融证券中心和拥有近 400 套客房的精装修公寓住宅。

富业广场业态相关情况如表 9 所示。

表 9　富业广场业态概况

楼层	业　　　态	
	南区	北区
1 楼	富业益华百货、主要经营高中档百货、金银首饰、美容化妆品、高档服装、名表名笔、精品、肯德基等	
2 楼	置禾超市、苏宁电器、童装专区、生活百货、日用电器、交通银行	
3 楼	专营粤菜的酒楼——荣光国宴饭店	音乐魔方量贩式卡拉 OK
4 楼		
5 楼	大型健康水疗城	高级办公区和公寓式酒店
6 楼		

资料来源：百度文库，http：//wenku．baidu．com/view/7011461b650e52ea55189852．html。

6. 紫马岭商圈

紫马岭商圈（见图 3）以博爱路为中轴线，区域内是中山高档商品房集中区，及以会展经济为主导的中山新地标区域——紫马岭南片区，该区域是一个集展览、商贸、办公、休闲于一体的全新商务区域。

博爱路已成为连接城市东西两端城镇区域的枢纽和中山连接外界的桥梁，105 国道、广珠公路、兴中道、起湾道、长江路等多条城市重要干线与之连

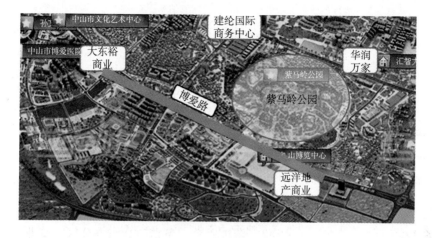

图3 紫马岭商圈示意图

接，交通便捷；宽阔先进的车道也使其没有塞车的烦恼。对于企业而言，这也意味着，时间将不再被浪费在路上。

这条如今横贯东西的城市大道，汇聚了雅居乐雍景园、万科朗润园、朗晴轩、远洋城等众多地产项目，也汇聚了文化艺术中心、孙文公园、紫马岭公园、博览中心等休闲娱乐场所，被誉为"中山黄金居住长廊"。可以说，博爱路上最先成型的便是较为完善的生活区，区域消费力强劲。

该区域的重要商业设施是大东裕国际中心，是一个以办公为中心，集写字楼、酒店、商业于一体的多功能城市建筑综合体。项目总建筑面积约21万平方米，写字楼建筑面积约16万平方米。其中Ⅲ座初定于2013年5月开业，规划为高27层（楼高100米）的双子星楼，标准层高3.6米，集办公、酒店、购物、饮食于一体，建筑面积达8.2万平方米，设有超大型2层地下停车场。

大东裕国际中心商业业态分布如表10所示。

表10 大东裕国际中心商业业态分布

楼层	定　位	楼层	定　位
8楼	特色餐饮	4楼	服装、内衣
7楼	特色餐饮、健身、儿童教育	3楼	服装
6楼	儿童中心	2楼	鞋、手袋、箱包
5楼	美容、美甲中心、化妆品	1楼	国际奢侈品、钟表、珠宝

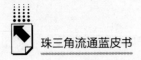

（三）中山各大商圈比较分析

中山市六大主要商圈对比情况如表 11 所示。

表 11　六大主要商圈对比分析表

	孙文西商圈
商圈发展	• 孙文西路古称迎恩街,从隋唐时期开始出现 • 1997 年开始对其进行修建 • 全部工程于 1998 年 9 月 19 日竣工
目前状况	• 商业规模:13.2 万平方米 • 步行街全长 529 米,路宽 15 米,占地 200 亩,营业面积约 4.3 万平方米 • 逢源步行街全长 600 米,营业面积约 5.2 万平方米 • 人流量:★★★★★
主要特点	一直是中山历史最悠久、文化气息和商业气氛浓郁的商业中心
商业定位	历史悠久,人气最旺,中低档消费
消费者特点	慕名而来的国内外游客、外来人员
	京华商圈
商圈发展	• 益华百货是中山最早诠释 MALL 概念的商业项目 • 1995 年益华百货正式开业,该商圈同时出现 • 2001～2002 年,商业供应较集中
目前状况	• 商业规模:7.7 万平方米 • 人流量:★★★★☆
主要特点	中山高端消费群体主要消费之处,商业化程度高,周边分布着高档住宅小区
商业定位	以高档商品为主,偏重于时尚、现代
消费者特点	以周边高档住宅小区的白领为主
	大信商圈
商圈发展	• 大信商圈是中山发展最快的商圈 • 大信新都汇改变了中山商业"重东西轻南北"的传统,结束了石岐北区没有商圈的历史 • 2004 年开业的大信新都汇是中山唯一 Shopping Mall 形态的商业
目前状况	• 商业规模:11 万平方米 • 人流量:★★★★★
主要特点	在中山市是第一家为中至中高生活水平阶层精心规划的规模最大、服务种类最全的一站式现代优雅商业场所
商业定位	中高档商业区,强调商品种类的高档化和品牌的国际化
消费者特点	以全市范围内消费力较强的中青年消费者为主
	假日商圈
商圈发展	• 2005 年假日广场开业,是假日商圈出现的标志 • 假日商圈兴起于 2004～2005 年 • 2005～2006 年进入商业迅速发展期

假日商圈	
目前状况	• 商业规模:2.8 万平方米 • 人流量:★★★☆☆
主要特点	定位于小型 Mall 的假日广场,是中山真正涉足商业地产的第一个项目
商业定位	中高档商业区,强调商品种类的高档化和品牌的国际化
消费者特点	以周边高档住宅小区的白领、政府部门的公务员为主
富华商圈	
商圈发展	• 2007 年富业广场开业,是富华商圈出现的标志 • 2010～2011 年进入商业迅速发展期
目前状况	• 商业规模:2.48 万平方米 • 人流量:★★★☆☆
主要特点	定位于 City Mall 的商业模式,以综合服务业为主
商业定位	商业以批发、酒店等为主
消费者特点	以周边高档住宅小区的白领、商务人员为主
紫马岭商圈	
商圈发展	• 大东裕项目开业,是紫马岭商圈出现的标志 • 2011～2012 年进入商业迅速发展期
目前状况	• 商业规模:以博爱路为中轴线,紫马岭南片区 • 人流量:★★★☆☆
主要特点	定位于集写字楼、商业、酒店于一体的城市综合建筑体
商业定位	商业以办公为中心
消费者特点	以周边住宅小区居民、商务人员为主

(四)中山商圈发展特点分析

总的来看,中山商圈商业形态以百货、购物中心,以及包括大型综合超市、建材家居超市等在内的大卖场为主。商圈发展的特点主要表现在以下方面。

1. 新商圈打破成熟度不足、业态单一的困局

目前,中山的购物中心依然以一般的餐饮、零售业态为主,除大信商圈外,以小于100000平方米规模的中等规模商业为主,以益华百货为代表的百货公司、街铺式消费占有重要地位,购物中心形态并非主流模式,但涵盖购物、餐饮、娱乐、休闲等功能的综合性购物中心是中山商业发展的方向之一。在广州和深圳取得成功的国际及国内品牌将向中山等珠三角二线城市扩张,未

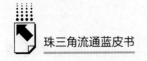
来中山购物中心进驻品牌及业态将呈多样化发展趋势。

利和广场作为中山主城区真正意义上第一个大型高端商业广场，未来将与益华商圈等中高档购物中心共同组成"大京华"商圈，开创中山商业市场新的格局。有了利和这个标杆，未来中山陆续出现的大型购物中心将成为中山商业的主流发展方向。目前中山规划建造的多个大型购物中心，既有位于传统商圈的，也有位于新兴区域的，这将影响中山未来的商业格局。未来5年，中山新增商业供应将带动整体商业市场的档次提升，业态也将趋向多元化，而涵盖商业的城市综合体将成为商业发展的方向之一。

2. 中山消化大体量商圈需要时间

根据最近的统计数据，中山市泛城区范围内仅零售业面积近几年就达到了275万平方米，虽然新商圈的扩充大大提升了整个主城区商圈的档次，但不可忽视的是：在未来五年中山新增商业中心（纯零售）面积体量达到过去20年来新高的情况下，作为常住人口总量排在全省倒数第二的中山，如何消化是一个十分现实的问题。

3. 错位竞争是中山商业体的发展之道

由于中山未来将有大量商业集中在短时间内上市，而大量的商业体涌现就意味着会出现部分失败项目。因此，未来不可能所有新增商业项目都能在中山取得成功，而商业形态上的错位竞争是避免同质化的出路之一。错位竞争的好处在于可以最大程度地避免恶性竞争。即便项目错位运作不顺，其在重新定位、包装方面也会更具有灵活性，在适应市场发展、形势变化方面会更有优势。

三 中山商圈未来发展趋势

随着珠三角发展规划及经济一体化的深入实施，在珠中江经济区深化合作的基础上，具有浓厚商业文化的中山市在未来商圈发展中将出现快速增长的趋势，并表现出一些独有的特点，主要体现在以下几个方面。

（一）新兴商圈影响力增加

随着城市"一主三副"格局的形成、基础设施的完善以及未来商业供应的增长，位于城市早期发展区域中的传统商圈原有的商品种类全、交通方便等优势已经不再明显。一些新兴的商圈同样具备了商圈业态综合性强的特点，且由于其更接近新开发的居民区，对区域内消费者的吸纳能力更强。

《中山市"十二五"计划》明确提出要加速推进主城区中心商务区、"三旧"改造试验区、综合改革试验区等载体的建设，推动高端服务业的集聚发展。并努力打造东部、西北部和南部三大片区中心，强化其交通枢纽、商务商贸、生态居住、物流配送等功能，增强其集聚与辐射带动能力，逐步形成与主城区互动发展的现代化副中心片区。

（二）综合性商业形式成为主流

中山市委市政府提出了"提高中心城区首位度战略"。中心城区首位度是用于测量中心城区规模的主导型指标，它包括高端要素首位度、产业水平首位度、城市功能首位度。区域首位度越高，其凝聚力和集聚力就越强，带动地区经济的能力就越强。在此基础上，政府商业规划部门制订了科学的一体化商业网点规划，打破原来区镇各自为政的商业规划决策模式，成立了由市政府相关人员组成的组织协调机构，将中心城区作为一个行政区来统一进行功能定位。

在中山，未来商业供应中购物中心将占主要比例。购物中心体现的是集购物、休闲娱乐于一体的"一站式"购物理念，此种商业类型更加符合消费者需求及消费习惯发展的趋势，聚客力和留客力更强，因此以购物中心为代表的综合性商业在未来成熟商业市场中的供应将进一步增加。

（三）市场细分更加明显

针对不同消费档次、年龄段、消费习惯人群的特色型商业将逐渐增多，商业市场细分趋势明显。社区商业、区域商业中心、集中购物区（商圈）将是未来中山商业的三大主要构成要素，满足消费者不同时段、地点的多样化需求。

此外要建构中心城区的主体文化生活服务商业集聚网络。以传承孙中山文化为动力，解放中山文化生产力，精心考虑科学改造"三旧"与集聚商业服

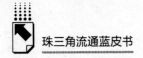

务的结合，大力发展能擦亮"中山文化品牌"的特许连锁、加盟连锁等微型便利店、专业店，打造珠三角独有的特色商业品质。加强老城区与新城区的市级商业点、地区级商业点、社区商业点和小城镇商业层次商业网点的集聚链接，满足主城区居民的日常文化生活消费需求。

（四）商业辐射力增强

商业街因具有一定的历史文化价值，对旅游客群的吸引力较大。未来随着消费市场的发展，商业街将通过集旅游、观光、购物于一体的复合影响力带动商业氛围的形成，因此未来这种商业的辐射力会随着规划的合理化、经营管理的有序化而突破"配套"的地位，增强辐射力度。

以孙文西步行街为例，以文化主打的特色只能作为定位的开始，要发挥好中山这张文化名片，在吸引外来游客观光的同时，更应注重这些客人的潜在消费，主题要更加突出，应注入更多中山文化特色，而不是一味地引入知名品牌，因为这些品牌全国大多数城市都有，客人不需要千里迢迢来这里消费。应保留知名的中山老字号商铺，由政府来主导，扶持和支持特色产品的市场改造，更新管理理念，使更多的文化特色在这条有着悠久历史的街道上重新成长。新兴的商业街可以利用集约模式，导入大型零售商业的经营理念和管理思想，对商铺实行统一的规划、管理和营销，进行经营的专业指导和服务，提供完善的物业设施和保障等，从而规避临街商铺经营上单打独斗、独木难成林的风险和传统市场商铺经营上各自为政的杂乱无序，最大限度地吸引客流，做热市场，形成旺铺，实现双赢。

B.13
江门市主要商圈的特点及发展前景分析

王先庆 黄振波 武 亮*

摘 要：

江门是珠三角西部的中心城市，是以现代制造业、商贸物流业和文化旅游业为主导的商贸城市。江门商业发达，形成了常安路商圈、北郊商圈和港口路商圈三大商圈协同发展的商业格局。本文分析了江门商圈的特点及存在的问题，并论述了江门商圈发展的前景。

关键词：

江门市 常安路商圈 北郊商圈 港口路商圈

江门市是珠江三角洲西部的中心城市，也是我国的门户城市之一，五邑侨乡的政治、经济、文化中心，是以现代制造业、商贸物流业和文化旅游业为主导的滨水城市。近年来，江门紧紧跟随改革开放的步伐，抓住机遇，同时发挥本土优势，不断加快地区经济的发展。2011 年江门市生产总值位居广东省第七位，综合实力跨入全国先进城市行列。江门商业发达，主要商业集中在常安路、北郊和港口路，形成了三大商圈协调发展的格局。

一 江门市商圈发展背景及概况

（一）江门市基本情况介绍及商业发展情况

1. 江门市经济概况

江门市是广东省中南部的一个地级市，地处珠江三角洲西部。因位于西江与

* 王先庆，广东商学院流通经济研究所所长，工商管理学院教授，广东省商业经济学会副会长兼秘书长，广州市现代物流与电子商务协同创新中心副主任，广东商学院商业地产研究中心主任；黄振波，广东商学院管理学院研究生，研究方向：商贸企业管理；武亮，广东商学院流通经济研究所助理研究员。

其支流蓬江的汇合处，江南烟墩山和江北蓬莱山对峙如门，故名江门。江门全市面积9504平方公里，约占珠三角的1/4，人口412万多人。江门市现辖蓬江、江海、新会三区并代管台山、开平、恩平、鹤山4个县级市，其中新会、台山、开平、恩平四县俗称"四邑"，加上鹤山则称"五邑"，故江门又称"四邑""五邑"。

江门是全国著名侨乡，侨乡文化独具魅力，有"中国第一侨乡"的美誉，也有"中国侨都"之称。祖籍江门的华侨、华人和港澳台同胞近400万人，分布在全世界五大洲107个国家和地区，其中，五邑籍华侨分布在亚洲地区的约占20%，美洲地区的约占70%。

2011年江门全市生产总值达1780亿元，比上年增长13%，社会消费品零售总额达760亿元，比上年增长16%，外贸进出口总额达170亿美元，比上年增长18%。[①]

2006~2011年江门市生产总值及其增长情况如图1所示。

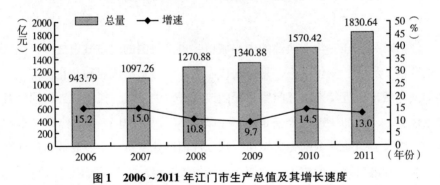

图1 2006~2011年江门市生产总值及其增长速度

资料来源：江门市统计信息网站。

2006~2011年江门市社会消费品零售总额及其增长速度如图2所示。

2006~2011年江门市镇居民人均可支配收入及其增长速度如图3所示。

2. 江门市商业发展历史[②]

（1）江门商业的历史发展状况

江门地区最早的商品经济萌芽于元末明初，明成化年间成为"日日来鱼

---

① 江门市统计信息网站。

② 《江门市商业网点发展规划（2004~2010）》。

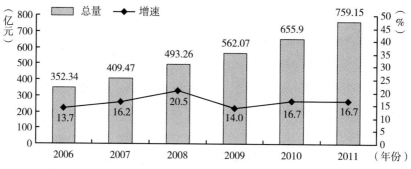

图 2　2006～2011 年江门市社会消费品零售总额及其增长速度

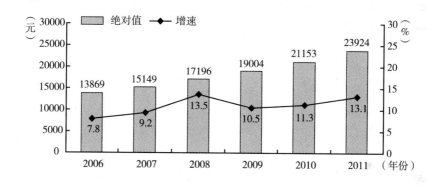

图 3　2006～2011 年江门市镇居民人均可支配收入及其增长速度

虾，商船夺港归"的热闹墟市，到崇祯年间更是"客商聚集，交易以数百万计"，至乾隆末期，江门已经成为珠江三角洲西部的商业贸易中心，酒楼、茶室、旅店林立，商店遍布街道，一派繁荣景象。光绪二十八年（1902 年）江门被辟为对外通商口岸后，每年从香港、澳门进口的布匹、糖、大米、火柴、石油产品、西药及医疗器材、咸鱼海味品、五金百货等，源源不断地通过江门，流入珠江三角洲西沿各县。

（2）民国时期的发展概况

民国时期政局动荡，但江门的商业仍然十分兴旺。1932 年，江门共有商户 3000 余家，其中绸布业 50 多家，百货文化用品 60 多家，五金电器颜料化工 33 家，糖烟酒茶业 50 家，牲口屠宰及烧腊业 59 家，水产业 24 家，酒楼旅店业 17 家。后来由于日本侵略军占领江门，商业受到摧残，大部分店铺倒闭或停业，市场一片萧条。1949 年新中国成立前夕，江门有大小商户 2183 家。①

新中国成立之后，江门经济得到快速恢复，至 1952 年底，江门先后成立了盐业、百货、花纱布、烟酒专卖、食品、石油、粮油、饮食服务、药品等国营商业公司，再到后来公私合营商店、合作商店、小商贩等先后全部转入国营商业，实行单一的国营经济。

（3）改革开放以后

十一届三中全会后，中国实行改革开放政策，极大地促进了江门地区商业的发展。1979 年 11 月，江门被列为全省商业系统扩大企业自主权的 5 个试点之一。商业系统扩大了企业的商品购销权、财务管理权，试行计划利润留成和超额利润分成的经营管理办法，建立和发展了多渠道的商品流通体制，出现跨地区、跨行业、跨部门等多种经营方式。至 1987 年，市区商业网点不断增加，常安路、长堤路等老商业中心区的商店得到扩建、改建，还新建成了港口路商业中心区，以及建设路、蓬莱路、胜利路、西区大道、农林路等区域性商业街，开辟了仓后路、新市路、象溪横路等个体商业街。

（二）江门商圈发展现状

近年来，江门地区的商贸流通业得到较快发展，不断出现新的经营业态，对外开放的领域不断扩大，商业结构有了一定程度的调整，在国民经济中的比重上升，已成为江门市第三产业乃至整个国民经济的重要支柱。江门市历史上是一个对外开放的商埠，有很好的历史发展基础，改革开放以来，商贸流通业发展势头较好，全市商贸流通业目前已初步具备一定规模，特别是传统商业得到了较快增长。江门市 2011 年社会消费品零售总额为 759.15 亿元，排在广东地区第八名。

提起江门的传统商圈，对江门地区商业熟悉的人可能都会把将目光投向常安路商圈、港口路商圈和北郊商圈。

常安路商圈包括常安路、长堤风貌街、连平路、五邑城、人人乐超市等。自 20 世纪 80 年代至今，这里一直是江门市民购物的首选地之一，是江门最早

---

① 《江门市商业网点发展规划（2004～2010）》。

形成的传统商圈。过去，江门的商业中心集中在长堤路附近，长堤灯光夜市最热闹的年代是在20世纪的80年代到90年代中期。当时，每天晚上6点多，商贩们就开始忙碌起来，当地居民也大多到这里游玩与消费购物，到了周末，这里更是人山人海。长堤灯光夜市原来只是从常安路口到钓台路口，售卖的品种仅限于衣服和日用百货。后来，该夜市越来越旺，长度开始延伸，从广新路口到蓬江大桥，品种也丰富了许多：从广新路口到常安路口是卖家具的，钓台路口到蓬江大桥是卖旧书和小电器的。从江门铁桥上望下去，一条灯光"长龙"沿长堤蜿蜒伸展，十分壮观，一点也不逊色于广州的西湖灯光夜市。

江门城区商业版图的变化轨迹，展现了江门城市空间拓展的步伐。[①] 位于江门老城区长堤路段的长堤风貌街，是江门城始建所在地，也是江门最早形成的传统商圈，是20世纪四五十年代江门最为繁华的地方。中西融合的骑楼建筑风格是江门开埠百年以来的历史沉积，也是那时繁华的见证。随后，长堤风貌街的两端，延伸出两个商业旺地，西端是常安步行街，东端即是1975年建成通车的蓬江大桥的一桥两岸。后来常安步行街的商业价值慢慢被发现和开发，成为那时江门人购物、旅游、休闲的最佳选择地。

从20世纪90年代开始，随着东湖百货商场的开业，东湖广场的落成，港口路商业气氛开始变得浓厚。随后，新一佳、优越美莎百货陆续开业，江华路、蓬莱路也开始兴旺，港口路商圈迅速成为江门的商业旺地。

到了20世纪八九十年代，常安步行街的商业发展空间已经十分有限，江门的商圈也缓慢地向北拉伸，在蓬江大桥西侧，港口路、东华路、江华路、水南路等商业街逐渐发展起来。江门的商业中心进一步拉伸到北新区一带，是2000年后开始并迅速发展起来的。这个商业中心确立的最大推动者就是益华百货，益华百货作为江门第一家 City Mall 概念的大型购物商场，改变了江门人的消费模式和观念，也成为江门商业最为繁盛的地方。以益华为中心、1000米为半径的商业圈里，集中了金凯悦酒店、卜蜂莲花、新之城、丽宫酒店、双龙广场，还有即将进驻的乐购和正佳百货等多个大型商业业态，构成了发展潜

---

① 刘楹冉：《商圈演变见证江门城市变迁》，《江门日报》2011年5月6日第 A7 版。

力巨大的北郊商圈。而江门市区绝无仅有的两大绿肺——五邑大学和东湖公园，及五邑华侨广场和多个高档住宅区则为北郊商圈的发展带来了稳定的人流。①

江门市主要商圈比较如表 1 所示。

表 1　江门主要商圈比较

商圈名称	主要商业名称	业态特征	总营业面积	商业地位	人流量/日
常安路商圈	地王广场、五邑城等	专卖店、百货、零售店铺等	8 万平方米以上	传统商业旺地,市民出行首选购物地	日均接纳顾客近 5 万人次
港口路商圈	新一佳、优越美莎、东湖百货等	百货、步行街等	5 万平方米以上	中低档消费为主,大众喜好	2.5 万人次
北郊商圈	益华百货、江门义乌小商品批发城等	购物中心、百货、专业市场等	11 万平方米以上	江门市第一个 City Mall	3 万人次

（三）江门主要商圈概况

1. 常安路商圈

常安路商圈（见表 2）位于江门市中心，从 20 世纪七八十年代至今，这里一直是江门市民休闲购物的首选地之一，也是江门的传统商圈。常安路商圈的辐射范围主要包括胜利路以北，建设路与堤中路中间的部分，其核心部分包括常安路步行街、象溪路沿线、五邑城、地王广场、文华韩国城，还包括长堤风貌街、莲平路沿线、人人乐超市等。

近百年来，常安路、象溪路一带始终是江门的商业旺地，无论是商业环境还是人文气氛都相当浓厚，不仅本土老居民对它旧情难舍，年轻一代、外地新移民以及五邑地区的市民都对这一带情有独钟。随着老城区旧城改造工程的启动，常安路周边的各种配套不断发展和完善，五邑城、范罗岗花园、象溪新城等多座商业城陆续建成并开业，逐渐形成了以五邑城—地王广场—景腾广场为轴线的繁荣商圈。

---

① 刘楹冉：《商圈演变见证江门城市变迁》,《江门日报》2011 年 5 月 6 日第 A7 版。

常安路商圈可以说是江门地区最具特色、最具历史风味的商业中心，是当地居民及外来消费者不能忘却的情怀。随着交通的便利化和生活水平的不断提高，常安路商圈的消费者往往并不只为消费而来，他们更多的是想在此处感受江门当地商业发展的历史味道，感受时代变迁带来的变化，因为这里不仅体现了江门社会经济发展的成果，更有旧时消费者对于生活变化的一种体会与怀念。常安路商圈未来的发展应在保持现有特色的基础上不断调整，保持差异化竞争优势，在经营业态、经营种类、服务内容、购物环境、经营管理、品牌推广上不断推陈出新，保持其旺盛的生命力和持久的吸引力。可以开设更多历史特色店，体现当地文化传统，传承文化特色，吸引当地及更多外来消费群体。

表 2　常安路商圈概况

主要店铺名称	经营规模、面积	业态特点	经营内容、品牌	经营状况及日均人流量
地王广场	商业经营面积 2 万多平方米，楼高五层，地下一层	百货、零售店铺	屈臣氏、真功夫、大地数字影院、大昌超市、欢乐新天地、钱柜 KTV、第三频道西餐厅等主力店，耐克、阿迪达斯、乔丹、鸿星尔克、安踏、百丽、达芙妮、鞋柜、六福、金至尊、中国黄金、嘉乐祥、DHC、家美乐、李宁、班尼路、以纯、森马、美特斯邦威、堡狮龙、KAPPA、安莉芳、西铁城等品牌	日均接纳顾客近 2 万人次，已成为五邑地区客流密度最高的商场之一
文华广场韩国城	集饮食、娱乐、文化、购物于一体的韩国潮流主题商场，总面积 13800 平方米，地上五层，地下一层	购物中心、专卖店、百货等	主营服装、饰品、皮具、数码产品，商品以市场货为主。负一层为城市动力动漫游戏体验中心；三层以上是书城、餐饮和 KTV	较受消费者喜好，日均客流 1 万人次左右
常安路步行街	全长约 220 米，宽约 12 米，北起紫茶路，南至堤中路	专业店、专卖店、便利店	以休闲服和鞋类为主，珠宝首饰店、眼镜店、钟表店、饰品店、手袋店和刻章店及饮料店等。主要品牌有：森马、以纯、361°、李宁、安踏、乔丹、红蜻蜓等	历来是江门的商业旺区，日均客流 1.5 万人次左右
五邑城	一~五层商业经营，六层以上为住宅用房	百货、专卖店等	很多小铺位组成，主要经营服装、流行饰品等	经营效益极差，在消费者中的口碑日益下降，日均客流 8000 人次左右

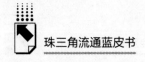
2. 港口路商圈

港口路以东，堤东路以西，跃进路与东华一路之间的部分都属于港口路商圈，核心商业主要集中在港口路、东华路、江华路、水南路及江边里沿线，包罗新一佳、优越美莎、东湖百货、泰富城等百货超市，银晶酒店、大风车回转寿司、肯德基、麦当劳等餐饮，还有 NIKE、Adidas、李宁、匡威、班尼路、五星苹果、侨仕、百丝等服装专卖。港口路俗称黄金珠宝街，金至尊、中国黄金、金钻世家等林立。江华路是传统上的家电一条街，汇集大洋电器、恒发家电等多家本土家电零售商。而整个商圈内，国美、苏宁等家电巨头也在不断地进行短兵相接。

优越美莎百货的开设，使港口路地区商业达到了一个新的高度，盘活了江边里（本地人称九中街）老城区的商业，使该地区商业得到共同、协调发展。优越美莎迎合消费者的基本需求为出发点的成功定位，与所提供的商品充分满足消费者需求的结果，最终让港口路商圈得以继续繁荣发展。九中街主要以18～28 岁的年轻男女为消费对象，主要经营潮流服饰、时尚个性精品和特色小吃、饮品，整条街充满历史与现代交替影响的都市文化，已经逐渐成为年轻男女逛街首选的商业地区。

港口路商圈大致情况如表 3 所示。

表3　港口路商圈概况

主要店铺名称	经营规模、面积	业态特点	经营内容、品牌	经营状况及人流量
优越美莎	营业面积 16000 多平方米	百货、专业店等	一楼设置精品彩妆馆二楼是流行时尚馆三楼是雅士休闲馆	以中低档商品居多，日均人流 1.5 万人次
江边里（本地人称九中街）	商铺面积不大，8～25 平方米，街长约一公里	专卖店、专业店、便利店等	整条街的消费对象以青年人为主，18～28 岁，经营类型以潮流服饰、时尚个性精品和特色小吃、饮品为主	较受消费者喜爱，日均人流 1 万人次

（1）优越美莎百货

优越美莎一直以"预言流行、优越生活"的经营理念来打造自己，拥有非常宽敞的购物场所，整洁舒适的环境，一流的服务态度，力求给人带来轻松、舒适、安全和方便。随着改革开放的进一步深入，居民收入及生活水平极大提高，对消费也有了更进一步的需求。优越美莎百货正是在这样的经济基础上发展起来的，开拓了当地的消费新模式，引领了新一代消费潮流。优越美莎百货项目如表4所示。

表4 优越美莎百货项目信息

项目名称	优越美莎百货
运营管理商	深圳优越百货管理有限公司
运营时间	2004年4月
项目总体量	营业面积16000多平方米
物业管理费用	25元/平方米
支付方式	扣点15%~30%，月扣
每楼层业种业态，整体经营情况	一楼设置精品彩妆馆。经营名表、眼镜、黄金珠宝、精品、化妆品、男女鞋、包、皮具、手机、各种休闲服饰、中性服饰等。二楼是流行时尚馆。经营流行少女服饰、流行饰品、伞帽袜帕、设计师品牌，内睡衣、女裤、风衣、毛纺针织也在其展销之列。三楼是雅士休闲馆。经营绅士服、男士精品、领带、西裤、衬衫、牛仔、运动系列、童装、床用家用杂品。目前优越美莎所在的中旅大厦已被江门益丞集团收购

（2）江边里（本地人称九中街）

江边里体现了传统与现代的结合，是商业传承的消费旺地，加上这里附近地段的日益发展，吸引了大量人流，现在该地区已经成为当地居民出门消费的必经之地。

江边里项目资料如表5所示。

表5 江里边项目资料

项目名称	江边里(本地人称九中街)
运营管理商	自发形成，主要由江边里居委会管理
运营时间	2002年发起
项目总体量	街长约一公里
转让费	3万~5万元
物业管理费用	无，以整间铺出租，算在租金里，租金2000~4500元
支付方式	按月交租
整体经营情况	江边里这一条街的发展是由江华路的商业带动的，由于江华路蓬勃发展，商铺供不应求，因而周边一些街道开始延续发展。江边里的商铺多数是以车房改造的，所以商铺面积不大，一般为8~25平方米，整条街的消费对象主要是青年人，18~28岁，所以这条街的商品以潮流服饰、时尚个性精品和特色小吃、饮品为主

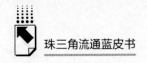

3. 北郊商圈

江门北郊是指建设二路到迎宾路一带的区域，北郊商圈以益华百货和义乌小商品城为核心，其中益华百货是江门百货业向高端百货转型的一个明显"节点"，它让许多江门人第一次接触到了汇集最多商业元素的新单词——City Mall。益华百货所在的金汇广场，以一种崭新的城市广场的经营模式出现，配套有星级酒店、国际会议中心、大型购物中心、商务写字楼、票务客运、金融储蓄、通信服务、大型停车场以及旅游、娱乐、时尚文化、现代商务等经营项目。益华百货目前成为不少江门人心中"高档"的代名词。

北郊商圈概况如表6所示。

表6　北郊商圈概况

主要店铺名称	经营规模、面积	业态特点	经营内容、品牌	经营状况及人流量
益华百货	经营面积30000多平方米	购物中心、超市、百货等	在益华百货MALL消费模式基础上，增加旅游、文化、商务、居住等功能	为整个北郊商圈人气最旺盛的地方，日均人流2万人次
义乌小商品批发城	商业面积8万平方米，配备2000平方米下沉式商业广场、3500平方米餐饮区、1万平方米仓库，打造粤西规模最大、档次最高、品类最全、经营环境最好的一站式小商品批发市场	专业市场、便利店等	小商品批发市场	2012年12月16日开业

北郊商圈代表：益华百货

江门益华百货以领先的经营理念和准确的商场定位，实现了与国际先导商业模式的高速接轨，其卖场不仅国际、国内知名品牌荟萃，更采用个性张扬或经典的装修及人性化的商品陈列，尽显品质上的雍容华贵和风格上的标新立异。

益华百货荣获2005年度"第九届广东十佳优秀连锁经营最佳卖场设计"称号，被江门市消费者委员会评为2005年度江门市"消费者满意单位"，被江门市工商行政管理局核定为首批江门市市场食品准入商场之一，2006 年被江门市财政局指定为江门市行政事业单位一般办公用品供应服务定点单位。

在百货业遭遇千店一面、激烈竞争的局面时，益华百货以错位竞争、提升服务质量、注重消费者体验需求、保证顾客消费需求得到最大限度满足来发展自身。益华采用 CITY MALL 模式，糅合了五星级酒店、高档楼盘、百货零售及文化、娱乐、餐饮、休闲等业态。

二 江门商圈特点及存在的问题分析

（一）江门商圈现状及其特点

1. 常安路传统商业区，市民难舍的情怀

常安路商圈历史悠久，历久弥新，区内商家通过错位竞争和准确定位，找到了更加适合自己的发展路径。20 世纪 80 年代，在珠三角地区闻名一时的灯光夜市，把长堤风貌街装点得如白昼一般，好不热闹，常安路商圈一直是江门市民购物的首选地之一。近年来，随着市区"版图"一扩再扩，常安路的人流量减少了，但是，随着近年来市政府将常安路、长堤风貌街改造一新，长堤两岸变靓了，这里重新成为市民休闲、购物的好去处，昔日的热闹场面也逐渐恢复。

常安路商圈的优势在于市民的认知度高，地王广场就是成功的案例之一。目前，地王广场每天人潮涌动，尤其是周末或节假日，经常造成附近交通严重堵塞，交警部门也不得不加派警力维持交通秩序，其在人流量和影响力方面不逊于益华百货，反而与益华百货形成有益的互补。地王广场的成功，还盘活了金发大厦（韩国城）和象溪商城等闲置多年的商业办公楼，更使江门市最主要的商业区从常安路、长堤风貌街一带向胜利路一带迁移。此外，随着白沙大道东的开通，在距离地王广场不足 1 公里的地方，世纪城也终于浮出水面。

但是，由于这里是传统的商业区，特别是有几条步行街，停车比较麻烦，加上旧区的常住人口逐渐减少，商家只有通过自身的努力来弥补这些不足，例如增加知名品牌的数量和质量，降低商品的价格等。

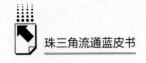
2. 港口路黄金商业区，铺租贵得有价值

港口路黄金商业区包括新一佳、优越美莎、东湖百货、嘉联商场、银晶酒店和蓬莱路的电讯街以及江华路的电器街等，是近 10 多年来形成的。东湖百货商场的开业，东湖广场的落成，使这里的商业气氛更加浓厚；新一佳、优越美莎百货的陆续开业，以及江华路、蓬莱路的兴旺，使之迅速成为江门的商业旺地。港口路一带的商场，最大的优势在于邻近东湖广场，人流量大，是营商的好地方，因此，这里变得寸土尺金，铺租也较其他地段贵。尽管如此，商家们普遍认为这里还是值得投资的。

3. 北郊新崛起的商业区，购物环境优越消费潜力大

按照商圈形成与发展的进程，具备一定人口密度与消费人群，是商业形成的必要条件，如今政府着重开发北新区，江门商业北拓是必然的趋势。而布局北新区的商业地产项目中，不少是知名外地开发商开发的。在北新区迎宾大道中，隔着公路对面而立的上城财富中心和江门国际金融大厦正在建设中，一个CBD（中央商务区）逐步酝酿形成，有望成为江门商业地产拉动经济发展的重要力量。北郊新崛起的商业区包括益华百货、易初莲花、大昌超市、星星商场、蓬城商场等。新区规划合理，配套设施同时设计到位，以方便和吸引消费者为优先考虑，各商场门前的停车位很多，方便了消费者前来购物，使这里的购物环境比旧区好很多。

益华百货的入驻，大大提升了北新商圈的级别，过去，有消费能力的江门人往往到广州、香港一圆名牌梦，而今，益华百货俨然成为不少江门人心中"高档"的代名词，这也是北郊商圈吸引人的地方之一。

（二）江门商圈存在的问题分析

1. 竞争力不强，有待提高

商圈是城市的"名片"，衡量一个城市发展水平的一个主要度量指标就是这个城市商业发展的水平和程度，而商圈是一个城市商业最为集聚的"核心点"，能更集中地反映城市商贸的发展水平。

江门地区商圈从形成、发展至今，不过短短十几年，其所具有的特色与城市本来的文化还处在不断磨合与融合的过程中。因此，江门商业圈的发展还不够成熟，跟不上经济发展的步伐，商业地产也处在初步发展阶段，比较滞后、档次较低。如长堤风貌街、常安路步行街主要经营成衣、鞋帽、小百货等低值商品，蓬莱电讯街道路短，发展空间小。市区商业街的特色经营与周边地区雷同，影响范围还仅限于市区，如装饰建材街、商业步行街、电讯街、美食街等。

2. 配套跟不上，人流车流难顺畅

商业活动需要流通，才能有生机和活力，流通快，才能利润高。商圈是城市商业功能的核心，一个商圈往往需要融多种服务功能于一体，发挥规模效应，共享供应、销售链，整合消费需求。道路交通便捷也是商圈营商环境完善的一个重要体现。但目前的市区道路交通状况对商贸业发展存在不少制约：商业街区之间缺少互联互通，对商贸业的繁荣也影响较大。在工商软环境上，市区的行业管理、信用建设还未能适应商贸业发展的需要，个别商户在依法纳税、诚信经营方面做得还不够，无证经营、偷税漏税的现象时有发生。

3. 产业依托能力有待加强

纵观江门地区商圈的形成与发展进程，这些商圈皆属于低层次、低水平、低效率的最初形成阶段，难以有效地、充分地利用各产业进行融合，把地区商圈提升到金融、贸易、设计、营销活动中心的地位，提高三次产业的附加值，推动产业结构的调整和优化升级，促进产业和整个经济社会的发展，为自身创造更快速的发展机会。

江门地区大型超市、百货发展迅速，而且接近饱和，而金融、信息、审计、会计、律师、房地产中介等现代服务业发展缓慢，经济总量不大，仅占五个镇街第三产业的3%，与江门市作为珠三角通往粤西、大西南交通枢纽的地位不相称，这表明江门商圈发展对产业的协调能力较为落后，不能达到共同繁荣的效果。

三 江门商圈未来发展前景

从江门商圈发展的走向来看，未来一段时间内商圈格局将保持一定程度的稳定局面，常安路老商圈在不断调整中向前发展，而港口路和北郊商圈则作为新的发展方向不断成长，江门商圈发展格局前景良好。

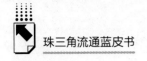

（一）商圈自身调整，进入蓬勃发展时期

常安路商圈的发展表现为在城市旧城拆迁和改建的过程中涌现出来的重要商业项目。以地王广场为例，它的出现不仅扩大了常安路商圈的商业范围和影响力，也盘活了商圈的原有商业项目，使商圈规模和范围不断增长。

地王广场经过差不多6年的发展后，品牌商家不断进行调整，层次和定位也逐渐向中高端发展，进行品牌升级，调整出更好和更合理的业态组合，增加对消费者的吸引力，力争持续保持商圈龙头的地位。同时，在地王广场品牌组合升级换代以后，为填补地王商圈在年轻潮流这一层次的消费上所留下的空白，在距地王广场仅100米处，由益丞集团筹备的"地王又一城"项目正在酝酿之中，该项目建筑面积约2万平方米，项目定位为"时尚潮圣地"，将打造江门和五邑地区从未出现过的新颖的主题式潮流商场。

港口路、东华路商业中心也在积极发展商务办公、金融保险、旅游服务及娱乐餐饮等行业，努力形成综合商业格局。具体而言，港口路商圈各业态从未停止过升级调整的步伐，优越美莎百货坚持走专业精品路线，一方面会对进驻品牌采取优胜劣汰，以不断调整适应消费者的需求，另一方面会增设美食坊、儿童娱乐场所，并策划一些公益性文化活动，以提升服务。

目前身居江门商业龙头地位的益华百货也一直在求新求变。进驻江门6年多来，江门益华百货每年都会有一些调整，2008年8月益华百货二期的开业更是一次华丽转身，宣告江门益华百货从最初定位于"高档综合性百货"的白领消费市场，逐渐扩展到了"流行时尚前沿"的青年消费阵地。

（二）东湖商圈兴起

伴随江门经济的迅猛发展，商业重心随着市区范围的不断扩大而逐渐向外扩张，从目前的常安路商圈不断往外发展。近年来，随着商业服务配套产业的不断聚集，一个以东湖公园为核心，由迎宾路、建设路、跃进路、江华路、东华一路、东华二路为骨架的"东湖商圈"日渐成形。

东湖商圈在功能布局以及消费层次上都具备了"黄金商圈"的潜质。商圈囊括了北郊商业区、港口商业街、车站商业区的优质资源，不仅商场林立，高级酒店众多，而且功能层次分明，有大型的综合百货，也有主题鲜明的潮流商场。另外，基础配套上有体育馆、体育场、文化宫、影剧院、高级俱乐部、医院、购书中心等必备元素。东湖公园作为江门城市建设的标志性项目，经过脱胎换骨改造之后，成为市民休闲娱乐的热点场所。因注重功能与实用，东湖广场更是成为服务于大众的绿色公共空间。这些已经构成吸引人气的"磁场"，奠定了东湖核心商圈的地位。

（三）轻轨建成的促进作用

广珠城轨江门段共设3个车站，依次分别为江海站、江门站、礼乐站。城轨江门站将成为新江门汽车总站外的另一个客流集散地，成为江门市新的交通枢纽。在该枢纽的影响下，公交接驳、的士服务等交通网络正在逐步完善。城轨江门站不仅拉近了江门与珠三角其他城市的距离，也有力地推动了江门第三产业的发展。

新的商业圈正在江会路黄金走廊崛起。江会路位于江门与新会之间，是江门通向新会、台山、开平、珠海、中山等地的交通要道，处于广珠铁路、广珠城市轻轨的交会点。而随着江中轻轨段的完成，围绕着轻轨车站路段的新商圈已经初步形成，形成了以市区为中心，江海和新会为两翼的商业地产主格局。一批新商业地产沿江会路延伸，目前，崛起了新会世纪广场、经贸中心、名苑华庭商业街等商业地产项目，都是趁江会路商贸走廊发展之时，纷纷在近期推出的商业地产大项目。随着江中城市轻轨的动工以及新会南新区的开发，新会形成了以新会碧桂园为中心的第三商业圈。

B.14

惠州市主要商圈的现状、
特点及成长性分析

王先庆 徐印州 宋 浩*

摘 要：

惠州具有悠久的商业发展历史，近年来商业活动出现快速发展的局面，已形成西湖、麦地、下角、东平及江北五个商圈共同发展的状况，促进了惠州商业活跃度的提升。本文在分析惠州主要商圈及其商业构成的基础上，着重论述了惠州商圈存在的问题及其未来的发展前景，指导惠州商圈未来的发展与规划。

关键词：

惠州市 商圈 成长性

一 惠州市经济社会与商业发展

（一）惠州市经济发展概况

惠州位于广东省东南部，珠江三角洲东北端，南临南海大亚湾，与深圳、香港毗邻，面积1.11万平方公里，拥有223.6公里长的海岸线，是广东海洋大市之一。惠州现辖惠城、惠阳两区和博罗、惠东、龙门三县，拥有大亚湾经济技术开发区和仲恺高新技术产业开发区两个国家级开发区。同时，惠州也是

---

* 王先庆，广东商学院流通经济研究所所长，商业地产研究中心主任，工商管理学院教授，广州市现代物流与电子商务协同创新中心副主任；徐印州，广东省商业经济学会会长，广东商学院流通经济研究所首席研究员；宋浩，广东商学院流通经济研究所助理研究员。

历史名城，有"岭南名郡""粤东门户"之称，2010年、2011年，连续两年获得"中国十佳最具幸福感城市"称号。惠州市2011年国内生产总值（GDP）2097.3亿元，比上年增长14.6%。[①]

惠州交通网络发达，是港澳、珠三角衔接粤东、内地的重要交通枢纽。目前，惠州已形成内通外连、四通八达的公路网络，深汕公路、深惠路、粤湘高速公路、惠深高速、惠深沿海高速等路网横穿惠州；京九、广梅汕、惠澳等三条铁路贯穿全市三分之二的辖区，规划中的沿海铁路也在惠州交会，大铁路连接大港口的交通格局已初步形成；在空中交通方面，除惠州机场外，以市区为中心的半径100公里范围内还有3个国际机场。惠州将成为衔接粤东、内地，连接我国港澳台地区及东南亚各国的交通枢纽。

惠州具有多方面优势，特别是交通便捷、资源丰富、生态承载能力强、产业关联性强等。目前这些优势正在向以产业综合能力和城市凝聚力为代表的竞争优势转变，这将为惠州建成珠三角东部经济强市奠定坚实的基础。

按照《珠江三角洲地区改革发展规划纲要》关于"优化珠江口东岸地区功能布局"的要求和广东省政府《关于加快推进珠江三角洲区域经济一体化的指导意见》，深圳、东莞、惠州三市都位于珠江口的东岸，是珠三角一体化的重点区域。统计资料显示，深莞惠三市总面积1.56万平方公里，常住人口超过2500万人，2011年GDP总量达17795亿元，超过广东经济总量的1/3，是全省最重要的经济引擎。[②] 随着这个经济圈经济实力的日益壮大，珠三角核心地区的确立，其国际化步伐也正在加快。

（二）惠州市商业发展特点

惠州商业是随着东江流域的通商逐步兴起和发展的，最早可追溯到隋代，到宋朝时已十分繁荣。明代惠州已有"十字街""东新桥头""水东街"3个市场。20世纪30年代及60年代，东平的水东、水西二路和上、下板塘曾是繁华的商业街道，其后逐渐萎缩，到七八十年代，商业中心向西边移动，商业

---

① 惠州市经济和信息化局。
② 《关于落实〈珠江三角洲地区改革发展规划纲要〉的部署》，广东省人民政府网。

重心渐往中山西路、五四路、国庆路和南坛路迁转。

改革开放以来，惠州商业经济向多元化方向发展。尤其是 20 世纪 90 年代以后，商业繁荣带动了城市经济的迅速发展，商铺一直向东部延伸转移到南坛、下埔，现在惠州的商业中心已南移到花边岭广场一带。

惠州商业中心区的位移轨迹，与城市重心的迁移方向一致，说明它符合惠州经济发展、城市演进的规律，是顺势而生。随着居住人口的不断增加，惠淡大道在进一步完善基础设施建设，城市重心逐渐向南位移，商业中心沿着这一轴线相应位移，已是必然趋势。

惠州的现代零售业是从 2000 年开始的，2000 年以前，惠州商业零售业还烙着深深的计划经济的印记，英达商场、升平商场和老西湖百货是惠州当时的三大百货商场。西湖百货曾经以 3000 多万元的年销售额在 20 世纪 80 年代进入"广东十大商场"之列，是惠州当仁不让的商业龙头，1993 年零售额超过3000 万元。2000 年 4 月，深圳人人乐商业集团进入惠州，以现代大超市百货较高档次的装修，2 万平方米超大规模的营业面积，先进的管理理念，凭借店面零租金、商品相对低廉、地理位置优越等优势，很快成为惠州第一商场。

随着经济、文化的快速持续发展及珠三角的新一轮发展，凭借紧邻香港、深圳、广州等发达城市的区位优势，丰富的土地、淡水、旅游、海洋、港口等资源优势，产业关联性强的优势，以及深水港、铁路、高速公路、机场相互配套的立体交通网络，惠州从一个传统的历史文化名城、山水丽城，大步流星走向一个新兴的工商业城市，其城市及经济影响力正在日益形成和凸显。随着惠州地区经济实力的不断提高，其作为珠三角次中心城市的地位将会进一步突出。加上位置的天然特殊优势，扼守珠江三角洲东部交通门户的地理区位条件和处于政治、经济、文化中心的高端位置，惠州市对博罗、龙门、惠东、河源、汕尾等地将会发挥更大的区域辐射和服务作用，尤其是在商务、教育、就业、居住、旅游等方面。惠州大交通、区位、产业、资源等各方面的优势，将促进其经济的高速发展，推动其房地产的火爆开发，使其成为继广州、深圳之后珠三角又一个热点城市。

2005 年，《惠州市城市商业网点规划》构筑了"四线三圈两带一心"的生态休闲型大型商业格局，惠州主流商业轮廓开始出现，商圈磁场效应也日益凸显。伴随近年的产业升级和城市大开发，惠州商业地产迎来了开发大热潮，麦地、演达、西湖、东平、江北等热点片区商业开发风起云涌，品牌连锁商家纷纷进驻惠州主流商圈。虽然起步晚，但惠州商业大有后发之势，增速快，开发势头猛，未来发展潜力也相当看好。

二 惠州市商圈的现状及特点

按照"四线三圈两带一心"的商业规划格局，惠州商圈逐渐兴起并不断壮大。在惠城区，随着城市"南进北拓"战略的逐步实施，河南岸和江北成为主要的人居拓展方向，在吸引大量常住人口的同时，商业氛围也渐渐旺了起来，惠州的商业中心出现南伸北延迹象。①

（一）惠州商圈概况

惠州商圈全面开花，城区主要有西湖、麦地、东平、下角、江北等商圈，其中西湖、麦地商圈是惠州较繁华、商铺价格较高、客流较集中的传统核心商圈。具有较强发展前景的则是江北商圈，以市行政中心为核心，周边环绕着一大批高级写字楼、交通配套和商业综合体，正处于如火如荼的开发建设中。除了商品零售、餐饮、资讯服务等方面蓬勃发展外，酒店服务、休闲娱乐等行业也快速发展，特别是佳兆业中心、华贸中心在江北落户，为江北商圈的发展开拓出了更加广阔的空间。

惠州主要商圈比较如表1所示。

表1　惠州主要商圈比较

商圈名称	主要商业名称	业态特征	总营业面积	商业地位	日均人流量
西湖商圈	丽日购物广场、惠州步行街等	购物广场、超市等	10万平方米	惠州最早形成、最成熟的商圈	6万人次
麦地商圈	天虹商场、人人乐购物广场、港惠新天地、新一佳超市等	百货、专业店、零售店铺	45万平方米	惠州地区市级商圈	10万人次

---

① 《惠州市城市商业网点规划》。

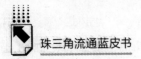

续表

商圈名称	主要商业名称	业态特征	总营业面积	商业地位	日均人流量
江北商圈	华贸天地、佳兆业中心等	大型购物中心、百货、专卖店、酒店等	10 万平方米	惠州 CBD 商业旺地	5 万人次
下角商圈	创世纪财富广场、民乐福商场等	百货、步行街等	2 万平方米	居民密集的老城区，人口密集	1.5 万人次
东平商圈	荷兰水乡等	超市、专业店等	5 万平方米	惠州商业东扩新兴的商业中心	5 万人次

资料来源：广东商学院流通经济研究所数据库。

惠州市主要商圈分布情况如图 1 所示。

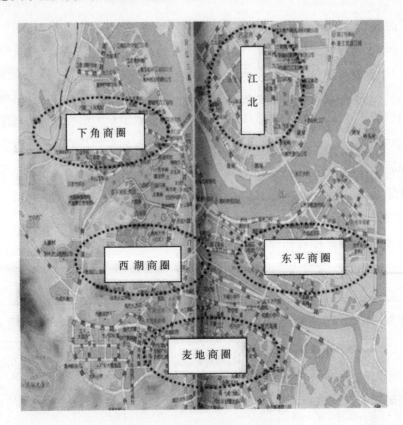

图 1 惠州市主要商圈分布图

（二）惠州主要商圈特点

1. 惠州最早商圈——西湖商圈

西湖商圈位于桥西环城西路，是惠州最早形成、最成熟的商圈，也是惠州市传统的繁荣商业中心之一。西湖商圈 500 米半径范围内，有丽日购物广场等主力大卖场，有中域电讯、TCL 惠州旗舰店等专业店，有著名的惠州步行街、水门商业街等。整个商圈以 1998 年建成的西湖惠州商业步行街为核心，向北至惠州大桥桥头，向南延伸到汽车站，主要由步行街、丽日百货、赛格电子、黄塘电脑城等大型商业设施构成，可辐射全市各个地区。商圈内商业以商业街形式为主，有现代化的新西湖百货和丽日百货，有实惠新潮的商业步行街，还有珠宝、婚纱摄影一条街及电动车一条街等。西湖商圈虽然面积不大，商业网点不多，但历史悠久，由于比邻西湖，购物环境一流，在惠州市民心目中的地位相当高。同时由于 AAAA 景区近在咫尺，相当一部分游客也成了商圈的顾客。

西湖商圈基本情况如表 2 所示。

表 2　西湖商圈概况

主要店铺名称	经营规模及面积	业态特征	经营内容、品牌	经营状况及人流量
丽日购物广场	建筑面积 45000 平方米，主楼 10 层	大型超市、专业店、专卖店等	肯德基、手机店、面包店、时装、珠宝、化妆品等时尚百货	交通设施、环境设施完善，受到消费者喜爱。日均人流量约 2 万人次
惠州步行街	目前惠州市区唯一一条大型步行街，集购物饮食于一体，全长 1040 米	百货、专业店、专卖店等	以大众中档消费品牌为主	濒临国家 AAAA 级景区，游客逐年递增，为惠州步行街带去更大的人流量。日均人流量约 4 万人次

资料来源：广东商学院流通经济研究所数据库。

近年来，惠州大力发展旅游业，人丁兴旺的西湖旅游也大幅提升了近邻丽日购物广场的销售额，特别是节假日，外地游客占到一半以上。西湖丽日购物广场定位为百货商场，所引进的服饰一直保持着时尚潮流的风格。

离西湖风景区一步之遥的商业步行街是游客及市民们最爱的购物场所，步行街从来都是一个城市地区文化的特有呈现，加上近代流行元素，越来越受到年轻一代消费者的喜好。西湖商圈，也以拥有最多婚纱摄影店而闻名，每年从 3 月份开始，西湖便开始进入一年的繁忙时期，消费者还可在西湖商圈附近的金饰店挑选结婚金饰品，商圈内的几家珠宝商店一到节日期间，就会人头攒动。

环城西二路的电动车品牌店一家挨一家，家家店里都堆满了各款式电动车。这条街也因此被惠州市民亲切地称为"电动车一条街"。在油价不断高涨的时代，惠州市电动车行业近几年发展迅速，仅在惠城区就聚集了近 70 家电动车行，主要集中在西湖、大湖溪、河南岸等片区，电动车品牌繁多，其中不乏大品牌。

西湖商圈属于惠州的老商业街区，临街商业店面整体经营状况都较好，数码第一港、泰富御山郡等新建大型商业为该商圈注入了新的商业活力。随着该商圈的升级改造，未来一个以旅游休闲商业为代表的新西湖商圈将逐步面世。西湖商圈的商铺价格也较高，一楼内铺和临街铺位价格一般在 2 万 ~2.5 万元/平方米，其中数码第一港临街商铺最高单价更是突破每平方米 4 万元。①

2. 惠州最大商圈——麦地商圈

麦地商圈又名花边岭商圈，是指麦地路、麦地南路、石湖路、麦地东路、新岸路、演达一路、花边岭广场一带的商业集聚区。麦地商圈是惠州市级商业中心，也是惠州规模最大、较繁华、商铺价格较高的商圈，麦地商圈规模庞大，业态比较全面，人流量和销售额巨大。

目前麦地商圈周边密布着 30 多个成熟的大中型生活社区，拥有数十万消费人群，仅周边 1 公里范围内消费群体就近 10 万人，还有不少大中型生活区正在建设之中，未来人流量将大大超过惠城区其他片区。该商圈也是惠州业态最为丰富的商圈，既包括大型商场、超市，也包括商业街及集吃喝玩乐于一体的大型购物中心。主要商业项目以天虹商场为中心，包括海雅、人人乐、港惠购物中心、广百百货、数码商业街、南坛商业街、百佳超市、美博城、国美电器和苏宁电器等。

麦地商圈的消费人群覆盖了各个年龄段，是惠州商业氛围最浓厚的商圈。该地区人流集中、商业集中、服务集中，商业结构较为齐全，市民认知程度高，已初步具备了商业中心的条件，雏形已现。依托商业中心的畅旺人流，东

① 《惠州主流商圈大格局轮廓初现》，《深圳特区报》2007 年 10 月 31 日。

大街与港惠新天地一道，成为该片区最新的投资型物业。

麦地商圈主要情况如表 3 所示。

表 3　麦地商圈概况

主要店铺名称	经营规模及面积	业态特征	经营内容、品牌	经营状况及人流量
天虹商场	23000 平方米	大型超市、专业店、专卖店等	集购物、休闲、饮食于一体的现代化购物中心。包括化妆品、金饰、名表、男女服饰、运动、家居用品、电器等百货类商品	凭借优越的位置、舒适的环境、便捷的交通和一流的品牌，惠州天虹将成为惠州品位、时尚的商业旗舰。日均人流量约 2 万人次
人人乐购物广场	商业经营面积约 30000 平方米，购物广场共 4 层	百货、专业店等	肯德基、手机店、面包店、时装、珠宝、化妆品等生活时尚精品、超市、儿童天地	惠州首个大型超市，人气旺盛。日均人流量约 2 万人次
东大街	总长 1500 米、路宽 84 米的商业街为中心的周围地区	百货、专卖店、超市等	百佳、万佳、联华等大型百货超市，以及女人世界、苏宁、国美、泰安居东鑫店、旺达数码城等主题专业商场	是惠州的名片，是整个惠州市最繁华、最绚丽的风景线。日均人流量约 3 万人次
港惠新天地	总面积达 40 多万平方米	购物中心、百货、大型超市等	首创惠州一站式、体验型消费概念，打造集购物、餐饮、休闲、娱乐、健身于一体的消费平台，包括沃尔玛、苏宁电器、港惠家优等品牌	集居住、购物、餐饮、休闲、娱乐、运动于一体，融视、听、触、味全方位体验于一身，是首个惠州人自己的、真正意义上的一站式消费体验城、时尚城、欢乐城。日均人流量约 3 万人次

资料来源：广东商学院流通经济研究所数据库。

麦地商圈是目前惠州市最繁华的区域，也是商家最为集中的区域，这里聚集着惠州市各大型零售商。商圈主要商业类型齐全，以百货类商业为主。麦地商圈的底层内铺和临街铺位价格一般在 2.2 万～3 万元/平方米。其未来发展重点将趋向于商圈的南部，即麦地南片区。从花边岭广场向东、西两个方向延伸的便是麦地路和演达路，这是惠州商圈两条重要的黄金商业路。

近年来，随着麦地路这条重点市政景观大道的建成，以人人乐为中心的下埔将与河南岸的商业中心成功地连接起来，形成功能齐备、交通便利、人气日盛的大型商业聚集带。其中天虹商场和广百百货历来以满足享受精致生活的消费者的需求为主，它们拥有与一线城市同步的时尚服饰，还拥有最宽敞、安静的购物环境，让消费者享受到高品质购物的乐趣。

（1）麦地东大街

惠州最繁华的风景线要数长 500 米、路宽 84 米的麦地东路商业街，即惠州有名的麦地商圈东大街。作为城市化进程的产物，东大街是惠州的名片，是整个惠州市最繁华、最绚丽的风景线，同时也是这个城市最引人注目的集商业、文化、餐饮和娱乐于一体的新型商业中心。惠州东大街的诞生，像是一个标志和旗帜，成为惠州新型城市发展的一个商业典范。

从定位而言，惠州东大街是一个大型的商业和住宅中心区，40 多个高档住宅社区聚集了数十万高消费人口，并形成了集购物、餐饮、住宿、休闲、娱乐和观光旅游于一体的大型商业集聚区。惠州东大街通过业态业种的合理配比，最大限度地满足了各种类型的目标消费群体。

作为惠州的首家超大规模、功能齐全的商业中心，东大街不仅占据惠州第一商业旺区的核心地段，而且还打破了传统商业圈的经营模式，采用全新的国际流行购物中心业态，将成为目前惠州乃至粤东规模最大的住宅商业中心。业内人士普遍认为，惠州东大街将创造商业财富神话，直扑惠州未来 500 亿的商业零售额。

惠州东大街按照 21 世纪现代都市人的生活方式、生活节奏、情感世界量身定做，聚集了时装店、主题餐馆、咖啡酒吧等娱乐休闲场所，时尚精品店紧追国际时尚潮流，处处体现 21 世纪的舒适和方便，自动电梯、中央空调等各种设施一应俱全。它将成为中外游客领略现代生活形态的最佳去处，也是具文化品位的本地居民和外籍人士的聚会场所。

惠州东大街掀起的新一轮商业旋风，不仅提升了惠州的总体商业品位，也将带动整个城市生活方式与消费方式的全新升级，使惠州加快向现代新型都市迈进的步伐，更加迅速地融入珠三角大经济圈。"东大街是个新型的综合体：既古典，又新潮，既深具文化情怀，也具有商业气息。"这是很多业界研究人士对惠州东大街的评价，这番话其实也是对东大街最精辟的概括。

（2）天虹商场

2006 年开业的惠州天虹商场是一座集购物、休闲、饮食于一体的现代化购物中心，商场面积 23000 平方米。凭借优越的位置、舒适的环境、便捷的交通和一流的品牌，惠州天虹成为惠州品位、时尚的商业旗舰，天虹商场自进驻惠州，就把目标顾客直接锁定为中高收入阶层。

天虹商场业态分布如表4所示。

表4　天虹商场业态分布

楼层	业　　态
1楼	化妆品、首饰、钟表、鞋类、眼镜、机器维修、冲印中心、钟表维修、银行
2楼	超市、烟酒、茶、药品、保健品
3楼	青春女装、休闲包、饰品、美容中心、婚纱艺术摄影
4楼	成熟女装、孕妇装、内衣、家居服、儿童用品、休闲包、饰品
5楼	男装、休闲装、内衣、皮具箱包、体育用品、健身器材、休闲包、服装制作、改缝裤脚
6楼	小家电、摄像器材、通信设备、文化用品、办公用品、影像制品、床上用品、儿童乐园、五金灯饰、家居用品、汽车用品、干花、工艺品、书刊

3. 惠州最新商圈——江北商圈

江北商圈是指云山西路到惠州大道一带，这里是惠州的CBD，是惠州的行政、文化、商务办公、物流商贸中心，拥有大批高档住宅、五星级酒店、地标性写字楼。江北作为一个重要枢纽，拥有便利的交通，并带来了商贸流通的大机遇，将周边的水口、惠博大道沿线区域、金山湖等区域连成一块，让"大江北CBD18分钟生活圈"成为现实。在这个18分钟生活圈中，江北与周边片区形成的资源互补将会进一步体现出来：与汝湖形成都市生活与休闲度假方面的互补，与水口形成完善配套与精英生活之间的互补，与惠博大道沿线区域形成商业与居住之间的互补，与金山湖片区则是市区顶级配套和高端住宅群落的共舞。①

江北商圈主要情况如表5所示。

表5　江北商圈概况

店铺名称	经营规模及面积	业态特征	经营内容、品牌	经营状况及人流量
华贸天地	商业面积达150000平方米，中心总建筑面积约71万平方米	大型超市、购物中心、专业店、百货	橙天嘉禾影院、BHG精品市场、顺电、反斗乐园、爱乐游、儿童乐园等	惠州市集行政、文化、体育、金融、商业、办公及居住于一体的CBD核心区域。日均人流量约2万人次

---

① 《惠州商业"大江北CBD生活圈"雏形显现》，《信息时报》2012年7月26日第E33版。

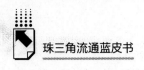

店铺名称	经营规模及面积	业态特征	经营内容、品牌	经营状况及人流量
佳兆业中心	占地7.1万平方米,70万平方米超大建设规模的都市地标综合体	百货、专业店、大型购物中心等	肯德基、手机店、时装、珠宝、化妆品等超市,儿童天地,笔记本电脑超市,电脑配件,美食城,高级酒店,写字楼	是惠州乃至华南片区最具规模的城市综合体之一。日均人流量约3万人次

资料来源:广东商学院流通经济研究所数据库。

大江北CBD18分钟生活圈之所以成形,很大程度上源于江北办公、零售、资讯服务、家居等行业的辐射效应,而江北对周边区域的辐射效应主要来自其完善的配套设施,以及日益成熟的商贸氛围。全市顶级的交通配套和公共生活配套、大批高级写字楼,让江北拥有了发展大型商贸活动的基础条件。随着大批市政配套设施投入使用,大批人搬到江北居住,江北云山以及周边区域已经体现出了都市商圈的特点:商业链条不断拉长,文化、生活氛围日渐浓厚,对小金口、水口、金山湖、惠博大道沿线区域形成了明显的辐射之势。

如果说麦地等区域的商业在很大程度上体现了人群效应,那么江北的商业则更多以高端、现代的面孔出现。目前的江北除了商品零售、餐饮、资讯服务等方面蓬勃发展之外,酒店服务、休闲娱乐等行业也处于快速发展阶段,特别是佳兆业中心、华贸中心在江北落户,让江北的商贸发展面临着更加广阔的空间。

随着经济不断向前发展,市民生活圈子也越来越大了,对于娱乐等休闲的需求也日益发展起来,在各种基础设施日臻完善、生活配套条件日渐成熟的情况下,江北居民经常到市体育馆、市民乐园、鹅潭公园等公共休闲娱乐设施区,感受生活的闲暇时光,江北的居住优势逐渐体现出来。很多人选择在江北工作、生活,正是看好了江北充满现代都市气息的气质,以及日趋便利的生活配套条件。江北完善的配套条件和广阔的区域发展前景,是很多人选择在江北安家置业的重要诱因,那么最近几年江北房地产快速开发则是大量人口进入江北的直接原因。最近几年来,都市印记、天泽名居、海伦堡、光耀·橙子、双城国际等项目相继入伙，大量业主进入新房子居住。常住人口的明显增加，进一步推动了江北区域商业的发展，商业气氛明显浓厚了。商品零售、汽车美容服务、餐饮、房产代理、休闲娱乐等行业都显示出良好的发展势头。

商圈内主要商业项目华贸天地是惠州目前最为高端的购物场所。它是一个炫目的时尚体验新地标，能让惠州市民享受到过去只有在北京、上海、广州等一线城市才有的消费体验。依托华贸中心在高端城市综合体上强大的资源整合能力和专业化运作能力，以及惠州良好的市场潜力，华贸天地吸引了众多国际品牌抢先进驻，其中逾百个品牌是首次进驻惠州，有十多个品牌是首次进驻珠三角。这对惠州目前以百货为主的零售市场是一次重大突破。国际品牌的进驻将为惠州的生活方式、消费文化带来"质"的影响，惠州消费者可近距离感受国际时尚，体验时尚带来的品质生活。当前，星巴克、ZARA、纪梵希、范思哲、唐可娜儿、卡尔文·克莱恩、ARMANI、HUGOBOSS 等国际品牌已纷纷进驻惠州华贸中心。[①]

除了高端的商场及购物中心外，在江北，还有着相对平民化的消费场所，其中以义乌小商品批发城及其邻居白马批发城最为突出。"小商品的海洋，购物者的天堂"是人们冠以义乌小商品批发城的美称。这个批发兼营零售的商城，商品种类涵盖面广，只要是生活中用得到的商品，这里都能找到。最重要的是它还能让普通消费者自在地逛街、购物，同时享受砍价、团购等各种优惠乐趣。

江北商圈主要面对惠州高端客户群，商业辐射整个惠州甚至整个珠三角城市群。该商圈成熟后，将成为惠州商业发展的代表，后期发展潜力无限。从业态分布来看，这里以大型购物中心（丽日购物、云山购物广场等）和集中型商品经营单位（惠州电子城、义乌小商品批发城、三新市场、水北综合市场、云山市场）为主，主干道沿街的店面主要是精品店、品牌店，在居住较为集中或者有城中村分布的地方，小商品类的经营单位较多。

---

① 《惠州商业"大江北 CBD 生活圈"雏形显现》，《信息时报》2012 年 7 月 26 日第 E33 版。

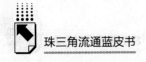

4. 下角商圈

下角商圈主要集中在下角东路至下角中路一带，是居民密集的老城区。下角片区有 10 多万居民，包括紧临的上排北及桥西片区，形成了一个巨大的消费群，2004 年民乐福惠州润宇店的开业开创了下角商圈的新纪元。作为老城区，下角商圈与江北 CBD 无缝对接，与市区西湖商圈、麦地商圈紧邻，其后期发展潜力不容忽视。而下角东江大桥的建成带来的交通便利，加大了下角与江北、火车西站、麦地等周边片区的互动，带来的辐射和互动效应是巨大的。新建主干道临街铺位价格一般在 1.5 万~2 万元/平方米。

下角中路为下角区域商业集中地段，为自然形成的商业街，目前为下角区域最为繁华的地区。因其自然形成，店铺无统一规划，较为杂乱，业态繁杂，主要包括：机电、通信、门窗、汽车修理、单车行、诊所、茶行、刻章、照相、涂料、美容、水店、家具、洗车、洗衣店、蓄电池、炖品店、玻璃店、自行车配件、药店、烟酒、下角时装城、灯饰、电器、锁匙店、时装、西饼店、打字复印、樱花厨卫、电器修理、伽富丽服装、装饰等。其中与小商品有关的业态主要有文具、书店、窗帘、文化用品、布艺等。

5. 东平商圈

东平商圈是惠州未来的现代化中心城区。按照政府的规划，东平片区将发展为以居住为主的现代都市家园。随着惠州版图东扩，东平将形成高达 205 万平方米的高档生活板块，东湖花园、荷兰水乡、颐景花园、长湖苑、东方威尼斯、金典花园、阳光 100 等大盘不断面世，揽括了近 30 万高质量消费人群，其潜在消费力及经济辐射力十分强劲。

目前片区商业主要以吉之岛为核心，辐射范围至水口片区，片区商业地产崛起之势日渐显露。待荷兰水乡、海燕的裙楼商业运营后，片区商业也将日趋完善，作为连接麦地、江北商圈的过渡地带，后期具有良好的发展前景。

东平商圈的发展前景非常广阔，聚集了世界 500 强"吉之岛""绿岛商城"，以及规模达 8 万平方米的"荷兰商业街"，市政重大工程"东江夜游"等。四大点的结合，提高了东平区域内的商业聚集程度和购买力。

东平商圈正努力发展为惠州的高档社区聚集地。随着惠州版图的东扩，东平将形成高达 400 万平方米的高档生活板块。

三　惠州商圈存在的问题分析

目前惠州正处于商业发展的黄金时间，大品牌零售和购物中心都在寻找时机进驻惠州，客观上会分流部分客源，带来竞争压力，但这种竞争是良性的，会让各种商业业态的产品质量、服务水准得到大幅度提升。在目前的商业业态布局上，惠州商业密集程度是较高的，惠州的城市人口增量远远赶不上商业业态的增长幅度。惠州的购物中心越来越多是好事，但发展的困局也很明显，就是政府的规划明显滞后。不同的商业业态组成的是一个商圈，但是要想这个商圈形成对周围区域的辐射力，仅靠这些商业自身的业态并不够。

惠州商圈虽然自 2002 年以来发展迅速，商业逐渐繁荣，但与广州、深圳相比，还有相当大的差距，尤其在本土商业的培养方面更是落后。目前惠州的大型商场，除了时代百货、狐狸城、快迪便利店总部在惠州外，人人乐、天虹、万佳、丽日等总部在深圳，百佳总部在江门，世纪联华总部在上海，本土商业实力相对落后，不利于惠州商业全面协调发展。

（一）交通问题成为继续发展的重要障碍因素

任何一个商圈的形成和发展，都离不开发达的交通。花边岭商圈由于地处惠州市区连接各县区的交通要道上，交通拥挤、交通设施不完善、停车场不足等问题突出，严重制约了商圈的繁荣发展。花边岭商圈中人人乐、万佳百货都是邻路边建设的，没地方停车导致商场购物环境较差，难以吸引高端有车消费族。例如，较早进入惠州的人人乐，附近一带的地面设施较为陈旧，路面破损现象比较严重；由于是在原有的河南镇的城建基础上发展起来的，树木少，绿化差，再加上人流中外来人比较多，随地丢垃圾、闯红灯现象较为严重，整体形象相对较差。

（二）业态单一、重复较为严重

惠州商业在迅速发展的同时，其商业业态单一的瓶颈也日渐突出。几家大型商场主导整个零售业市场的现状，极大地限制了惠州商业的发展。随着

"港深惠"一体化的深入、惠州经济的快速发展，惠州的消费力将大大提升，单一的购物已不能满足人们对全新消费概念的渴望。商圈内各商业网点竞争无序，销售商品定位过于趋同。没有很好地将惠州零售这块蛋糕共同做大。比如之前的世贸百货，就是因为定位不清晰，销售思路不明确，没有自己的特色，终于在女人世界、人人乐、天虹等三重夹击下倒闭。

缺少科学的自身定位，使各商圈对于自身的商业发展难以与消费者的需求相匹配，难免也会陷入千店一面的尴尬局面，即引入的主力店和品牌店大同小异。没有一家购物中心可以从这个生态关系中跳脱出来，成为特色鲜明与众不同的一处。也正因为如此，购物中心之间的竞争也就更为直接。[1]

（三）需要政府的科学管理与规划

政府的合理统一指导，可以让企业根据自身的发展情况，选择适合自己的地区和商业模式。惠州市级商圈规划里面，没有提到西湖商圈；没有政府的支持和引导，西湖商圈依靠自身发展很困难。因为西湖商圈处于老城区，各方面市政配套设施还不完善，如果没有政府干预，难以做大做强。

惠州商圈正在形成的过程中，随着惠州经济和外来人口的高速增长，惠州商业市场存在的利润空间将吸引越来越多的企业加入到惠州的零售业竞争中。惠州未来的零售业竞争将越来越激烈，竞争必然会导致新一轮的商业资源整合，商场业态和网点将重新洗牌。经过洗牌后的惠州零售业竞争力会进一步增强，零售市场吞吐能力将提升到新的高度，惠州商业前景将一片光明。[2]

四　惠州市商圈成长性分析

在惠州市着力发展商贸流通业，并进行了细致的商业网点规划的背景下，惠州商圈发展迎来了一波新的发展潮流，主要表现在以下几个方面。

---

[1] 李丹、蒋奇政：《两人就能分到一平米，惠州购物中心过剩吗?》,《南方都市报》2012年4月27日第 HB26 版。

[2] 《惠州商业市场现状及存在问题分析》,南方社区 2006 年 10 月 7 日, http://city.xizi.com/t/200610/3724.shtml。

（一）南拓演达商圈逐渐形成

一个城市商业贸易的繁荣，往往由这个城市商业中心的繁华体现和带动，而一个城市的商业中心又会随着城市经济建设的发展和城市规模的变化而相应变化。惠州亦不例外，随着经济的发展，其城市建设正以日新月异的速度前进，各种商业设施也正在升级和完善，在不断扩大的城市规模中，正凸显其对投资者、消费者和资金的超强凝聚力和辐射力。过去在惠州逛街、购物，人们首先会想到去麦地、西湖或者东平，因为这些地方有海雅、天虹、吉之岛、丽日等购物广场。在惠州，这几个商业圈已经成熟，并形成了各自的优势和稳定的客流。但是随着城市化脚步的迈进，惠州"越来越大"，人们不想再被长时间耽误在路上的交通成本所累，希望轻轻松松在家门口完成一系列消费，这种需求引领了惠州商圈的南移。

从惠州商圈发展的历史来看，南坛、下埔、麦地是比较传统的老商业区，随着惠州城市"南进北拓"战略的逐步实施，河南岸和江北成为主要的人居拓展方向，在吸引大量常住人口的同时，商业氛围也渐渐旺了起来。在当地惠州人心目中，麦地一直都是宜居宜商的旺地，近年来在惠南大道开通、港惠新天地营业等标志性事件的带动下，河南岸的商业地产有了突飞猛进的增长，并逐渐与麦地片区相连，形成辐射花边岭广场至南部新城 带的经济走廊。① 加上多个大型社区相继崛起，密集的居住人口也使这一片区成为目前惠州商业集中度最高的商业中心。

《惠州市城市商业网点规划》构筑的"四线三圈两带一心"的生态休闲型大型商业格局中，最成熟、最被市场看好的，就是惠城商业圈和花边岭市级商业中心。其中，花边岭商业中心包括麦地路、南坛路、数码商业街、演达一路、惠沙堤一路等，规划商业营业面积25万～30万平方米，由原来的人人乐商圈、南坛商圈、麦地商圈组成，是惠州目前人气最旺的地段。

演达商圈中的演达一路、三环路、南岸路、和地路及麦地东二路形成四通

---

① 梁维春：《商业地产渐成投资新宠》，《南方日报》2011 年 8 月 26 日第 HC06 版。

八达的交通网。这里南接"城市半小时生活圈"主干道之一的惠淡大道，西南邻近南线客运站，东北接政府规划中的汽车总站，交通优势使这一带成为惠州的黄金地带、阳光地带。港惠新天地等大型购物中心的开业为演达片区带来了旺盛的人气。

（二）投资持续受到热捧

随着惠州居民收入水平的提高，惠州商业得到迅速发展。加上深莞惠一体化进程的持续进行，经济必将加速发展，众多国际国内知名商家的进驻，也汇聚了商业人气，为商铺投资者奠定了信心。惠州商业地产的发展，不但在惠州本地掀起了商铺投资热潮，更以其商铺"价格洼地"吸引了很多深圳人到惠州投资商铺，惠州诸多商业项目的客户深圳人占据了大部分。麦地商圈、江北中心区等城市主流商圈更是深圳人在惠州投资商铺的首选。惠州主流商圈的商铺，以其低价格、高成长的"原始股"优势成为众多深圳投资者争抢的香饽饽。[①]

（三）深莞惠一体化加速进行带来契机

区域经济一体化，是扩大地区竞争力的必然选择。在经济全球化过程中，世界级都市圈的形成是一种值得关注的现象。从全球范围来看，经济最发达的地区集中在五大经济圈：纽约都市圈、多伦多—芝加哥（北美五大湖）都市圈、东京都市圈、巴黎—阿姆斯特丹都市圈和伦敦都市圈，这些地区的经济总量已占全球经济总量的60%。从国内范围来看，珠江三角洲地区、长江三角洲地区、环渤海湾地区的经济总量约占全国的五分之二强，其中占全省经济总量八成左右的珠三角地区，在改革开放的30年里，依托毗邻港澳的区位条件互动合作，迅速崛起成为中国最活跃的经济区之一。而珠三角内部，又因地域相近、产业相连、人文相通，构成了区内相对独立、圈内相互依存的子系统。[②] 随着广东省政府对深莞惠一体化的有效推进，惠州将会得到更好的发展

---

① 《惠州主流商圈大格局轮廓初现　掀起投资热》，《深圳特区报》2007年10月31日。
② 黄业斌：《把惠州打造成珠三角重要生力军》，人民网，2008年6月25日。

机会，借深圳特区的经济优势与东莞的产业联动规划，可以加快推进惠州产业升级与整个城市的第三产业发展，直接提高地区的商业地位。在深圳工作，到惠州买房；在东莞工作，在惠州安家；节假日从深圳和东莞回惠州与家人团聚，或到惠州来度假休闲将会成为一种生活方式。惠州凭借优质的环境，会吸引更多的消费者及居民进入。

B . 15
肇庆市商圈发展的现状及趋势研究

王先庆　黄振波　蔡海珊*

摘　要：

　　肇庆市商圈发展起步较晚，但发展迅速，已出现天宁北、星湖牌坊、康乐北及城东新区商圈等数个大型商业集聚区。在广佛肇一体化加速发展的背景下，肇庆商圈发展是以大型购物中心的出现为推动力量的，这也标示了肇庆未来商业发展的前景。

关键词：

　　肇庆市　商圈　购物中心

随着《珠江三角洲地区改革发展规划纲要》的出台，肇庆市面临的机遇与挑战不断。肇庆市围绕把肇庆建设成为广东未来发展的新增长极、成为能够代表广东科学发展成果的城市这一目标，进一步完善投资环境并加大招商力度，借助重大项目的推进，经济得到了快速发展，在珠三角日益呈示出独有的地位。肇庆具备良好的生态环境、资源环境和空间优势，与广佛两地形成了鲜明的互补性，虽然起步较晚，但后发优势明显，将成为珠三角新兴的核心竞争区。

一　肇庆市经济与社会发展概况

肇庆市位于广东省中西部，地跨珠江的主干流——西、北江流域。东部和东南部与佛山和江门两市相邻，西南与云浮市相接，北部和东北部与清远市毗

---

* 王先庆，广东商学院流通经济研究所所长，商业地产研究中心主任，工商管理学院教授，广东省商业经济学会秘书长，广州市现代物流与电子商务协同创新中心副主任；黄振波，广东商学院管理学院研究生，研究方向：商贸企业管理；蔡海珊，广东商学院流通经济研究所助理研究员。

邻,西临广西壮族自治区。南北相距约173公里,东西相距约145公里。全市行政区域1.5万平方公里,2011年末常住人口395.14万人、户籍人口426.90万人。辖端州、鼎湖、四会、高要、广宁、德庆、封开、怀集8个县(市、区)和国家级肇庆高新技术产业开发区,全市设93个镇、1个民族乡、14个街道,有1329个村民委员会、244个社区居民委员会。

1. 文化名城底蕴深厚

肇庆是一座有着2100多年悠久历史的岭南古郡,是国家文化名城之一,全市有重要文物景点300多处,其中宋城墙、七星岩摩崖石刻、梅庵、悦城龙母祖庙、德庆学宫是国家重点文物保护单位,建于明朝的庆云寺是"广东四大名刹"之一。北宋名臣包拯、日本国留学僧荣睿大师、沟通中西文化第一人的意大利传教士利玛窦、革命先行者孙中山、北伐名将叶挺等众多历史名人都在肇庆留下了足迹。从唐代诗人、书法家李邕到当代的朱德、陈毅、叶剑英等革命前辈,都为赞美肇庆留下了珍贵的墨迹。

肇庆是一座旅游城市、国家卫生城市、国家园林城市、国家环保模范城市和全国十大文明风景旅游区示范点,先后荣获"中国砚都""中国最佳休闲旅游城市""中国最受欢迎旅游目的地""中国旅游文化示范地""中国投资环境百佳城市""南国旅游休闲之都""中国最美的绿道"等称号。其中星湖风景名胜区是第一批国家重点风景名胜区之一,鼎湖山为"广东四大名山"之一,被中外科学家誉为"北回归线上的绿洲",是联合国教科文组织"人和生物圈"生态定位研究站。目前,肇庆市已形成了以星湖、鼎湖风景区为中心,以各县(市、区)景点为连线的千里旅游走廊。

2011年,全年口岸入境旅游人数160.26万人次,比上年增长14.9%。其中,外国人12.87万人次,增长20.8%;香港、澳门和台湾同胞147.40万人次,增长14.3%。在城市接待的旅游者中,过夜旅游者1263.95万人次,增长19.7%。过夜旅游者中,国内游客达1103.69万人次,增长20.5%。全市旅游总收入142.32亿元,增长38.5%。①

2006~2011年肇庆市地区生产总值及其增长速度如图1所示。

---

① 资料来源:《肇庆市2011年统计公报》。

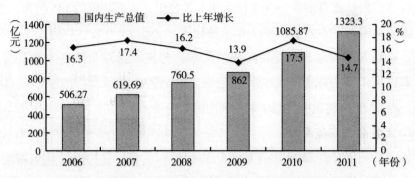

图1　2006～2011年肇庆市地区生产总值及其增长速度

资料来源：肇庆市统计局网站。

2006～2011年肇庆市社会消费品零售总额及其增长速度如图2所示。

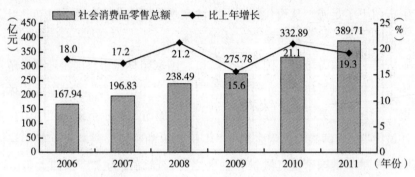

图2　2006～2011年肇庆市社会消费品零售总额及其增长速度

2006～2011年肇庆市镇居民人均可支配收入及其增长速度如图3所示。

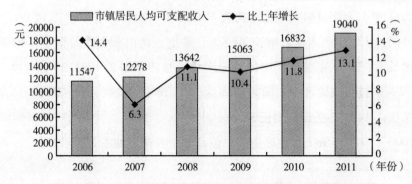

图3　2006～2011年肇庆市镇居民人均可支配收入及其增长速度

2. 交通便捷、快速

"十一五"以来，肇庆加快水、陆快速交通网络建设速度，便捷、快速的交通网已初步形成，运输生产能力大幅提升。广肇高速公路和广云高速肇庆段、广贺高速肇庆段已建成通车；珠三角外环高速公路肇庆段、广肇城际轻轨、贵广铁路（肇庆段）和南广铁路（肇庆段）等重点项目正在加快推进；主要港口码头有肇庆新港、三榕港、高要港、马房港、大旺港、禄步港、金利港、怀集港等，其中千吨级以上的泊位21个，最大靠泊能力达5000吨级。高速公路直达广州只需1小时，到香港、澳门只需3小时车程，肇庆高新区距广州花都新机场仅30公里。

广佛肇一体交通如图4所示。

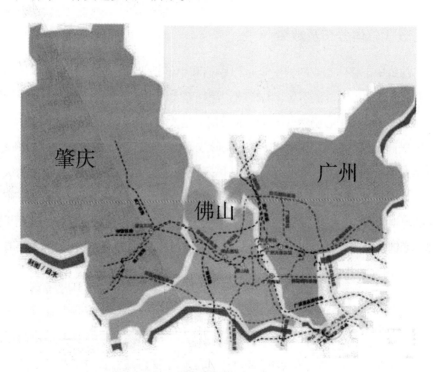

图4　广佛肇一体交通地图

3. 广佛肇一体化

在《珠三角发展规划纲要》的指引下，珠三角一体化将从联合构建"广佛肇""深莞惠""珠中江"三大经济圈开始。在广佛同城的基础上，2009年广州、佛山、肇庆签署了《广佛肇经济圈建设合作框架协议》，提出以交通基础设施建设为先导，以劳动力和产业双转移为重点，实现2020年广佛肇一体化的目标。[①]

相对广州重点体现在其中心城市功能和转型升级，佛山发挥产业优势，推动产业结构升级调整，肇庆，则将重点放在发挥资源优势上，积极承接广佛的传统产业转移。广佛肇一体化将有助于肇庆经济加速发展，增加当地居民收入。此外，广佛肇城际轨道通车后，从广州到肇庆将只需1小时左右，那时肇庆的消费商圈发展，将会与佛山的经验和模式相近。

二 肇庆市商圈发展现状

（一）总体分布及数量

目前肇庆市整体商业的档次定位以中档和中低档为主，满足大部分本地消费者的需求，商业品牌价值不高，与广州、深圳等大城市相比，目前MALL（商业综合体）形态的购物中心仍然处于初级成长期，且大部分都集中在端州区周围。

肇庆商圈的格局是以牌坊为中心，形成了天宁路、端州路、建设路相呼应的新型商业核心圈，主要商业项目包括国际广场、星湖国际广场、大润发、沃尔玛，加上老牌的广百百货、好世界、天宁广场、昌大昌等。[②] 肇庆人秉承广东人经商的习惯，在住宅小区设计上只要临街，全部都有底商，这导致肇庆城区几乎到处都是商铺、酒店等商业建筑。然而，从总体上看，能形成一定影响力的主要有表1、表2中所列的几个商圈，其中天宁路商圈为整个肇庆主城区的商业核心。

表1 肇庆主要商圈比较

商圈名称	主要商业名称	业态特征	总营业面积	商业地位	日均人流量
天宁北商圈	新一佳、天宁广场、广百时代广场等	百货、专卖店、零售店铺	30万平方米	肇庆地区商圈发源地	5万人次

---

① 《广佛肇经济圈发展规划（2010~2020年）》。
② 程韦：《肇庆商业商圈现状及未来发展探析》，天霸商场网，2010年6月12日。

商圈名称	主要商业名称	业态特征	总营业面积	商业地位	日均流量
星湖牌坊商圈	潮流站、大润发超市等	购物中心、百货	8万平方米	首个大型时尚购物中心，国际级 ShoppingMall	地处七星岩景点南门，日均人流量约6万人次
康乐北商圈	百花购物公园、国际新天地等	百货、专卖店、酒店等	8万平方米	本地区酒店、休闲的中心	约2万人次
城东新区商圈	昌大昌等	百货、步行街等	2万平方米	城区向东发展扩延形成的中心区	约1.5万人次

资料来源：广东商学院流通经济研究所数据库。

表2 肇庆主要商圈介绍

商圈名	分 布 区 域
天宁北路商圈	以天宁路为主轴；端州四、五路，宋城一路，建设三路，正东路为次轴；共同构成王字形的商圈布局。由北向南分布有新一佳、好世界、天宁广场等大型商场，以及湖滨商场、跃龙电器城、蓝宫商城、新贸等中等商业中心。其中新一佳的人流量最高
星湖牌坊商圈	以大型时尚购物中心为主体，五星级酒店为亮点，宝星步行街为特色的商业建筑群，坐落在广东省肇庆市端州区，毗连市区核心旺地七星岩牌坊广场
康乐北商圈	以康乐北路为主轴，以国际新天地为中心的老城区旧商圈。原来该商圈主要为周边社区配套服务，主要由海鲜市场以及街铺构成
城东新区商圈	城东区域相对市中心及城西，商业聚集程度稍微落后。主要的商业项目有昌大昌和澳门街

资料来源：广东商学院流通经济研究所数据库。

（二）肇庆各商圈特色及基本情况

1. 主商圈——天宁北路商圈

天宁北路商圈以天宁路为主轴，以端州四、五路，宋城一路，建设三路，正东路为次轴，共同构成王字形的商圈布局。商圈的中心点为天宁北路，由北向南分布有新一佳、好世界、天宁广场等大型商场，以及湖滨商场、跃龙电器城、蓝宫商城、新贸等中等商业中心。

作为历史传统商业中心，从一片荒原逐渐形成大楼鳞次栉比的繁华街区，天宁北路商业的发展体现了肇庆市区经济的变化。辉煌的历史文化、繁荣的街道、密集的商业网点，超过30万平方米的商业中心区提供了各种各样的购物休闲选择，百货、超市、餐饮、娱乐应有尽有，构建了肇庆最为密集的购物休闲集聚区。

今天的天宁北路，就是历史与现代完美融合的商业聚集地，是游客闻名而来的商业中心和旅游胜地。天宁北路的繁华，既有历史文化的沉淀，也有现代商业因素的融合，加上旧时消费者对当地商圈难以忘却的情怀，使这里一直都是肇庆地区最繁华的商圈之一。

天宁北商圈主要情况如表3所示。

表3　天宁北商圈概况

主要店铺名称	经营规模及面积	业态特征	经营内容、品牌	经营状况及人流量
新一佳（天宁北路发展大厦）	4层，约12000平方米	大型超市、专业店、专卖店等	首层药房、手机城；2～3层新一佳连锁超市；4层原为服装商场，现空置装修中，暂作新一佳的办公场所及仓库	日均人流量约1万人次
好世界（天宁北路与宋城一路交会处北侧）	8万平方米，商业经营面积约3万平方米	百货、专业店、专卖店等	国美电器、新华书店、肯德基、手机店、面包店、时装、珠宝、化妆品等生活时尚精品（1层约130个铺位，2层约206个铺位）超市、儿童天地、笔记本电脑超市、电脑配件、美食城、高级酒店、写字楼	商场部分全部租出，A类130元/平方米·月，B类110元/平方米·月，C类100元/平方米·月，D类90元/平方米·月，临街160元/平方米·月，日均人流量约2万人次
天宁广场（天宁北路与宋城一路交会处）	商场经营面积约2万平方米	大型超市、百货等	远望电脑城、电脑配件、电子产品及软件等	相比对面好世界，经营状况较差，日均人流量约1.5万人次
跃龙电器城：老商业街	商业街形式，建筑面积约1200平方米	以专卖店为主	电器零售	曾经是肇庆电器销售的集散地，但由于市区内大型电器卖场的不断涌现，跃龙的地位及经营状况每况愈下，目前人流稀少，商户不断撤出，日均人流量约1万人次
广百时代广场	项目总建筑面积16万平方米，商场营业面积73000平方米	百货、专卖店等	服饰、精品、玩具、广百超市、广百电器、家居用品	项目发展商在引进购书中心后，商场人流有了明显的增加。端州大酒店和购书中心为商场带来了较多的人流。日均人流量约2万人次

资料来源：广东商学院流通经济研究所数据库。

2. 星湖牌坊商圈

星湖国际广场是以大型时尚购物中心为主体，五星级酒店为亮点，宝星步行街为特色的商业建筑群，坐落在广东省肇庆市端州区，毗连市区核心旺地七星岩牌坊广场。星湖国际广场商业中心由成功操盘广州天河城广场和中华广场的核心团队——广州惠润商业地产经营管理有限公司全程策划、招商和经营管理。

星湖国际广场开发商按国际级 ShoppingMall 理念重新定位，设计成了综合性现代商城，直接服务城西近 18 万人的庞大消费群体，同时辐射高要、四会、德庆等县区。星湖国际广场占地面积 1.5 万平方米，总建筑面积 7.3 万平方米，有大型地下停车场，是集购物、饮食、娱乐、旅游、住宿、休闲于一体的大型主题商城。除了吸引肯德基、麦当劳、真功夫等商家入驻外，更是首度向屈臣氏、好又多超市、美乐地量贩式 KTV 等知名品牌商家伸出橄榄枝，而这些项目均是之前未曾染指肇庆的品牌商家。

星湖国际广场打造了五个"第一"，粤西单体面积最大的购物中心，奠定商业领袖地位；粤西最大的地下停车场（32000 平方米），确保车流财源滚滚而至；粤西最大的主题活动广场（12000 平方米），凝聚人气，保障旺场；国际连锁超市"沃尔玛"进驻 2.2 万平方米，缔造粤西最大面积的超市；粤西功能最全的购物中心，携手超市、五星级电影院、屈臣氏、家电连锁巨头、国际餐饮连锁企业、电玩、健身、美容、特色餐饮、KTV、水疗、恒温室内泳池、网球场等多种业态，全面满足消费者的各种需求。

旅游景点是肇庆商业又一个必不可少的因素，紧紧靠近全国著名旅游景点七星岩，星湖国际广场可谓添色不少。又由于星湖国际广场地处牌坊广场，便利的交通使来到这里的旅客可直接方便地进入，最便捷地到达和体验肇庆最繁华的商业面貌，这里成为游客进入肇庆的必到地之一。

3. 康乐北商圈

康乐北商圈是以康乐北路为主轴，以国际新天地为中心的老城区旧商圈。该商圈原来主要为周边社区配套服务，主要由海鲜市场及街铺构成，经营较为混乱。2006 年前后国际新天地开业，使该商圈的商业经营局面出现较大改变，并成为该商圈的中心。该区域为肇庆市外地人密集的区域。主要的商业项目

有：百花购物公园、东门。但由于端州区市民对天宁北商圈较深程度的认同，该商圈除了饮食以外，其他部分受到一定程度的冷落。

地处交通线路交会处的康乐北路历来为肇庆休闲胜地，集聚了国际大酒店、百花园新兴商业中心，加上紧紧靠近火车站七星岩等景点，这里成为各色饮食的密集之地，休闲文化娱乐以及商务活动的聚集区，同时也是居民小区聚集区和人流汇聚与分散的中心点。商圈未来的发展将以消费体验为主导，以最大方便社区消费者为宗旨，相信在此趋势下康乐北所引领的模式会得到蓬勃发展。

康乐北商圈主要情况如表4所示。

表4　康乐北商圈概况

主要店铺名称	经营规模及面积	业态特征	经营内容、品牌	经营状况及人流量
国际新天地	项目总建筑面积70418平方米，商业面积39190平方米，餐饮面积7565平方米，酒店面积13062平方米	购物中心、百货、专卖店等	运动用品、珠宝首饰、屈臣氏超市、通信数码、鞋城、女士服饰连锁、餐饮、沃尔玛	餐饮人流较多，内铺经营状况一般，日均人流量约3万人次
百花购物公园	商业面积12000平方米	超市、专业店等	洗衣店、手机、数码产品、联通及移动营业厅、药店、发廊、美容美体、特色餐饮、酒吧、咖啡、糕点店、面包店、花店、书店、地产中介、音像店、烟酒专卖、文体用品	肇庆第一社区居民会客厅，肇庆首个社区商业中心，社区商业＋购物公园。日均人流量约3万人次

资料来源：广东商学院流通经济研究所数据库。

4. 城东新区商圈

城东区域与市中心及城西相比，商业聚集程度稍微落后，主要的商业项目有昌大昌。城东商圈的崛起是城区向东发展的必然结果，也符合市城区商业网点总体规划要求。扩容后的新城区东驳鼎湖、大旺，西连旧城区，形成整片城市群，是肇庆城区向东发展的扩延部，面积约733.37万平方米。

目前肇庆市政府投入20亿元进行市政基础建设、并扩大和构筑东部交通网络，规划中的会展中心、大型购物中心即将建好，将为原有的五星级酒店、新七星岩广场等增色不少。基础设施建设完成后，该区将成为城市建设的重点，其建设项目有东调洪湖、博物馆、财政、人防、体育、商业中心等，预计新城区的建设将吸引带动130多亿元的固定资产投资。将把城东新区建设成为居住、行政办公、商业金融、文化娱乐、休闲游憩等项目的复合型城市新中心。

三 肇庆商圈的特点及未来发展趋势分析

（一）肇庆商圈特点

《肇庆市中心城区商业网点发展规划》明确指出，肇庆市端州城区商业网点建设的引导和布局，要注重对端州旧城区优秀商业文脉的继承，打造端州城区商贸服务业的精品，提升商贸服务的档次，将其建设为集旅游观光、特色购物、休闲购物、美食娱乐和城市历史博物馆于一体的区域商贸中心。在端州城东新区引入发展商务、金融及相关的高端消费服务业，使其成为区域商贸服务中心和连接端州与鼎湖区的纽带。新城区及鼎湖、高要等商业基础薄弱地区要以现代商业理念为指引，以新型业态为主导，打造现代化商圈。以规模化、现代化发展为主线，积极发展现代物流、批发服务和旅游商务。加强特色商业街建设，注重引导大型零售网点的发展，积极发展社区商业中心，加快建设和改造提升批发市场，积极建设物流基地，实现商业与旅游的结合。

1. 现代商贸流通方式发展迅速，品牌企业陆续登陆

连锁企业呈加快发展势头，规模化经营和规范化管理水平进一步提高。大型超市陆续登陆落户发展，继本土好世界大型超市后，新一佳、广百、苏宁电器、国美电器、大润发、沃尔玛等相继落户肇庆三区两市。2011年，城市限额以上批发零售业连锁企业6家，分店258家，实现销售总额73.82亿元。市场体系建设成效显著。初步形成了具有地方特色，有一定影响，为区域生产和群众生活服务的多层次、多成分、多功能的城乡商品市场体系。汽车专业市场、各种生产生活资料专业市场不断扩大，饮食娱乐业繁荣兴旺。

2. 传统商圈依然旺盛

从商业格局看，传统商业分布以天宁广场一带为中心发散蔓延，商业演变首先是"独核"，再升级为"多核"。端州四路、端州五路、天宁北路的 T 型台结构的商圈，集中了肇庆绝大多数的零售商业资源，沿街分布有大卖场、品牌店、专门店等各种商业业态，汇集了沃尔玛、大润发、新一佳、肯德基、麦当劳、必胜客、屈臣氏等众多国内外知名商业品牌，业种齐备，形成集购物、休闲、餐饮、娱乐等于一体的中心商业圈。城东板块和城西板块将成为商业地产的重点片区，向商业中心"多核"发展。这是商业地产开发呈现板块运动趋势的规律。

在多种因素影响下，肇庆的主要商业均集中于端州老城区，且业态分布较为凌乱，未形成强有力的商业聚合。从现有的商业节点分布看，较为集中的有以牌坊广场为中心的传统商业区，以体育馆周边、七星街一带为代表的餐饮集中区及以车城为主的酒吧娱乐商业区。

3. 多方繁荣发展

院校一条街也是一个不容忽视的新经济力量。肇庆是广东省首个职业技术教育基地，也是中国院校最多、密集度最高的三线城市。全市目前共有职业院校 40 所，常年在校学生 11.71 万人，高职院校数量和办学规模分别居全省第二位和第三位，中职办学规模居全省第三位。40 所职业技术院校有 32 所坐落在肇庆中心城区，大多分布在肇庆大道沿线，是广东省经济发展以及肇庆未来自主产业发展的重要推动力之一。历史文化、山水生态、民间工艺、院校生力军，是肇庆城市未来发展过程中不可动摇的宝藏。这也意味着未来肇庆的重要支柱产业，必将依托这四大根基，立足文化、山水、人才求发展，更在发展中传承文化、保护山水、促进民间艺术与人才队伍的壮大。

（二）存在的问题

肇庆商圈所形成的消费仅仅局限于普通老百姓的大众消费层次，在高层次消费和娱乐、休闲、旅游消费等方面还没形成具有影响力和集中性的特色商业，商圈的辐射力不足也是一个非常大的问题。目前端州四路属于最旺的商圈之一，但其辐射力仍然有限，这与周边交通、配套不足有很大关系。肇庆作为一个国家级的旅游名城，拥有非常优越的旅游资源，但对于城市旅游的定位和特色都没有很好地界定，难以实现旅游与商贸的互动。

1. 欠缺商贸发展规划

由于管理机制不完善，政策不到位，措施不完善，缺乏一个强有力的指导、服务和监管机制，有关部门在建设城区商业网点时并没有严格按照合理的布局进行审核报批，投资决定布局的现象时有发生。一些商业网点布局建设后无须经过审核便可正常开业，这在一定程度上导致各商业网点的建设与规划不够协调。商业网点在旺区过于集中、社区配套不够合理的现象仍然存在。

目前，全市仅对城市整体发展作了规划，但与城市总体规划相适应、相协调的商贸发展规划却没有进行研究制定。市区的许多商业街、专业市场是在市场经济作用下自然形成的，镇、街等基层单位和投资者往往按自身需要和市场现有条件来发展商贸业，很难做到合理有序，成行成市，形成更大规模。因此，加快制定商贸服务业发展规划是商贸服务业发展上新台阶的重要前提。

2. 专业市场与产业发展不对接

肇庆有良好的旅游品牌，加上多年的经营，影响力和辐射力较强。但因缺乏相关服务业、商贸业的支撑，营商效果一直不理想。以天宁路商圈、国际广场为主的旅游品牌虽然紧靠七星岩旅游胜地，聚集了一定的人流、物流、信息流，但市场设施较落后，有市无场。

3. 物流配送建设不发达

配送是整个连锁经营供应链上极其重要的一环，所谓"无配送，即无连锁"。配送中心是控制门店进货频率、品种及总量成本的关键环节，不能把配送中心和传统的零售店仓库等同起来。肇庆市许多连锁企业对其设立的配送中心仍沿用传统"仓库"的管理方式进行管理，两者在功能目标、布局、作业流程、作业方式、管理办法等方面无明显差别，配送中心的软硬件建设不足，规模较小，配送中心的功能仍定位在"大采购、小批发""送货上门"上，配送中心的利润来源仍是传统的批零差价，配送中心的优势、作用基本没有发挥。

（三）未来发展前景

从整个肇庆经济和人均消费水平的发展速度讲，肇庆拥有非常大的潜力和需求去发展大型的 ShoppingMall。从城东新区的规划看，目前已经有城投集团、星汇地产、进南房产等不少房企开始染指商业地产，希望提升城东新区商业的人

气，同时分流不同层次的消费，让端州形成一个有层次感的消费功能分区。

1. 旅游品牌价值高

从旅游产业外延来看，肇庆吃、喝、玩、乐、住、购物、体验、教育的旅游产品线将更加丰富，全民参与的范畴将更加广泛。而从国际化、现代化的内涵来看，一方面，肇庆的旅游应更多着眼于历史，传统文化、民间艺术宝藏与旅游的结合要更灵活、更广泛；另一方面，肇庆需要更多迎合现代生活的时尚、休闲氛围。因此，应主打本地特色与优势，充分利用固有的资源，发挥出整体效益。而多产业之间的聚集与融合，恰恰是国际旅游休闲潮流中，文化游、新奇游、创意游、体验游、时尚休闲游的主导方向。依托高新技术、自主创意产业的发展平台，以文化艺术为范畴，工坊、工作室、手工艺术、民间艺术、设计中心及创意产品为特色，圈层交流、聚会、沙龙场所为空间，在丰富旅游产品的同时，依托旅游线资源、品牌将地方产品带向珠三角、带向全国，将成为串起肇庆历史宝藏与现代产业的红线。应整合地区旅游资源，加强旅游规划衔接，推进旅游投资合作，共同打造旅游精品线路和旅游品牌，建设有重要影响力的国际旅游目的地和游客集散地。发挥肇庆的生态资源优势，重点发展休闲度假旅游、生态观光旅游、健康养生旅游、商务会议旅游。

其中，颇具影响力的七星路北岭美食街、建设中的七星路旅游休闲购物街以及建成招商中的星湖创意新天地——文化艺术与特色创意休闲街，更将形成"一路三街区"的独特氛围和环境，一改肇庆传统旅游资源单一，缺少玩点、卖点，"走马观花"，"坐不下来"，"留不住客"的顽症，让游客在大本营有更多的玩乐场所、更多的情趣，更多坐下来、停下来、留下来的时间，一起交流、乐游的氛围。星湖名郡将要打造的创意新天地，将会成为整个肇庆乃至珠三角的一个特色，对游客来讲，是一个观光淘宝的好去处，对本地人来讲，也是一个休闲娱乐的好地方，更是一个展示肇庆形象的窗口。

2. 北岭别墅高档生活圈

该生活圈是肇庆餐饮业、娱乐业、休闲业的消费重心，直接承接天宁路、星湖两大商圈，辐射城区 40 万高端消费人群，独占肇庆 60% 的市场份额。该部分地区目前已经显示出饱和状态，但未来 2 年，周边社区及经济的不断发展，城市商圈的扩散，将带来更多的中产消费新贵。肇庆以休闲文化为脉络，景观水系作纽带，广场绿化为过渡，将食通天、潮流港、古韵街、时尚MALL、荷塘驿、吧世界、休闲CLUB七大街区联结为一体，集聚四方宾客，再现"清明上河图"的繁华景象。随着星湖名郡及周边楼盘的建设并全部投入使用，北岭山将成为数万人的大型居住社区。住宅的全线开发、人口聚集会催生大量的商业需求。正基于此，七星街等商业项目的建设无疑具有重要意义。负责七星街项目的麦重顺表示，七星街从设计之初就坚持高起点原则，计划打造成肇庆第一街，在后期招商、运营上借鉴"上海新天地"模式，建设成集娱乐、休闲、购物、运动于一体的商业综合体，满足人们多层次的需求。

3. 肇庆高新区①

近年来，肇庆市经济快速发展，人口高度集聚，城市开发强度持续增加，已经给肇庆的宜居环境、历史文化遗产和星湖风景区的保护带来了一定程度的压力。肇庆高新区是1998年经省政府批准设立的省级高新区，享有地市一级的经济管理权限，2002年上半年迁园到大旺正式挂牌运作，所在地大旺总面积98平方公里，全部为国有土地，首期规划建设25平方公里，现有常住人口15万多人；2004年7月被省政府确定为广东省吸收外资重点工业园区和广东省山区吸收外资示范区；2008年8月成功竞得省首批示范性产业转移园。2010年9月26日，国务院批准广东东莞松山湖高新技术产业园区和肇庆高新技术产业园区升级为国家级高新技术产业开发区，实行现行的国家高新技术产业开发区的政策。

正如浦东是中国的东部窗口，大旺就是肇庆的东部窗口，是广佛肇的金三角，其地位十分显赫，将是佛肇地区10年内最具潜力、最热的置业板块。阳光·未来城、置地广场等新一批项目正在此处拔地而起。规划50万平方米的新一代城市综合体与对面的海印又一城联动组成双子星商圈，还有两江三公园相伴；国际赛车场和绿道昭示了史无前例的高起点；大旺商业步行街首期开发占地约2万平方米，总建筑面积逾36000平方米，是目前大旺中心区唯一的纯商业步行街。

肇庆国家高新区的发展吸引了大量消费人口的入住，将会产生大量的消费需求，这将极大地促进这一区域商业的发展。

---

① 《肇庆市近期建设规划（2011~2015）》。

B.16

香港商圈发展的历史、现状、
特色及前景分析

林至颖*

摘 要：

　　本文探讨香港主要城市商圈的分布、发展过程及特色。香港城市商圈的形成是一个长期的过程，其发展过程和发展现状对周边经济发展和国际经济环境都有重要影响。加强对香港城市商圈发展的了解有利于其以后的发展，并为国内其他城市商圈的发展提供借鉴。

关键词：

　　香港　主要城市商圈　形成和发展　分布和特点

---

* 林至颖，冯氏集团利丰研究中心副总裁，上海财经大学博士研究生，香港中文大学 MBA。香港菁英会成员、中国商业经济学会委员、广东商学院流通经济研究所兼职研究员、暨南大学现代流通研究中心特约研究员、清华大学商业模式研究工作室特聘高级研究员。原香港特别行政区政府中央政策组非全职顾问。

香港特别行政区地处中国南部沿海，珠江口东岸，与深圳一河（深圳河）之隔，濒临南中国海，又名香江，得名于"清香的海港"。香港是世界上最为繁忙的国际大都市之一，也是全球仅次于纽约、伦敦的第三大金融中心。香港作为世界知名"自由港"及转口贸易港，对外交流活跃，是中西方文化交融的中心，也是全球最为安全、富裕、繁荣的地区之一。香港是国际重要的经济、金融、航运中心和最具竞争力的城市之一，经济自由度居世界前列，被誉为"东方之珠"。

　　香港辖香港岛、九龙及新界三部分，分为18个行政区（见图1），占地面积1104.32平方公里，2012年人口为717.39万人，较上年增长0.9%，① 人口密度近6544人/平方公里。

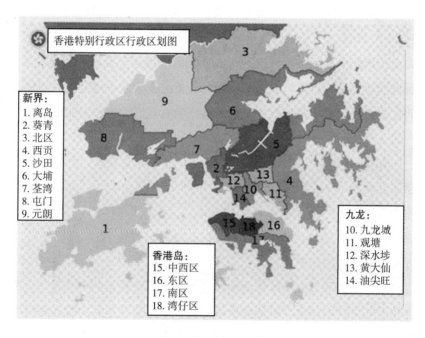

图1　香港行政区划图

　　其中香港岛为香港历史发展中的核心区域，因明朝时期盛产莞香，并作为香料的转口贸易港而得名（运送香料的港口）。香港岛和九龙之间的海港是亚洲第一大、世界第三大海港——维多利亚港，香港早期正是从该港口两侧的平

---

① 中国新闻社：《香港2012年底人口增长0.9%至717万》。香港新闻网，2013年2月19日电。

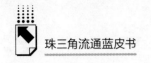

地发展而起的。维多利亚港一直影响着香港的历史和文化，主导着香港的经济和旅游业发展，是香港成为国际化大都市的关键之一。

香港是重要的国际金融、商贸服务业中心及航运枢纽，是全球第十大贸易经济体系、第六大外汇市场、第十大银行中心及亚洲三大股票市场之一，并以社会廉洁、治安优良、经济自由及法律制度完备而闻名于世。香港在全球金融中心指数排名中一直名列前茅，其中恒生指数在反映世界经济运行状况中，具有重要的地位，香港连续18年获得全球最自由经济体系的评级，经济自由度指数排名第一。

香港同时是全球最安全、富裕、繁荣、生活水平高及人均寿命长的国际大都会，有"动感之都""美食天堂"及"购物天堂"等美誉，2012年被英国《经济学人》评选为"全球最宜居城市"。2010年，在"全球财富论坛"大会上，香港正式向世界公布其城市品牌"亚洲国际都会"及标志"飞龙"。

香港商业发达，自开埠以来商业和对外贸易一直是香港经济的支柱和不可忽视的重要一环。早在鸦片战争时期，英国就看重时为小渔港的维多利亚港水深港阔的天然优势，于1840年鸦片战争后占领香港并迅即宣布其为"自由港"，使当时来往中国与欧洲各地的货物及资金在香港聚集，香港商业也从此得以迅速发展。

香港素来被中外游客称作"购物天堂"，不仅产品种类繁多、质量可靠、服务周到，而且享受"免税天堂"的待遇，价格较低，每年吸引了数以亿计的中外游客前往购物旅游。

近年来，随着粤港澳一体化的加快及香港与大陆联系的日益密切，香港商业以其较大陆更高的档次、更低的价格、更优的品质及更好的服务，吸引了大量大陆游客前往购物，大陆游客成为香港商业发展的又一生力军。

2006～2012年香港旅游游客数量及收入增长情况如图2所示。

从图3看到，1997年内地赴港人数为236.42万人次，到2011年则增至2810万人次，增长11倍，年均增长18%。另据相关报道，2012年截至12月31日，内地赴港游客达到3491万人次，较2011年再度大幅上升24.2%，占全部旅客人次数的比重亦由67%升至71.8%。由此可见内地游客对香港的重要作用。

在香港，各区都有商场，到处都有商店，形成了全城皆商业的格局。其中

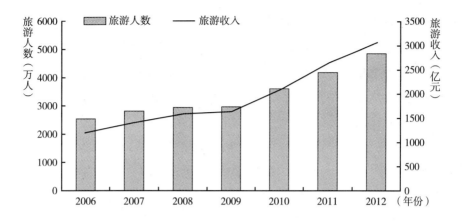

图 2 2006~2012 年香港旅游游客数量及收入增长图

资料来源：根据相关资料整理。

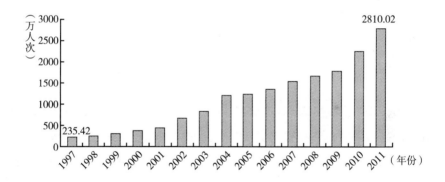

图 3 回归以来内地游客赴港旅游人数增长情况

资料来源：伍策：《2011 年内地游客赴香港旅游人数已达到 2810 万人次》，中国网，2012 年 7 月 6 日。

较为著名的商业集聚区主要分布在香港岛北部和九龙部。香港岛又以中环、金钟、上环及铜锣湾最为集中，而九龙的商业则主要集中在尖沙咀、佐敦和旺角三个区域。此外，在香港离岛中最大的大屿山岛，建有围绕香港国际机场的诸多免税店和购物商场。

香港商业目前形成了以大型购物中心为主的商业格局，以完善的功能、一站式消费及优质的服务给中外消费者带来全新的"体验式"购物享受，是世界上名副其实的享受体验式消费的"购物天堂"，其中中环的置地广场、国际金融中心商

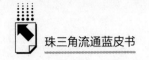

场，金钟的太古广场，铜锣湾的时代广场、崇光百货，尖沙咀的半岛酒店商场、海港城、新世界中心，沙田的新城市广场等都是享誉世界的大型购物中心。

从产品种类分布的格局看，一般来说，中环、金钟一带的商场大多比较高级，商品档次高，价格高；而铜锣湾、尖沙咀等地，是一般市民购物的好去处；至于油麻地、旺角一带，物品档次不高，商品价格较低廉。

一 香港城市发展背景

在中华数千年的历史长河中，香港一直是我国南方地区一个寂寂无闻的荒芜小岛，直到开埠之前，香港还只是一个不足千人的小渔港，在数千年的历史长河中，显得微不足道。然而在近现代史中，香港一跃成为世界最为富足、繁荣及舒适的国际大都市之一，其间的历史，尚不足170年。

（一）香港经济社会与商业发展历史

香港的经济社会发展，经历了几个较为明显的阶段。自秦到清末时期的古代香港是一个小渔港，以捕鱼、制盐、采珠及香料生产和贸易为主要经济内容。清末，英国通过鸦片战争占领香港，并随即宣布开埠，实行"自由港"制度，香港开始向"转口贸易港"的方向发展。1950年以前，转口贸易一直是香港的经济支柱；1950年之后，迫于朝鲜战争后西方对大陆的封锁压力，并利用人口、资源、资金和技术的优势，香港迅速进入并完成工业化进程，实现了香港经济的第一次转型。到1970年，香港在其他亚洲四小龙的压力下开始实行多元化的发展方针，金融、房地产、贸易、旅游业迅速发展。特别是从1980年代始，内地成为推动香港经济发展的最主要外部因素，香港的制造业大部分转移到内地，各类服务业得到全面高速发展，成功实现了从制造业向服务业的第二次经济转型。

香港经济社会发展历史脉络如图4所示。

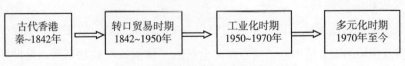

图4　香港经济社会发展历史脉络

1. 古代香港

据史料记载，早在数万年前的旧石器时代，香港一带就有人类活动的踪迹。史前时期，香港主要受东南沿海文化的影响和熏陶，并受到殷商青铜文化一定程度的影响。

秦朝平定百越，香港正式纳入中原政权的管辖之中，隶属于南海郡。唐代时，由于广州对外贸易的发展，香港地区也有了较大的发展，政府在香港设立屯门，负责保护香港的海上贸易，香港开始作为较为重要的贸易中转站而受到重视。自唐开始，香港因土壤适合牙香树生长，种香及香料贸易逐渐发展起来，这一贸易活动一直持续到清初迁海为止。

这一时期，中原文化逐步传播至香港，香港经济社会取得了缓慢的发展。公元901年（唐），新界五大氏族的原居民开始在香港定居，香港人口得到增加。

由于大步（今大埔）盛产珍珠，五代十国及宋代时，朝廷在香港开办官方采珠，一直延续到南宋后期。香港海岸线长，多处适宜兴建盐场。北宋朝廷于现在的九龙湾一带设立官富场，并派盐官驻守，负责产盐及统筹各小型盐场。宋朝两位末代皇帝逃到香港，留下了诸多名胜古迹。宋元时期，内地人口大量迁至香港，促使香港的经济、文化得到很大发展。

明朝时期，香港地区的商贸业已逐渐蓬勃发展起来，人口亦有所增长。朝廷在香港设立海防，主要防御南中国海一带的海盗、日本倭寇及欧洲葡萄牙和荷兰的侵略者。万历年间的《广东沿海图》第一次标注了香港及赤柱、黄泥涌、尖沙咀等地名，香港名称第一次出现在官方资料中。明朝香港的香木生产和出口更加繁盛，也是香港种香及产香业的全盛时期。当时东莞南部及新安（包括香港）的香树制品会经过陆路运至尖沙头（今尖沙咀），以小艇送到石排湾（今香港仔），再用俗称为"大眼鸡"的艚船运至广州，最后送往苏杭销售。香港一时间以运送香料的港口而知名，香港一名亦是因此而来。

清初，为了隔离台湾郑成功家族，清廷于康熙元年下令迁海，令沿海居民内迁50里，家园尽失，加之海禁政策，香港受到严重影响，渔盐业荒废，田园荒芜，香料贸易也大为衰减。康熙八年，朝廷终允复界，香港居民陆续迁回。清朝中后期（1757年始），朝廷开始实行闭关锁国政策，仅开放广州一口通商，香港由于接近广州成为当时各国商船的停留点之一，经济社会有一定程度的发展。

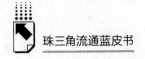
2. 香港开埠初期

清末，英军觊觎香港海港水深港阔的优势，悍然发动了第一次鸦片战争。1843 年，中英《南京条约》将香港割让给英国，后续的《北京条约》又进一步割让和租借了九龙、新界及一些岛屿，香港成为英国的殖民地。

英国于 1842 年正式取得香港岛后，即宣布香港为自由港，是为"香港开埠"。英国及其他西方国家的商人，包括鸦片商贩，逐渐将香港建立成为与东方自由贸易的枢纽。

从清末太平天国运动开始，大量华南商人迁入香港避难。香港人口也开始由 1851 年的 33000 多人，增至 1881 年的 160402 人。到 20 世纪初，人口一度膨胀至 283978 人。主要是由于当时大陆战乱纷争不断，而香港则相对稳定和安全（见图5）。

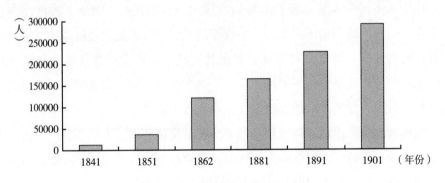

图 5　开埠初期香港人口变化情况

鸦片战争后，清政府被迫实行"五口通商"，广州的商业地位下降，而香港则开始成为列强与中国贸易的转口港，英国的公司也将企业驻华中心由广州转往香港。此时广东商人和福建商人亦开始移居香港，为香港带来了大量的资金和商业资源。另外，香港也成为华南中国人移居海外的中转站，从 1851 年到 1900 年，超过 200 万广东及福建人经香港移居海外。

与此同时，香港经济发展的另一个标志是香港银行业的发展。1865年，汇丰银行①正式在港开业，这是总行设在中国的第一家外国银行。此

---

① 汇丰银行网站，www.hsbc.com.cn。

外，在港开设的银行还有丽如、有利、麦加利、呵加利、汇隆和西印度中央银行等六家。汇丰因有港英当局的支持，后来居上，并在伦敦金融危机之后得到加速发展。金融界的支持对香港转口贸易的兴盛起着越来越大的作用。

3. 香港转口贸易港的发展

进入 19 世纪 70 年代以后，香港正式确立了转口贸易港的地位，并在一战前数十年间不断增强。主要表现在以下几个方面。

第一，香港在中国总贸易额中的比重持续增加。

从图 6 可知，洋货经香港转口进入各通商口岸的比重占全国洋货进口总额的比例在 30% 上下波动，香港成为和上海一样的转口港口。

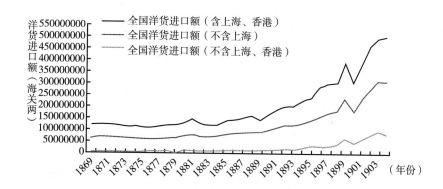

图 6　晚清时期洋货进口波动情况

资料来源：毛立坤：《晚清时期香港对中国的转口贸易》，复旦大学博士学位论文，2006 年 4 月。

第二，在英国对华输出中，经由香港转口的分量增加，[①] 到 19 世纪 80 年代末，英国对华出口几近一半是经香港的，这表明香港是英国对华倾销的重要基地。到 20 世纪初的 1900 年，中国对外贸易额的 41% 均经由香港进出，而国外对华转口贸易则占了香港对外贸易总额的 33%。

第三，香港进出港船数和吨位数持续增加。

经过几十年的发展，香港成为远东较为知名的转口港之一。其中 1896 年

[①]　金应熙、刘泽生：《试论香港经济发展的历史过程》，《广东社会科学》1985 年第 1 期。

苏伊士运河的通航及 1911 年广九铁路的通车，对香港转口港的发展具有重大的促进作用。具体如表 7 所示。

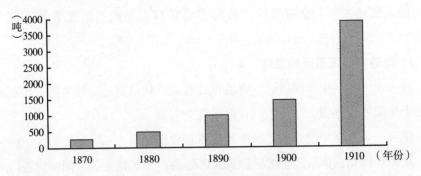

图 7　1870～1910 年香港进出港吨位变化

1914 年，第一次世界大战爆发，香港间接处于战争状态，对外贸易停滞不前，甚至稍有下降，外贸进出口船舶吨位数由 1914 年的 2528 万吨跌至 1918 年的 1696 万吨。

一战之后，香港充分利用欧洲各国经济疲软、无暇东顾的大好时机，积极开拓远东市场，经济再度出现繁荣局面，1920 年香港对外贸易总额达到 2.12 亿英镑，比 1919 年大增 36.8%。但之后对外贸易再度转向衰退，主要原因是香港逐渐失去中国市场，而转向东南亚、美洲市场，加上 1920 年代中国的反帝战争，香港港口受到极大影响，转口贸易几乎瘫痪。到 1933 年，香港对外贸易总额尚不足六千英镑，不及 1920 年的三成。

1937 年，八年抗战开始。内地战乱频仍，大量华人涌入香港，到 1941 年太平洋战争爆发，香港人口已增至 160 万～180 万人。

1941 年 12 月 25 日，香港沦陷，进入三年零八个月的日据时期。这一时期，香港经济尤其是港口经济受到极大打击，外贸基本处于停滞状态。大量人口自愿或被迫返回大陆，加上大量非自然死亡，香港人口逐渐下降至不足 60 万人。

战后香港百废俱兴，港英政府卷土重来，首先就是恢复香港的转口港地位。中国以至东亚战后对商品流通的需要给香港提供了机会，1946 年前后，香港同中国内地的贸易相当繁荣，在香港贸易总额中，内地占 36.5%。对外贸易总额也于 1948 年达到 36.6 亿元，比 1939 年增长 166%。

新中国成立后，香港迅速充当了中国对外交往和贸易往来的中介人，1950年，香港对华贸易总额为75亿元，次年更是增长至93.03亿，较国共内战时期有跨越式增长。这一时期大陆是香港最大的进出口市场，出口和进口份额分别达到17.7%和36.2%。香港的转口贸易市场迅速活跃，也促使了香港经济的迅速恢复。1950年代初，香港工业已恢复至战前水平。同时香港人口也增长至1947年的180万人，并于1950年达到206万人，大量人口涌入为香港提供了丰富的劳动力资源。

1950年，朝鲜战争爆发后，香港的转口贸易由于帝国主义对中国的禁运政策而一落千丈，1952年，对外贸易总额急剧下降至66.78亿，较1950年几乎下降一半，并在接下来的三年里持续下降，经济前景岌岌可危。

尽管几经波折，但香港的港口贸易总体上仍呈现增长趋势，香港转口贸易枢纽地位不断巩固。

4. 香港经济的第一次转型——工业化

从1950年代开始，香港经济发展的一大成就是其工业化的巨大成功。

国共内战时期及国民党政府的战败使内地大量居民涌入香港，为香港带来了大量的廉价劳动力，更重要的是带来了数目可观的资金和大量技术。此外，不少外国公司把办事处从中国各大城市搬到香港。加上战后世界经济结构处于转变中，西方主要工业国家开始放弃纺织等传统劳动密集型轻工业，而大力发展资本密集和技术密集的工业部门，为香港提供了发展工业的空间。

朝鲜战争的爆发使"联合国"对中国内地的中共政权实行武器禁运，香港原先依赖的转口港地位不能继续维持，又给了香港发展工业的另外的动机。因而，从1950年开始，香港首先以纺织业为主，大力发展轻纺工业，其后又逐渐将工业扩展至成衣、电子制品、钟表及印刷等行业。香港坚持实行出口导向的工业政策，产品主要销往欧美等发达国家市场。十年间，香港的工厂数量增加了八倍，工业制成品的出口量占总出口量的八成以上。

从1960年开始，香港经济开始腾飞，国民生产总值每年以超过10%的速度增长，出口额不断增长，工业结构也逐渐由以转口贸易为主转变为以工业为主，人民生活水平不断提高。当时的香港、中国台湾地区、韩国及新加坡由于发展速度快，被世界冠以"亚洲四小龙"的称号。

香港人均GDP增长变化情况如图8所示。

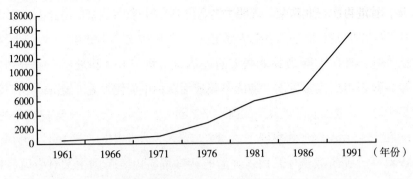

图8　香港人均 GDP 增长变化曲线

5. 香港经济的第二次转型——国际金融中心的形成

在工业化过程中，香港的经济发展和工业化进程不断加速，产生了发展金融业的极大需求，加上香港政局稳定，与东南亚、日本及欧美联系紧密，为香港发展金融中心提供了良好的基础条件。在这样的背景下，大批跨国国际金融机构涌入香港，香港金融业日趋国际化。

这一时期，香港政府通过金融自由化政策，先后取消外汇管制、实行港元浮动、解除对银行牌照发放的冻结，推动了香港外汇市场、黄金市场和银行业的发展，强化了香港银行业的地位，并为香港金融中心的发展奠定了坚实的基础。

1984 年底，香港有银行 140 家，银行分支机构 1407 家，外国银行代表办事处 122 家，财务公司 343 家，证券交易所 4 家。经营黄金交易的有传统的金银贸易场、以伦敦方式经营的黄金市场和黄金商品期货市场等。香港证券市场全年成交总额达到 488 亿港元，占当年香港地区生产总值的 18.7%，金融和保险业所创造的本地生产总值为 155.2 亿港元，占当年香港本地生产总值的 6.4%。至此香港国际金融中心的地位初步形成。

根据有关数据统计，到 1995 年左右，香港已成为亚洲第二大金融市场，在全球的排名也上升到第六位左右。

经过 30 年的发展，香港金融业实现了跨越式发展。2011 年世界经济论坛报告指出，[①] 香港在全球 60 个领先金融体系和资本市场的排名中，已跃居第一位。

---

① 王蓓川：《香港金融业发展何以全球称冠》，《经济日报》2011 年 12 月 20 日第 3 版。

2012年，香港再次获此殊荣，表明香港金融业在世界上已处于领先地位。

这一时期香港经济也开始转型升级，工业逐步向内地转移，自身则承担商贸中间人的角色，引导贸易和投资进出内地。同时，香港金融、房地产、贸易、旅游业都得到迅速发展，使之不仅成为区内的金融中心，还成为重要的商业贸易中心。

6. 回归后香港经济的发展

香港回归后，就遭遇了1998年亚洲金融危机及2003年SARS的爆发，经济受到极大冲击，物价指数自1998至2003年下跌了16%，本地生产总值平减指数更累积下跌了23%。

但凭着香港人的干劲，加上国家的大力支持，香港经济不但逐步摆脱困境，而且出现强劲复苏。特区政府采取新的经济政策，大力发展商业和旅游业，并加强同内地经济的联系，使香港成为世界知名的"购物天堂"和旅游胜地。

香港GDP及人均GDP变化情况如图9所示。

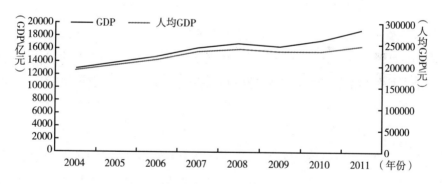

图9 香港GDP及人均GDP变化情况

（二）香港经济社会发展现状

到目前为止，香港是世界第十大贸易经济体，第六大外汇市场，第十大银行中心及亚洲三大股票市场之一。截至2012年，在香港证券交易所上市的企业达1510家，资产市值为197753亿元。

2011年香港实现本地生产总值18909.39亿港元，比上年增长5%，人均GDP达到31591美元，位居世界第25位。其经济社会发展特点如下。

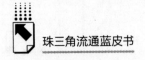

1. 一国两制、高度自治

香港依据《基本法》实行"一个国家、两种制度",维持资本主义制度不变,采取高度自治的政策,有高度独立的行政、立法和司法权,司法独立,厉行法治,依托廉洁高效的政府公务员制度,保护居民的合法权益。实行"港人治港",香港的法律、货币、税制和生活方式,延续其原有规定,与内地不同。出入境、海关、警察及反贪污部门独立运作,有独立的司法权,继续以自身名义参与各种国际组织。

2. 全球最自由经济体系

香港自 1995 年以来,连年被美国传统基金会评为全球最自由经济体系,自 1970 年以来,每年被美国卡托研究所及加拿大费萨尔研究所评为全球经济最自由地区。安永会计师事务所及《经济学人》资讯部共同编订的《2011 年全球化指数》,把香港列为全球 60 大经济体系之首。国际商会《2011 年市场开放指数》也将香港列为首位。

过去 20 年来,香港经济增长逾一倍,本地生产总值平均每年有 4% 的实质增长,超过全世界平均经济增长速度。香港是全球数一数二的自由、开放、外向型的经济体系,2011 年贸易总额相当于 GDP 的 4.56 倍。在这里,资金自由流动,外汇不受管制,投资不受限制。香港约有 30 万家中小企业,占商业机构总数的 98%。

3. 国际商贸中心、金融中心

香港是全球第十大贸易经济体系,第十一大服务贸易出口地区。香港位居要冲,是珠三角的大门,也是国际航空与海运中心,区域物流枢纽。以吞吐量计算,香港的货柜港口为全球第三繁忙的货柜港口,2008 年达 2449 万个 20 呎标准货柜单位。以乘客量和国际货物处理量计算,香港国际机场是世界第三繁忙的机场。香港共有约 7000 家海外、我国内地和台湾公司,其中 3700 多家为公司的地区总部或办事处,因而成为亚太区的企业运营枢纽。另外,全球 100 家最大的银行中,有 70 家在香港经营业务。香港厉行保护知识产权的政策,为本地和海外公司提供公平的竞争环境。香港是成衣、钟表、玩具、游戏、电子和某些轻工业产品的主要出口地,出口总值居全球前列。

香港也是世界重要的金融中心。2010 年 3 月发表的全球金融中心指数第 7

次评分，香港位居第 3 名，仅次于伦敦与纽约。2011 年及 2012 年，世界经济论坛的《金融稳定指数发展报告》中香港连续两年排名首位。

4. 免税天堂、购物天堂

香港实行极低的税率税制，个人所得税上限已降至 15%，企业所得税则降至 16.5%，并且不征收增值税或销售税，不征收资本增值税，不征收股息或利息税，没有遗产税。香港的免税天堂吸引了大量资金投入香港。

得益于免税政策的实施，香港商业得到较快发展，各种商业地产项目大量涌现，商场密布在各个社区。

根据国家《十二五规划》，中央政府支持香港巩固其国际金融、贸易和航运中心的地位，并支持香港发展为国际资产管理中心和离岸人民币业务中心，以及高价值货物存货管理及区域分销中心。中央政府也支持香港的传统支柱产业、六大新兴产业和在珠三角金融体系中的领导地位，支持粤港澳合作建立超级经济区。

香港政府一方面致力于攻关香港金融、旅游、贸易及物流和专业服务四大支柱产业，另一方面则努力推动检测与认证、医疗服务、创新科技、文化及创意产业、环保产业、教育服务六项香港有明显优势的产业的发展，以扩大其经济基础。

（三）香港商业发展现状

自开埠以来，香港商业一直是香港的支柱产业，为社会经济发展作出了巨大贡献。据香港统计处资料，2006～2010 年，香港社会消费品零售总额每年以 8.21% 的速度增长，2011 年，实现社会消费品零售总额为 4057.32 美元，较上年大幅增长 24.9%。具体如图 10 所示。

香港商业繁华至极，购物在香港旅游中显得尤为重要。在香港购物，不论是商品的品牌、种类、数量、价格还是服务，都会让人深深地感受到"购物天堂"的迷人魅力，体味到与世界同步的时尚购物浪潮。所以购物成为香港旅游的重要组成部分，也成为游客的一种娱乐与享受，如今为了购物专程赴港的大有人在。

香港购物消费十分方便，因为香港各地段都有大型购物商场，其中中环、金钟、铜锣湾及尖沙咀和旺角等地大型购物商场较为集中，构成了香港的主要商圈。具体如表 1 所示。

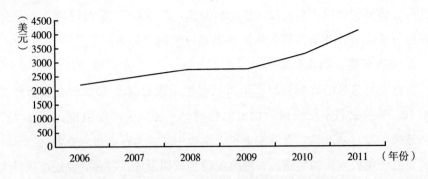

图10　香港 2006～2011 年社会消费品零售总额增长情况

表1　香港各区的大型购物商场列表

区　　域	购物商场名称
中　　环	置地广场、太子大厦、遮打大厦、国际金融中心商场
金　　钟	太古广场、金钟廊、统一中心
铜 锣 湾	时代广场、崇光百货、利园、利舞台广场、皇室堡、金百利、世贸中心
山　　顶	凌霄阁、山顶广场
港岛东区	太古城中心、康怡广场
尖 沙 咀	半岛酒店商场、海港城、名店城、新世界中心、柏丽购物大道
旺　　角	朗豪坊、新世纪广场、新之城、先达广场
九 龙 塘	又一城
红　　磡	黄埔新天地
钻 石 山	荷里活广场
九 龙 湾	德福中心
深　　水	西九龙中心
九 龙 城	九龙城中心
沙　　田	沙田城市广场
荃　　湾	愉景新城、南丰中心、荃锦中心、荃湾城市中心、荃湾广场
葵　　涌	新都会广场、葵涌广场
青　　衣	青衣城
屯　　门	屯门市广场

　　除了大型购物商场之外，实际上香港到处分布着各类购物街。许多有名的购物街把同类商店集中在一处，如九龙弥敦道以金饰为主，旺角西洋菜街以影音器材为主，还有上环的荷李活道集中了多家古玩店。香港各区主要购物街如表2所示。

表2　香港各区主要购物街列表

区域	购物街名称
中　环	利源东街(大众商品)、利源西街(大众商品)、砵甸乍街(小饰物)、士丹利街、荷里活道(古玩)、摩罗街(古玩)、文华里(传统中式印章)
上　环	西港城(布料)、文咸东街、文咸西街(南北货)、永乐街、德辅道西(海味干货、咸鱼)、高升街、铜锣湾、渣甸街、渣甸坊(服饰)
湾　仔	皇后大道东、春园街
赤　柱	赤柱市集(大众商品)
尖沙咀	弥敦道、加连威老道(服饰)
旺　角	弥敦道(金饰)、西洋菜街(影音器材)、花园街(球鞋、服饰、观赏鱼)、女人街(大众商品)、园圃街雀鸟花园(观赏鸟)、花墟(花卉盆栽)、太原街(玩具)
油麻地	甘肃街(玉器市场)、庙街夜市(大众商品)
深水埗	鸭寮街(电子零件)
长沙湾	长沙湾道(成衣批发,部分有零售)

从产品类别上看,香港作为一座百年转口港,来自世界各地的品牌皆汇聚于此,各种商品应有尽有。从最新设计师的服饰、珠宝钟表、电子产品到传统工艺古玩、特色美食,无不吸引着各地游客。具体如表3所示。

表3　香港商业主要经营品类

国际时装	香港是一座时尚之都,不仅有大量世界一线市场品牌,还可以直接到香港著名服装设计师的自家精品店淘货
珠宝钟表	香港是全球第四大贵重珠宝首饰的出品地,亦是纯金、翡翠首饰数一数二的设计和制造中心。香港钻饰和金饰设计新颖、做工精细且价格合理。在湾仔、铜锣湾、尖沙咀、旺角等购物区,珠宝金行星罗棋布
高档化妆品	香港在数年前取消了化妆品税,使此类商品的价格更加具有竞争力。国际知名化妆护肤品牌,如Channel、Estee Lauder、CD及Lancome等,全部集中在尖沙咀海运中心的Faces及铜锣湾的崇光百货。此外,也有连锁经营的化妆品超市,如莎莎、卓越、THE BODY SHOP等
手工艺品	手工精细的中国、东南亚工艺品,充分表现出各地的民间艺术色彩,是布置家居的最佳装饰品,选购过程中也可领略到异地风情
数码产品	香港数码产品,款式最新、种类最齐全,加上香港免征关税和消费税,价格较为便宜。铜锣湾、尖沙咀、旺角和深水埗是香港电子产品的集散地

1. 香港商业发展的优势

（1）优越的自然条件

香港地理位置优越,与中国最活跃的外向型经济区——珠三角紧密相连,同时处于中国南端的欧亚航道中，是中国商人进行商业贸易的中转中心，广阔的中国市场和东南亚新兴市场为香港商业发展提供了充足的活力（见图11）。

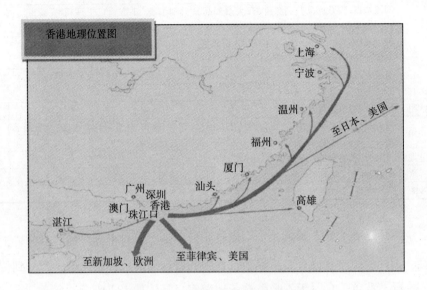

图11 香港地理位置及航运路线

香港维多利亚港是香港商业及经济发展的核心，该港水深港阔，是中国三大天然良港之一，有助于商业贸易的进行，这是香港商业贸易起源与发展的重要基础之一。维多利亚港位于香港岛和九龙半岛之间，是目前中国第一大港，也是世界上仅次于纽约和里约热内卢的第三大港口。在港口西北部，有世界上最大的集装箱运输中心——葵涌货柜码头，是世界上集装箱吞吐量最大的码头。

（2）优越的自然条件

香港是"自由港"，是世界上经济最为自由的地区之一，来自世界各地的商户和投资人均可在香港享有公平、自由的竞争环境。香港也是政治民主、政府廉洁的典范，行政成本低廉，有助于市场环境的优化和维持。

香港享有"一国两制"的特殊身份，能据此加强同内地及西方的经济贸易联系，并充当双方交往的中介，从中获得了较多的经济及商业利益。香港也是世界上知名的免税天堂，许多产品免关税及消费税，因而产品价格较低，吸引了世界各地的消费者前来购物。

（3）密集的人口优势

香港人口密度较大，2012 年人口密度达到 6500 人/平方米，且人口均集中在香港岛和九龙地区，加上香港商业区大多密集分布着写字楼、酒店等设施，为商业发展提供了充足的人流，由此产生了香港商业日日繁盛的状况，不会因工作日而有所减弱。

香港背靠祖国内地，有十几亿人口作为其商业发展的保障。随着中国经济的发展，居民消费水平不断提高，加上内地同香港联系日益紧密，交通日益便利，大量的内地游客涌入香港，为香港带来了实实在在的消费人口。

2. 香港商业发展的特征

（1）商业与地铁密不可分

发达的交通体系对香港商业分布产生了巨大影响，其中地铁是香港购物中心建设的主要因素，建在地铁线路旁的购物中心数量占香港购物中心的 70%。香港共有五条地铁线，线路循环不断，可通往各观光购物区，班次频密，大都可直接连通各商场。

港人的主要交通工具是地铁，香港的商场基本都与地铁有直接关系，多数商场都是地铁的上盖建筑。商场在地下层开设通道直驳地铁站，直接引导消费者进入商场，同时有利于商场和地铁站的人流疏导，如又一城广场、青衣城、时代广场、国际金融中心商场，等等。

另一种与地铁产生直接经济关系的商场就是建设在地铁站半径 500 米范围以内的建筑。这种商场位于人流量大、商铺密集的成熟商圈内。由于地面上交通比较便捷，周边设有地标式建筑和景点，如海港、休闲文化广场、公园等景点，能吸引大量人流有目的地前往该商业网点，因此这样的商场更具消费吸引力，并成为外地游客的主力消费场所。

（2）社区商业快速发展

香港是一个人口密度极高的城市，因此商业发展极为注重满足社区消费者的需要，许多商场都建设在居民密集的区域，或设置在高层高密度商住楼盘的底层。各商场根据周边小区居住状况和人口结构，合理选择其业态构成，确定商场的定位。

社区商业也趋向于大型化，引入了超级市场、中小型的百货公司、药店等，以满足社区消费者的日用、食杂和医药保健的消费需求。即便如此，香港商场的"百货＋超市＋餐饮"的经营格局，在经营类别方面也较为多样化，经营格局较为高档，管理更加完善、有序，百货、超市、餐饮等业态能产生有效互动的关系，带来良好的经营效果。

（3）商业发展以购物中心为主导

以香港海运城的建设为标志，香港商业发展进入了以购物中心为主要业态的发展阶段。购物中心的发展为香港商业带来了全新的商业理念，对传统商业模式是一个巨大冲击。经过启蒙、娱乐化及主题化三个阶段，香港购物中心形成了一批世界知名的代表之作，包括海运城、时代广场、太古城、又一城及世贸中心商场等。加上香港本身土地面积较少，形成了世界上独一无二的购物中心密集存在的情况。

香港购物中心以经营类别广泛而著称。香港的商场规模较大，经营服务范围较广，购物中心以百货、超市及餐饮娱乐设施为主，每个商场都有不同的主题包装。除了消费者购买最多的电脑、电子等产品，专业性商业项目在香港并不多见。

香港的购物中心设置了大量的餐椅和娱乐项目。不同于内地的购物中心将餐饮、娱乐项目设在顶层，以盘活整个商场，香港的购物中心将餐饮、娱乐商家分布在各个楼层，以充分盘活每个楼层的经营盲点。

此外，在现今注重体验的新零售时代，香港的购物中心能充分体察消费者的需求，并予以满足。香港每个商场虽然都经营综合性的百货零售，商品经营定位基本都属于高档次，但每个商场并不雷同，而是都有一个鲜明的主题。如位于青衣的青衣城，是一个比较偏离市中心的综合商场，商场以海洋为主题形象进行包装，中庭位置和询问处的轮船设计，餐厅竖起的帆船桅杆，两部扶手梯中间的百舸竞渡，使整个商场充满了海洋气息。鲜明的形象主题，容易在消费者心中留下深刻的印象，使商场在商品同质化严重的情况下获得形象和档次的提升，也成为吸引消费者定向消费的主要卖点之一。

二　香港主要城市商圈的形成和发展状况

广义的香港商圈可定义为香港城最繁荣的商业带，大致分为"香港岛"

和"九龙"两个最集中的地段。"香港岛"地段以铜锣湾商圈、中环及金钟商圈为主;"九龙"地段以尖沙咀商圈、旺角商圈、油麻地商圈为主。这几个商圈都处在香港地铁的主干线上,各商圈之间坐地铁间距都在5~7分钟内,比较集中。

而狭义的商圈则指以主要社区或主要旅游景点所在地为中心,沿着一定的方向和距离扩展,顾客购物选择的辐射范围,是一定的商业集中区。如果包括狭义的商圈概念在内,香港的商圈呈现出星状分布的特点,其他几个较重要的商圈还包括上环商圈、东九龙和西九龙商圈、深水埗商圈、赤柱商圈、湾仔商圈、大屿山/机场附近的东涌商圈等,除此之外还有青荃商圈、官塘商圈、将军澳商圈、沙田商圈,等等。具体如表4所示。

表4　香港重要商圈一览

商圈	购物商场	购物街区	特色	档次
中环及金钟商圈	置地广场、国际金融中心商场、太古广场、Harvey Nichols 百货、嘉轩广场、太子大厦、遮打广场、历山大厦、毕打行、马莎百货	利源东街、利源西街、SoHo 荷南美食区、士丹利街	香港心脏与金融商业中心	高档、低档
铜锣湾商圈	时代广场、SOGO 崇光百货、利园、名店坊、WTCmore 世贸中心、金百利商场	渣甸坊	购物商场密集区	高档、中档、低档
上环商圈	西港城	摩罗上街、高升街、德辅道西、永乐街、文咸西街、歌赋街	香港最早开发的地区	中低档
湾仔商圈	湾仔电脑城	皇后大道东、春园街、太原街	电子专业市场	中低档
尖沙咀商圈	海港城、1881、THE ONE、iSQUARE 国际广场、K11、尖沙咀中心及帝国中心、崇光尖沙咀店、美丽华商场、新世界中心、新太阳广场、DFS 环球免税店	加连威老道、柏丽购物大道	香港购物中心发源地,密布各类购物中心及百货店	高档、中档
东九龙及西九龙商圈	圆方、环球贸易广场、奥海城、apm、Megabox、黄埔新天地、德福广场、荷里活广场	—	住宅区、购物商场密集区	高档、中档

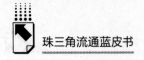

续表

商圈	购物商场	购物街区	特色	档次
旺角商圈	朗豪坊、新世纪广场、旺角计算机中心、信和中心、好景商场、星际城市、先达广场、旺角中心、Chic之堡、潮流特区、旺角新之城、兆万中心、皆旺商场、琼华中心、家乐商场	通菜街、西洋菜街、山东街、登打士街、花墟、园圃街雀鸟花园、花园街、上海街	香港人气最旺的地区	高档、中档、低档
深水埗商圈	—	鸭寮街、长沙湾道	香港传统旧区	中低档
油麻地商圈	—	庙街夜市、玉器市场、玉器街	地道香港情怀	中低档
东涌商圈	东荟城名店仓、香港国际机场购物廊、翔天廊	—	新兴机场商圈	高档

（一）铜锣湾商圈

铜锣湾的名字取自香港岛中心的一个像铜锣的海湾，是香港岛湾仔区的一个繁华区域，而铜锣湾避风塘则在正中。在历史上，铜锣湾正中的海湾因为填海而两度北移，现今的铜锣湾是兴发街、维园道及鸿兴道形成的铜锣。铜锣湾位于湾仔以东，北角以西，大坑、跑马地以北，横跨湾仔区及东区：东包括铜锣湾街市，尽头为铜锣湾社区中心，以油街和北角分隔，西至坚拿道天桥（鹅颈桥），南至铜锣湾道及礼顿道，铜锣湾道以南属大坑，礼顿道以南属跑马地、礼顿山、加路连山。其中香港海底隧道、维多利亚公园、港铁天后站、怡和午炮等则位于铜锣湾东区。铜锣湾曾管有大坑及扫杆埔北部，南面和北面关系在填海后逐渐减弱。

铜锣湾位处香港岛区的中心，地理位置优越，轩尼诗道、怡和街、罗素街一带是铜锣湾的中心。区内有全香港最大的百货公司崇光百货、时代广场、希慎广场、利园、利舞台广场以及世贸中心等多家大型百货公司及大型商场。具体情况如表5所示。东面是文娱、酒店和住宅区。文化方面有香港第一间官中男女名校皇仁书院，亦包括铜锣湾区内的社会设施民政事务总署、铜锣湾社区中心、铜锣湾消防局、铜锣湾天后庙、维多利亚公园、铜锣湾岳王古庙及香港中央图书馆。

表5　铜锣湾商圈主要商场及街区列表

单位：平方米

	营业面积	开业时间	业态构成	产品档次	地位
时代广场	17.8万	1994年4月	零售、超市、影院、餐饮	高端	铜锣湾地标性建筑
SOGO崇光百货	4.4万	1985年	零售、超市、餐饮	高端	香港最大日式百货店
利园	—	1997年	零售、餐饮	高端	香港名流和明星们的购物根据地
WTC more 世贸中心	2.6万	1990年代	零售	高端	铜锣湾闹市潮流根据地
金百利商场	—	1984年	零售	中端	香港时尚潮流基地
渣甸坊	—	—	零售	中低端	小贩区

　　铜锣湾现在的租金在世界上数一数二，香港美联旺铺2013年初数据显示，香港的"铺王"均集中于铜锣湾区。当中有景隆街的找换店地铺，每月每平方米约租36000元人民币；罗素街水晶店地铺，每月每平方米租约31440元人民币；利园山道金饰店地铺，每月每平方米租约31420元人民币；启超道化妆品地铺，每月每平方米租约30000元人民币；罗素街钟表行地铺，每月每平方米租约28000元人民币。

　　加入铜锣湾商圈竞赛的品牌是世界性的，不限于如LV、GUCCI等国际名牌，连美国服装店Forever 21，近年亦以1100万元月租的极高价钱租下由菲律宾福建华侨持有的京华中心。以时代广场为例，其引入品牌包括国际一线服装、餐饮，以及UA影院等。具体如表6所示。

表6　时代广场品牌

品类	品牌
电器	(DG) Lifestyle Store、A3 Technology、AV Life、Broadway、Chung Yuen Electrical、CMK Electrical Store、Coxell、Fortress、Hasley Foto、JC Shop Premium、Leica、Life Kan、LOEWE. Galerie、Oregon Scientific、Radar Audio Company、SAMSUNG
美容健康	APIVITA、Biotherm、CHANEL BEAUTE、Coxell、CRABTREE & EVELYN、Erno Laszlo、Ettusais、F&H by FANCL、FANCL、Glycel、h2o +、IL COLPO-Salon ide、IPSA、JILL STUART、Kose、L'Occitane
童装	Pylones
音乐	CD Warehouse、Parsons Music

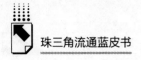

续表

品类	品牌
超市	City' super、Lane Crawford、Marks & Spencer
餐饮	BLT Burger、Budaoweng Hotpot Cuisine、Chung's Cuisine、Heichinrou Restaurant、Lei Garden Restaurant、Manzo、Modern China Restaurant、SHANGHAI MIN
书籍礼品	ELECOM、GODIVA、PageOne Bookshop、Watson's Wine Cellar
珠宝钟表眼镜	AGATHA、Cartier、CHAUMET、Chow Sang Sang、Chow Tai Fook、CITY CHAIN、ck Calvin Klein Watch & Jewelry、Ctf. 2. Elegant Watch & Jewellery、Elegant Watch & Jewellery-Jaeger LeCoultre、Omega、EMPHASIS JEWELLERY、Folli Follie、GEORG JENSEN、Glasstique、IWC、LONGINES、MaBelle、MADIA、MIKIMOTO、MONTBLANC、o. d. m.、Optical 88 Premier、PANERAI、Swatch、Tic Tac Time、Toy Watch
男女时装	5cm、CHOCOOLATEA／X Armani Exchange、Aape BY A BATHING APE、agnes b.、AIX Armani Exchange、Alfred Dunhill、Aquascutum、Bauhaus、C'N'C Costume National、Calvin Klein Jeans、Calvin Klein Underwear、Chevignon、ck Calvin Klein、Club Monaco、Denim & Supply、DKNY JEANS、double-park、Evisu、FRED PERRY、FRENCH CONNECTION（FCUK）、G-STAR RAW、G2000、galliano、GUESS、HITGALLERY、I. T、Just Cavalli、LACOSTE L! VE、Levi's、Links of London、Marc by Marc Jacobs、Massimo Dutti、NAUTICA、Onitsuka Tiger、Paul Smith、Pull & Bear、SHANGHAI TANG、SPORT b.、TOMMY HILFIGER、TRUE BLUE、Vivienne Westwood、ZARA
女装	Bershka、FLY GIRL、Furla、iBLUES、JESSICA／Episode、Jessica RED、Juicy Couture、Kookai、Marc by Marc Jacobs、MAX&Co.、mi-tu、REDValentino、Samantha Thavasa、VIVIENNE TAM、Weekend Max Mara
鞋包	2gether、Accessorize、ANTEPRIMA WIREBAG、BALLY、Bottega Veneta、BURBERRY、CAMPER、Coach、ecco、ELITE、Gucci、KOOLABURRA、Koyo、LANCE、LLANEIGE
男装	CERRUTI 1881、D'URBAN、Gieves & Hawkes、Harmont & Blaine、Kent & Curwen
快餐咖啡	Agnes b. Cafe l. p. g. & Agnes b. DELICES、Ben & Jerry's、Crystal Jade La Mian Xiao Long Bao、Lei Bristro、Sen-ryo、Starbucks Coffee
运动装备	Adidas、Adidas Originals、AIGLE、Ashworth、Birkenstock、Catalog、Columbia Sportswear Company、FILA、Giga Sports、J. Lindeberg、K. Swiss、Marathon Sports、new balance、Nike、Patagonia、PRO CAM-FIS、Sinequanone、Sport Corners、The North Face、Timberland、TOMMY HILFIGER DENIM

从商品经营品类上，铜锣湾的诸商场与香港大多数购物中心一样，种类丰富，涵盖服装、餐饮、家居、电器、化妆品等，以香港最大的百货店崇光百货为例，其产品品类如表7所示。

铜锣湾由于地理位置优越，早在20年前就成为香港最早开发的地区之一。由于开发过度，拆卸楼宇有了高度限制导致修建成本过高，近20年少有高楼大厦建成，主要都是酒店和办公大楼。近年来在铜锣湾东部，发展了不少酒

表7　崇光百货经营品类列表

楼层	经营品类	楼层	经营品类
B2F	超级市场、餐厅	5F	男士服装
B1F	男女名鞋、皮具、手袋	6F	儿童及婴儿服装、玩具、文具
GF	世界名牌精品、化妆品	7F	家居生活、餐具、厨具
1F	高级女士服装、手袋、香水	8F	中式服装、画廊
2F	女士服饰	9F	寝具及浴室用品、崇光汇点
3F	青春服装	10F	电器、旅游皮具及用品、保健器材
4F	运动及户外服装用品	11F ~ 16F	SOGO CLUB

店，都以铜锣湾命名，如香港铜锣湾海景酒店，铜锣湾皇悦酒店，铜锣湾维景酒店等。

（二）中环及金钟商圈

中环是香港的政治及商业中心，又称中区，位于香港岛中西区。香港的政府总部、立法会大楼、终审法院，以及礼宾府（前称港督府）都位于中环。中环还有很多银行、跨国金融机构及外国领事馆。

中环是港岛开埠后最早开发的地区，为香港的心脏地带，也是香港的商业中心。第一次鸦片战争之后，英国人迅速兴建多条干道，并率先在中环建立了军事基地。作为殖民地政府象征的港督府在1841年开埠时已划为政府专用地段，坐落在今下亚厘毕道的山坡，政府山的中央位置。位于香港岛区维多利亚城的中环在第二次世界大战前及战后初期，便成为当时香港的主要商业中心。今日的香港会所、皇后像广场、立法会大楼等，是在土地不敷应用，中环进行了多次填海工程的背景下，在当时的工程中建成的。20世纪七八十年代是中环的全盛时期，金融市场也开始兴旺。但由于中环土地经过多次填海都始终不能满足需要，包括各银行总部在内的摩天大厦又需不断兴建，加上中环办公室的租金一直居高不下，这个港岛的主要商业区便逐渐扩展至上环、金钟及湾仔北岸。不过贵为香港的心脏和金融市场中心，中环的商业活动仍然相当频繁，主要集中在特区政府总部、金融机构和银行中心一带。这里有奢华生活象征的置地广场、显示着无与伦比的尊贵与时尚的历山大厦、世界著名品牌的聚集地遮打大厦和选购优质生活精

421

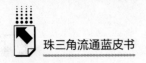

品的太子大厦。还有国际金融中心（IFC）一二期商场、金钟的太古广场一至三期、金钟廊等众多香港著名的大型购物商场。具体如表8、表9所示。

表8　中环及金钟商圈主要购物商场

单位：平方米

	经营面积	开业时间	重　要　品　牌
置地广场	—	1990年	路易威登、Dior、Gucci、FENDI、Harvey Nichols、De Beers
国际金融中心商场	9万	1998年	苹果旗舰店、Dymocks书店服饰、Raffles精品店、Adela's Classics、泰来电脑、Antique Pieces、Agnès b.、Burberry、CK Calvin Klein Jeans、Ermenegildo Zegna、Kate Spade、Laneige、Mango、Valentino、Sole Alliance、Scapa、Thomas Sabo、Zara
太古广场	6.5万	1988年	Harvey Nichols、A｜X Armani Exchange、Agnès b.、Coach、Zara、AMC Pacific Place、Aquascutum、Bally、HUGO BOSS、I.T、Joyce、Lanvin、Vivienne Tam、Montblanc、Louis Vuitton、Dior、Hermès、Gucci、Cartier、Alfred Dunhill、Loewe
嘉轩广场	—		意大利精品服饰
Harvey Nichols 百货	—	—	Goyard、Tanner Krolle、Carolina Herrera、J. Mendel、Jitrois、Michel Klein、The Original Pharmacy、Sue Devitt、Dr. brandt、Goyardw、Tanner Krowe

另外，中环的利源东、西街是位于德辅道中和皇后大道中之间的两条平行的小巷，小巷两旁尽是小摊，售卖廉价衣服、手表、人造首饰、皮包和皮鞋等。还有士丹利街的摄影器材，不但款式丰富且价格实惠。

表9　中环及金钟商圈主要购物街区

街区	特色	主要内容
利源东街、西街	女人街	男女服装、童装、鞋子、皮包、生活用品、首饰、手工艺品
SoHo 荷南美食区	美食街	法国、尼泊尔、意大利、墨西哥、印度风味美食，服装店，生活杂货店，艺术家工作室，画廊，古董
士丹利街	摄影街	摄影器材、美食

（三）旺角商圈

旺角旧称芒角、大角（香港日治时期），位于香港九龙西油尖旺区。范围在旺角未被并入油尖旺区以前，南至登打士街、西至渡船街及塘尾道，北至界限街、东至港铁东铁线路轨。位于渡船街以西奥海城至富荣花园一带的新填海地段自西九龙填海工程后，被称为旺角西。旺角新旧楼宇林立、旧住宅楼宇地铺多为商店或餐厅，假日时弥敦道一带经常水泄不通。以弥敦道为界，购物中心集中在东面，住宅区在西面。交通十分发达，有巴士及港铁直达，更有专线小巴通宵行驶。

旺角是香港最热闹的购物中心之一，更是年轻人最爱流连购物的热点。这里是香港电脑市场、3C 电子连锁店最密集的地方，以弥敦道旺角段为主干，以东的多条街道都极为繁盛，有大量种类繁多的购物商场和店铺，主要的商场包括：朗豪坊、新世纪广场、旺角计算机中心、信和中心、好景商场、星际城市、先达广场、旺角中心、Chic 之堡、潮流特区、旺角新之城、兆万中心、皆旺商场、琼华中心、家乐商场等。

其中朗豪坊是旺角近年落成的大型城市综合体，包括五星级的朗豪酒店，一幢商业楼，及一座十多层，附设电影院、百货公司及多间食肆的大型购物商场。具体如表 10 所示。

表 10　朗豪坊相关资料

地址	旺角砵兰街				
地位	九龙市区地标建筑				
朗豪坊购物商场		朗豪酒店		朗豪坊办公大楼	
面积	60 万平方尺	房数	655 间	面积	77 万平方尺
开业时间	2004 年 10 月	地位	旺角区唯一的五星级酒店	地位	九龙区最高档甲级写字楼
商业结构	1～3F:品牌聚集地	客房结构	豪华客房:280 间		
	4F:美食广场		行政客房:284 间		全港第七高建筑
	5～7F:年轻服饰				
	8～12F:潮流特区		Langham Hotel Club:101 间		九龙最高商业大厦
	12～13F:娱乐专区				

另外，旺角商圈有多条热闹又具特色的街道：砵兰街（原为红灯区，现为综合商业区，包括装修材料用品店铺和朗豪坊）、上海街（有不少与中国传统有关的店铺）、女人街（即通菜街贯穿登打士街至亚皆老街之一段，因售卖

服装、化妆品、摆设等女士用品等而得名)、波鞋街(即花园街其中一段,因售卖运动鞋的店铺林立而得名)、金鱼街(即通菜街贯穿旺角道至水渠道一段,因卖饲养鱼的店铺林立而得名)、枪街(即广华街,因卖气枪与军用品店铺林立而得名,与接连的仁安大厦商场并名为枪街,是本港 WARGAME 爱好者必到热点)、花墟道(因批发及零售花卉的店铺林立而得名)、西洋菜南街(与女人街并排而立,售卖潮流服饰、电子产品及小食的商铺林立,是深受香港年轻人欢迎的消费热点之一)、登打士街(与女人街及西洋菜街南接壤,称为香港潮流街,满街都是售卖小食、时尚衣饰、化妆品、运动用品的商铺,是深受香港年轻人欢迎的地方之一)。

(四)尖沙咀商圈

尖沙咀旧称凑区,位于九龙半岛西端,与香港岛由维多利亚港和鲤鱼门分隔,是香港九龙西油尖旺区的一部分。九龙区的国际品牌旗舰店大多聚于尖沙咀一带,位于尖沙咀西的购物新热点更是层出不穷。

海运大厦在尖沙咀的西面,是香港的邮轮码头,可供大型邮轮停泊,海运大厦本身也设有购物商场,聚集各种国际品牌的旗舰店。该区还设有不少大型购物商场,包括新港中心、太阳广场、美丽华商场、海港城、海洋中心等,也有一些较适合年轻人口味的潮流商场,如百利商场、利时商场及在重庆大厦下层的重庆站等小面积商场等。另外,海运大厦旁还有由香港前水警总部改建而成的 1881 Heritage、设置 IMAX 影院的 iSQUARE、K11 广场及全港最高的纯零售商场 The ONE 等,这些近两年在区内新落成的大型商场已陆续开业。广东道、北京道一带汇聚了国际时装名店、JOYCE、IT 及免税店等。多间五星级酒店内如半岛酒店、喜来登酒店等也设置了大型购物广场,柏丽大道的商铺则多为时装连锁店。

另外,ELEMENTS 圆方大型购物商场是现今全港最豪华的高级商场,云集世界顶级名牌及首次来港的国际品牌,成为富豪们最新的聚焦点。全球最大的免税店 DFS 则在尖沙咀拥有两家店,分别是太阳广场店和华懋广场店,都汇集了世界顶尖奢侈品牌。

尖沙咀商圈主要购物中心如表 11 所示。

表11 尖沙咀商圈主要购物中心

单位：万平方尺

	营业面积	开业时间	档次	品牌构成(不完全)	地位
1881		2009年	高档	卡地亚、Tiffany & Co、万宝龙、Piaget、Van Cleef & Arpels、IWC、De Beers、劳力士、英皇钟表珠宝、溥仪眼镜、上海滩王子饭店京川沪厨房	法定古迹
iSQUARE	60	2009年	高档	眼镜88、时间廊、Tic Tac Time、ctf2、Pinkbox、日日珠宝、Isabella、Bess、Sabatina、Rouge Amour、zn studio、百老汇、iWORLD、ivoPlus、Italian Tomato、Wine Shop Enoteca、家得路、Kiss Beauty bontique、Pappagallo、华润堂、ITALIAN TOMATO、Market Place by Jasons 超级市场、周大福、Franck Muller、Lacoste、Clarks、英皇珠宝、周生生、Max Mara、马莎百货、HMV、Time Plaza、Oxette、Moiselle、Beyond Organic、MaBelle、Piquadro、Mango、Lacoste Accessories、Jurlique、Skinfood、亮视点、BOSE 影音店、Starbucks Coffee、Access、Testantin、V. E. DELURE、雅天妮、ICEFIRE、Crocs、Chamtex、Charming Pop、LS Collection、BBossinistyle、LOG-ON、i hair. nails、ZUME、Panash、Duke's Deli、"梦见屋"、Monster Sushi、Carpaccio Pasta、Pizza & Vino、PHO 24、WENGER、Sugerman、New Balance、mendoza bags、759 零食屋、恒隆白洋舍、Imago、Futbol Tread、Best Buy Audio Visual、威达影音店、LG 陈列室	
K11 广场	34	2009年	中高档	Orbis、Cour Carre、mi-tu、Mirabell、Menard、启泰药业、La Creation de Gute 面包店、亮视点、Lazy Susan、AV Life、我爱厨房、万宁、Market Place by Jasons、丰泽电器、屈臣氏、Longchamp、Tiffany by Soloman、Thann、Omega、周人福概念店、Y-3、D-mop、Calvin Klein Jeans、See's Candies、emoi、THANN、sports b.、Espressamente illy、awfullychocolate、kitchen. M caffé、金泰泰国菜、Paul Lafayet、Holly Brown Coffee、agnes b cafe、l. p. g.、AIGLE、Levi's、Clarks、Fila、Rockport、mademoislle、K11 pop x Ro'、天祥摄影、Hair Corner、MiXTRA	全球首个购物艺术馆
The ONE	40	2010年		AEON MaxValu Prime、Masterpiece by king fook、Rolex、Vertu、Piaget、A. Lange & Sohne、Montblanc、Beams 及 Journal Standard、Bauhaus、Salad、Design Tshirts Store Graniph、GreaTime 钟表店、眼镜88、Caffe Vergnano 1882、Automobili Lamborghini、Cobo、Framc Qui、JA:2K、A Bros Products、Bla Bla Bra、L'Rosace、Vivitix、Tee Locker、EGG Optical Boutique、丰蒂珠宝、Tonkichi Tonkatsu Seafood、Avant Garde、Color Rich、卡撒天娇、Brickstime、斗室、席梦思、丝涟床褥、释·生趣、红酒村、Lost & Found、Homeless、百老汇戏院、加州健身	香港最高的大型纯零售商场

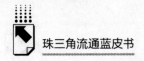

续表

	营业面积	开业时间	档次	品牌构成(不完全)	地位
DFS	—	—	高档	Cartier、Gucci、Louis Vuitton、Tiffany、Chloé、Emilio Pucci、OMEGA、贝玲妃、碧欧泉、波比布朗、巴宝莉、香奈儿、娇韵诗、Cle de peau、倩碧、迪奥、雅诗兰黛、伊丽莎白·雅顿、乔治·阿玛尼、纪梵希、娇兰、赫莲娜、Jo malon、资生堂、SK II、巴利、宝缇嘉、巴宝莉、赛琳、登喜路、芬迪、纪梵希、HUGO BOSS、宝铂、卡地亚、万宝龙、伯爵、爱马仕、浪琴、天梭	全球免税龙头
圆方	100	2007 年	中高档	Bals Tokyo、Mulberry、The Grand Cinema、Versace、Lanvin、Escada、Mulberry、Tiffany & Co、HMV、Gucci、Cartier、BALSTokyo 家居店、Fendi、ThreeSixty 超级市场、TheBodyShop、AnnaSui、万宁、A/XArmaniExchange、Anteprima、DIESEL、AGATHA、M. A. C.、zara、H&M、利苑酒家、Starbucks、HaagenDazs、caffeHABIT、真雪溜冰场、KuraChika、MetroBooks、FILA、OnitsukaTiger、Lucky Band Jeans、dunhill、Cerruti1881、LANCEL、BrooksBrothers、丰泽电器、百老汇电器	全港最豪华的高级商场
海港城	200	1987 年	中高档	玩具反斗城、facess、GigaSports、连卡佛、海运戏院、Hermes、Salvatore Ferragamo、Channel、Louis Vuitton、马莎百货、太子珠宝钟表、Gallery @ Harbour City、汇丰银行、MUJI、Gucci、Marc Jacobs、Prada、Coach、Dolce & Gabbana、Paul & Shark、JOYCE、Emporio Armani、Giorgio Armani、嘉禾港威电影城、ITA 悦活@ Harbour City、ZARA、agnes b cafe lpg、PageOne、c！ty'super、Cooked Deli by c！ty'super、UNIQLO、HSBC Premier、鸿星海鲜酒家、Harbour City Bazaar、Fitness First、	香港最大面积的购物中心及名牌集中地

三　香港商圈的发展及特色

香港是一座历尽沧海桑田的大都会，也是一座年轻时尚的现代都市，而香港的商圈就像香港这座城市一样，经过数十年的岁月洗礼，不但没有老去，反而越来越年轻，永远走在时代前沿，并引领世界潮流。是什么让香港的商圈生生不息，获取了可持续发展的动力？这跟香港商圈发展特有的模式有着不可分离的关系。

（一）香港购物中心的发展促进商圈的形成

香港商圈的形成是一个长期的发展过程。除了因早年商店集聚形成的商业场所和特色商店街外，香港购物中心的发展也直接影响商圈的形成。1966年，尖沙咀海运大厦一期开业，这是香港购物中心发展历程的起点，它不但是香港第一个购物中心，也是亚洲第一个购物中心。经过40多年的发展，香港岛、新界、九龙已有了50个大大小小的购物中心，商业面积总量超过200万平方米，构成高度繁荣与竞争的商业市场。

在接近半个世纪的发展历程中，香港购物中心一共经历了启蒙、娱乐化、主题化服务三个阶段，每个阶段都有一个标志和富有时代感的特色。

启蒙阶段以海运大厦一期开业为标志，当时，香港一系列购物中心初步建成，适逢香港地铁开始通车，便利的交通为购物中心的发展提供了历史性的机遇。这个阶段的购物中心不是很成熟，主要表现为功能比较单一，设施也比较简单，但购物环境颠覆了传统的商业场所。

娱乐化阶段以香港岛东面的太古城中心开业为标志。进入20世纪八九十年代，香港地铁的大规模建设推动了香港购物中心的全面变革，特别是太古城中心的建成，将一种创新的休闲购物理念带给了香港，引爆了香港商业界一场革命性的改进。这个阶段的购物中心主要以娱乐性为主导，购物中心通过引进娱乐休闲元素，不但满足了消费者购物的需求，还满足了多种需求，让购物中心更具多元化，也就是在这个时候购物中心之间的竞争越来越激烈，为了抢占客流，各个购物中心都想方设法规划更多娱乐设施，而在1998年开业的又一城将这一阶段的发展推向了顶峰。

主题化服务阶段以中环国际金融中心（IFC）和旺角朗豪坊的建成为标志。进入21世纪，香港购物中心的竞争更加激烈，行业发展已经趋向饱和。但作为国际金融中心的香港每天都会迎来新的变化，购物中心是香港的灵魂，在高度竞争与繁荣中纷纷推陈出新。这个阶段的购物中心已经不再一味追求表面的风采，而是更倾向于人性化需求，更加在乎消费者的感受，把以人为本的服务理念推向了前所未有的高度。在外观设计上，流行打造独具特色的主题，目前香港的各大购物中心都有自己独有的主题符号，把个性特征、区别优势发挥到了极致。

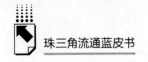

（二）与地铁相伴相随

香港购物中心在选址上的精明之处就是黏着地铁不放。购物中心与地铁就像孪生兄弟，有地铁的地方总能看到购物中心，而在购物中心内也总能看到地铁出入口，充分地利用地铁让购物中心成为地铁人流和地面人流交汇的场所，购物中心就成为地铁与地面交通工具的换乘站，并将人流迅速转换为购买力。

香港大多数商圈的购物中心与地铁站融为一体，不但在购物中心外部的几个方位设置多个地铁出入口，而且还在购物中心楼层内设置出入口，不同区域、不同平面的地铁出入口设计，把购物中心打造成为一个畅通八方的地铁换乘站，全方位引导人流，让多个层面的商户都能享受到地铁带来的人流量。

（三）通过强劲的人流拉动，设置强大的商圈活力机制

在北京、上海的一些顶级购物中心，有些楼层常常会遇到冷场，在工作日的时候客流寥寥无几，只有在周末的时候客流量才会有所增加，香港的购物中心就不会遇到这种尴尬局面。香港各大购物中心无论在哪个时段，在哪个楼层都不会遭遇寒流，不管什么时候置身香港购物中心，都能够感觉到欣欣向荣的气氛。能够打造出这样富有生命力的氛围，离不开香港购物中心强劲的人流拉动力。

除了充分利用地铁带来的人流量之外，香港大多数商圈的购物中心都别有用心地为私家车设计了多楼层的停车场。私家车主也是购物中心的消费主力，而停车场设计得合不合理就意味着能不能把这些消费主力挽留住，为此香港的购物中心不只在负一层设计停车场，还在多楼层内布置，这不但利于人流引导，也为香港这个寸土寸金的大都市节省了空间。

在拉动人流上，香港购物中心利用了一切有利因素，比如将电影城的入口设置于首层，但是出口却设置于高层，引导人流往上走；架设全封闭人行天桥，将人流直接导入购物中心，不多设一个出口，不流失一个客源；在路口摆设巨型卡通公仔，吸引人流；在购物中心内设置人性化出租车站或上落客位置；购物中心每一层都精心设计主力店，让主力店吸引人流量等，这些都无不彰显着香港购物中心拉动人流的独到之处。

香港购物中心能够利用多种手段拉动人流，造就高度繁荣景象，离不开购

物中心所具备的地理优势。如果选址不好，不管花费多大的力气，也不能把人流拉动过来。因此香港购物中心在建设之前，都非常注重选址。购物中心在建设前的软性投资要占据整个项目投资的 10% 以上，开发商对建造购物中心的前期调研工作非常重视，在购物中心立项前，通常会请专业的顾问公司对项目选址进行认真、客观、系统的可行性选址策划研究。

（四）"二八"原则

"80% 的生意来自 20 分钟商圈之内的客源"被香港业界誉为二八原则，这是香港购物中心在选址策划的时候最信奉的原则之一。太远的商圈很难带来巨大的客流，虽然现在交通四通八达，但消费者在前去购物的时候都会根据车程来选择购物去处。所以在选址的时候，商家都会以 10 分钟为商圈核算单位，并把 20 分钟商圈作为核心，降低 30 分钟次要商圈及 1 个小时边缘商圈的期望值。

如果 15 ~ 20 分钟车程内的消费者能达到客源总数的 80%，就证明那个地方具备这样的核心商圈消费力，就可以作为购物中心的地址。

（五）"扎堆式"经营

"扎堆式"经营模式最早的推崇者就是肯德基和麦当劳，在有肯德基的地方，我们就可以看到麦当劳。他们两家是竞争对手，为什么还要做邻居，他们充分利用了共赢的模式。

香港购物中心也信奉共赢理念，扎堆式经营能吸引更多的消费者，让消费者有更多的选择，共同把市场做大，同时时时刻刻存在的竞争会鞭策经营者更关注市场，更好地去经营管理。为此，香港购物中心在选址的时候，不会特意避开竞争对手，而是把竞争对手的旁边作为选址的考虑因素。

（六）金三角模式

所谓金三角模式是购物中心、酒店、写字楼构建起来的典型模式，香港商圈的购物中心最擅长将商流、人流、信息流和资金交汇在一起，而酒店、写字楼都是商业化的标志性元素，且拥有购物中心的目标人群，能够把这些人群紧紧地抓住，实现商业资源的互通互用。

香港最高档的购物中心基本都位于甲级写字楼集中的地方，有的购物中心甚至设置有五星级酒店和顶级写字楼，如香港中环的国际金融中心（IFC）和尖沙咀的 ELEMENTS 圆方，有香港最高级的超五星级酒店及香港最高的写字楼，实践证明这种功能组合是对购物中心经营最有利的组合，赋予了购物中心吸纳高收入人群的功能。

（七）向天空发展

向高层发展在很多国家和地区都被认为是购物中心的短板，因此最早创建购物中心的美国一直都以平面的模式进行发展，美国的购物中心大多是1~2层，而日本的购物中心也趋向于低层发展。建立低层购物中心的主要原因是高层很难引导人流。很多购物中心经常会出现一楼和二楼人流量很大，三楼以上楼层较冷清的现象。为了规避这个不良现象，很多国家的购物中心都倾向于平面发展，可是香港的购物中心却突破了这个短板，大胆地向天空发展购物宫殿。

香港市中心的购物中心最高可达18层，而且每一层的租金都大致相同，并没有出现低层租金贵、高层租金低的现象，能够做到这一点是因为开发商拥有拉平各层商业价值的能力，每一层都均衡引导人流量，让高层的商户也拥有低层商户那样的人流量，香港购物中心在这一点上让很多国家的购物中心望尘莫及，而世界上能够把商业向天空发展得如此成功的，也几乎只有香港才能够做到。

香港购物中心能够突破行业存在的先天弊病，做到让世界瞩目，都源于其大胆创新的规划思想。设计师根据香港购物中心的层高特征和地理、交通状况设计出复合形态的人流推进结构，设计先进、多元化的人流推进结构，让各楼层都感觉像在地面，因地制宜地促进了购物中心的繁荣发展。

（八）"三权分立"以建立有效的商场运营制度、引进淘汰制

香港众多商圈的购物中心都推行三权分立式管理，租赁、运营和客服部各自独立，以免各自牵绊，并成立专门的物业管理公司和商业经营管理公司，让两者的作用得到最大程度发挥。在三权分立的管理模式中，开发商是购物中心的所有者，获取租金收益，并与名牌大代理商保持良好关系，负责主动出击，在全球范围内寻找好的品牌、好的业态以备不时之需；物业管理公司拥有管理权，负责购物中心日常的保安、清洁和保修等工作；商业经营公司拥有经营

权，负责从初期招商到后期的整体营销和服务监督等职能。三权分立模式让经营和管理既能统一，又能各自运作，既方便了管理，也降低了成本，而且还实现了成本的数字化管理，并推动了购物中心管理水平的提升。

此外，商业经营公司在经营方面对商户的要求一般很严格，甚至很苛刻。他们拥有专业的经营模式，在招商的时候，谨慎选取客户，不会以租金为出发点，不以租金最高作为首选，而是更注重商户的经营水平以及品类组合和商户的互补性，以此实现零售均衡。在商业经营公司的严格把控下，购物中心选择了优质的商户，而优质的商户组合能增加购买机会，延长客户停留时间，为购物中心创造更大的利润。

很多商圈在招商的时候都巴不得商户来了就不要走，但是香港的运营者一旦发现不适合的商户，就会勇于适当舍得。商业经营公司在管理中稳稳抓住了经营的主动权，最与众不同的管理就是引进了淘汰制，每年保持 5% ~ 10% 的淘汰率。适当的淘汰能够引起商户的危机感，时刻鞭策他们不断改善服务质量，在高度竞争的环境中始终保持最佳的状态，这就是香港商圈购物中心之所以让人感觉到"每天都是新的"的秘籍所在。

（九）摆脱传统束缚 转向社会化、无处不在的人性化服务

香港的购物中心从选址、建筑设计、当地消费需求研究，到正规的商场面积的切割、招商等工作都是环环相扣的，同时它对整个区域内的竞争对手和消费者的心理需求、气候变化等细微之处考虑得面面俱到，在规划细节上充分表现出了人文关怀。

从传统来看，商圈就是一个购物场所，所做的一切都是为了满足客户的购物需求。然而香港先进的理念已经突破了这个传统局限，不仅使商圈成为购物场所，更将其打造成了社会化场所，通过多元化的休闲娱乐设施使公共空间实现了社会化，让商圈里的社会设施应有尽有，把服务场所、活动中心、购物中心紧紧连为一体，把购物中心创造成为购物者购物、小朋友玩耍、年轻人社交、老年人休闲的多功能场所。

很多地方的购物中心都提倡人性化服务，但顾客却感受不到人性化服务在哪里，而香港的购物中心将人性化服务融入每一个细节，无微不至地关注顾客

的感受，为了能够把服务做到顾客的心坎里去，很多购物中心设计服务的时候都会考究人的心理，比如针对女性逛街时容易迷路、慌张的心理，专门设计了符合女性心理的指示牌，而且还特意将楼层的指示设计得十分醒目。香港的购物场所都趋向立体化，多层面的设置会显得比较复杂，方向感不好的女性顾客很容易迷路，所以香港的购物中心在每个楼层的显眼位置都精心设置了指示牌，这样女性顾客就不会那么容易迷失方向。

有针对女性心理设置的服务，自然也有针对男性心理设置的服务，从女性顾客的心理出发，她们需要细致的指示牌，而从男性顾客的心理出发，他们则需要全景式的、地图式的方向指引。通过不同性别不同心理设置出来的服务充分展示了香港购物中心运用多元化手段、多媒体手段来满足顾客不同需求的细节。

四　结语：香港商圈的模式体现强大的商业整合及管理能力

商圈是一个专业而复杂的系统，不但有房产开发，还涉及功能区规划、配套、协调、管理、定位、招商、业主品位筛选、宣传等各方面的整体融合，香港商圈成功的秘密是背后强大的商业整合和协调能力。世界很多地方的商圈都有一个普遍现象就是商圈商城的同质化。很多地方在城市规划中没有结合自身的特色来进行设计，建设出来的商圈没有什么特色。香港特有的文化底蕴造就了一个世界上独一无二、难以完全复制的模式。香港的商圈文化往往将西方文化和中国文化完美地融合在一起，设计上有西方的浪漫及创新元素，布局上又有中国文化特有的习性和风水格局，这些元素任何一个地方都无法复制，成就了香港商圈的发展从未被其他地方超越的优势。

香港既有的国际金融、贸易、服务中心的地位对周边地区和国际的影响力和吸引力都很强烈，也有很好的资金、人才、科技等资源集聚，科技教育、政府管理、创新能力等方面优势明显，竞争力很强，全世界的知名零售品牌几乎都以香港作为新产品在亚洲地区的首发地。长期的市场发展，也使香港商圈形成了有效的建设管理模式，在城市规划建设、政府管理、投资运营、知识产权维护等方面也建立了健全的法规制度，为香港商圈的可持续发展营造了良好的环境。

权威报告　热点资讯　海量资源

当代中国与世界发展的高端智库平台

皮书数据库 www.pishu.com.cn

　　皮书数据库是专业的人文社会科学综合学术资源总库，以大型连续性图书——皮书系列为基础，整合国内外相关资讯构建而成。包含七大子库，涵盖两百多个主题，囊括了近十几年间中国与世界经济社会发展报告，覆盖经济、社会、政治、文化、教育、国际问题等多个领域。

　　皮书数据库以篇章为基本单位，方便用户对皮书内容的阅读需求。用户可进行全文检索，也可对文献题目、内容提要、作者名称、作者单位、关键字等基本信息进行检索，还可对检索到的篇章再作二次筛选，进行在线阅读或下载阅读。智能多维度导航，可使用户根据自己熟知的分类标准进行分类导航筛选，使查找和检索更高效、便捷。

　　权威的研究报告，独特的调研数据，前沿的热点资讯，皮书数据库已发展成为国内最具影响力的关于中国与世界现实问题研究的成果库和资讯库。

皮书俱乐部会员服务指南

1. 谁能成为皮书俱乐部会员？

- 皮书作者自动成为皮书俱乐部会员；
- 购买皮书产品（纸质图书、电子书、皮书数据库充值卡）的个人用户。

2. 会员可享受的增值服务：

- 免费获赠该纸质图书的电子书；
- 免费获赠皮书数据库100元充值卡；
- 免费定期获赠皮书电子期刊；
- 优先参与各类皮书学术活动；
- 优先享受皮书产品的最新优惠。

社会科学文献出版社　皮书系列
SOCIAL SCIENCES ACADEMIC PRESS (CHINA)
卡号：0652713837419013
密码：

（本卡为图书内容的一部分，不购书刮卡，视为盗书）

3. 如何享受皮书俱乐部会员服务？

（1）如何免费获得整本电子书？

　　购买纸质图书后，将购书信息特别是书后附赠的卡号和密码通过邮件形式发送到 pishu@188.com，我们将验证您的信息，通过验证并成功注册后即可获得该本皮书的电子书。

（2）如何获赠皮书数据库100元充值卡？

　　第1步：刮开附赠卡的密码涂层（左下）；

　　第2步：登录皮书数据库网站（www.pishu.com.cn），注册成为皮书数据库用户，注册时请提供您的真实信息，以便您获得皮书俱乐部会员服务；

　　第3步：注册成功后登录，点击进入"会员中心"；

　　第4步：点击"在线充值"，输入正确的卡号和密码即可使用。

皮书俱乐部会员可享受社会科学文献出版社其他相关免费增值服务

您有任何疑问，均可拨打服务电话：010-59367227　QQ:1924151860

欢迎登录社会科学文献出版社官网(www.ssap.com.cn)和中国皮书网（www.pishu.cn）了解更多信息

法 律 声 明

　　"皮书系列"（含蓝皮书、绿皮书、黄皮书）由社会科学文献出版社最早使用并对外推广，现已成为中国图书市场上流行的品牌，是社会科学文献出版社的品牌图书。社会科学文献出版社拥有该系列图书的专有出版权和网络传播权，其 LOGO（ ）与"经济蓝皮书"、"社会蓝皮书"等皮书名称已在中华人民共和国工商行政管理总局商标局登记注册，社会科学文献出版社合法拥有其商标专用权。

　　未经社会科学文献出版社的授权和许可，任何复制、模仿或以其他方式侵害"皮书系列"和 LOGO（ ）、"经济蓝皮书"、"社会蓝皮书"等皮书名称商标专用权的行为均属于侵权行为，社会科学文献出版社将采取法律手段追究其法律责任，维护合法权益。

　　欢迎社会各界人士对侵犯社会科学文献出版社上述权利的违法行为进行举报。电话：010 - 59367121，电子邮箱：fawubu@ ssap. cn。

社会科学文献出版社